Les relations du travail au Québec

Jean Gérin-Lajoie

Les relations du travail au Québec

gaëtan morin
éditeur

Données de catalogage avant publication (Canada)

Gérin-Lajoie, Jean

   Les relations du travail au Québec

   ISBN 2-89105-423-7

   1. Relations industrielles – Québec (Province). 2. Syndicalisme – Québec (Province). 3. Gestion d'entreprise – Québec (Province). I. Titre.

HD8109Q82G47 1992   331'.09714   C91-090922-9

gaëtan morin éditeur
C.P. 180, BOUCHERVILLE, QUÉBEC, CANADA
J4B 5E6   TÉL. : (514) 449-2369   TÉLÉC. : (514) 449-1096

Dépôt légal 1er trimestre 1992
Bibliothèque nationale du Québec
Bibliothèque nationale du Canada

© gaëtan morin éditeur ltée, 1992
Tous droits réservés

2 3 4 5 6 7 8 9 0 1   G M E 9 2   3 2 1 0 9 8 7 6 5 4

REMERCIEMENTS

J'ai contracté une dette considérable envers des collègues et amis qui ont accepté de lire et de commenter le premier jet de cet ouvrage. Il s'agit de cinq professeurs titulaires et enseignants chevronnés des relations du travail : Michel Grant de l'Université du Québec à Montréal ; Viateur Larouche de l'Université de Montréal ; Maurice Lemelin de l'École des Hautes Études Commerciales ; Fernand Morin de l'Université Laval ; et André Thibaudeau de l'École des Hautes Études Commerciales. Je tiens également à remercier Sylvie Jetté, Julie Mathieu et Micheline Gérin-Lajoie de leur soutien et de leur appui, importants à plusieurs égards. Je souhaite avec ardeur que la qualité de ce texte soit à la hauteur de l'aide et de la générosité dont j'ai bénéficié.

Jean Gérin-Lajoie

TABLE DES MATIÈRES

Remerciements   V

Introduction   1

PARTIE I   LE SYSTÈME

Chapitre 1   Gestionnaires, syndicats et non-syndiqués   9

1.1   Combien de travailleurs sont syndiqués?   10
1.2   Qui est syndiqué, qui ne l'est pas, et dans quels secteurs? .   15
1.3   Qu'en est-il du secteur et des services publics?   18
1.4   Le contraste récent Canada – États-Unis   20
1.5   La syndicalisation et les gestionnaires   22
1.6   Le gestionnaire: autres réticences à la syndicalisation   24
1.7   Un contexte diversifié   26
Annexe   28

Chapitre 2   L'apparition et l'accréditation d'un syndicat . . .   31

2.1   Comment forme-t-on un syndicat? (Récit)   32
2.2   Pourquoi forme-t-on un syndicat?   38
2.3   Où forme-t-on un syndicat?   41
2.4   Trois périodes historiques   44
      2.4.1   Syndicats illégaux   44
      2.4.2   Syndicats tolérés   44
      2.4.3   Syndicats reconnus   46
2.5   D'où nous vient l'accréditation?   47
      2.5.1   L'Europe   47
      2.5.2   Les États-Unis   47
2.6   L'accréditation au Canada et au Québec   52

Chapitre 3   L'accréditation syndicale et l'entreprise   55

3.1   L'employeur et le droit d'association   56
3.2   L'employeur et l'unité d'accréditation   61
      3.2.1   Un employeur «intéressé»   61
      3.2.2   Qui est un salarié?   62
      3.2.3   Quels sont les groupes appropriés?   63
      3.2.4   Les effets pratiques de ces critères   64
      3.2.5   Le secteur québécois de la santé   68
      3.2.6   Pourquoi alors tant de litiges?   71
3.3   Les effets de la requête en accréditation   72

3.4 Les effets d'une accréditation accordée 73
   3.4.1 Le découpage 73
   3.4.2 Le gel des conditions de travail se continue 74
   3.4.3 Un porte-parole unique 74
   3.4.4 L'obligation de négocier de bonne foi 74
   3.4.5 L'arbitrage possible de la première convention 75
   3.4.6 Un compte à rebours du droit à la grève 76
   3.4.7 La déduction obligatoire de la cotisation syndicale . 76
   3.4.8 La continuation de l'accréditation 77
   3.4.9 Le manoir Richelieu 78
   3.4.10 Droits de vote et de représentation syndicale 79
   3.4.11 L'accréditation attise-t-elle le conflit? 80

Chapitre 4   Les acteurs 83
4.1 L'État 84
4.2 Le patronat 85
   4.2.1 Le patron 85
   4.2.2 Le patronat.................................... 86
4.3 Les employés ou leur syndicat 91
   4.3.1 Le syndicat local 92
   4.3.2 Les pouvoirs dans le syndicat local 94
      a) Les employés de l'entreprise 94
      b) Les membres du syndicat 94
      c) L'assemblée générale 96
      d) Les militants 97
      e) Les délégués syndicaux 98
      f) Les dirigeants élus 98
      g) Les politiques syndicales extérieures à l'entreprise................................. 101
      h) Le représentant syndical 102
   4.3.3 L'appartenance à l'entreprise 105
   4.3.4 L'affiliation à des organismes syndicaux 105
      a) Les syndicats locaux indépendants 108
      b) Les fédérations ou syndicats indépendants 110
      c) La Centrale des syndicats démocratiques (CSD) 112
      d) La Centrale de l'enseignement du Québec (CEQ) 113
      e) CSN et FTQ: les ressemblances.............. 114
      f) CSN et FTQ: les dissemblances 114

Chapitre 5   L'encadrement légal de la négociation ou du conflit 119
5.1 La loi encadre une négociation libre.................... 120
   5.1.1 Un contenu illimité............................ 120

5.1.2	Une négociation à la fois libre et obligée	121
5.1.3	Le gel des conditions de travail se continue	122
5.1.4	Et après le dégel?	123
5.2	L'État n'intervient pas directement	124
5.2.1	Une conciliation optionnelle	124
5.2.2	Une médiation occasionnelle	125
5.2.3	Un arbitrage exceptionnel......................	125
5.2.4	Le vote de grève secret	127
5.3	La cessation du travail: permise, encadrée	129
5.3.1	L'acquisition du droit à la grève	130
5.3.2	Le piquetage	131
5.3.3	Les recours.................................	132
5.3.4	Les articles anti-remplaçants	133
5.3.5	Le retour des grévistes	134
5.3.6	Le dépôt de la convention	135
5.3.7	Un encadrement précis	135

Chapitre 6   Les variantes du système 137

6.1	Le Code canadien du travail	138
6.1.1	Les changements technologiques	139
6.1.2	L'acquisition du droit de grève.................	139
6.1.3	L'absence des articles «anti-remplaçants»	140
6.1.4	Le Conseil canadien des relations du travail (CCRT)	140
6.1.5	Quelques contrastes entre entreprises	142
6.2	Le régime des décrets québécois	142
6.3	La construction au Québec: un monde à part	145
6.4	Les services publics au Québec	147
6.5	Les services essentiels dans le secteur de la santé	152
6.6	La négociation dans les secteurs public et parapublic	159
6.7	La fonction publique provinciale	166
6.8	La fonction publique fédérale au Canada	167

PARTIE II   LA PRATIQUE

Chapitre 7   La négociation 173

7.1	Quelques questions	175
7.2	La préparation	175
7.2.1	Son importance	175
7.2.2	Son contenu	176
7.2.3	Ses procédures..............................	176
7.2.4	Un obstacle?................................	178
7.2.5	Objectifs, stratégie et tactiques	179
7.2.6	Une préparation qui continue	180

7.3	La prise de contact	181
	7.3.1 Se connaît-on?	181
	7.3.2 Se connaît-on dans cette situation?	181
	7.3.3 Comment se connaître?	182
	7.3.4 Le poids du passé et celui de l'avenir	183
	7.3.5 Ses résultats	184
	7.3.6 Son climat	185
7.4	La solution des problèmes	186
	7.4.1 Le cas du bébé	186
	7.4.2 Des sujets appropriés	187
	7.4.3 Un «pré-affichage»	189
	7.4.4 La concurrence	189
7.5	Les échanges	190
	7.5.1 Une étape difficile	191
	7.5.2 Un marchandage	191
	7.5.3 Conclure un échange	192
	7.5.4 Le climat	193
	7.5.5 L'usage de modèles ou comparaisons	194
	7.5.6 Leur importance	195
7.6	Le dénouement	197
	7.6.1 Pourquoi faut-il une crise?	198
	7.6.2 Le rôle de la peur	198
	7.6.3 Une crise de survivance	201
	7.6.4 Le climat	203
7.7	La durée, les émotions et l'individualité	204
	7.7.1 La durée	204
	7.7.2 Les émotions	205
	7.7.3 L'individualité	206
7.8	La négociation collective a-t-elle un avenir?	206
	7.8.1 Dans le secteur privé	206
	7.8.2 L'influence du marché	207
	7.8.3 Dans le secteur public	208
Chapitre 8	**La convention collective**	211
8.1	Présentation générale	213
	8.1.1 Les sujets abordés	214
	8.1.2 Le plan de ce chapitre	215
8.2	Le contenu monétaire	215
	8.2.1 Le contenu habituel	215
	8.2.2 Les nouvelles formes de rémunération	219
	8.2.3 Les aspects normatifs des clauses monétaires	220

8.3	Les rapports collectifs entre employeur et syndicat	222
8.3.1	Le statut du syndicat	222
8.3.2	Les droits de la direction	223
8.3.3	Un partage des pouvoirs	224
8.4	Ancienneté, compétence et stabilité de l'emploi	225
8.4.1	L'importance des enjeux	225
8.4.2	Deux sortes de pratiques et de clauses	229
8.4.3	L'ancienneté et la compétence normale	229
8.4.4	L'ancienneté et la compétence égale	231
8.4.5	La procédure des choix	232
8.4.6	La sécurité d'emploi	234
8.4.7	La complexité des enjeux	236
8.4.8	La complexité des clauses	237
8.5	La discipline	240
8.5.1	Son importance	240
8.5.2	La présence d'un syndicat.....................	241
8.5.3	Un état de subordination	242
8.5.4	Une subordination aménagée	244
a)	L'exercice du pouvoir de direction	244
b)	Des règles raisonnables et connues	245
c)	Une application objective	245
d)	Une place à la correction	250
e)	La gradation des sanctions	251
f)	Le contenu des sanctions	253
g)	La proportionnalité des sanctions	254
8.5.5	Quelques questions...........................	254
8.6	Les heures et les horaires de travail	255
8.6.1	Cinq jours de huit heures	255
8.6.2	Équipes, repas et pauses.....................	257
8.6.3	Primes d'équipe ou d'heures supplémentaires	258
8.6.4	La journée ou la semaine normale	258
8.6.5	La normalisation des décisions	260
8.7	L'organisation du travail........................	261
8.7.1	Exclue de la convention collective	261
8.7.2	Travail de production.......................	262
8.7.3	Travail d'entretien	263
8.7.4	Travail d'assemblage	265
Chapitre 9	**La voix de l'individu**	267
9.1	Quelques questions	268
9.2	Les entreprises non syndiquées	269
9.3	La structure de la procédure de règlement des griefs	270

9.4   Les objectifs de la procédure de règlement des griefs   271
      9.4.1   Le règlement   271
      9.4.2   La rapidité   273
      9.4.3   L'interprétation ou l'application de la convention ..   274
9.5   Qui règle les griefs du côté du syndicat?   276
9.6   Qui règle les griefs du côté de l'employeur?   278
9.7   Le Service de médiation préventive   281
9.8   Le contremaître impuissant   282
9.9   La nature et les conditions de la coopération   283
9.10 La performance de l'entreprise   285

Chapitre 10   L'arbitrage des griefs   287

Introduction   289
10.1 La nature de l'arbitrage   290
      10.1.1   Son histoire au Québec   290
               a)   1944 – 1961   290
               b)   1961 – 1977   291
               c)   Depuis 1977   291
      10.1.2   Un procès judiciaire ou l'œuvre des parties?   292
               a)   L'arbitre: qui est-il?   292
               b)   Les pouvoirs de l'arbitre   301
               c)   La décision de l'arbitre   304
10.2 Le déroulement de l'arbitrage   306
      10.2.1   La préparation   306
               a)   Nécessité d'une stratégie   306
               b)   L'étude du dossier   308
               c)   Faire son enquête   309
      10.2.2   L'ouverture de l'audition   310
               a)   Les présentations   310
               b)   Les admissions   311
               c)   Les objections préliminaires   311
      10.2.3   La preuve   313
               a)   La nature et l'objet de la preuve   313
               b)   Le fardeau de la preuve   314
               c)   Le degré de la preuve   314
               d)   La preuve par l'aveu   314
               e)   La preuve par l'écrit   315
               f)   La preuve par témoins   315
               g)   La preuve par présomption   316
      10.2.4   La preuve par témoins   316
               a)   Voir et préparer ses témoins   316
               b)   L'interrogatoire de son témoin   317
               c)   Le contre-interrogatoire de son témoin   318

d) La preuve adverse par témoins   319

e) La contre-preuve   319

10.2.5   La plaidoirie   319

10.3   L'arbitrage imposé quand l'équité l'exige   321

Chapitre 11   Tour d'horizon et perspectives   325

11.1   Les secteurs public et privé   326

11.2   La vie quotidienne au travail   329

11.3   Les nouveaux rapports d'autorité   330

11.3.1   Le cas Saturn   330

11.3.2   Les débuts   331

11.3.3   Le consensus   332

11.3.4   Les structures de collaboration   332

11.3.5   Le rôle nouveau du syndicat   333

11.3.6   Le travail d'équipe et l'implication individuelle . .   334

11.3.7   Succès et exemple?   335

Bibliographie   337

Annexe   341

INTRODUCTION

Les mots grève ou conflit envahissent les manchettes des journaux et, à la télévision, les images de grévistes brandissant des pancartes sont désormais monnaie courante. Quand les hôpitaux ne sont pas fermés, ce sont les autobus qui ne roulent pas ou le courrier qui ne peut être acheminé. Si bien que, tous les jours, on entend parler de fermetures, de syndicats, de griefs, de négociations, d'impasses ou d'accords de principe, on entend dire que tel chef syndical s'est prononcé sur la dernière mesure gouvernementale, que dans telle usine, la majorité des employés souhaitent ne pas se syndiquer, que tels gestionnaires d'entreprises déplorent la turbulence ou l'intransigeance syndicale, que le niveau de l'emploi baisse au Québec...

Bref, les relations du travail sont un sujet complexe, préoccupant, voire irritant. Pourtant, peu d'ouvrages québécois font le tour de la question et en traitent de façon simple. Le présent livre se veut une introduction au domaine des relations du travail au Québec. Celui-ci étant vaste et touffu, il convient de spécifier au départ les secteurs ou les aspects qui seront explorés de façon plus particulière.

Le contenu de ce livre

Ce livre porte principalement sur la façon dont se vivent les relations du travail dans une entreprise québécoise. Son but est de faire ressortir l'impact de ces réalités sur la gestion ainsi que les enjeux en présence pour tous les acteurs concernés : les employés, les cadres, les entreprises et la société dans son ensemble.

À mesure qu'il avancera dans cet ouvrage, le lecteur pourra constater qu'on y traite davantage du secteur privé que du secteur public. Trois raisons justifient cette insistance. D'abord l'expérience de l'auteur, acquise pour l'essentiel dans l'entreprise privée. Deuxièmement, comme nous le verrons plus loin, la structure du système québécois des relations du travail, conçue en fonction du secteur privé. Enfin, l'intérêt que porte l'auteur aux réalités de l'entreprise privée, intérêt qui reflète à la fois son expérience syndicale passée et sa situation actuelle de professeur dans une école de gestion.

Pour mieux éclairer notre propos, tout au long de ce livre, nous avons mis en parallèle les relations du travail existant dans une entreprise syndiquée et dans une autre non syndiquée. Ainsi, le contenu de ce livre déborde les seules relations patronales-syndicales, qui supposent la présence d'un syndicat. Nous reviendrons souvent sur ce sujet.

Le lecteur de ce livre

À qui ce livre s'adresse-t-il? À trois types de lecteurs. D'abord et avant tout à l'étudiant en gestion ou en administration. Celui-ci, bien qu'il n'envisage pas une carrière en relations industrielles, souhaite connaître l'impact des relations du travail sur sa future situation professionnelle comme simple employé, superviseur ou gestionnaire, et sur la santé interne ou externe des entreprises dont il fera partie ou dont il sera le conseiller, que ce soit en matière de production, d'évaluation comptable ou de gestion des ressources humaines, par exemple. D'où l'accent mis dans ce livre sur les réalités et les effets concrets des relations du travail. Cette présentation générale n'est pas l'introduction à une spécialisation. Elle présuppose une certaine expérience, théorique ou pratique, de la structure ou de la marche d'une entreprise.

Le deuxième lecteur auquel nous nous adressons est le citoyen; plus particulièrement celui qui se préoccupe de la santé et de l'avenir de la société où il vit, ainsi que des enjeux des relations du travail. Quelle sera leur incidence sur le niveau de l'emploi au Québec? L'entreprise québécoise sera-t-elle concurrentielle? Le syndicalisme est-il en déclin? Les conflits dans les services publics québécois sont-ils inévitables? Le libre-échange ou le GATT sont-ils compatibles avec la syndicalisation? D'où un effort dans ce livre pour relier les relations du travail aux enjeux qu'elles mettent en cause.

Le troisième lecteur est le praticien des relations du travail à quelque titre que ce soit, dans une entreprise syndiquée ou non: dirigeant d'entreprise, cadre intermédiaire, superviseur, conseiller ou militant syndical. Ce lecteur s'intéresse à l'aspect pratique des relations du travail: la syndicalisation ou son absence, les conflits, les négociations, les griefs, les rapports quotidiens au sein d'une entreprise, les problèmes pratiques à résoudre. D'où l'importance accordée dans ce livre aux répercussions concrètes de la législation ou d'une convention collective, plutôt qu'aux subtilités qui entourent la rédaction de celles-ci.

Le plan de ce livre

La séquence des étapes de cette introduction aux relations du travail au Québec s'inspire, pour l'essentiel, du plan d'un cours donné à l'École des Hautes Études Commerciales. Résultat d'une longue pratique de toute une équipe de professeurs, cette approche se prête bien, selon l'auteur, à l'étude progressive des nombreuses facettes de ce sujet complexe et des liens les unissant. Il y a bien sûr mille et une façons de tailler un cristal de manière à décomposer la lumière pour en faire ressortir les composantes. D'aucuns pourraient préférer ou utiliser une autre taille.

Le fil conducteur de ce livre est simple. Dans une première partie nous explorons le système des relations du travail tel qu'il a été tracé par le législateur. Dans une seconde partie, nous nous attardons à la pratique des relations du travail au sein d'une entreprise.

Première partie : le système

Le premier chapitre tentera d'abord d'indiquer les secteurs d'activité où sont présents les syndicats au Québec, et ceux où ils sont absents. On constatera que la présence syndicale est très inégalement répartie. On verra aussi que ces inégalités contribuent puissamment à différencier les attitudes des gestionnaires face à l'éventualité ou à la menace d'une implantation syndicale dans leur entreprise. En effet, les implications de ces inégalités sont importantes pour le gestionnaire, pour ses employés et pour la société tout entière. Certaines questions soulevées dans ce premier chapitre ne trouveront leur réponse que plus loin dans ce livre.

Le second chapitre vise à expliquer clairement au lecteur comment se forme un syndicat, comment il apparaît dans une entreprise, et pourquoi certains travailleurs ont la motivation nécessaire pour former un syndicat alors que d'autres ne l'ont pas. On y verra aussi l'importance de ce qui s'appelle l'accréditation syndicale dans le régime nord-américain des relations de travail. Pour expliquer l'apparition de ce régime, on en tracera, à gros traits, l'histoire.

Le troisième chapitre examinera les nombreux impacts du régime de l'accréditation dans l'entreprise québécoise. D'abord, qu'est-ce que l'employeur ne peut pas faire ou ne peut pas dire quand ses employés songent à se syndiquer? Ensuite, qu'est-ce qu'un employeur peut faire ou peut dire en matière de syndicalisation, et que fait-il? Puis, nous passerons en revue les principaux effets d'une requête en accréditation. Enfin, nous examinerons les conséquences au sein de l'entreprise d'une accréditation syndicale une fois qu'elle a été émise. Au terme de ce chapitre, nous serons déjà mieux en mesure de saisir l'impact d'une implantation syndicale et la réaction des gestionnaires face à la syndicalisation.

Le quatrième chapitre cernera avec précision qui sont les principaux acteurs du système de relations du travail québécois ou nord-américain. Il sera peu question de l'État et de l'employeur puisqu'ils sont respectivement au cœur des première et deuxième parties de ce livre. En revanche, nous nous attarderons sur les syndicats québécois : le syndicat local au sein de l'entreprise, les affiliations fort diversifiées de ce syndicat local, et la complexité conflictuelle des affiliations syndicales au Québec, qui donnent lieu à une soupe-alphabet de sigles mystérieux.

Le cinquième chapitre décrira l'encadrement légal de ce qu'on appelle la négociation libre, où l'État intervient très peu dans le secteur privé. Il exposera le cadre légal du conflit de travail qui est à la fois permis, prévu et encadré dans le secteur privé. L'objet même de cet encadrement étant la négociation ou le conflit, il est souvent évalué par les parties sur un mode contradictoire : il n'y a pas là de surprise. Ce chapitre complète la présentation de ce qu'on appelle le système principal des relations du travail dans le secteur privé au Québec.

S'y ajoute un sixième chapitre décrivant les variantes du système. Ces variantes au système principal sont le Code fédéral du travail, la Loi québécoise des décrets, le régime particulier prévalant dans la construction au Québec, le régime des conflits dans les services publics québécois, le régime particulier prévalant dans les secteurs public et parapublic québécois et, enfin, le régime particulier à la fonction publique fédérale. Ces variantes se situent dans des réalités différentes. Il importe de présenter ces diversités qui, de plus, aideront beaucoup le lecteur à saisir les traits importants et les traits secondaires du système principal.

Seconde partie : la pratique

Le septième chapitre traitera de la négociation collective. Il s'en veut le guide, décrivant les principaux points d'intérêt, un peu comme les pages d'un guide touristique décrivent une région ou une ville. Il veut aider le lecteur à visualiser les principales étapes et les principaux éléments de la négociation. Il s'attardera en particulier sur les éléments de coopération et de conflit, dont le puissant et instable mélange constitue le charme et le mystère de la négociation. Il souligne ce qui vaut le détour. Il amènera le lecteur à se poser la lancinante question : la négociation collective a-t-elle un avenir, et sous quelle forme ?

Le huitième chapitre analysera le résultat de la négociation, c'est-à-dire le contenu de la convention collective. Il fera le survol de la convention collective pour en identifier les principaux ingrédients. Il s'attardera sur les principaux domaines, tels l'ancienneté, la discipline et les horaires de travail, où la convention collective a des impacts restrictifs et incitatifs sur la gestion de l'entreprise. Il s'attardera aussi, pour ces mêmes domaines, sur la situation du gestionnaire et des employés quand il n'y a ni syndicat ni convention collective. Ce chapitre n'est donc pas un manuel d'interprétation de la convention collective. Il est surtout une exploration de quelques domaines fort importants pour tout gestionnaire.

Le neuvième chapitre abordera une des dispositions qu'on trouve dans toute convention collective nord-américaine et qu'on appelle communément la procédure de griefs. Cette procédure de griefs illustre aussi le complexe dosage de droits individuels et de droits collectifs qui résulte de l'existence d'une convention collective. De plus, la procédure de griefs soulève le problème beaucoup plus vaste de la communication au sein de l'entreprise. Quelle est l'importance et quelles sont les conditions de la communication au sein de l'entreprise? Qu'y peut contribuer le gestionnaire? Et à cet égard, quel est l'apport de ce qu'on appelle les nouveaux modes de gestion? Ces questions, on le voit, incluent mais aussi débordent largement le cadre de l'entreprise syndiquée. Elles débouchent directement sur les domaines importants de la productivité et de la performance industrielle ou commerciale.

Le dixième chapitre décrit l'arbitrage des griefs, c'est-à-dire la résolution par une tierce partie, un arbitre, des conflits dans l'application de la convention collective qui n'ont pas pu être résolus au sein de l'entreprise elle-même. Ce mécanisme est particulier aux entreprises syndiquées. Il est peu utilisé au total, mais son existence même et son caractère contraignant lui confèrent une force d'impact importante sur la gestion quotidienne au sein de l'entreprise. Ce chapitre décrit le déroulement et le contenu d'un arbitrage, et souligne les principaux impacts pour le gestionnaire et ses employés de la présence d'une telle procédure.

Enfin, le onzième chapitre conclut ce livre. Il ramasse, rebrasse et relie quelques observations, conclusions ou enjeux qui ont été abordés ou amorcés tout au long du livre. En effet, la méthode utilisée n'est pas de réserver toute conclusion pour la fin, mais plutôt de dégager le plus possible les conclusions partielles au fur et à mesure. L'auteur souhaite que le lecteur y trouve son compte. Il lui souhaite aussi autant de plaisir à lire ce livre qu'il en a éprouvé à l'écrire. Bonne lecture!

L'auteur de ce livre

La nature souvent et forcément controversée du domaine des relations du travail invite à expliquer l'expérience pratique de l'auteur et son engagement syndical, pendant une trentaine d'années.

Jean Gérin-Lajoie est né en 1928. Il exerça ses premières activités syndicales en 1948, pendant une année de travail en usine chez Montreal Cottons à Valleyfield. Il y fut délégué de département, secrétaire du syndicat local et membre du comité de négociation du local 100 des Ouvriers unis du textile d'Amérique (FPTQ-CMTC). Par la suite, il retourna aux études jusqu'à l'obtention d'un doctorat en économie de l'Université McGill, en 1952.

De 1952 à 1982 il a œuvré au sein du Syndicat des Métallos (FTQ-CTC). Pendant treize ans, à titre de représentant syndical, il s'occupa du recrutement, des négociations, des griefs, des arbitrages, du service aux syndicats locaux et du soutien aux grèves. En 1965 et en 1969, il fut élu directeur québécois des Métallos à la suite d'élections chaudement contestées et conduites au suffrage universel dans les mines et les usines. En 1973 et 1977, il fut réélu par acclamation pour deux mandats additionnels de quatre ans. De 1959 à 1981 il fut aussi vice-président de la Fédération des travailleurs du Québec. N'ayant pas été candidat aux élections de 1981, il consacra l'année 1982 à l'écriture du livre *Les Métallos 1936-1981* (Boréal Express, 1982). Il abandonna ses activités syndicales à la fin de l'année 1982.

En 1983-1984 il siégea à la Commission consultative du travail formée par le gouvernement du Québec pour étudier les relations du travail et le Code du travail. Le rapport de cette commission, communément appelé le Rapport Beaudry, du nom de son président, René Beaudry, alors juge en chef adjoint du Tribunal du travail, fut publié en 1985. En 1984, il fut également invité comme professeur à l'École des Hautes Études Commerciales, où il enseigne actuellement les relations du travail, à titre de professeur agrégé.

* * *

Quand on aborde le domaine des relations du travail par le biais de la pratique, de quelque côté que ce soit, on peut difficilement être tout à fait objectif et impartial. Je ne regrette, ni ne songe à masquer un engagement syndical que j'ai beaucoup aimé, et ce pendant trente ans. Je tiens cependant à assurer le lecteur que, comme auteur, je ne fais pas ici un travail de prosélytisme. Bien sûr, un certain nombre de conclusions, de réflexions ou de perspectives comportent inévitablement des jugements, et ces jugements reflètent parfois des choix de valeurs où on verra dépasser l'oreille du syndicaliste. Mais le but de ce livre n'est pas de convertir. Il est d'informer et de tenter d'éclairer le lecteur. Aussi, les références à mes valeurs personnelles sont restreintes au minimum indispensable pour porter des jugements sans lesquels ce livre n'aurait ni saveur ni intérêt, alors que, justement, je souhaite ardemment intéresser le lecteur au domaine passionnant des relations du travail.

Jean Gérin-Lajoie

PARTIE I

LE SYSTÈME

CHAPITRE 1

Gestionnaires, syndicats et non-syndiqués

1.1   Combien de travailleurs sont syndiqués?

1.2   Qui est syndiqué, qui ne l'est pas, et dans quels secteurs?

1.3   Qu'en est-il du secteur et des services publics?

1.4   Le contraste récent Canada-États-Unis

1.5   La syndicalisation et les gestionnaires

1.6   Le gestionnaire: autres réticences à la syndicalisation

1.7   Un contexte diversifié

Au Québec ou en Amérique du Nord, les gestionnaires d'entreprises du secteur privé ont la réputation de considérer d'un mauvais œil, sinon comme une menace, l'apparition d'un syndicat dans leur entreprise. Cette réputation, qui se vérifie dans la pratique, joue un rôle capital dans les relations du travail sur notre continent. Il convient donc d'examiner avec attention les facteurs et les causes de cette réticence. Certains d'entre eux sont externes à l'entreprise, le pourcentage ambiant de syndicalisation par exemple, d'autres lui sont internes, comme la perspective de devoir partager les pouvoirs de la gestion avec un syndicat. Cet examen nous amènera à constater que les situations sont plus diversifiées qu'il n'y paraît au premier abord et que cette diversité est fondamentale pour le gestionnaire de l'entreprise individuelle.

1.1   COMBIEN DE TRAVAILLEURS SONT SYNDIQUÉS?

À l'échelle de la société, le syndicalisme est minoritaire, autrement dit la majorité des personnes occupant un emploi ne sont pas syndiquées. Au Québec, en 1989, on dénombre environ un million de syndiqués, soit 40 p. 100 d'un emploi total de deux millions et demi de personnes. Cet ordre de grandeur est comparable à celui de l'ensemble du Canada et représente au moins le double de celui des États-Unis[1]. Cette donnée provient des chiffres détaillés fournis au tableau 1-1.

Avant de différencier les diverses réalités auxquelles correspondent ces chiffres globaux, il convient d'expliquer l'usage fait de l'expression «ordre de grandeur», alors que les tableaux où on la retrouve contiennent des chiffres précis jusqu'à la décimale. C'est que les statistiques sur la syndicalisation sont des données très fragiles qui font le désespoir de nombreux chercheurs qui les ont compilées ou analysées. Quand la précision est en partie factice, mieux vaut le savoir. Si cela l'ennuie, le lecteur peut passer à la section suivante.

On notera d'abord que nous utilisons l'expression courante «taux de syndicalisation», alors que le tableau 1-1 fait état du «taux de présence syndicale». La seconde expression considère le nombre de salariés régis par une convention collective alors que la première renvoie plutôt au nombre précis de syndiqués. L'une et l'autre sont en réalité approxi-

1.   Jean Boivin, Jacques Guilbaut, *Les relations patronales-syndicales*, 2ᵉ édition, Gaëtan Morin Éditeur, 1989, p. 79.

matives. D'une part, le nombre de salariés constituant la «présence syndicale» provient du nombre de salariés déclaré par le syndicat ou par l'employeur quand, une fois signée, la convention collective est déposée auprès du ministère du Travail. Par exemple, si le syndicat local 1234 des Métallos a, en 1987, déposé une convention collective d'une durée de trois ans et déclaré qu'elle régissait 250 travailleurs, ce nombre est conservé dans les statistiques pendant trois ans, c'est-à-dire jusqu'en 1989, même si entre temps des mises à pied ou des embauchages sont venus modifier ce nombre. Peu importe aussi que la déclaration faite en 1987 ait été approximative. D'autre part, on ne sait pas si chacun des salariés régis par cette convention a signé une carte d'adhésion syndicale faisant de lui un «syndiqué». Les chiffres publiés par ailleurs sur le nombre de «syndiqués» proviennent de sondages faits par Statistique Canada ou des déclarations annuelles d'effectifs faites par les syndicats en vertu d'une loi fédérale.

De plus, la comptabilisation des employés à temps partiel dans ces déclarations introduit des écarts considérables selon le choix de la méthode de calcul. Par exemple, en 1989 le ministère de la Santé et des Services sociaux a choisi de déclarer 227 182 salariés régis par ses conventions collectives plutôt que 139 131 salariés dits ETC (équivalents à temps complet) comme il le faisait auparavant. On voit au tableau 1-1 que le taux de présence syndicale en 1989 est de 83,3 p. 100 alors qu'il aurait été de 50,9 p. 100 selon la méthode de calcul antérieure. Pour le secteur de l'enseignement, le tableau 1-1 indique un taux de présence syndicale de 71,0 p. 100 comparativement à 60,4 p. 100 selon la méthode antérieure. Ces écarts, importants, font passer le taux de présence syndicale de 41,2 à 45,4 p. 100 pour l'ensemble des salariés québécois. Et il ne s'agit là que de la pointe visible de l'iceberg. En effet, l'emploi à temps partiel occupe aussi une main-d'œuvre considérable dans le commerce de détail, l'hôtellerie et la restauration, tandis que le travail temporaire abonde dans la construction et les services. Il est probable que de tels écarts faussent les statistiques dans ces secteurs.

Enfin, le taux de présence syndicale se calcule par rapport à l'emploi total. Or, les données sur l'emploi proviennent d'une autre source, entièrement différente. Ce sont les chiffres compilés par Statistique Canada selon des méthodes qui lui sont propres et dont les variations lui sont par conséquent également propres.

Le lecteur comprendra ainsi la portée des mots utilisés de façon générale dans ce livre. Les taux de syndicalisation doivent être maniés avec prudence. Ce sont en fait des ordres de grandeur; d'où l'usage abondant que nous faisons de chiffres arrondis, donc moins trompeurs. Les taux de syndicalisation sont en réalité des taux de présence syn-

TABLEAU 1-1   La présence syndicale au Québec

Taux sectoriels et global de présence syndicale à partir du nombre d'emplois et de salariés visés par une convention collective (1989)

Secteurs d'activité économique	Emploi[1]	Nombre de salariés[2]	Taux de présence syndicale (%)
Agriculture	N.D.	–	–
Sylviculture	19 351	8 298	42,9
Chasse et pêche	N.D.	–	–
Mines	20 854	10 705	51,3
Primaire	40 205	19 003	47,3
Aliments et boissons	60 610	33 050[3]	54,5
Tabac	3 158	2 224	70,4
Caoutchouc	20 276	9 478	46,7
Cuir	8 444	3 871	45,8
Textile	29 098	14 663	50,4
Bonneterie	11 371	2 295	20,2
Habillement	54 904	18 523	33,7
Bois	35 015	16 739	47,8
Meubles	22 442	9 360	41,7
Papier	46 302	34 721	75,0
Imprimerie	35 495	13 163	37,1
Première transformation des métaux	27 232	20 506	75,3
Fabrication des produits en métal	38 444	14 549	37,8
Fabrication de machines	24 307	8 406	34,6
Fabrication d'équipements de transport	43 019	24 966[3]	58,0
Fabrication de produits électriques	34 833	18 160[3]	52,1
Fabrication de produits minéraux non métalliques	16 059	10 693	66,7
Fabrication de produits du pétrole	3 420	1 582	46,3
Industrie chimique	29 082	8 344[3]	28,7
Industries manufacturières diverses	21 771	7 199	33,1
Manufacturier	565 282	272 492	48,2
Construction	136 998	112 355	82,0
Secondaire	702 280	384 847	54,8
Transports et entreposage	119 322	56 130[3]	47,0

TABLEAU 1-1   La présence syndicale au Québec (suite)

Communications	57 359	39 831³		69,4	
Électricité, gaz et eau	35 055	19 531		55,7	
Commerce de gros	154 585	15 283		9,9	
Commerce de détail	318 979	53 690		16,8	
Finances, assurances et immeubles	155 405	11 082		7,1	
Enseignement	221 458	157 259	(133 733)⁴	71,0	(60,4)
Services médicaux et sociaux	273 421	227 812	(139 131)⁴	83,3	(50,9)
Divertissement et loisirs	43 361	4 867³		11,2	
Services fournis aux entreprises	143 525	16 050		11,2	
Services personnels, hébergement et restauration	210 203	27 186³		12,9	
Services divers	52 590	11 686		22,2	
Administration publique	174 083	151 348³		86,9	
Tertiaire	**1 959 435**	**791 755**	**(679 588)⁴**	**40,4**	**(34,7)**
Ensemble des secteurs	**2 632 913**	**1 195 605⁵**	**(1 083 438)**	**45,4**	**(41,2)⁶**

1. Statistique Canada: système d'extraction CAMSIM (juillet 1988-juin 1989). Pour la méthodologie et les concepts utilisés, consulter, *Emploi, gains et durée du travail*, catalogue 72-002. Les chiffres apparaissant dans la colonne Emploi correspondent au mois où l'on comptait le plus grand nombre de salariés dans chacun des sous-secteurs et pour l'ensemble des secteurs. La somme des sous-secteurs est donc différente du nombre indiqué pour l'ensemble des secteurs. Il s'agit d'une estimation de l'emploi.

2. L'expression salariés s'applique ici aux salariés visés par une convention collective au sens du Code du travail québécois, aux salariés qui sont visés par une convention collective conclue en vertu du Code canadien du travail ou de la Loi sur les relations du travail dans la fonction publique (fédérale) ainsi qu'aux salariés actifs de l'industrie de la construction.

3. Indique la présence d'un certain nombre de salariés de compétence fédérale.

4. En 1988, Le marché du travail publiait deux taux de présence syndicale pour le secteur public. Cette double donnée avait été rendue nécessaire afin de tenir compte d'une modification quant à la comptabilisation du nombre de salariés dans les sous-secteurs de l'enseignement et des services médicaux et sociaux. Afin de permettre une comparaison avec les années antérieures, les taux sont présentés ici. Le chiffre indiqué entre parenthèses correspond au taux de présence si celui-ci avait été calculé à partir des équivalences à temps complet.

5. Ce total n'inclut pas les salariés des sous-secteurs de l'agriculture (1 531 salariés) et de la chasse et de la pêche (76 salariés) en raison de l'absence des données sur l'emploi dans ces catégories.

6. Le taux présenté entre parenthèses correspond au taux global de présence syndicale si celui-ci avait été calculé à partir des équivalents à temps complet dans les sous-secteurs de l'enseignement et des services médicaux et sociaux. Ces deux taux sont présentés afin de permettre des comparaisons avec les années antérieures.

TABLEAU 1-1   La présence syndicale au Québec (suite)

SOURCES:
- Fichier d'analyse des conventions collectives, ministère du Travail, 12 septembre 1989.
- Commission de la construction du Québec, *Analyse de l'industrie de la construction au Québec 1988*, Service recherche et organisation, mai 1989, tableau 3-7, p. 35.
- Conseil du trésor du Canada, Direction des relations du travail, données du 30 juin 1989.
- Travail Canada, Bureau de renseignements sur le travail, septembre 1989.

Les données ayant trait aux équivalences à temps complet dans les sous-secteurs de l'enseignement et des services médicaux et sociaux ont été obtenues auprès des ministères suivants:
- Ministère de l'Enseignement supérieur et de la Science, Direction de l'enseignement collégial, Direction des effectifs et conditions de travail (Système SPOC 1987-1988).
- Ministère de l'Éducation, Direction générale des ressources informationnelles, Direction de l'aide aux usagers, Service de l'Info-centre (Système PERCOS 1988-1989).
- Ministère de la Santé et des Services sociaux, Direction générale des relations du travail, Service recherche et analyse/Personnel du réseau (31 mars 1988).
- Ministère du Travail, Québec, « Les relations du travail en 1989 », in *Le marché du travail*, décembre 1989, p. 20.

dicale, et dans de nombreuses circonstances la distinction est tout à fait secondaire (sauf, comme nous le verrons au chapitre 6, dans le cas particulier du régime québécois des décrets). C'est pourquoi, par exemple, nous indiquions plus haut que le taux de syndicalisation au Québec était comparable à celui du Canada dans son ensemble. Boivin et Guilbault[2] estiment, avec raison probablement, qu'il est plus élevé au Québec, suivi de près par Terre-Neuve et par la Colombie-Britannique. Il n'en demeure pas moins que ces taux sont comparables, surtout par rapport aux taux beaucoup plus faibles généralement observés aux États-Unis. D'autant plus que les inégalités interprovinciales sont faibles par rapport aux inégalités intersectorielles, celles-ci étant la source de celles-là. Le temps est venu d'aborder ces inégalités inter-sectorielles dont l'importance, nous le verrons, est considérable pour le gestionnaire et pour ses employés.

1.2   QUI EST SYNDIQUÉ, QUI NE L'EST PAS, ET DANS QUELS SECTEURS?

La figure 1-1 reprend les chiffres du tableau 1-1 mais les présente différemment. On y regroupe les secteurs d'activité économique en trois catégories : les secteurs et services publics, les secteurs privés primaires et secondaires, et enfin les secteurs privés tertiaires. Dans chacune de ces trois catégories, chaque secteur est rangé selon un ordre décroissant en fonction de son taux de présence syndicale, et chaque taux de syndicalisation est illustré par une bande horizontale proportionnelle. On obtient une pyramide inversée dont l'inquiétante silhouette illustre des réalités tout à fait significatives des relations du travail.

Il y a d'abord les inégalités du taux de syndicalisation qui sont considérables. En effet, la syndicalisation dépasse 80 p. 100 dans le haut de la pyramide, chez les 450 000 travailleurs de l'administration publique et de la santé, alors qu'elle n'atteint pas 10 p. 100 dans le bas, chez les 300 000 travailleurs du commerce de gros et de la finance. Sous le rapport du recours à la syndicalisation, il s'agit bien de deux mondes différents. Ainsi, un travailleur songeant à se syndiquer ou un gestion-naire craignant la syndicalisation ne peuvent pas être indifférents au taux ambiant de syndicalisation dans le secteur économique où ils tra-vaillent.

---

2.   J. Boivin, J. Guilbault, *op. cit.*, p. 81.

FIGURE 1-1   Taux de présence syndicale (1989)

Secteurs	Emploi	Taux de présence syndicale – 1989	%
PUBLICS			
Adm. publique	174 083		86,9
Services médicaux et sociaux	273 421		83,3
Enseignement	221 548		71,0
Communications	57 359		69,4
Électricité, eau, gaz	35 055		55,7
PRIVÉS, PRIMAIRE, SECONDAIRE			
Construction	136 998		82,0
1re transform. métaux	27 232		75,3
Papier	46 302		75,0
Tabac	3 158		70,4
Fabr. prod. min. non métall.	16 059		66,7
Fabr. équip. transport	43 019		58,0
Aliments & boissons	60 610		54,5
Fabr. prod. électr.	34 833		52,1
Mines	20 854		51,3
Textile	29 088		50,4
Bois	35 015		47,8
Caoutchouc	20 276		46,7
Fabr. prod. pétrole	3 430		46,3
Cuir	8 444		45,8
Sylviculture	19 351		42,9
Meubles	22 442		41,7
Fabr. prod. métall.	38 444		37,8
Imprimerie	35 495		37,1
Fabr. machines	24 307		34,6
Habillement	54 904		33,7
Industries manuf. diverses	21 771		33,1
Industries chimiques	29 082		28,7
Bonneterie	11 371		20,2
PRIVÉS, TERTIAIRE			
Transport - entreposage	119 322		47,0
Services divers	52 590		22,2
Commerce de détail	318 979		16,8
Hébergement - restauration	210 203		12,9
Services aux entreprises	143 525		11,2
Divertissement - loisirs	43 361		11,2
Commerce de gros	154 584		9,9
Finances, assur. imm.	155 405		7,1
ENSEMBLE	2 632 913		45,4

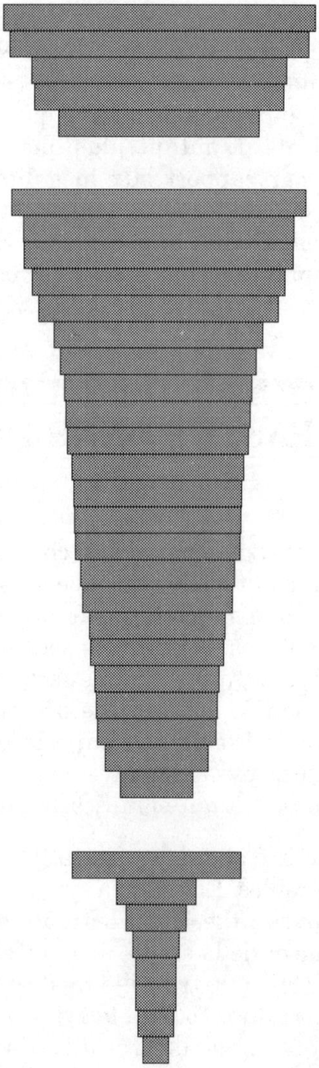

Cette pyramide inversée confirme aussi la diversité des perceptions courantes que l'on se fait de la présence syndicale. Imaginez par exemple que vous êtes un promeneur flânant devant les boutiques d'un centre commercial, disons les Galeries d'Anjou en banlieue de Montréal. Demandez-vous si les employés ou employées de ces boutiques sont syndiqués. La plupart savent que cela est rarement le cas. C'est là un monde où le syndicalisme est presque absent. Promenez-vous ensuite le long d'une artère commerciale telle la rue Saint-Jean à Québec, et demandez-vous si les employés de ces magasins ou restaurants sont syndiqués. Là encore c'est un monde où le syndicalisme est pour ainsi dire inexistant. Enfin, attardez-vous dans le hall de la Place Ville-Marie, au centre-ville de Montréal, et demandez-vous combien des employés travaillant dans ces bureaux sont syndiqués. Presque aucun, on le sait. Il s'agit encore là d'un monde où le syndicalisme est presque absent. C'est ainsi qu'une partie importante de la population occupe des emplois, fait carrière ou dirige des entreprises dans des secteurs économiques où le contact avec le syndicalisme est improbable.

En chiffres bruts, la pyramide inversée confirme ces perceptions. La fine pointe inférieure de la pyramide regroupe 300 000 emplois dont 90 p. 100 ne sont pas syndiqués. L'ensemble des secteurs des services privés regroupe presque la moitié de l'emploi total au Québec, soit 1 200 000 emplois dont 85 p. 100 ne sont pas syndiqués. En fait, les seuls services privés où le syndicalisme est présent sont ceux du transport et de l'entreposage: un monde de cols bleus où se fait sentir la présence du Syndicat des camionneurs; des services un peu à part des autres et qui s'apparentent plutôt aux autres secteurs où l'on retrouve des cols bleus, les secteurs manufacturiers.

Le milieu de la pyramide inversée comprend les 700 000 emplois du secteur manufacturier, syndiqué à 55 p. 100 et qui regroupe un grand nombre de cols bleus. Le lecteur attentif aura noté que, pour simplifier, nous avons inclus l'industrie de la construction dans le secteur manufacturier. Nous reviendrons au chapitre 6 sur les distinctions qui doivent être faites entre les usines des secteurs industriels et les chantiers de construction. Pour l'instant, l'important est de souligner que contrairement à la situation qui existe dans les services privés, le recours à la syndicalisation est fréquent et parfois coutumier dans le secteur manufacturier. Dans des secteurs importants de l'industrie québécoise, tel le papier, l'acier, l'aluminium, l'automobile ou le ciment, environ les deux tiers des emplois sont syndiqués. Le secteur industriel qui compte le plus d'emplois, soit celui des aliments et boissons, avec 60 000 emplois, est syndiqué à 55 p. 100; un taux représentatif de l'ensemble de cette catégorie d'activités économiques.

Il ne semble pas imprudent de dire que dans les principaux établissements des secteurs industriels où la syndicalisation avoisine les deux tiers de l'emploi, le col bleu, le superviseur ou le gestionnaire perçoit le syndicalisme comme une réalité familière. La présence d'un syndicat peut être considérée comme probable puisqu'elle est si courante, et les relations du travail reflètent cette probabilité, même en l'absence de syndicat. D'ailleurs nous verrons plus loin que le syndicalisme industriel nord-américain est né dans ces secteurs, que le Code du travail en reflète les réalités, et que la présence syndicale continue d'y être prépondérante.

Par ailleurs, entre ces extrêmes où la syndicalisation est soit improbable, ou au contraire probable, il existe une zone intermédiaire où les jeux ne sont pas faits. Dans une douzaine de secteurs industriels, comprenant environ 300 000 emplois, la syndicalisation est minoritaire. Une telle situation vaut la peine qu'on s'y attarde, car elle existe aussi ailleurs, par exemple, dans les grandes entreprises offrant des services où les syndicats sont peu présents ou dans les petites entreprises des secteurs manufacturiers fortement syndiqués. On ne peut pas dire que la syndicalisation y est probable ni improbable: l'expression la plus appropriée semble être qu'elle est possible. En effet, on peut aisément constater que parmi des entreprises œuvrant dans le même secteur ou dans la même région, certaines sont syndiquées et d'autres ne le sont pas. Par exemple Steinberg et Pascal, deux grandes chaînes de commerce de détail exploitant ou ayant exploité des magasins principalement dans la région montréalaise: Steinberg est syndiquée, alors que Pascal ne l'était pas avant sa fermeture en 1991. Autre exemple, les caisses populaires et les banques à charte, œuvrant les unes et les autres dans le secteur financier: la syndicalisation est beaucoup plus répandue dans les caisses qu'elle ne l'est dans les banques, où il faut pratiquement une loupe pour la voir! Par exemple encore, Shermag et IBM, œuvrant surtout dans la même région mais dans des secteurs différents, soit respectivement le meuble et les composantes électroniques: Shermag est syndiquée et IBM ne l'est pas.

Nous verrons plus loin que la différence entre les taux de syndicalisation influe grandement sur les relations du travail selon les secteurs, ou encore selon les régions, à cause des industries qui y sont présentes; mais pour le moment continuons d'explorer ces différences.

1.3 QU'EN EST-IL DU SECTEUR ET DES SERVICES PUBLICS?

La pyramide inversée permet de visualiser l'énorme contraste existant entre les taux de syndicalisation du secteur public et ceux du secteur

TABLEAU 1-2   Trois taux de syndicalisation

Secteur	Emploi	Syndicalisation
Public	700 000	75 %
Privé manufacturier	700 000	55 %
Privé services	1 200 000	15 %

SOURCE: Voir le tableau 1-1.

privé. Pour les fins du tableau 1-2, qui résume ce contraste par le regroupement de l'activité économique en trois grands secteurs, les données ont été arrondies.

Un coup d'œil suffit pour saisir l'énorme différence qui existe entre ces trois secteurs. Comme nous le verrons ultérieurement à plusieurs reprises, le taux de syndicalisation n'est qu'un des facteurs qui les différencient. Précisons que le regroupement «secteur public» utilisé au tableau 1-2, et dans les commentaires qui s'y rapportent, inclut plus précisément le secteur public où l'État (fédéral ou provincial) est l'employeur, le secteur parapublic relevant d'un Conseil du trésor, l'administration des municipalités, et les entreprises de services publics telles que les communications, le gaz ou l'électricité, dont les tarifs sont réglementés mais dont la propriété est dans certains cas privée.

La silhouette que suggèrent ces données, qui est également celle d'une pyramide inversée, reflète l'image d'une certaine instabilité. C'est évidemment intentionnel. Effectivement, les relations du travail dans le secteur public québécois sont instables et tumultueuses depuis leur début, il y a maintenant 25 ans, et personne ne se hasarde à prédire qu'elles deviendront soudainement stables dans un proche avenir. Or la raison de cette instabilité est profondément ancrée dans la différence des taux de syndicalisation. Expliquons brièvement, même au risque de dérouter le lecteur. Nous verrons plus loin que dans toute négociation collective, les comparaisons jouent un rôle essentiel pour désamorcer ou résoudre un conflit. Or dans le secteur public, la question se pose: avec qui doit-on comparer? Même quand il existe dans le public des emplois comparables à ceux du privé, par exemple celui de serveuse dans la cafétéria d'un hôpital, on peut s'interroger sur la comparaison à faire. Doit-on la comparer aux serveuses d'un grand hôtel urbain pour la plupart syndiquées, ou plutôt aux serveuses de petits restaurants, généralement non syndiquées et payées beaucoup moins? Doit-on comparer un col bleu du secteur public aux cols bleus syndiqués de la grande entreprise manufacturière ou plutôt aux cols bleus de la petite entreprise, souvent non syndiqués et payés eux aussi beaucoup moins? Doit-

FIGURE 1-2   Évolution du syndicalisme nord-américain (1940-1988)

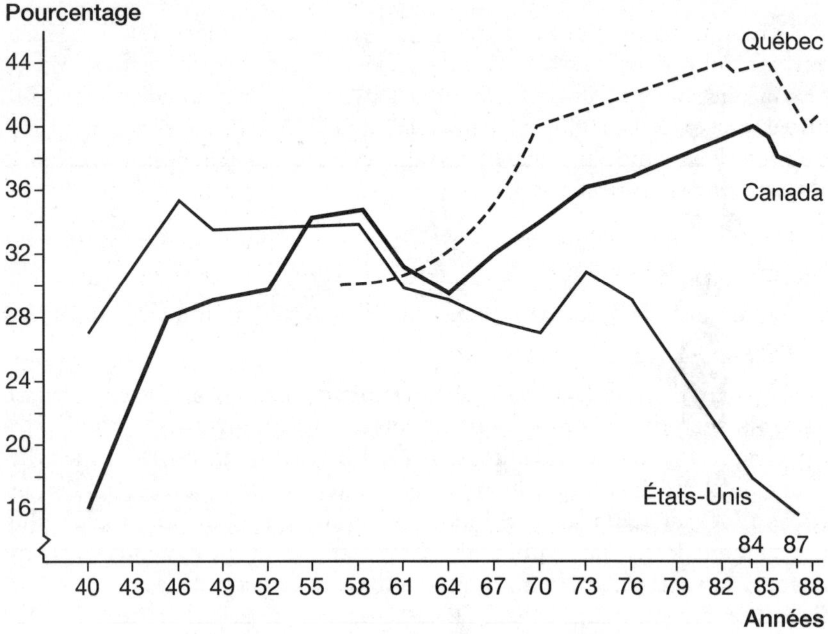

NOTE :   De façon générale, cette figure illustre les grandes tendances dans l'évolution du syndicalisme
nord-américain. Pris individuellement, chacun des chiffres qui la composent (et qui sont détaillés
en annexe) constitue souvent une approximation.

on comparer les salaires payés aux syndiqués du secteur public à celui du contribuable moyen, non syndiqué dans la majorité des cas? La question est tellement épineuse que la réponse n'a jamais fait l'objet d'un consensus au Québec. L'absence d'entente sur les comparaisons appropriées, dans toute négociation collective, est source de conflit. Le secteur public québécois en a été un exemple notoire.

1.4 LE CONTRASTE RÉCENT CANADA – ÉTATS-UNIS

Une autre façon de saisir l'importance de ces inégalités dans la syndicalisation est de comprendre le rôle qu'elles ont joué dans l'évolution historique du syndicalisme au Canada et aux États-Unis, et d'examiner son avenir probable. La figure 1-2 indique l'évolution du syndicalisme nord-américain depuis 1940.

On constate que jamais le syndicalisme n'a été majoritaire sur notre continent et que les variations du taux de syndicalisation ont été considérables depuis un demi-siècle, dans les deux pays. On peut voir également que depuis 1965 la situation a évolué de façon fort différente dans les deux pays, le taux de syndicalisation au Canada étant deux fois plus important qu'aux États-Unis à la fin des années 1980.

L'analyse de ces données est plus facile si on divise en trois périodes les années comprises dans cette figure. La première période, de quinze ans environ, va de 1940 à 1955. En 1940, le taux de syndicalisation américain est le double du taux canadien, soit exactement l'inverse de la situation de 1990. Le syndicalisme industriel américain poursuit son essor, amorcé en 1935, et atteint son sommet vers 1945 avec un taux d'environ 35 p. 100. Le syndicalisme industriel canadien suit et rejoint le taux américain de syndicalisation avec dix ans de retard, en 1955. Au chapitre 2, nous examinerons les origines législatives de ce retard initial et du rattrapage subséquent. Dans les deux pays, ce développement est particulièrement dû à l'essor des syndicats dits industriels chez les cols bleus des grandes industries manufacturières.

La seconde période, qui en est une de stabilisation, n'a duré que dix ans au Canada, de 1955 à 1965. Dans les deux pays, et pour les mêmes raisons, le taux de syndicalisation glisse lentement de 35 à 30 p. 100. D'une part, la syndicalisation des cols bleus du secteur manufacturier a atteint son apogée; elle cesse d'augmenter, mais ne diminue pas. Ce qui baisse, cependant, c'est la part des emplois manufacturiers puisque l'expansion du marché de l'emploi se fait essentiellement dans les services privés, qui, quant à eux, continuent à ne pas se syndiquer. En somme, jamais les cols blancs ou les cols roses des services privés ne se sont syndiqués massivement depuis un demi-siècle, ni jamais auparavant bien sûr. Il est opportun de se rappeler ici la silhouette de la pyramide inversée de la figure 1-1, puisque sa composition est essentielle à l'interprétation de l'évolution du syndicalisme nord-américain.

La troisième période est celle du contraste actuel, qui apparaît dès 1965, et s'accroît de façon assez constante jusqu'en 1985. Cet écart provient de l'apparition et de l'essor du syndicalisme dans le secteur public, d'abord au Québec et ensuite dans le reste du Canada. Cette croissance est beaucoup plus rapide qu'aux États-Unis. Cela explique l'essentiel de la différence entre les taux de syndicalisation canadien et américain. Car pendant ce temps, dans les deux pays, la syndicalisation manufacturière continue à stagner et l'emploi dans ce secteur est à la baisse; dans les deux pays également, la syndicalisation des services privés continue d'être minimale alors que l'emploi y est en progression rapide. À partir de 1985 les taux québécois et canadien de syndicalisation ont recommencé à baisser puisque les tendances du secteur manufacturier et des services privés persistent et que les effectifs syndicaux des secteurs publics ont plafonné: leur syndicalisation est chose faite et l'emploi y décroît à cause de l'ampleur des déficits gouvernementaux au Canada.

Toujours au chapitre des comparaisons canado-américaines, Boivin et Guilbault[3] soulignent avec justesse que les disparités interprovinciales du taux de syndicalisation au Canada sont peu considérables par rapport aux énormes disparités qu'on rencontre aux États-Unis, les extrêmes étant constitués par la Caroline du Sud, avec 6 p. 100, et par l'État de New York avec 36 p. 100. À l'heure du libre-échange, il est intéressant de noter que le taux de l'État de New York est beaucoup plus proche des taux canadiens que des taux du Sud des États-Unis.

En interrogeant le passé pour mieux scruter l'avenir, on peut faire la prédiction suivante, conscient qu'elle n'a rien de scientifique. Les principales tendances qui ont façonné les taux de syndicalisation étant assez stables, même si leur résultat conjugué ne l'a pas été, elles laissent présager que la baisse lente des taux de syndicalisation amorcée depuis 1985 continuera, inchangée, jusqu'en l'an 2000, soit une baisse du taux de syndicalisation, dans les deux pays, se situant à 90 p. 100 de son niveau actuel.

1.5 LA SYNDICALISATION ET LES GESTIONNAIRES

Les grandes disparités intersectorielles dans le taux de syndicalisation, créant parfois aussi de grandes disparités interrégionales selon les industries présentes dans les régions, ne peuvent qu'influencer le gestionnaire. Le gestionnaire de chaque entreprise craint naturellement d'être défavorisé par rapport à ses concurrents. Il scrute donc avec attention le taux de syndicalisation chez ses rivaux. La gamme des taux de syndicalisation dans les secteurs privés produit une gamme correspondante d'attitudes des gestionnaires quant à la syndicalisation et aux relations du travail. Sans vouloir créer des catégories factices, il est notoire que dans plusieurs boutiques, petits restaurants ou petits

---

3.   J. Boivin, J. Guilbault, *op. cit.*, p. 82.

bureaux, ou encore dans de toutes petites entreprises, les relations du travail se vivent avec peu d'égard envers la syndicalisation qui est fortement improbable. Si elle se produit, elle donnera souvent lieu à des luttes féroces portées, nous le verrons, devant un commissaire du travail. Par ailleurs, là où la syndicalisation est possible sans être vraiment probable, le gestionnaire accordera souvent une attention soutenue aux relations du travail dans le but d'éviter que ses employés ne recourent à la syndicalisation. D'une part, il prendra soin de créer, par sa gestion, le sentiment qu'un syndicat n'apporterait rien de plus, et, d'autre part, il fera savoir par toutes sortes de moyens qu'il ne souhaite pas la syndicalisation ou qu'elle serait nuisible à la santé de l'entreprise. C'est d'ailleurs là l'ossature des conseils donnés par les consultants spécialisés dans ce genre de situation[4], qui sont souvent efficaces. Si une tentative de syndicalisation survient, certains gestionnaires s'y opposeront, d'autres pas, compte tenu des valeurs auxquelles ils adhèrent mais aussi selon le degré de syndicalisation chez leurs principaux concurrents. Enfin, là où la syndicalisation est vraiment probable, les relations du travail feront souvent l'objet d'échanges plus soutenus et incluront une volonté ferme de respecter à la lettre la législation protégeant le droit d'association.

Cette analyse permet de comprendre la stabilité remarquable des taux de syndicalisation, et celle de leur disparité, selon le secteur d'activité économique. Les syndicats restent présents dans les secteurs où ils le sont déjà. Ils restent également absents dans les secteurs où ils ne sont pas implantés. L'attitude du gestionnaire de l'entreprise face à ses concurrents y est pour beaucoup, de même que l'influence de cette attitude sur ses employés, qui est souvent considérable. Nous verrons aussi que ces réalités contribuent à expliquer l'acceptation, voire la popularité auprès des employeurs, des régimes de décrets fixant des charges salariales égales parmi des groupes restreints de PME concurrentes, comme les garages de réparation automobile par exemple.

Pour être précis, sans pour autant devancer notre propos, utilisons une illustration simple basée sur des chiffres arbitraires qui ne sont toutefois pas sans rapport avec la réalité. La stabilité des taux sectoriels de syndicalisation est telle que dans un petit groupe homogène de commerces concurrents où le taux de syndicalisation serait de 12 p. 100, il serait probable à 12 p. 100 que des employés tentent de se syndiquer et il y aurait 12 p. 100 de chances qu'ils y parviennent. Il serait par ailleurs probable à 88 p. 100 que l'entreprise visée lutte contre une telle

4.   Roger-J. Bédard, *Comment sauvegarder ou rétablir un milieu non syndical*, Éditions du Chef d'Entreprise, 1981.

tentative de syndicalisation et qu'elle réussisse à la vaincre. Une telle comptabilité n'est pas fiable, mais elle donne une image des réalités de l'action.

Terminons cette section en évoquant, à l'appui des observations qui précèdent, le cas des employés directs ou indirects de l'État québécois. Pour des raisons sociales ou politiques, l'État ne s'oppose pas à leur syndicalisation. Le résultat? Soixante-quinze p. 100 d'entre eux sont syndiqués, au bas mot. L'assentiment de l'État-employeur a contribué à un taux de syndicalisation quasi total, compte tenu des exclusions prévues par la législation et dont nous reparlerons. Cet assentiment exceptionnel a produit des résultats également exceptionnels. Ces résultats témoignent de la place que prend également l'assentiment de l'employeur dans le secteur privé. Cet accord du gestionnaire, qu'il soit total, partiel ou inexistant, joue un rôle important dans les relations du travail.

1.6   LE GESTIONNAIRE: AUTRES RÉTICENCES À LA SYNDICALISATION

Ayant longuement parlé d'éléments externes à l'entreprise pour expliquer les diverses réticences des gestionnaires quant à la syndicalisation, il convient maintenant de mentionner des éléments qui sont internes à l'entreprise. Un auteur américain célèbre, E.W. Bakke[5], a regroupé en sept catégories les principaux reproches des gestionnaires envers les attitudes syndicales ainsi que les actions syndicales nuisant aux relations du travail et à la marche de l'entreprise. Sa démarche faisait suite à une importante enquête réalisée dans les années 1940 auprès de soixante cadres supérieurs de grandes entreprises américaines dans les principales villes du pays. Rappelons que cette époque était celle de l'apogée du syndicalisme industriel américain. On songeait peu à le combattre dans les entreprises interrogées parce que son essor avait été foudroyant et qu'il semblait là pour rester. Il était également difficile de prévoir que cette période constituait un sommet et que le syndicalisme connaîtrait bientôt un déclin.

Même si beaucoup d'auteurs se sont attaqués par la suite à ce sujet difficile, le regroupement de Bakke et son contenu semblent avoir bien vieilli, ce qui est le signe d'un bon cru; ils ont conservé une grande

---

5.   E.W. Bakke, *Mutual Survival, The Goals of Unions and Management*, Harper, 1946, p. 20-27.

actualité. Il convient de résumer les propos de cet auteur pour expliciter en quoi consiste la réticence ou l'inquiétude du gestionnaire envers la présence ou la conduite du syndicat au sein de son entreprise.

La première inquiétude concerne l'empiétement syndical sur les fonctions, les prérogatives et la liberté patronales, autrement dit sur le pouvoir patronal. Un tel partage du pouvoir réduit la rapidité de décision, ampute la liberté de décider des affectations de main-d'œuvre. Il constitue une ingérence dans les décisions disciplinaires, restreint le choix des horaires et implique la négociation des systèmes de rémunération. Il peut également remettre en cause les politiques de l'entreprise dans d'autres domaines, et de plus, ne connaît pas de limites définissables.

Un autre point soulevé par les personnes interrogées a trait à la dépersonnalisation des ajustements individuels par l'imposition de normes et de règles communes. Une telle normalisation peut porter sur la quantité de production, sur la rémunération, sur les promotions ou les mutations – avec peu d'égard pour le mérite –, sur la progression automatique dans la hiérarchie des emplois ou des rémunérations. Elle peut aussi amener la présence obligatoire d'un délégué syndical à la première étape d'une procédure de règlement des griefs, soit la rencontre entre le travailleur et le superviseur de premier niveau.

Un troisième sujet d'inquiétude porte sur la croissance d'une loyauté syndicale obtenue par des moyens qui réduisent la loyauté envers l'entreprise. Ces moyens peuvent être de mettre tous les employeurs dans le même sac, de réduire leur fonction d'employeur à celle d'exploiteur. On peut présenter toute amélioration comme une concession à laquelle l'employeur a été contraint par le syndicat. L'amplification des conflits, plutôt que la recherche d'une solution, et les attaques parfois non fondées envers la bonne foi ou l'intégrité de la direction sont également des attitudes que craignent les gestionnaires.

Les dirigeants d'entreprises sont également réticents à l'arrivée d'un tiers, porte-parole de ses employés et porteur de valeurs étrangères à l'entreprise. Cette intrusion comprend la présence de porte-parole qui ne sont pas des employés, qui ont peu de souci du sort de l'entreprise, ou sur lesquels on n'a aucun contrôle. Elle implique aussi la revendication d'une retenue des cotisations syndicales ou de l'obligation d'adhérer au syndicat ainsi que le désir d'obtenir des concessions arrachées ailleurs, parfois dans des industries non comparables. La présence de ce porte-parole extérieur peut également conduire à l'introduction d'objectifs sociaux ou politiques dans les demandes des employés.

Un autre grief découle d'une vision économique malsaine imputée au syndicat. Celle-ci est faite d'une méconnaissance des liens entre la productivité horaire, les salaires horaires, les coûts, les prix, les volumes et les emplois. Elle comporte également une incompréhension du rôle des profits, du capital de risque et des exigences de la croissance. Une telle vision insiste de plus sur le maintien du pouvoir d'achat, sans égard au sort de l'entreprise, et indique un désintéressement quant aux charges fiscales imposées à l'entreprise pour des avantages sociaux. On peut résumer cette approche par une tendance perpétuelle à la hausse dans les revendications.

Une sixième inquiétude repose sur l'hypocrisie et l'irresponsabilité de la conduite du syndicat envers l'employeur. Celles-ci incluent la menace d'une grève ou d'un ralentissement de travail, les grèves de sympathie, les grèves du zèle non déclarées, la recherche d'arrangements spéciaux à cause d'un problème syndical interne, l'augmentation indue du nombre de griefs ou des insatisfactions, la déformation des positions ou des pratiques patronales dans l'information donnée, l'incapacité de faire ratifier ou exécuter par les employés la convention collective négociée ou l'insouciance envers les intérêts de l'entreprise.

La septième inquiétude mentionnée par les gestionnaires interrogés concerne la conduite irresponsable ou non démocratique des affaires internes du syndicat. On pense entre autres à l'usage de la contrainte pour forcer l'adhésion syndicale ou la solidarité du groupe, à l'absence d'élections ou de démocratie dans l'établissement des besoins des membres, ou à l'absence de comptabilité bien tenue. Bakke souligne cependant que cette dernière inquiétude est, des sept, celle pour laquelle on a le moins d'exemples et qui est la moins étayée.

Il n'entre pas dans notre propos de critiquer l'ensemble de ces motifs ou du fondement de ces inquiétudes traditionnelles ou historiques. Nous nous en tiendrons au fait que ces réticences des gestionnaires envers le partage du pouvoir avec les syndicats qui s'implantent dans leur entreprise, répertoriées avec compétence aux États-Unis en 1946, sont encore et toujours d'une grande actualité au Québec. Nous verrons qu'elles débouchent sur de multiples formes de comportement.

1.7   UN CONTEXTE DIVERSIFIÉ

Les réticences des gestionnaires nord-américains envers la syndicalisation de leurs employés sont bien connues. Elles s'expliquent en partie par des éléments externes à l'entreprise.

Le premier de ces éléments dépend du degré de syndicalisation du milieu ambiant, celui des concurrents d'abord, et de la réponse à une question fondamentale pour le gestionnaire: puis-je éviter la syndicalisation de mes employés, et à quel prix?

Le syndicalisme ne regroupe qu'une minorité des travailleurs, particulièrement dans le secteur privé. Mais sa répartition est très inégale d'un secteur à l'autre, ce qui les différencie considérablement.

La syndicalisation massive du secteur public le distingue du secteur privé. Elle explique en partie le contraste entre le taux de syndicalisation canadien et celui des États-Unis. Elle illustre l'importance de l'attitude de l'employeur envers ses employés quant à la syndicalisation.

L'influence du milieu ambiant permet d'expliquer la stabilité des taux de syndicalisation très inégaux selon qu'il s'agit de services, de PME ou de grandes entreprises manufacturières.

Les réticences des gestionnaires s'expliquent aussi par des éléments internes à l'entreprise. Il s'agit notamment de craintes concernant les suites d'un partage du pouvoir au sein de l'entreprise, d'un partage avec le syndicat de la loyauté de ses employés et de la présence d'objectifs divergents.

Dans un tel contexte, comment, dans les faits, un syndicat se forme-t-il?

ANNEXE
Taux de présence syndicale utilisés pour la composition de la figure 1-2

Années	Canada	Québec	États-Unis
1940	16,3		27,2
1941	18,0		28,2
1942	20,6		26,1
1943	22,7		31,4
1944	24,3		34,1
1945	24,2		35,8
1946	27,9		34,9
1947	29,1		34,0
1948	30,3		32,2
1949	29,5		33,0
1950			31,9
1951	28,4		33,8
1952	30,2		33,0
1953	33,0		34,2
1954	33,8		35,3
1955	33,7		33,2
1956	33,3		33,8
1957	32,4	31,2	33,3
1958	34,2	29,6	33,7
1959	33,3	30,5	32,1
1960	32,3	31,7	31,4
1961	31,6	31,8	30,2
1962	30,2	31,0	29,8
1963	29,8	30,7	29,1
1964	29,4	32,4	28,9
1965	29,7	33,8	28,4
1966	30,7	35,7	28,1
1967	32,3	37,5	27,9
1968	33,1	39,6	27,9
1969	32,5	40,0	27,1
1970	33,6	41,1	27,5
1971	33,6	42,1	27,2
1972	34,4	41,9	26,1
1973	36,1	39,5	29,0
1974	35,8	41,3	29,1
1975	36,9	38,0	28,9
1976	37,3	37,0	28,3
1977	38,2		27,2
1978	39,0		27,1
1979			
1980	37,6		23,2

Années	Canada	Québec	États-Unis
1981	37,4		22,6
1982	39,0	44,6	21,2
1983	40,0	43,3	20,1
1984	39,6	40,7	18,8
1985	39,0	44,0	18,0
1986	37,7	42,0	17,5
1987	37,6	40,7	17,0
1988		41,0	
1989		41,2	

NOTES EXPLICATIVES

Données statistiques concernant le Canada

- *Années 1940 à 1980*
  Voir Chaison, «Unions: Growth Structure and Internal Dynamics», in J.C. Anderson and M. Gunderson, *Union Management Relations in Canada*, 1982, p. 149.

- *Années 1950 et 1979*
  Pour ces années, Chaison fournit l'explication suivante: «Data on union membership for all years up to and including 1949 are as of december 31. In 1950 the reference date was moved ahead one day to January 1, 1951. The data for subsequent years are as of January 1. Data was not collected for 1979.»

- *Année 1981*
  Voir Boivin, Jean, Guilbault, Jacques, *Les relations patronales-syndicales*, 2e édition, Québec; Gaëtan Morin Éditeur, 1989, p. 79.

- *Années 1982 à 1987*
  Voir *Les Lois du travail, les conventions collectives et le libre-échange. Une première évaluation*, Québec; Les Publications du Québec, 1989, p. 39.

Données statistiques concernant le Québec

- *Années 1940 à 1956*
  Nous ne disposons d'aucune donnée statistique satisfaisante pour ces années.

- *Années 1957 à 1968*
  Voir Eaton, J.K., «Croissance du syndicalisme dans les années soixante», *Travail Canada*, Ottawa, octobre 1975, p. 47.

- *Années 1969 à 1974*
  Voir Lassonde, Gaspar, «Les taux du syndicalisme au Québec», *Travail Québec*, vol. 13, n° 2, mars 1977, p. 26.

- *Années 1973 à 1981*
  Nous estimons qu'il n'existe pas de séries statistiques fiables concernant le nombre d'employés syndiqués au Québec pour les années 1973 à 1981, de même que pour l'année 1984.

- *Années 1982 à 1987*
  Voir *Les Lois du travail, les conventions collectives et le libre-échange. Une première évaluation*, Québec; Les Publications du Québec, 1989, p. 39.

Données statistiques concernant les États-Unis

* *Années 1940 à 1954*
  Voir *Statistical Abstract of the United States, 1957*, United States; Department of Commerce, Bureau of the Census, 1957, p. 232.

* *Année 1955*
  Voir *Statistical Abstract of the United States, 1966*, United States; Department of Labor, Bureau of the Census, 1966, p. 246.

* *Années 1956 à 1958*
  Voir *Statistical Abstract of the United States, 1960*, United States; Department of Labor, Bureau of the Census, 1960, p. 233.

* *Années 1959 à 1972*
  Voir Marshall, Ray, Rungeling, Brian, *L'Amérique des syndicats*, Paris; Economica, 1978, p. 41.

* *Années 1973 à 1978*
  Voir *Directory of National Unions and Employees Association, 1979*, United States; Department of Labor, Bureau of Labor Statistics, September 1980, Bulletin 2079, p. 59.

* *Année 1979*
  Aucune donnée n'est disponible pour cette année.

* *Année 1980*
  Voir *Statistical Abstract of the United States, 1988*, United States; Department of Labor, Bureau of the Census, 108th edition, p. 401.

* *Année 1981*
  Voir Boivin, Jean, Guilbault, Jacques, *Les relations patronales-syndicales*, 2ᵉ édition, Gaëtan Morin Éditeur, 1989, p. 79.

* *Années 1982 à 1987*
  Voir *Les Lois du travail, les conventions collectives et le libre-échange. Une première évaluation*, Québec; Les Publications du Québec, 1989, p. 39.

CHAPITRE **2**

L'apparition
et l'accréditation
d'un syndicat

2.1   Comment forme-t-on un syndicat? (Récit)

2.2   Pourquoi forme-t-on un syndicat?

2.3   Où forme-t-on un syndicat?

2.4   Trois périodes historiques
      2.4.1   Syndicats illégaux
      2.4.2   Syndicats tolérés
      2.4.3   Syndicats reconnus

2.5   D'où nous vient l'accréditation?
      2.5.1   L'Europe
      2.5.2   Les États-Unis

2.6   L'accréditation au Canada et au Québec

Ce chapitre a pour objectif premier de familiariser le lecteur avec les implications concrètes et avec les principaux motifs de l'adhésion à un syndicat. Il s'attache également à démontrer l'importance primordiale de l'accréditation dans le processus de formation d'un syndicat, à décrire la situation juridique des syndicats avant l'apparition du système d'accréditation en Amérique du Nord et à situer celui-ci par rapport aux origines européennes du syndicalisme. Enfin, on y traite, de façon sommaire, des circonstances qui ont entouré l'apparition de l'accréditation au Canada et au Québec.

En somme, il s'agit de situer le régime de l'accréditation, avant d'examiner son contenu et ses effets, ce qui fera l'objet du chapitre suivant.

2.1 COMMENT FORME-T-ON UN SYNDICAT? (Récit[1])

André Marchand, Côme Dubois et Linda Sansoucy entrent d'un pas lent dans la brasserie bruyante et enfumée située près de leur usine à Montréal-Nord. «Venez vous asseoir ici», entendent-ils.

Ils aperçoivent, assis avec deux inconnus, leurs amis Fernand et Charles qui leur font signe de se joindre à eux.

«T'as l'air fatigué, lance Fernand à Côme.

– J'en cale une bonne ce soir.

– Qu'est-ce qui t'arrive?

– On me transfère dans deux semaines sur une équipe du soir avec André et Linda.

– Comment ça, on vous transfère? Vous êtes parmi les plus anciens dans votre usine.

– C'est à cause de ça, justement.

– Comment ça, à cause de ça?»

---

1. Le récit fictif présenté ici s'inspire abondamment du document audiovisuel suivant: École des Hautes Études Commerciales, *La formation d'un syndicat*, réalisé par Roger-G. Martin avec la collaboration des Métallurgistes Unis d'Amérique, 1981, 63 mn, son, couleur.

Un verre de bière plus tard, Côme avait raconté que le patron de son usine venait de décrocher un contrat important qu'il devait remplir d'urgence, qu'il haussait pour ce faire le nombre des employés de 100 à 150 en mettant sur pied une équipe du soir et que tous trois avaient été sommés de travailler le soir pour entraîner les nouveaux employés. «Parce qu'on est les meilleurs justement. On ne nous a pas demandé notre avis; on nous a transférés, point.»

Fernand le sermonne: «Je t'ai déjà dit que tu finirais par le regretter de ne pas avoir de syndicat. Chez nous, ça serait impossible, on a un contrat qui défend ça.

— Casse-moi pas les oreilles avec ton syndicat, j'ai pas envie qu'on vienne fouiller dans mes poches pour avoir mon argent, ni qu'on me dise quoi faire, ni qu'on me sorte en grève à tout bout de champ comme on le voit à la TV.

— Fais à ta tête, mon Côme, mais tu vas nous manquer à la salle de billard, si tu travailles le soir.» Côme vida un autre verre.

«De toute façon, reprend Linda, c'est impossible un syndicat chez nous.

— Pourquoi impossible? demande Charles, l'autre ami.

— C'est bien trop divisé dans notre usine. La plupart des femmes veulent pas travailler le soir, et elles sont ravies que ça tombe sur nous autres plutôt que sur elles. À part ça, les commandes étaient minces depuis un an, et la peur d'une mise à pied régnait. Chacun surveillait son voisin pour pas se faire remplacer par lui si ça arrivait. Et le boss le disait souvent que l'ouvrage était rare.

— À part ça, ajoute André, personne n'a envie de se faire congédier. Organiser un syndicat, ça peut être dangereux.»

Jules, un des deux inconnus, lui explique: «C'est défendu par la loi de congédier un employé qui veut se syndiquer. Je connais un gars à qui c'est arrivé, il a été réinstallé au travail, remboursé de quatre mois de salaire perdu, et le syndicat est entré chez eux.»

André vide aussi un autre verre, encore inquiet à la pensée que, bien qu'illégal et par la suite annulé, le congédiement avait quand même eu lieu.

Une heure et quelques bières plus tard, Fernand relance Côme: «Pourquoi tu rencontres pas un représentant de notre syndicat?

— Qu'est-ce qu'il peut faire pour nous, je me le demande.

— Il peut vous faire signer des cartes syndicales.

– Un vendeur?

– Ben non, ben non. Je peux même lui téléphoner pour prendre un rendez-vous. Ça vous oblige à rien.

– Ça nous oblige à rien? demande Linda.

– Ça vous oblige à rien du tout.

– Puis qu'est-ce qui arrive s'il va raconter ça à notre boss?

– C'est pas son habitude, répond Fernand. Je le connais bien.» Finalement, Fernand se lève, fait un téléphone et arrange un rendez-vous pour le lendemain soir.

Le lendemain soir, Fernand, André, Côme et Linda entrent dans le bureau de Carmin Cuerrier, un représentant du Syndicat des Métallos, au 3e étage d'un édifice de l'Est de Montréal. Les présentations faites, Côme lui indique qu'il vient tout simplement prendre des renseignements et qu'il a des questions à poser, ce à quoi Carmin répond que lui aussi a des questions à poser. La conversation s'engage. Le représentant syndical explique aux visiteurs que pour former un syndicat, la majorité des employés devaient avoir signé une carte.

«Une carte de quoi? demande André.

– Une carte d'adhésion, répond Carmin, que chacun signe pour adhérer à l'éventuel syndicat. En plus, chacun doit payer deux dollars.

– Deux dollars? s'indigne André; le syndicat n'est pas encore formé et il a déjà les mains dans mes poches?»

Carmin le rassure en lui montrant le texte de l'article 36.1 du Code du travail et en lui expliquant que cette exigence de la loi visait à assurer le gouvernement que la signature de l'adhésion était sérieuse.

«Y en a qui signent n'importe quoi quand ça coûte rien. Et combien d'employés poinçonnent chez vous? demande Carmin.

– Cent quatre, répond Côme, j'ai compté les cartes de poinçon.

– Alors ça vous prend 53 cartes signées et payées avant de former le syndicat et de demander son accréditation.

– Est-ce qu'il y a un vote après ça? demande Linda.

– Non, lui répond Carmin, avec la majorité pas besoin de vote. Les cartes suffisent. On peut demander un vote si vous signez entre 35 et 50 p. 100 des employés, mais je ne vous le conseille pas: la demande minoritaire d'un vote aboutit presque toujours à un échec. C'est une majorité de cartes qu'il faut.

— Et si les gens de la maintenance ne veulent pas signer? demande André. Aucun d'eux ne sera transféré de nuit, notre problème ne les affecte pas, et ils s'attendent que cette deuxième équipe leur permettra de faire beaucoup d'heures supplémentaires. Peut-on former notre syndicat sans eux?

— Impossible, répond Carmin, une usine, c'est une usine. Le gouvernement ne veut pas multiplier les groupes dans la même usine. Ok, on exclut bien sûr les contremaîtres, les employés de bureau, les vendeurs, mais dans l'usine, tout le monde compte et il vous faut 53 cartes signées et payées. Si vous ne pouvez pas faire signer 53 cartes avant que les nouveaux employés soient embauchés, vous êtes mieux de laisser tomber.

— Pour signer des cartes, demande Linda, on convoque une assemblée et on leur demande de signer?

— Très dangereux, répond Carmin. Tenir une assemblée c'est dire au boss qu'on forme un syndicat et il organise sa défense. Faites signer des cartes le plus discrètement possible, avant et après les heures de travail, pendant le lunch puisqu'il n'est pas payé chez vous, ou en soirée, mais ça c'est plus long. Je vous conseille de faire le plus vite possible, de tenir l'assemblée de formation dès que la majorité sera obtenue, et on enverra la demande d'accréditation à la première heure le lendemain matin.

— Si nous trois on décidait de signer une carte ce soir, s'enquiert Linda, qui signera comme témoin, c'est vous?

— Non, répond Carmin, c'est plus prudent que vous soyez les témoins les uns des autres. Celui qui signe comme témoin sur une carte qu'il a fait signer, laisse une trace écrite de son activité syndicale qui est protégée par la loi, et advenant une punition ou un congédiement, l'article 17 de la loi crée une présomption en sa faveur qui le protège, puisque c'est alors à l'employeur de prouver la raison de la punition ou du congédiement.

— On est loin d'être sûrs qu'on peut faire signer 53 cartes, commente André. Ça vous fait rien si on décidait de ne pas se lancer là-dedans?

— Pas de problème, réplique Carmin. Voici ce que je vous conseille. Faites d'abord un tout petit sondage confidentiel auprès des gens qui ont votre confiance. Faites-le dans les différents services: production 1, production 2, assemblage, expédition, maintenance. Ensuite vous me téléphonez et on évalue comment va votre affaire. Si ça regarde mal, c'est peut-être plus prudent d'arrêter là.»

Nos trois amis quittèrent le bureau de Carmin plus inquiets que confiants devant tant de nouveautés, d'incertitudes et d'écueils possibles. Ils prirent quand même un paquet de 250 cartes avec eux, au cas. Le lendemain, cependant, ils eurent d'heureuses surprises. Un contremaître laissa entendre à un groupe de femmes que d'autres transferts dans l'équipe de nuit deviendraient nécessaires, mais qu'il ne savait pas encore lesquelles d'entre elles seraient déplacées. Toute la matinée elles ne parlèrent que de ça, avec une peur où se mêlait la colère. Le contremaître de la maintenance informa les électriciens qu'un contrat serait accordé à un sous-traitant pour exécuter le surplus de maintenance qu'exigerait le travail de la seconde équipe. Ceux-ci étaient furieux de voir disparaître leur espoir d'augmenter leurs revenus grâce aux heures supplémentaires. Enfin, le contremaître général annonça qu'un nouveau contremaître serait engagé et que, pour combler ce poste, on ferait appel à l'extérieur. L'usine se mit à bourdonner, d'autant plus que le nouveau venu ferait ses débuts dans l'équipe de jour. Le petit sondage envisagé fut vite fait. Le surlendemain, les cartes commencèrent à circuler sous le manteau. Un contremaître s'en aperçut. Lui-même avait déjà été syndiqué ailleurs. Il fit semblant de ne rien voir.

Trois jours plus tard, Côme téléphona à Carmin pour lui annoncer qu'ils avaient réussi, à l'insu du patron, à faire signer 60 cartes, dont 54 étaient déjà payées, et pour lui demander la prochaine étape à suivre. Carmin le félicita et lui conseilla de continuer à faire signer des cartes.

«Plus vous en aurez, moins vous aurez à craindre une contre-attaque. Si vous recrutez 80 p. 100 des employés, les chances sont bonnes que le patron baisse les bras, se résigne à l'inévitable et renonce à une lutte perdue d'avance.» Ils convinrent alors que Carmin louerait une salle pour le mardi soir suivant en prévision de la tenue d'une assemblée de formation.

Le mardi en question, Carmin savait avant l'assemblée que 82 cartes avaient été signées et payées, et que trois ou quatre personnes indécises se présenteraient à l'assemblée sans avoir signé. Carmin ouvrit l'assemblée. Seul en avant, assis derrière une table, il souhaita la bienvenue à tous, annonça le nombre de cartes signées d'une voix triomphante, ce qui lui valut un tonnerre d'applaudissements: le premier geste collectif que posait ce nouveau groupe syndical en voie de naître. Avant de procéder à l'assemblée officielle, il demanda s'il y avait des questions. À un mécanicien qui se plaignait des menaces que lui avaient faites un électricien parce qu'il refusait de signer avant l'assemblée, il indiqua que la loi défend autant l'intimidation pour obtenir l'adhésion au syndicat, que l'intimidation pour empêcher l'adhésion au syndicat. Quand un agent d'accréditation viendra faire un sondage dans l'usine, il vérifiera de façon confidentielle si les adhésions sont authentiques et libres. Il rassura une femme inquiète d'être contrainte à faire des grèves intempestives; son mari, qui n'allait pas aux assemblées de son syndicat, était amer d'avoir à suivre les autres en grève. Carmin lui expliqua qu'effectivement, si l'assistance aux assemblées sur la négociation du contrat est faible, il peut se produire qu'une minorité décide pour tout le groupe. Une troisième question porta sur le dépit du patron, mis au courant par la convocation de l'assemblée, et prédisant que l'arrivée d'un syndicat rendrait l'usine non rentable et pourrait entraîner sa fermeture. Carmin répondit: «Ça me surprendrait qu'il mette ses menaces à exécution quand sa colère sera passée, quand il apprendra que l'adhésion dépasse 80 p. 100 (n'hésitez pas à le laisser savoir), et quand il réfléchira sur le fait que les employés de deux de ses trois concurrents sont déjà syndiqués.»

L'assemblée officielle de formation du syndicat fut longue, fastidieuse et morne. Élection de Carmin comme président d'assemblée, élection d'un secrétaire d'assemblée, adoption des statuts et règlements que personne n'avait lus, affiliation à des organismes syndicaux inconnus, admission des membres ayant signé une carte d'adhésion et payé leurs deux dollars, adoption d'une résolution demandant l'accréditation et décrivant le groupe visé en des termes savants, choix des mandataires du syndicat pour les démarches d'accréditation et, enfin, l'élection d'un président et d'un secrétaire du syndicat local. Là, l'assemblée s'anima un peu, parce que Côme et André voulaient occuper ces deux postes, et qu'ils travaillaient tous deux dans le même département, ce qui irritait les électriciens: «Ils sont là combien de temps, ces deux-là?» demandaient-ils. Carmin les calma en leur assurant que cette élection n'était que provisoire et que des élections complètes et régulières auraient lieu après l'accréditation, tant pour un comité exécutif que pour un comité de négociations, et que leur souci d'être représentés deviendrait opportun à ce moment-là, car ce serait après l'accréditation que la vie interne du syndicat local commencerait vraiment.

Côme et André vinrent à l'avant pour saluer l'assemblée après leur élection, et l'assemblée fut ajournée, au soulagement de tous. Les formulaires de la demande d'accréditation et divers papiers, préparés à l'avance par Carmin, furent signés par Côme et André après l'assemblée. La requête fut expédiée par Carmin dès le lendemain matin.

Voilà un exemple concret de la façon dont peut se passer la formation d'un syndicat. Quand les faits sont différents, le déroulement est différent, et les résultats peuvent également être différents.

2.2 POURQUOI FORME-T-ON UN SYNDICAT?

Les motivations ou les réticences envers la formation du syndicat dans le récit qui précède ne sont donc qu'un exemple de ce qui peut se produire dans la réalité. Nous pouvons cependant en dégager les causes qui amènent généralement un groupe d'employés à se syndiquer.

Il y a d'abord l'insécurité qui accompagne tout changement (dans ce cas-ci un changement d'horaire) et qui peut provenir du fait que le changement est peu expliqué ou mal présenté. Cette insécurité peut se traduire par la résistance au changement lui-même, quel qu'il soit: changement de produit, de méthodes de travail, de système de rémunération ou de propriétaire. Les employeurs redoutent, on l'a vu, que les syndicats cherchent à empêcher le changement ou qu'ils le retardent. Souvent, la formation même d'un syndicat témoigne de cette résistance au changement. La résistance au changement peut également être considérable même dans une usine non syndiquée. Chacun de nous peut témoigner du stress qui résulte du changement dans sa vie personnelle. Il en va de même dans une organisation.

Cette motivation à la syndicalisation sera d'autant plus faible si les travailleurs sont associés au changement qui, généralement, découle d'une cause extérieure: l'état du marché ou les besoins des clients. Cette même remarque vaut aussi quand il s'agit de désamorcer un conflit dans une entreprise syndiquée. L'action du Fonds de Solidarité du Québec au sein des entreprises qu'il aide à financer témoigne de l'importance de ces considérations. Le Fonds privilégie la circulation de l'information commerciale et économique parmi les travailleurs pour favoriser l'acceptation des changements nécessaires à la rentabilité de l'entreprise.

En second lieu il faut mentionner l'absence d'équité. Dans notre récit, l'injustice est manifeste: les plus anciens et les plus compétents sont brimés précisément parce qu'ils sont les plus utiles; c'est une façon sûre de transformer des «associés» ou plus précisément des employés efficaces en adversaires. Le contremaître nouvellement embauché, à l'extérieur, reçoit un traitement privilégié, qui choque. Les femmes menacées par une mutation au quart du soir sont laissées dans l'incertitude d'une décision arbitraire: au lieu de se réjouir de ne pas être les victimes d'un tel transfert, elles sont toutes inquiètes maintenant de le devenir. L'arbitraire ou l'injustice créent volontiers la peur, mais la peur se transmue parfois en colère. De même, si le système de rémunération ou le niveau de la rémunération ne semble pas équitable en comparaison avec d'autres, cette absence d'équité motivera la syndicalisation. Plusieurs recruteurs syndicaux peuvent en témoigner : ce n'est pas tant la «piastre» qui pousse à se syndiquer que la perception de l'injustice.

Une troisième motivation est la volonté de remédier à un sentiment d'impuissance. Le sentiment d'impuissance, à lui seul, ne favorise par la syndicalisation ; au contraire il la décourage. Par exemple, la serveuse faisant de petits pourboires dans un restaurant peu achalandé, insatisfaite d'une situation sur laquelle elle n'a aucune prise préférera souvent dénicher un restaurant plus prospère plutôt que de tenter de former un syndicat. En plus du sentiment d'impuissance, il faut aussi la volonté et la perspective de pouvoir exercer de l'influence sur l'employeur actuel. Les employeurs ne s'y trompent pas, on l'a vu : ils s'inquiètent surtout, face à la présence d'un syndicat, de la volonté de ce dernier de partager des pouvoirs qui jusqu'alors leur étaient exclusifs.

Une source importante du sentiment d'impuissance est la division, la rivalité et la concurrence entre travailleurs, comme le soulignait déjà Karl Marx, dont il s'agit d'un des rares énoncés exacts. Ce sentiment est présent chez des travailleurs qui sont concurrents parce qu'employés par des entreprises concurrentes. Il est aussi présent chez des travailleurs qui sont en concurrence au sein d'une même entreprise : concurrents face à une éventuelle mise à pied, pour une promotion ou face aux décisions quotidiennes du gestionnaire portant par exemple sur la répartition des heures supplémentaires, les affectations ou le choix des vacances.

Une telle concurrence est source de dépendance envers le gestionnaire, surtout s'il agit de façon arbitraire. La peur et le sentiment d'impuissance qui découlent de cette dépendance entraînent soit une réticence considérable à la syndicalisation, soit au contraire un désir de solidarité freinant la concurrence. Le soudain revirement prosyndical des femmes, dans le récit, en est une illustration. Tant que la mise en place du quart de soir ne les affecte pas, elles peuvent être reconnaissantes envers le patron. Menacées de mutation sur l'équipe de soir sans savoir lesquelles sont effectivement transférées, elles pourront refuser d'adhérer à un syndicat parce que paralysées par la peur et l'impuissance. Mais comme dans notre récit, cette peur se transforme parfois en colère, et le sentiment d'impuissance en solidarité. On se dit alors : si à notre rivalité mutuelle s'ajoutait une solidarité, pourrions-nous influencer les choix du patron plutôt que de seulement les subir ? La solidarité syndicale n'est pas uniquement l'antidote à la concurrence entre travailleurs : elle en est aussi la fille.

Enfin, l'habitude ou la volonté de recourir à la syndicalisation constitue en soi une raison de se syndiquer. Nous avons déjà mentionné que les taux de syndicalisation sont stables d'un secteur économique à l'autre. Les habitudes se perpétuent. L'employé, le superviseur ou le cadre d'une papeterie, ou d'une cimenterie, ont toujours travaillé dans un contexte où un syndicat était présent. Surgit une nouvelle usine de ciment ou de papier journal? On y trouve un tissu social ou industriel «tricoté serré», c'est-à-dire peuplé d'usages familiers, où l'on se syndique avant même d'avoir des reproches à formuler à l'encontre de l'employeur. Celui-ci peut aussi accepter volontiers la syndicalisation, sans se sentir désavoué. Par ailleurs, là où les syndicats sont habituellement absents, la volonté doit suppléer. La volonté est fragile, c'est connu, et les taux de syndicalisation le démontrent puisque la grande majorité des employés des secteurs privés ne sont pas syndiqués.

Les principales motivations à la formation d'un syndicat ayant été dégagées, deux remarques additionnelles s'imposent. D'abord, soulignons que ces motivations sont surtout du type réactif. Dans notre récit, c'est le patron qui introduit le changement – dans ce cas-ci, la création d'une seconde équipe –, qui décide d'y muter des travailleurs parmi les plus qualifiés, qui embauche un contremaître, qui accorde un contrat de maintenance, et qui choisit d'expliquer ou non ses décisions aux employés et aux employées. Bien sûr, la source du changement peut être extérieure à l'entreprise et provenir des besoins de la clientèle. Il n'en demeure pas moins que, au sein de l'entreprise, le patron décide du changement et le dirige. Les employés, eux, y réagissent. Cette précision est importante. En effet, nous verrons plus loin que ce caractère réactif détermine aussi le contenu de la convention collective qui restreint la liberté d'action du patron et établit le rôle du syndicat au sein de l'entreprise: le patron agit et le syndicat réagit. Il est vrai que, comme on le dit communément, le syndicalisme est un agent de changement social, économique ou politique. Mais il est important de saisir qu'au sein de l'entreprise, la naissance et le rôle du syndicat sont d'abord du type réactif.

La seconde remarque s'applique à l'immense majorité des syndiquées et syndiqués québécois pour qui la formation du syndicat est antérieure à leur embauchage et fait déjà partie de l'histoire. En effet, la plupart des travailleurs qui se syndiquent se joignent à un syndicat déjà établi par le biais de procédures dont nous reparlerons et qui diffèrent grandement des procédures de formation d'un nouveau syndicat. Autrement dit, le syndiqué québécois typique n'a pas formé un syndicat; tout au plus y adhère-t-il et le maintient. Il en découle évidemment que c'est d'abord dans le présent que se forgent les relations entre un employeur, un syndicat et les employés, et que prennent forme les jugements qu'ils portent les uns sur les autres. Le passé présyndical d'une entreprise ne va jamais aussi loin que les situations décrites dans les documents 2-1 et 2-2 présentés aux pages 42 et 43. Mais quoique l'histoire et l'actualité soient deux choses différentes, la connaissance de l'une peut être fort utile à la compréhension de l'autre.

2.3   OÙ FORME-T-ON UN SYNDICAT?

Après avoir abordé le processus de formation d'un syndicat dans son ensemble, il faut en préciser un aspect qui est capital dans les relations du travail nord-américaines. En effet, il faut souligner que c'est dans chaque entreprise, prise individuellement, qu'un syndicat apparaît ou est susceptible d'apparaître. Cette notion est d'une telle importance qu'une expression propre à l'Amérique du Nord a été créée : **l'entreprise syndiquée**. Bien sûr, ici comme partout dans le monde on dit qu'un employé ou un groupe d'employés est syndiqué ou ne l'est pas. Mais, sauf une exception, c'est seulement en Amérique du Nord qu'on dit d'une entreprise qu'elle est syndiquée ou non. L'exception est le Japon, dont la législation du travail a d'abord été rédigée sous l'administration militaire américaine, à partir de 1945.

Le concept d'entreprise syndiquée ou d'entreprise non syndiquée découle de la procédure d'accréditation. Quand les employés d'une entreprise détiennent une accréditation syndicale, l'entreprise est dite syndiquée. Quand ils n'en détiennent pas, elle est dite non syndiquée. Ainsi, dans le récit qui précède, comme dans la plupart des cas, former un syndicat et obtenir une accréditation sont devenus des équivalents, même si les expressions ne sont pas synonymes. Dans les faits, un syndicat est formé dans le but d'obtenir une accréditation. Règle générale, il disparaît s'il ne l'obtient pas ou si, plus tard, il la perd. La vie interne des syndicats en témoigne : dans le récit par exemple, les deux principaux responsables syndicaux sont dans un premier temps élus de façon provisoire, jusqu'à l'obtention de l'accréditation.

Cela est certes paradoxal. Si des employés souhaitent former un syndicat au moyen d'une accréditation, comment se fait-il que ce moyen constitue également le but de la formation du syndicat? La source du paradoxe est la puissance juridique et les implications pratiques de l'accréditation. Celle-ci oblige l'employeur à reconnaître le syndicat. En contrepartie, sans accréditation, il n'est pas reconnu par l'employeur ; il est inutile, c'est une coquille vide.

Comment expliquer cet aspect capital de nos relations du travail? Comment se fait-il qu'il soit particulier à l'Amérique du Nord? Comment et d'où nous est parvenue cette notion d'accréditation? Pour répondre à ces questions, interrogeons l'histoire.

DOCUMENT 2-1   Règlement interne d'une entreprise au milieu du XIXᵉ siècle

RÈGLEMENT INTÉRIEUR FIXANT LES CONDITIONS DE TRAVAIL DES EMPLOYÉS DE BUREAU

1.   Piété, propreté et ponctualité font la force d'une bonne affaire.

2.   Notre firme ayant considérablement réduit les horaires de travail, les employés de bureau n'auront plus à être présents que de 7h du matin à 6h du soir et ce, les jours de semaine seulement.

3.   Des prières seront dites chaque matin dans le grand bureau. Les employés de bureau y seront obligatoirement présents.

4.   L'habillement doit être du type le plus sobre. Les employés de bureau ne se laisseront pas aller aux fantaisies des vêtements de couleurs vives. Ils ne porteront pas de bas non plus à moins que ceux-ci ne soient convenablement raccommodés.

5.   Dans les bureaux, on ne portera ni manteau ni pardessus. Toutefois, lorsque le temps sera particulièrement rigoureux, les écharpes, cache-nez et calottes seront autorisés.

6.   Notre firme met un poêle à la disposition des employés de bureau. Le charbon et le bois devront être enfermés dans le coffre destiné à cet effet. Afin qu'ils puissent se chauffer, il est recommandé à chacun des membres du personnel d'apporter chaque jour quatre livres de charbon pendant la saison froide.

7.   Aucun employé ne sera autorisé à quitter le bureau sans la permission de Monsieur le Directeur. Les appels de la nature seront cependant permis. Aussi, pour y céder les membres du personnel pourront utiliser le jardin au-dessous de la seconde grille. Bien entendu, cet espace devra être tenu dans un ordre parfait.

8.   Il est strictement interdit de parler durant les heures de bureau.

9.   La soif de tabac, de vin ou d'alcool est une faiblesse humaine et, comme telle, est interdite à tous les membres du personnel.

10. Maintenant que les heures de bureau ont été énergiquement réduites, la prise de nourriture est encore autorisée entre 11h30 et midi mais, en aucun cas, le travail ne devra cesser durant ce temps.

11. Les employés de bureau fourniront leurs propres plumes. Un taille-plumes est disponible, sur demande, chez Monsieur le Directeur.

12. Un senior, désigné par Monsieur le Directeur, sera responsable du nettoyage et de la propreté de la grande salle ainsi que du bureau directorial. Les juniors et les jeunes se présenteront chez Monsieur le Directeur quarante minutes avant les prières et restèrent (sic) après l'heure de fermeture pour procéder au nettoyage. Brosses, balais, serpillières et savon seront fournis par la direction.

13. Augmentés dernièrement, les nouveaux salaires sont les suivants: cadet (jusqu'à onze ans): 0,50F; juniors (jusqu'à quatorze ans): 1,45 (sic) employés: 7,50F; seniors (après quinze ans de maison): 14,50F. Les propriétaires reconnaissent et acceptent la générosité des nouvelles lois du travail, mais attendent du personnel un accroissement considérable du rendement en compensation de ces conditions presque utopiques.

Chaumont, le 15 juin 1850

SOURCE: Weiss, Dimitri, *La fonction ressources humaines*, Les Éditions d'Organisation, Paris, 1988, p. 136.

DOCUMENT 2-2   Règlement sur les heures de travail datant du milieu du XIXe siècle

RÈGLEMENT

ATELIERS
DE CONSTRUCTIONS
portant sur les
heures de travail

ART. 1er
À partir du 1er septembre, et jusqu'à nouvel ordre, la durée de la journée de travail est fixée à 12 heures.

ART. 2.
La journée sera divisée en trois tiers de quatre heures chacun.

Les entrées et sorties seront réglées sur les heures suivantes, savoir:

1er TIERS.
À 4 heures 30 min. premier coup de cloche. 5 heures commencement des travaux.

9 heures fin des travaux.

2e TIERS.
À 9 heures 45 min. premier coup de cloche.

10 heures commencement des travaux.

2 heures fin des travaux.

3e TIERS.
À 2 heures 45 min. premier coup de cloche.

3 heures commencement des travaux.

7 heures fin des travaux.

ART. 3
Les portes de l'établissement fermeront au second coup de cloche. Aucune entrée n'est permise après ce moment.

Tout ouvrier qui, au second coup de cloche, ne sera pas à son travail, et qui la quittera avant l'avertissement donné pour la suspension des travaux, perdra la valeur d'une heure sur sa journée.

En cas de récidive, l'ouvrier perdra sa place.

Croissant, 1er septembre 1850

Signé: SCHNEIDER et Cie

SOURCE: Weiss, Dimitri, *La fonction ressources humaines*, Les Éditions d'Organisation, Paris, 1988, p. 137.

2.4   TROIS PÉRIODES HISTORIQUES

Dans cette section nous verrons que même si le syndicalisme possède une histoire souvent épique et déjà longue, puisqu'elle couvre près de deux siècles, la plupart des syndicats actuels sont récents, du moins dans leur forme contemporaine. L'arrivée de l'accréditation au Québec met en cause les pays européens, le régime fédéral des États-Unis, le régime fédéral canadien, et enfin, la législation québécoise.

Au Québec et au Canada, comme dans plusieurs pays d'ailleurs, il est coutumier de distinguer trois grandes périodes quant au statut juridique et à l'activité des syndicats. On dit des syndicats qu'ils ont d'abord été illégaux, puis tolérés, et enfin, depuis 1944, reconnus.

2.4.1   Syndicats illégaux

Pendant une bonne partie du XIXe siècle, les syndicats étaient illégaux parce qu'ils constituaient des coalitions entravant la liberté du commerce. Cela n'a pas empêché des syndicats de naître, en marge des lois, dans un nombre restreint de secteurs. Une des premières manifestations dont l'histoire a gardé la trace est la formation d'un syndicat de typographes, à Québec, en 1827[2]. Les activités syndicales sont demeurées des activités criminelles jusqu'en 1872, où elles furent décriminalisées à la suite d'une grève de typographes à Toronto. Ceux-ci s'étaient mis en grève pour obtenir une réduction de la journée de travail de 10 à 9 heures et une semaine de 54 heures au lieu de 60. Ils ne l'ont pas obtenue. Sur le coup, le seul résultat fut l'arrestation et l'emprisonnement de 17 de leurs dirigeants. La clameur publique fut telle qu'elle amena le parlement fédéral à amender le Code criminel pour lever l'interdiction des activités syndicales.

2.4.2   Syndicats tolérés

De 1872 à la guerre de 1939-1945, les syndicats ont ainsi été tolérés. Les travailleurs étaient libres de former ou non des syndicats, mais les employeurs étaient également libres d'accepter ou de refuser de les reconnaître comme étant le porte-parole de leurs employés. Il s'ensuivait

---

2.   E. Forsey, *Trade Unions in Canada, 1812-1902*, University of Toronto Press, 1982, p. 14.

des conflits dont l'enjeu était la «reconnaissance syndicale», c'est-à-dire la reconnaissance du syndicat par l'employeur. Par exemple à Montréal, en 1936, un groupe de la métallurgie se mettait en grève avec deux objectifs, soit obtenir la reconnaissance syndicale et le retour aux salaires de 1929, parce que depuis lors ceux-ci avaient été diminués, le taux de base ayant chuté de 33,5 à 29 cents l'heure. L'issue des conflits dépendait à la fois de l'employeur, de la résistance des travailleurs, et du rapport des forces en présence. Le résultat de la plupart de ces conflits a été la disparition du syndicat. Pratiquement, les seuls syndicats qui ont survécu à ces conflits de reconnaissance syndicale ont été les syndicats dits de métier, c'est-à-dire des syndicats regroupant des travailleurs possédant la maîtrise d'un métier spécialisé comme par exemple des typographes – on l'a vu –, des machinistes, des briqueteurs, des mouleurs ou des forgerons. Ils arrivaient à survivre parce que la spécialisation leur conférait une certaine force économique ou sociale due à plusieurs facteurs: un apprentissage prolongé, une éducation plus poussée, un esprit de confrérie, un certain contrôle de l'admission d'apprentis grâce à des liens d'amitié ou de parenté, le fait que leur métier spécialisé soit indispensable à l'employeur ou encore le nombre restreint de ces ouvriers parmi la masse des travailleurs non spécialisés du secteur industriel.

On a estimé qu'au plus 5 p. 100 de la main-d'œuvre aux États-Unis était syndiquée en 1929. Vraisemblablement, une situation similaire prévalait encore au Canada en 1939, quoi qu'en disent les rapports adressés aux différents gouvernements par les syndicats canadiens, où l'on mentionnait un nombre officiel d'adhésions plus important. Depuis, ces syndicats ont soit disparu soit changé de forme pour devenir des syndicats dits industriels. Aujourd'hui, les syndicats de métier sont en général confinés aux secteurs de l'imprimerie ou de la construction.

Un excellent exemple des difficultés syndicales de cette période comprise entre 1872 et 1944 est la liste des grèves survenues dans le secteur des pâtes et papiers au Québec de 1900 à 1960, données compilées à partir de la *Gazette du travail* par Jean-Pierre Charland[3] et reproduite au tableau 2-1. Les deux premières grèves rapportées sont celles de 1901 à Grand-Mère et à Hull. Les causes en sont la réaction des papetiers, c'est-à-dire les opérateurs spécialisés des machines à papier, à une baisse des salaires à Hull et à une hausse des heures de

---

3.   Jean-Pierre Charland, *Les pâtes et papiers au Québec, 1880-1980*, Institut québécois de recherche sur la culture, 1990, p. 318-320.

travail à Grand-Mère. L'issue de la grève de Hull a le mérite d'être claire: «remplacement des grévistes», c'est-à-dire, évidemment, la disparition du syndicat. En 1920 à Trois-Rivières, l'enjeu explicite de la grève est la reconnaissance du syndicat; la grève est perdue. Malheureusement, la courte description des causes et des résultats dans la *Gazette du travail* laisse les chercheurs d'aujourd'hui sur leur appétit.

Les recherches de Charland montrent bien par ailleurs les difficultés des syndicats. Les travailleurs spécialisés regroupés dans des syndicats nord-américains cessent de subir des coupures de salaire à partir de 1934 et l'effectif de ces syndicats ne commence à progresser qu'en 1937[4]. Par contre, les travailleurs non spécialisés ne réussissent pas à former des syndicats capables de vaincre la résistance des employeurs. La Confédération des travailleurs catholiques du Canada (CTCC), aujourd'hui la CSN, prétend regrouper sept syndicats dans ce secteur, mais «... les locaux semblent être restés au niveau des intentions[5]». De plus, «... en 1939 aucun des syndicats de la Fédération des pâtes et papiers (FPP-CTCC) n'a signé une convention collective avec un employeur[6]». Les recherches de Charland indiquent une exagération de leur effectif réel par les syndicats, comportement typique de cette période, car les chiffres réels auraient été décourageants, surtout dans le contexte des luttes intersyndicales qui ont affligé ce secteur industriel tout au long du XXe siècle.

2.4.3   Syndicats reconnus

À partir de 1944 au Canada, les syndicats sont reconnus. C'est-à-dire que les employeurs ont été contraints de les reconnaître à la suite d'une intervention de l'État qui, nous y voilà, a instauré l'accréditation. Cette décision a été essentielle à l'apparition et à l'essor des syndicats actuels: en un demi-siècle le nombre de syndiqués a décuplé et dépasse aujourd'hui 40 p. 100 au Québec. À eux seuls, de tels chiffres témoignent de l'influence énorme de l'accréditation, cette création nord-américaine dont il faut cerner les origines avant de traiter de son apparition au Canada.

---

4.   *Id., Ibid.,* p. 333.
5.   *Id., Ibid.,* p. 335.
6.   *Id., Ibid.,* p. 337.

2.5   D'OÙ NOUS VIENT L'ACCRÉDITATION?

2.5.1   L'Europe

Dans les pays européens, le syndicalisme est encore plus ancien que chez nous, tout simplement parce que la révolution industrielle a débuté en Europe, d'abord en Grande-Bretagne, pour ensuite gagner la Belgique, les Pays-Bas, l'Allemagne, la France et, bien sûr, les États-Unis. Avec la révolution industrielle sont apparus les syndicats européens.

Dans la quinzaine de pays qu'on pouvait appeler l'Europe en 1990, les syndicats sont présents et reconnus par les employeurs au niveau de chaque industrie plutôt que dans chacune des entreprises. Ce sont vraiment des syndicats industriels, c'est-à-dire à l'échelle d'une industrie. Les grandes négociations se font avec l'association des employeurs d'une industrie – avec les conséquences que cela implique, comme en témoigne la grève du syndicat I.G. Metall qui paralysa l'ensemble de la métallurgie allemande en 1984. Les structures syndicales sont établies en fonction de l'ensemble d'une industrie donnée, dans chaque pays, et non pas sur le syndicat local comme c'est le cas ici. Les grandes lignes de l'activité syndicale sur les lieux du travail sont tracées pour toute les entreprises d'une même industrie, dans chaque pays.

Il faut en effet préciser que chacun des quinze pays a un système de relations du travail très particularisé par rapport à celui de ses voisins. Il y a en fait une quinzaine de systèmes européens. En réalité, l'expression québécoise, devenue archaïque, «les Europes» conserve toute son actualité dans le domaine des relations du travail. Par exemple, il tombe sous le sens que le système suédois, où 90 p. 100 des travailleurs sont syndiqués, diffère profondément sur le plan social et sur le plan juridique du système français où seulement 10 p. 100 des travailleurs sont syndiqués.

2.5.2   Les États-Unis

Aux États-Unis, les efforts du président Franklin Delano Roosevelt pour sortir le pays de la dépression de 1929 permettaient la création de syndicats pouvant négocier avec des associations d'employeurs ce qu'on appelait des Codes industriels. Approuvés par l'État, ces codes prévoyaient des réductions des heures de travail et des hausses de salaire en vue de stimuler l'emploi et le pouvoir d'achat. «Au premier août 1934, 495 codes de concurrence loyale et 136 codes complémentaires couvrant

TABLEAU 2-1   Grèves survenues dans le secteur des pâtes et papiers, 1900-1960

Employeur	Durée jours	Nombre d'ouvriers	Jour perdus*	Causes et résultats
1901				
Grand-Mère	3	800	2 400	Baisse des salaires. Conciliation. Augmenta-
Hull	–	200	22 200	tion des heures de travail. Pas de règlement. Remplacement des grévistes.
1904				
Royal Paper (East Angus)	7	300	2 100	Paie aux deux semaines. Grief contre le gérant. Gain des ouvriers.
1908				
Grand-Mère	–	250	5 600	Sympathie à une grève du syndicat aux États-Unis. Démantèlement de l'union.
1910				
Shawinigan	2	20	40	Travail dominical. Injustice envers les travailleurs.
1915				
Donnacona	–	140	2 660	Sympathie à une grève du syndicat aux É.-U. Remplacement des grévistes.
1920				
Brompton	31	200	6 200	Division des tâches dans l'atelier. Médiation.
Saint-Maurice (Trois-Rivières)	6	735	4 410	Reconnaissance du syndicat. Médiation en faveur de l'employeur.
1921				
Price (?)**	55	500	27 090	Contre une réduction de 15 %. Victoire patronale.
Hull	15	250	3 500	Contre une réduction. Victoire patronale.
La Tuque	45	470	21 150	Contre une réduction. Victoire patronale.
1923				
Beauharnois	10	80	800	Pour une augmentation. Victoire patronale.
1924				
Rolland (?)	6	120	720	Pour créer un syndicat et résister aux réductions de salaire. Entente négociée acceptée par les deux parties.
1934				
Buckingham	2	40	80	Augmentation des salaires. Victoire ouvrière.
Buckingham (2e)	2	40	80	Contre des représailles patronales contre les syndiqués.
Price**	31	42	1 300	Augmentation des salaires au taux de 1932. Remplacement des grévistes.
1937				
Wayagamack (Trois-Rivières)	4,5	340	1 500	Reconnaissance des syndicats internationaux. Conciliation en faveur des ouvriers.

TABLEAU 2-1   Grèves survenues dans le secteur des pâtes et papiers, 1900-1960 (suite)

Employeur	Durée jours	Nombre d'ouvriers	Jour perdus*	Causes et résultats
1941				
Saint-Jean	2	89	178	Reconnaissance syndicale, salaires, conditions de travail. Certaines augmentations accordées.
1942				
Lachute	1	110	110	Contre un renvoi. Victoire de l'employeur
Mont-Rolland	4	250	1 000	Reconnaissance syndicale. Victoire ouvrière.
Saint-Jérôme	4	416	1 664	Sympathie pour les ouvriers de Mont-Rolland.
Saint-Jean	15	100	1 500	Reconnaissance syndicale; salaires. Victoire ouvrière.
Windsor	3,3	300	1 000	Reconnaissance syndicale. Victoire patronale.
Portneuf	2,3	115	265	Reconnaissance syndicale; salaires. Résultat inconnu.
Kingsey Falls	4,3	58	260	Salaires, conditions de travail. Échec ouvrier.
Kingsey Falls	15,5	58	900	Reconnaissance syndicale; salaires; conditions de travail. Certaines augmentations sont obtenues.
Beauharnois	2,4	500	1 200	Salaires. Arbitrage.
Beauharnois	16	475	7 600	Reconnaissance syndicale; salaires. Certaines augmentations sont obtenues.
1943				
Lachute	8	100	800	Salaires. Arbitrage.
Kénogami-Jonquière – Riverbend (Price)	10	1 400	14 000	Juridiction syndicale.
Portneuf	6	48	288	Imposer l'atelier fermé.
Dolbeau	1,5	200	300	Suspension de travailleurs liée à l'activité syndicale.
Breakeyville	2	200	400	Salaires.
1944				
Lachute	0,25	40	10	Congédiement de deux ouvriers. Conciliation en faveur du patron.
Saint-Jérôme	1,3	351	452	Renvoi de trois ouvriers. Conciliation plutôt pour les ouvriers.
Mont-Rolland	8,5	171	1 450	Atelier fermé et solidarité avec les grévistes de St-Jérôme. Victoire ouvrière.
Saint-Jérôme	17	342	5 800	Renvoi de travailleurs. Conciliation en faveur des ouvriers.
1945				
Clermont	2	272	544	Emploi d'un étranger (?). Victoire ouvrière.
1946				
Clarke City	3	40	120	Contre la réduction de l'horaire de travail. Succès patronal.
Lachute	1,5	113	180	Renvoi d'un ouvrier. Succès patronal.

TABLEAU 2-1   Grèves survenues dans le secteur des pâtes et papiers, 1900-1960 (suite)

Employeur	Durée jours	Nombre d'ouvriers	Jour perdus*	Causes et résultats
1952 Jonquière-Kénogami – Riverbend (Price)	4,4	1 600	7 000	Salaires et horaires.
1953 Beauharnois et Crabtree	75	461	32 425	Salaires et horaires. La grève se termine en 1954. (?)
1955 Shawinigan et Grand-Mère	14,7	799	11 800	Salaires et renvois. Succès patronal.

*   Quand les grévistes sont remplacés, eux perdent des jours de travail... mais pas nécessairement la compagnie. Comme nous avons des fractions de jours, parfois les jours perdus ne représentent pas exactement le nombre de jours multiplié par le nombre d'ouvriers. Puis il y a les erreurs possibles de la *GT*.

**   Dans certains cas, nous savons quelle entreprise subit une grève, mais pas nécessairement la ville (c'est le cas avec Price à deux reprises). On pourra apparier municipalités et usines, en consultant les cartes.

SOURCE :   Charland, Jean-Pierre, *Les pâtes et papiers au Québec, 1880-1980*, Institut québécois de recherche sur la culture, 1990, p. 318-320 tiré de la *Gazette du travail*. 1900 à 1960. Cette liste n'est pas complète. Parfois, certains renseignements font défaut.

95 p. 100 de l'ensemble des travailleurs industriels avaient été approuvés[7].» Il était clair que c'était à l'échelle des secteurs industriels qu'employeurs et syndicats devaient négocier et ainsi sortir les États-Unis de la dépression. L'affinité des codes américains avec l'extension juridique des conventions collectives à tout un secteur industriel, alors courante en Belgique et en Allemagne, est évidente. Profitons de l'occasion pour mentionner qu'un an après les États-Unis, en 1934, le Québec adopte aussi une loi d'extension des conventions collectives à tout un secteur industriel, loi dont les affinités avec les pratiques belge et allemande sont également évidentes.

L'application de la politique américaine fut brusquement interrompue quand le *National Industrial Recovery Act* (NIRA) fut désavoué par la Cour suprême des États-Unis en 1935. Celle-ci décida que le pouvoir de réglementer les heures et les salaires, et ainsi de s'immiscer dans le commerce interne de chaque État, n'était pas conforme au régime fédératif des États-Unis et outrepassait la compétence du gouvernement fédéral. Cette décision, la plus cruciale sur le sujet, portait sur un code régissant les heures de travail et les salaires dans les abattoirs de poulets

7.   Roger Stasse, *La politique ouvrière du Président Roosevelt*, Paris, Librairie technique et économique, 1935, p. 141.

de la région new-yorkaise ; un code qui était le cousin germain des décrets québécois.

Un mois plus tard[8], on adoptait le *Wagner Act*, du nom de son proposeur, Robert J. Wagner, sénateur de l'État de New York. Il n'est pas superflu de noter qu'avant l'annulation judiciaire du NIRA par la Cour suprême, le sénateur Wagner avait aussi présidé la Commission nationale des relations du travail créée en vertu du NIRA pour résoudre les conflits de reconnaissance syndicale régis par cette loi. Cette commission du NIRA a donc été l'ancêtre de toutes les commissions de relations du travail nord-américaines qui existent actuellement.

Le but du *Wagner Act* était d'habiliter une Commission des relations du travail à trancher les conflits de reconnaissance syndicale, au sein d'une entreprise, par l'émission d'une accréditation obligeant l'employeur à négocier avec le syndicat ainsi accrédité. Cette nouvelle loi avait été conçue de manière à se conformer à la récente décision de la Cour suprême limitant le pouvoir du gouvernement fédéral américain. En effet, elle ne donnait pas à l'État fédéral le pouvoir d'imposer, dans un secteur industriel, les taux de salaire et les horaires de travail négociés par les parties ; elle obligeait cependant l'entreprise à négocier les conditions du travail avec tout syndicat accrédité. Pour obtenir son accréditation, le syndicat devait essentiellement recruter une majorité d'employés dans une entreprise donnée.

Voulant s'assurer que cette loi ne connaîtrait pas le même sort que le NIRA, le préambule du *Wagner Act* justifiait l'intervention de l'État en invoquant sa nécessité pour la liberté du commerce, une prérogative incontestée du gouvernement central aux États-Unis[9] :

> Il est donc déclaré que la politique des États-Unis est d'éliminer les causes de certaines obstructions substantielles au libre commerce (...) en encourageant la pratique de la négociation collective et en protégeant les travailleurs pratiquant leur pleine liberté d'association.

Et effectivement, la Cour suprême confirma en 1937 que le *Wagner Act* n'était pas inconstitutionnel. C'est ainsi que le mécanisme nord-américain de l'accréditation fut taillé sur mesure, il y a un demi-siècle, pour se conformer aux bornes constitutionnelles du pouvoir de l'État fédéral américain.

---

8. Jacques-André Lequin, *Du droit d'association à l'accréditation*, document reprographié, École des Hautes Études Commerciales, mars 1985, p. 6.
9. Jacques-André Lequin, *op. cit.*, p. 7.

Nous avons déjà vu que, dans un premier temps, entre 1935 et 1955 environ, l'accréditation permit un vaste mouvement de syndicalisation des cols bleus dans les industries manufacturières américaines. Un des seuls vestiges actuels de la période du NIRA est qu'il existe toujours de grands syndicats industriels nés dans la foulée de cette loi, tels ceux de la sidérurgie, de l'automobile, du papier ou du textile. On les a appelés syndicats industriels pour deux raisons. D'une part, ces syndicats regroupaient tous les travailleurs manuels d'une entreprise et non plus seulement les ouvriers exerçant un métier spécialisé. D'autre part, ces associations cherchaient à négocier les conditions de travail à l'échelle de tout un secteur industriel, comme le prévoyait le NIRA de 1933 à 1935, et comme on le faisait de façon courante dans les pays d'Europe.

Contrairement aux codes industriels américains qui ont disparu avec le NIRA, les décrets québécois ont quant à eux continué à s'appliquer. En 1989, ils régissaient environ 200 000 travailleurs québécois. Ils ont cependant été marginalisés par les effets du régime d'accréditation. Les décrets québécois faisaient partie d'un grand courant nord-américain au moment de leur naissance, en 1934. Aujourd'hui, ils constituent une exclusivité québécoise, plutôt marginale.

2.6   L'ACCRÉDITATION AU CANADA ET AU QUÉBEC

C'est en 1944, soit presque 10 ans après les États-Unis, que le Canada instaure son propre régime d'accréditation. Nous avions observé plus haut un décalage d'environ 10 ans entre les deux pays quant à l'essor des syndicats industriels. Ce décalage s'explique par l'apparition tardive de l'accréditation au Canada. Il faut noter que l'essor des syndicats industriels canadiens a commencé avant 1944 compte tenu des conditions très spéciales engendrées par la guerre de 39-45, et qu'il a connu son apogée en 1955, soit 10 ans plus tard qu'aux États-Unis.

En 1944, le Conseil des ministres fédéral, autrement dit le Conseil privé, responsable à la Chambre des Communes, adopte un arrêté en conseil portant ses initiales, le CP 1003. En vertu de la *Loi sur les mesures de guerre* alors en vigueur, le CP 1003 a force de loi tout comme si le Parlement fédéral l'avait adopté. Le CP 1003 est le rejeton direct du *Wagner Act* et l'accréditation en constitue le cœur. Le CP 1003 est également le modèle de toutes les lois canadiennes qui régiront par la suite la présence ou l'absence de syndicats. Au niveau fédéral, il s'appelle maintenant le Code canadien du travail et s'applique dans les secteurs dont la compétence est dévolue à l'État fédéral par la Constitution comme les banques, la radio et la télévision, les transports interprovinciaux, les postes ou le téléphone ; au niveau fédéral toujours, il a servi d'inspiration à la *Loi sur la fonction publique fédérale*. Nous reparlerons plus loin de cette loi qui, avec d'autres, constitue une variante d'un système commun de relations du travail.

À l'échelle provinciale, le CP 1003 a servi de modèle à la rédaction de lois semblables, dans toutes les provinces. Ces lois provinciales couvrent un champ plus vaste que la loi fédérale puisqu'elles s'appliquent à 90 p. 100 de la main-d'œuvre canadienne. Ainsi au Québec, on peut dire que 90 p. 100 de la main-d'œuvre est régie par le Code du travail du Québec et 10 p. 100 par le Code canadien du travail. C'est d'ailleurs pourquoi nous examinerons en priorité le Code du travail québécois.

Le dernier acte de ce partage provincial-fédéral s'est joué en 1944. Il illustre bien que les désaccords constitutionnels ne datent pas d'hier. L'adoption du CP 1003 avait été précédée de longues discussions et de nombreuses consultations, et l'essentiel de son contenu était connu publiquement depuis longtemps. Le CP 1003 visait à mettre un terme aux nombreux conflits de reconnaissance syndicale et de négociation qui nuisaient à la production militaire et à l'effort de guerre alors à son sommet.

De nombreuses interventions fédérales avaient été requises pour pallier l'absence d'encadrement général de la syndicalisation et de la négociation. Ces discussions publiques avaient suffi à éveiller chez les premiers ministres de l'Ontario et du Québec, Humphrey et Duplessis, la crainte de voir s'échapper leur autorité sur les relations du travail. En effet, le CP 1003 s'inspirait d'une manière évidente du *Wagner Act* qui avait placé les relations du travail sous l'autorité du gouvernement fédéral américain. De plus, qu'arriverait-il une fois la guerre terminée : l'État fédéral abandonnerait-il facilement les champs de compétence provinciale qu'il aurait occupés au nom de l'urgence des besoins militaires en temps de guerre ?

Les deux provinces se sont empressées de combler le vide juridique qui existait avant que l'État fédéral ne le fasse. Dans le cas du Québec, la *Loi des relations ouvrières* fut adoptée le 13 février 1944, quatre jours seulement avant l'adoption du CP 1003, le 17 février. Son contenu a été profondément influencé par celui du CP 1003, même si elle l'a précédé de quatre jours. Les deux principales provinces ayant agi ainsi, les jeux constitutionnels étaient faits ; les autres provinces ont éventuellement emboîté le pas. Dès lors, le mécanisme de l'accréditation était implanté partout en Amérique du Nord et son autorité ne s'est jamais démentie depuis. Nous allons maintenant en étudier les effets concrets sur les entreprises québécoises d'aujourd'hui.

CHAPITRE **3**

L'accréditation syndicale et l'entreprise

3.1   L'employeur et le droit d'association

3.2   L'employeur et l'unité d'accréditation
        3.2.1   Un employeur «intéressé»
        3.2.2   Qui est un salarié?
        3.2.3   Quels sont les groupes appropriés?
        3.2.4   Les effets pratiques de ces critères
        3.2.5   Le secteur québécois de la santé
        3.2.6   Pourquoi alors tant de litiges?

3.3   Les effets de la requête en accréditation

3.4   Les effets d'une accréditation accordée
        3.4.1   Le découpage
        3.4.2   Le gel des conditions de travail se continue
        3.4.3   Un porte-parole unique
        3.4.4   L'obligation de négocier de bonne foi
        3.4.5   L'arbitrage possible de la première convention
        3.4.6   Un compte à rebours du droit à la grève
        3.4.7   La déduction obligatoire de la cotisation syndicale
        3.4.8   La continuation de l'accréditation
        3.4.9   Le manoir Richelieu
        3.4.10   Droits de vote et de représentation syndicale
        3.4.11   L'accréditation attise-t-elle le conflit?

Quels sont les effets concrets de notre régime d'accréditation au sein de l'entreprise québécoise? Plus précisément, qu'est-ce que l'employeur peut ou ne peut pas faire ou dire quand ses employés songent à se syndiquer? Où l'employeur peut-il intervenir quand une accréditation est demandée? Quels sont, dans une entreprise, les principaux effets d'une requête en accréditation? Et quels sont les principaux effets d'une accréditation syndicale une fois qu'elle a été accordée? L'objet de ce chapitre est précisément d'apporter des éléments de réponse à ces quatre groupes de questions.

Les réponses fournies se référeront abondamment aux articles du *Code du travail du Québec*[1], de façon à faciliter la démarche du lecteur attentif ou studieux.

3.1   L'EMPLOYEUR ET LE DROIT D'ASSOCIATION

Chacun peut vérifier par lui-même que, de prime abord, la lecture de la section 1 du Code du travail apparaît âpre et difficile. La difficulté tient non seulement au style juridique mais aux nombreuses interdictions contenues dans cette section, interdictions découlant des batailles que livrent certains employeurs à leurs employés désireux d'exercer leur droit d'association, autrement dit leur droit de se syndiquer. De quels employeurs s'agit-il? Nous l'avons vu, surtout des propriétaires d'entreprises se situant dans le bas de la pyramide inversée de la figure 1-1: entreprises de services privés peu syndiqués, ou entreprises manufacturières dont les concurrents sont peu syndiqués. Ce sont souvent les employeurs isolés dans un milieu (secteur d'activité ou région) peu syndiqué qui engagent les luttes les plus acharnées contre la syndicalisation. C'est là que les résistances sont le plus féroces, c'est là aussi que la loi est le plus souvent violée et que les recours dont disposent les travailleurs sont utilisés. Le document 3-1 illustre un cas typique de violation du Code du travail analysé dans une décision assez exceptionnelle du Tribunal du travail. Il s'agit d'une entreprise montréalaise d'une vingtaine d'employés, spécialisée dans la vente et l'installation de comptoirs réfrigérés. Nous sommes donc bien au bas de la pyramide inversée, plus précisément dans le secteur «Services aux entreprises» où le taux de

---

1.   *Code du travail du Québec*, L.R.Q. 1977, c. C-27. Ce sont surtout les chapitres I et II qui portent sur l'accréditation.

DOCUMENT 3-1   Violation du droit d'association

LA PRESSE, SAMEDI 16 JANVIER 1988, p. A-6

UN AVOCAT RECONNU COUPABLE D'ENTRAVE AU DROIT D'ASSOCIATION DE TRAVAILLEURS

LISA BINSSE

■ Me H. Laddie Schnaiberg, un avocat montréalais spécialisé en droit du travail, a été reconnu coupable hier d'entrave à l'activité syndicale d'un groupe de salariés, par le juge Bernard Prud'homme du Tribunal du travail.

Me Guy Dufort, procureur de Me Schnaiberg, s'adressera à la Cour supérieure pour contester le jugement.

Me Schnaiberg était accusé d'avoir aidé un employeur à «chercher à entraver» les activités d'un groupe de salariés qui voulait se syndiquer avec un syndicat affilié aux Métallos. Ceci contrevient aux dispositions du Code du travail.

L'accusation a été portée contre Me Schnaiberg par le syndicat des Métallos au printemps 1986. Les faits qui ont donné lieu à cette accusation remontent à janvier 1985 alors qu'un syndicat affilié déposait une demande d'accréditation pour représenter une vingtaine d'employés de la compagnie Métropolitaine Réfrigération & Équipement Ltée. Cette compagnie est située sur la rue Saint-Laurent.

Se basant sur la preuve présentée devant lui, le juge en vient à la conclusion que la compagnie, qui vend et installe des comptoirs réfrigérés, a cherché à entraver les activités du syndicat, la section locale 8990, qui voulait syndiquer ses salariés. De plus, poursuit le juge dans son jugement, Me Schnaiberg «a aidé la compagnie» dans cette tentative, en intervenant deux fois dans le dossier au nom, notam-

ment d'un des salariés, M. Jean-Paul Collin.

La preuve soumise au tribunal démontre que M. Collin, à la demande de Mme Anna De Castris, une dirigeante de la compagnie, a rencontré Me Schnaiberg, notamment pour discuter de la possibilité de mettre sur pied un «comité de shop» et lui a remis $1000 (somme reçue de Mme De Castris). C'est peu de temps après cette rencontre que Me Schnaiberg préparait et présentait les deux interventions.

«Il est manifeste que ce geste d'intervenir, peut-on lire dans le jugement, d'ailleurs suscité par la compagnie qui avait arrangé la visite de M. Collin chez Me Schnaiberg, venait aider celle-ci dans sa tentative. Tout ce qui était susceptible de mener à un rejet de la requête, tout ce qui était susceptible même seulement de retarder l'étude, le traitement de la requête, venait soutenir l'objectif de la compagnie.»

Les Métallos, qui n'ont pas voulu commenter la décision hier, doivent tenir une conférence de presse mercredi prochain pour en faire état.

La plainte déposée par les Métallos comporte trois chefs d'accusation, tous reliés au même incident. Avant de fixer le montant de l'amende à imposer relativement à ce premier chef, le tribunal veut disposer des deux autres chefs d'accusation.

présence syndicale n'est que de 11 p. 100, au cœur de la ville de Montréal, la moins syndiquée des villes du Québec à cause de sa forte concentration de services privés.

Le premier article substantiel du Code, l'article 3, énonce bien le but de cette loi: le droit de tout salarié (le sens de ce mot sera précisé à la section 3.2) d'appartenir, de former et d'administrer le syndicat de son choix. La formulation du principe est absolue. Mais le lecteur sait déjà que son application est inégale. Nous verrons de plus que d'autres principes viennent relativiser l'exercice de ce droit. Notons tout de suite que tout au long du Code, un syndicat s'appelle association, terme emprunté au langage juridique.

Pour assurer l'exercice du droit d'association, on défend d'abord à l'employeur d'entraver (C.t. 12) la formation d'un syndicat. Quand il est considéré isolément le mot «entraver» est vague à souhait. En pratique, il défend de «mettre des bâtons dans les roues» ou de s'ingérer dans la formation ou dans le fonctionnement d'un syndicat par des agissements qui sont illégaux en vertu d'autres interdictions précisées dans le Code[2].

Ces autres interdictions sont de dominer ou financer la formation d'un syndicat, ou d'y participer (C.t. 5,6 et 12). Un syndicat est dominé quand il n'est pas libre ou autonome par rapport à l'employeur et ne représente donc pas la volonté réelle des salariés. On l'appelle souvent «syndicat de boutique» ou «comité de shop», comme dans le document 3-1. Des indices de domination sont la tenue de réunions ou la signature de cartes sur les lieux du travail, pendant les heures de travail, et donc le plus souvent au vu et au su de l'employeur. Un exemple de financement, ce sont les 1000 $ dont il est mention dans le document 3-1. On peut conclure à la participation de l'employeur quand, par exemple il choisit l'avocat du syndicat, ou quand des contremaîtres sollicitent l'adhésion à un soi-disant syndicat.

Le Code impose également des limites à l'employeur quant à la façon de traiter les employés qui voudraient former ou conserver un syndicat. Il ne peut les menacer, les intimider, les congédier, ni les sanctionner d'aucune façon (C.t. 13 et 14) à cause d'une activité syndicale comme la signature ou la sollicitation de cartes d'adhésion, par exemple.

Bien sûr, le travailleur qui agit comme recruteur syndical auprès de ses compagnons de travail n'échappe pas aux exigences coutumières

---

2.   André C. Côté, «Les pratiques interdites: l'ingérence et l'entrave...» in *La gestion des relations du travail au Québec*, sous la direction de Noël Mallette, McGraw-Hill, 1980, p. 160.

de l'employeur en matière de rendement, de discipline ou de réduction de personnel. L'employeur continue de diriger sa main-d'œuvre. Cependant, le fait d'avoir exercé une activité syndicale, par exemple comme témoin des signatures obtenues, comme le suggérait Carmin au chapitre 2, crée une présomption en faveur de l'employé. Si une de ses décisions est contestée, l'employeur doit surmonter cette présomption en prouvant que sa décision repose sur une cause juste et suffisante. Cela s'appelle le renversement du fardeau de la preuve (C.t. 17). Comme nous le verrons plus loin, cette stipulation de la loi provient de la pratique courante dans les arbitrages de griefs portant sur les sanctions disciplinaires ou les évaluations de compétence faites par l'employeur.

Malgré tout certains employeurs, une minorité comprise surtout dans les secteurs où la syndicalisation est faible, violent volontiers ces dispositions de la loi. Dans ces cas où le respect de la loi ne fait pas partie des valeurs auxquelles adhère l'employeur, les recours mis à la disposition de l'employé prennent une importance capitale.

Le principal recours d'un employé est de s'adresser à un commissaire du travail, qui a le pouvoir (C.t. 15 à 20) d'ordonner la réintégration du salarié dans son emploi, le rétablissement de son salaire et le remboursement du salaire dont il a été privé. Les sommes impliquées peuvent parfois être considérables, là où, par exemple, la lutte a été acharnée. Ainsi, on a pu voir, il y a une dizaine d'années, la réintégration, au terme d'une guérilla juridique de 18 mois, de 17 employés congédiés par une scierie dans le Nord-Ouest québécois. De tels cas sont extrêmes et, heureusement, relativement rares. Il convient de souligner que l'introduction de ce recours au Québec a été tardive par rapport au reste du continent. Elle date de 1959 et résulte de la première loi adoptée par le gouvernement de l'Union nationale après le décès du premier ministre Duplessis. Elle fait suite à une longue et héroïque grève perdue par le syndicat des Métallos à Murdochville qui portait sur la reconnaissance du syndicat et sur le congédiement de son président.

La portée de ce recours, qui va jusqu'à la réintégration, est-elle garante de son efficacité? Pas dans tous les cas, et ce pour deux raisons principales. La première est la dissimulation ou le déguisement du motif du congédiement. L'employé faisant du recrutement syndical au sein d'une entreprise a avantage à être exempt de défauts au travail. C'est d'ailleurs souvent le cas, puisque solliciter l'adhésion syndicale de ses compagnons exige souvent de jouir d'une estime importante auprès de tous, incluant l'employeur. Par exemple, dans le cas cité dans le document 3.1, le travailleur choisi par l'employeur pour contrer le syndicat avait déjà été choisi par ses compagnons pour présider le syndicat naissant. La seconde raison est que la réintégration peut être illusoire si entre temps les travailleurs ont pris peur, se sont découragés et que le syndicat est en pratique disparu. Le congédiement d'un travailleur fait peur, même s'il est en train d'exercer des recours juridiques. L'accumulation de délais par l'avocat de l'employeur, par toutes sortes de moyens, augmente cette peur. Et si cette peur a tué le syndicat, le salarié réintégré peut se retrouver fort isolé, dénué d'appui ou sujet à l'hostilité des autres salariés. Dans de telles circonstances, il n'est pas rare qu'un salarié ne retourne au travail que pour toucher son indemnité et ensuite démissionner, ce qui en général n'attriste en rien l'employeur qui a réussi à briser le syndicat.

Par contre, il faut souligner que les dispositions du Code ne confinent pas l'employeur au silence. Il peut chercher à convaincre ses employés de ne pas se syndiquer. Il peut donc parler ou agir, mais ses paroles ou ses actions ne doivent pas constituer ce qu'on appelle des «pratiques interdites». La frontière entre l'interdit et le permis peut être extrêmement ténue et faite de nuances qui tiennent au contexte. C'est le royaume des avocats et le calvaire des commissaires du travail, qui ont à trancher.

Prenons le cas d'une tentative de syndicalisation alimentée par une promesse syndicale de faire hausser le salaire de un dollar l'heure. La loi n'interdit pas à l'employeur le droit de prétendre qu'une telle hausse compromettrait la survie de l'entreprise et de ses emplois. Mais à partir d'où le vocabulaire utilisé deviendra-t-il une menace illégale de fermeture? Par exemple encore, la loi n'interdit pas à l'employeur de rappeler que sa gestion rend un syndicat superflu, qu'il s'est toujours opposé à l'arrivée d'un syndicat, ou que, selon lui, un syndicat, quel qu'il soit, est porteur de troubles. Mais à partir d'où le vocabulaire utilisé deviendra-t-il une tentative illégale de menace ou d'intimidation?

Il y a bien là-dessus une abondante jurisprudence aux États-Unis, alors qu'au Québec elle est beaucoup moins importante et moins concluante. Cela dépend d'une différence importante entre les lois québécoise et américaine. Au Québec, et presque partout au Canada, le caractère majoritaire d'un syndicat est déterminé à partir du nombre de cartes d'adhésion. Aux États-Unis on compte plutôt le nombre de votes accordés au syndicat qui désire obtenir une accréditation[3]. Donc, aux États-Unis, toute accréditation exige un vote préalable; ce vote est lui-même précédé d'une période de propagande, semblable à toute propagande électorale, à laquelle participe volontiers l'employeur. L'in-

---

3.   Jean Boivin, Jacques Guilbault, *op. cit.*, p. 145.

fluence de cette intervention sur le résultat du vote est indéniable puisque les syndicats en perdent la moitié.

Au Québec par contre, on compte les cartes d'adhésion qui sont souvent signées avant que l'employeur ne prenne conscience de ce qui se passe. On a entendu, dans le récit du chapitre 2, le représentant syndical conseiller de faire le recrutement avec rapidité et dans la clandestinité. En bonne partie, il souhaitait ainsi éviter toute riposte de la part de l'employeur. Car même faites conformément à la loi, les déclarations de l'employeur ont souvent de l'influence sur les travailleurs.

Une des seules choses précises qu'on puisse dire au sujet de l'intervention de l'employeur à ce stade c'est qu'il ne peut exprimer sa préférence quand on doit choisir entre deux syndicats; il s'agirait là d'une forme de participation qui, elle, est interdite.

3.2 L'EMPLOYEUR ET L'UNITÉ D'ACCRÉDITATION

Qui, dans une entreprise, est visé par une requête en accréditation? Qui est-ce qui sera régi par l'accréditation une fois celle-ci accordée? Voilà, pour le gestionnaire, un sujet brûlant d'intérêt et un champ d'intervention capital quand une accréditation est demandée.

3.2.1 Un employeur «intéressé»

Le droit d'intervention de l'employeur dans une requête en accréditation est clair. Cependant, il faut le déduire de la loi (C.t. 32) puisque celle-ci ne le mentionne pas. Pourquoi?

L'article 32 n'inclut pas l'employeur parmi les «parties intéressées au caractère représentatif d'une association de salariés...» afin de conserver secrets le nombre de syndiqués, leur identité, la date de leur adhésion ou le nom de leurs dirigeants élus. En réalité, ce secret sera permanent puisque après l'accréditation, l'employeur sera tenu de prélever la cotisation syndicale du salaire de tous, sans savoir qui est membre du syndicat et qui ne l'est pas, comme nous le verrons à la section 3.4. Le but évident de cette confidentialité est la protection du droit d'association. Cette confidentialité est également protégée par d'autres articles visant les dossiers, les agents d'accréditation, les commissaires du travail et les juges (C.t. 35, 36). Ne pas être une «partie intéressée», juridiquement, à ces aspects confidentiels n'exclut pas que l'employeur en soit curieux, voire friand, mais cela exclut qu'il y ait accès.

Cette exclusion se limitant au «caractère représentatif» et ne visant la confidentialité que de cet aspect de la requête en accréditation, on peut donc déduire, en vertu des principes généraux du droit, que l'employeur a des droits d'accès et d'intervention dans les autres aspects, dont, au premier chef, les emplois visés par la requête. Cela, pour l'employeur, est d'une grande importance. Car qu'entraînera l'accréditation si elle est accordée? Le syndicat acquerra le droit de représenter les personnes occupant les emplois qu'elle vise et l'employeur sera obligé de reconnaître le syndicat pour ces emplois, et il devra négocier une convention collective couvrant ces emplois. On comprend aisément que l'employeur soit intéressé non seulement à connaître le contenu de la requête à cet égard, mais aussi, et surtout, à influencer les décisions qui seront prises à ce sujet et dont il devra supporter les effets.

3.2.2 Qui est un salarié?

La première délimitation des emplois que peut viser l'accréditation découle de la définition juridique du salarié établie pour les fins du Code (C.t. 11). Sont exclus de cette définition tous les cadres hiérarchiques – dont le superviseur de premier niveau ou le contremaître. Cela est assez clair en principe, mais qu'en est-il en pratique: le gestionnaire a-t-il clairement établi, et les employés saisissent-ils bien, qui, précisément, constitue le premier niveau de supervision? Par exemple, les chefs de groupe, les contremaîtres adjoints ou encore les gérants de rayon dans un magasin ne dirigent-ils que le travail auquel ils participent? Doit-on au contraire les considérer comme des superviseurs exerçant un pouvoir réel de recommandation en matière disciplinaire?

Dans certaines petites entreprises ou entreprises familiales, de tels pouvoirs peuvent être informels jusqu'à l'arrivée d'un syndicat. Le gestionnaire peut alors être obligé de justifier, de clarifier ou de modifier la répartition de ces pouvoirs informels en haussant ou en diminuant le nombre de superviseurs non admissibles à la syndicalisation en vertu du Code. Certains le diminuent: Sam Steinberg n'avait laissé, dans chaque magasin, qu'un seul non-syndiqué, le gérant; on peut agir de façon similaire dans une entreprise familiale quand on veut que des membres de la famille fassent partie du syndicat. D'autres le haussent: on accorde, par exemple, aux membres de la famille des pouvoirs disciplinaires qu'ils n'avaient pas afin de les exclure du syndicat.

Signalons que cette cristallisation résultant du Code ne modifie pas la nature équivoque de la fonction de superviseur de premier niveau, lequel se sent souvent coincé comme entre les deux tranches d'un sandwich et est ballotté entre de nombreux problèmes de gestion, comme nous le verrons au chapitre 9. La nature équivoque de cette fonction n'est pas une nouveauté, d'ailleurs, comme en témoignent les langues anglaise et française. En anglais on l'appelle *foreman*, c'est-à-dire le premier d'entre les personnes qu'il dirige. En français par contre, on l'appelle «contremaître», le plus bas des niveaux de la maîtrise; il s'agit ici d'un vieux terme de marine: sous le capitaine il y avait le maître de bord, et sous lui il y avait le contremaître, signifiant «à côté du maître», comme lorsqu'on dit que la table est contre le mur. Cette ancienne divergence entre ces deux langues, pour désigner la même fonction, est symptomatique de sa nature équivoque, que les nouvelles méthodes de gestion ne sont pas près de dissiper. Par exemple, chez *General Motors*, à Boisbriand, une bonne partie du travail de l'ancien contremaître non syndiqué est maintenant accompli par un «technicien de soutien» syndiqué ou par d'autres travailleurs.

3.2.3   Quels sont les groupes appropriés?

Une autre façon de déterminer les emplois visés par l'accréditation est la description de ce que la loi appelle «l'unité de négociation appropriée» (C.t. 34), «l'unité de négociation» (C.t. 32, entre autres) ou «un groupe distinct» (C.t. 21), ces appellations diverses revenant au même. Le Code est silencieux sur ce qui constitue un groupe approprié, comme toutes les lois nord-américaines depuis 1935 en ce qui a trait aux secteurs privés de l'économie; quant aux secteurs publics, encore une fois nous verrons que les lois ou les pratiques peuvent être fort différentes.

Les raisons de ce silence sont matière à interprétation. Selon nous, l'effervescence et la confusion qui régnaient dans les relations du travail au moment de l'adoption du *Wagner Act*, en 1935, méritent d'être soulignées. Les syndicats de métier étaient encore importants. Les syndicats industriels avaient commencé, sous le NIRA, leur formidable essor. Les employeurs y ripostaient par la mise sur pied de syndicats indépendants ou d'*Employee Representation Plans* (ERP) regroupant tous leurs employés et préfigurant ce qu'on appellera les unités industrielles d'accréditation; tel était le cas, par exemple, d'un ERP mis sur pied par la Stelco, en 1936, dans ses usines montréalaises pour contrer, avec succès, une tentative de syndicalisation. Enfin, le *Wagner Act* visait tant le secteur de la construction, composé de divers métiers, que l'industrie embauchant à la fois des travailleurs industriels et des hommes de métier – ce qui n'est plus vrai de notre Code québécois actuel qui exclut la construction.

C'est donc essentiellement par la voie des décisions rendues et de la jurisprudence qu'elles constituent, et grâce à la continuité des politiques d'accréditation des Commissions de relations du travail nord-américaines qu'on peut établir les critères du découpage de l'unité appropriée. Au Québec, les principaux critères proviennent des décisions du juge Gold dans *Coca-Cola ltée*, en 1963, dont les critères sont repris et résumés par le juge Vaillancourt dans *Sicard inc.*, en 1965. (Il s'agit de l'inventeur québécois de la souffleuse à neige, dont l'usine est aujourd'hui propriété de Kenworth.) Pour le juge Gold, que résument D'Aoust et Leclerc, «l'unité appropriée doit être celle qui aide les parties à atteindre un accord et celle qui servira de pierre angulaire à l'instauration de relations du travail harmonieuses pour l'avenir[4]». Ce principal critère, d'une grande importance, fut repris par le juge Vaillancourt dans les termes suivants: «la paix industrielle qui ne doit pas être troublée par la multiplicité des groupes et des associations» (voir le document 3-2).

3.2.4 Les effets pratiques de ces critères

En pratique, ces critères ont produit des unités d'accréditation dites industrielles dans chacun des établissements appartenant à une même entreprise: règle générale en effet, chaque installation industrielle ou commerciale, ou chaque lieu de travail, est accrédité distinctement, comme les usines d'Alcan faisant partie du même complexe à Jonquière, ou chaque restaurant de la chaîne des Rôtisseries Saint-Hubert. Sur chaque lieu de travail on retrouve donc des unités dites industrielles: par exemple tous les cols bleus de GM à Boisbriand ou encore tous les employés d'un supermarché sont régis par une seule accréditation. Cette pratique généralisée des unités industrielles fait cependant l'objet d'exceptions qui semblent dater de 1935 et qui perdurent depuis. Dans l'usine typique, on exclurait de l'accréditation des cols bleus, les groupes suivants: les cols blancs, qui ont toujours été mis à part des cols bleus, les gardiens de sécurité de l'employeur, pour les raisons qu'on devine, et les gens qui travaillent à l'extérieur de l'établissement, tels les vendeurs qui visitent les clients. Hormis ces exceptions devenues traditionnelles, c'est l'unité industrielle qui règne.

---

4.   C. D'Aoust, L. Leclerc, «L'accréditation» in Noël Mallette, *op. cit.*, p. 148.

**DOCUMENT 3-2   Critères déterminant l'unité d'accréditation appropriée
(Les critères de Sicard)**

Les critères de découpage de l'unité d'accréditation sont multiples. Ils ont été élaborés par la jurisprudence de l'ancienne CRT (Commission des relations du travail) et du Tribunal du travail. À cet égard, deux décisions retiennent particulièrement notre attention. Il s'agit des décisions *Coca Cola Ltée*[1] et *Sicard Inc.*[2]

Le juge Gold dans la première décision étudie le concept de groupe distinct et conclut que l'unité appropriée doit être celle qui aide les parties à atteindre un accord et celle qui servira de pierre angulaire à l'instauration de relations du travail harmonieuses pour l'avenir.

C'est aussi dans cette décision que le juge Gold a établi certains critères de détermination de l'unité appropriée. Ces derniers sont repris et résumés dans la célèbre décision *Sicard Inc.* Pour le juge Gérard Vaillancourt, ces critères sont:

(...) *1. La volonté des salariés librement exprimée, car comme le dit l'art. 3 c.t. «Tout salarié a droit d'appartenir à une association des salariés de son choix (...)».*

2. L'histoire des accréditations, des négociations et des conventions collectives chez cet employeur ou chez d'autres employeurs similaires et, s'il y a lieu, l'évolution réelle de la structure de l'entreprise.

3. La division territoriale ou géographique des usines.

4. La mobilité de la main-d'œuvre et/ou de l'exécution du travail.

5. La paix industrielle qui ne doit pas être troublée par la multiplicité des groupes et des associations (...).

6. Le simple bon sens exige que tous les salariés qui ont des intérêts communs ne forment qu'un même groupe. Quels sont ces intérêts communs? Sans restreindre la définition du mot intérêt, l'on peut dire qu'ils sont en général les suivants:

a) similitude de travail et de fonctions;

b) similitude de salaires et de façons de rémunération;

c) similitude dans les conditions de travail;

d) similitude de métier et de qualifications;

e) interdépendance et interchangeabilité dans les fonctions;

f) transférabilité et promotion des salariés d'une catégorie à une autre (...)[3].

Ces critères doivent être considérés comme des guides.

Ils n'ont cependant pas la «même valeur ni la même importance dans chaque cas[4]». Cette règle du cas d'espèce est fondamentale en l'occurrence; elle permet au juge d'accorder à chacun des critères sus-mentionnés un poids relatif susceptible de varier dans chaque cas particulier.

1. *International Union of United Brewery, Flour, Cereal, Soft Drink and Distillery Workers of America, Local 239 v. Coca Cola Ltd et M. Duclos et al.* décision non rapportée du *Labour Relations Board of the Province of Québec*, n° 3932-2, R.-520 (1962). *District of Montréal*, le 25 nov. 1963, monsieur le juge A.B. Gold.

2. *Le Syndicat national des employés de Sicard (C.S.N.) et le Syndicat national des machinistes (C.S.N.), etc. c. L'Association internationale des travailleurs de métal en feuilles (116) et l'Association internationale des machinistes (631) et Sicard inc. (mise en cause). (1965) R.D.T. 353.* Cette décision applique en fait les critères qui avaient été préalablement déterminés dans la décision *Coca-Cola ltée.*

3. *Sicard Inc.*, 362-263, précitée.

4. *Id.*, 363.

EXTRAIT DE: C. D'Aoust, L. Leclerc, «L'accréditation» in *La gestion des relations du travail au Québec*, sous la direction de Noël Mallette, McGraw-Hill, 1980, p. 148-149.

Les unités industrielles règnent dans les secteurs privés parce qu'elles sont non seulement acceptées, mais aussi fortement voulues par la majorité des syndicats et par la quasi-totalité des employeurs, qui les réclament avec vigueur. La plupart des syndicats sont de type industriel et veulent conserver ce statut. Cependant, il arrive que des rivalités ou des discordes internes entre groupes de travailleurs fassent éclater cette volonté d'unité et que des groupes veuillent faire bande à part. Par exemple, les syndicats canadien et américain de l'automobile ont dû faire des concessions aux ouvriers de métier de la maintenance pour éviter qu'ils ne cherchent à obtenir des accréditations distinctes.

L'appui des employeurs à l'accréditation industrielle est quant à lui quasi unanime et particulièrement vigoureux. Le gestionnaire, en effet, dirige une organisation intégrée et parfois complexe, produisant par exemples des moteurs, des avions, du métal raffiné ou des meubles, ou offrant des services complexes tels ceux de l'hôtellerie ou des supermarchés. Cela implique que le gestionnaire doit gérer et résoudre des tensions et des conflits, que l'entreprise soit syndiquée ou non.

Si elle est syndiquée, le gestionnaire insiste pour que le syndicat aide à simplifier ces conflits plutôt que de les multiplier. S'il doit composer avec un syndicat, le gestionnaire préfère nettement qu'il soit de type industriel et qu'il connaisse une dynamique interne semblable à celle de l'entreprise elle-même de sorte que l'action syndicale tienne compte des problèmes internes de l'entreprise. Illustrons cette volonté du gestionnaire par deux exemples. Dans le premier, simple mais courant, les 100 employés d'une petite usine sont divisés sur l'opportunité de travailler un samedi au salaire normal en vue d'obtenir, en contrepartie, un pont chômé entre un congé férié du jeudi et la fin de semaine suivante. L'employeur ne s'oppose pas à cette solution mais il exige que la paix règne parmi ses employés plutôt que la discorde. Ses chances d'obtenir cette paix sont plus grandes s'il y a un seul syndicat dans l'entreprise, plutôt que deux syndicats distincts susceptibles de se disputer entre eux. La paix industrielle, c'est ça pour l'employeur. Il sait très bien que les confrontations intersyndicales se transforment souvent en conflit entre employés et que tôt ou tard, c'est lui qui devra en assumer les conséquences.

Le second exemple est celui de l'hôtel Le Chantecler, à Sainte-Adèle, où l'employeur a obtenu que le Tribunal du travail annule une accréditation qui avait été émise pour seulement 75 de ses employés dont le nombre varie de 250 à 500 selon la saison. Le document 3-3 reproduit un résumé de cette décision où le juge se rallie à l'opinion de l'employeur: «En effet, nous sommes en présence d'un complexe de villégiature où les activités sont interreliées avec, en plus, la polyvalence et la mobilité

DOCUMENT 3-3

Nº 89T-159   TRIBUNAL DU TRAVAIL
ACCRÉDITATION – unité de négociation – saisonniers – critères de détermination de
l'unité appropriée – entreprise d'hôtellerie
comprenant l'exploitation d'un centre de ski
– inclusion ou exclusion des salariés – chefs
d'équipe et employés.

Appel de la décision d'un commissaire de travail accréditant une association de salariés. Appel accueilli partiellement.

L'employeur appelant exploite une entreprise dont les activités touchent l'hôtellerie, la restauration et la récréation, cette dernière catégorie comprenant l'exploitation d'un centre de ski. Il y a environ 500 employés qui travaillent pour l'entreprise durant la saison d'hiver et 250 durant la saison estivale. Le commissaire a accrédité le syndicat intimé pour représenter les salariés de l'appelant qui sont affectés à des travaux concernant la montagne et les aménagements extérieurs. Il s'agit de cols bleus qui s'occupent de la pente de ski et qui sont sous l'autorité du directeur de la montagne; l'unité retenue couvre environ 75 salariés. L'employeur appelant soutient que le commissaire a excédé sa compétence en motivant sa décision sur les faits extrinsèques au dossier, obtenus au terme d'une recherche personnelle, et que l'appelant n'a pu vérifier et contester. Il s'agit d'une accréditation antérieure dont l'unité visait 80 salariés de l'hôtel. Il reproche au commissaire d'avoir mal apprécié la preuve qui favorise une unité globale, d'avoir inclus par erreur des chefs d'équipe comme salariés et d'avoir exclu d'autres salariés en raison de leur travail occasionnel.

Pour soutenir son argument voulant que le commissaire ait excédé sa compétence, l'employeur lui reproche d'avoir vérifié au bureau du commissaire général du travail une accréditation antérieure sans lui avoir permis de discuter sur le résultat de ses recherches personnelles. Bien que le commissaire ne puisse se servir d'information litigieuse sans en prévenir les parties et leur permettre d'en discuter, les dossiers du bureau du commissaire général du travail n'ont rien de confidentiel, sauf en ce qui concerne l'appartenance d'une personne à une association de salariés; l'appelant pouvait et devait tout aussi bien y recourir dans la préparation de sa cause. Le résultat de cette vérification, supportant l'argument de l'employeur quant à la continuité dans l'histoire des accréditations de son entreprise, ne lui cause aucun préjudice. De plus, cette accréditation n'a plus d'effet par suite de la disparition de l'employeur visé et de l'entreprise à la suite d'une vente en justice (art. 45 du *Code du travail*). Quant à l'unité appropriée, l'unicité de l'entreprise et de son personnel amène à conclure à une unité globale. En effet, nous sommes en présence d'un complexe de villégiature où les activités sont interreliées avec, en plus, la polyvalence et la mobilité de la main-d'œuvre et de l'exécution du travail. La similitude dans les conditions de travail et l'interdépendance entraînent l'interchangeabilité des fonctions et la transférabilité des salariés. De plus, il y a une communauté substantielle d'intérêts du fait que travaillent ensemble des réguliers à plein temps et à temps partiel, des saisonniers d'hiver comme des saisonniers d'été et des saisonniers hiver-été, avec un système de polyvalence et d'interchangeabilité, grâce à l'utilisation de l'ancienneté pour se maintenir en place ou se faire rappeler au travail. Il y a lieu toutefois de confirmer le commissaire sur le fait qu'une exclusion devrait être prévue pour les employés non payés qui œuvrent dans l'entreprise, tels les patrouilleurs bénévoles. Or, avec une unité élargie au-delà de celle découpée par le commissaire, le syndicat intimé ne possède pas le caractère représentatif requis par la loi. Par ailleurs, l'inclusion des chefs d'équipe en tant que salariés visés par l'unité de négociation est justifiée. En effet, ils n'ont pas de responsabilités particulières aux représentants de l'employeur. Ils exécutent les mêmes tâches que les préposés, en plus de préparer un rapport quotidien sur l'état de l'équipement et de l'inventaire des postes de surveillance. Le contrat de travail existant s'applique à eux intégralement, même s'ils dirigent leurs équipes et en observent le comportement pour en informer leur supérieur immédiat. Quant aux employés saisonniers qui ne travaillaient pas au jour du dépôt de la requête en accréditation depuis au moins sept semaines, il y a lieu de vérifier, dans chaque cas, si, durant leur mise à pied, ils étaient en réalité prochaine de prestation de travail en raison de la nature de leur emploi, de droits et obligations existants ou en raison de la situation conjoncturelle de l'entreprise. La preuve démontre, pour la majorité des travailleurs, leur expérience vécue de retour en service actif dans l'entreprise au début des diverses saisons.

Hôtel Le Chantecler Inc. c. Syndicat québécois de l'imprimerie et des communications, local 145. *Juge Jean Girouard T.T. Montréal 500-28-000061-887, 1988-12-12. Décision nº 89T-159; prix: 47,26 $ (43,35 $ plus taxe) (51 pages).*

SOURCE: Soquij, *Droit du travail express*, 1989, p. 80.

de la main-d'œuvre et de l'exécution du travail». Nous pouvons témoigner de cette volonté de plusieurs employeurs des secteurs privés de s'opposer avec énergie, et bien souvent avec succès, à toute tentative d'une partie de leurs employés de fractionner une accréditation.

Enfin, la Commission consultative du travail concluait, en 1985, au terme de ses travaux, «que l'unité d'accréditation typique du secteur privé est globalement satisfaisante. Elle est du type industriel plutôt que du type catégoriel ou professionnel[5].»

3.2.5   Le secteur québécois de la santé

Le secteur québécois de la santé mérite qu'on s'y attarde, car la situation est exactement l'inverse de celle qui existe dans les secteurs privés comme le précise la Commission consultative du travail: «En effet, le regroupement de catégories de travailleurs différents, typique du secteur privé, ne ressemble guère au morcellement des accréditations dans le secteur de la santé[6]». Le tableau 3-1 donne un exemple de ce morcellement; il s'agit de la liste des 27 accréditations présentes en 1980 dans un centre hospitalier de Montréal comptant 900 employés. Le panorama de ces 27 accréditations coupe le souffle. La plus frappante de toutes est l'accréditation émise en 1979 pour «la secrétaire du département de la nutrition, salariée au sens du code du travail». Il semble évident que des groupes de travailleurs aussi restreints recherchent, dans l'accréditation, un moyen de se prémunir contre des rivalités ou des conflits entre travailleurs. C'est l'inverse du syndicalisme industriel.

On peut s'interroger sur le rôle et la position défendue par le gestionnaire dans ce processus. Autant que nous sachions, plusieurs des décisions importantes autorisant le morcellement des accréditations dans le secteur de la santé ne mentionnent aucune intervention de l'employeur, ce qui laisse croire qu'il n'y en a pas eu. Une telle passivité serait inconcevable dans le secteur privé. On comprendra la perplexité de l'observateur extérieur et la question que cette situation pourrait lui inspirer: «Y a-t-il un pilote dans l'avion?»

---

5.   Commission consultative sur le travail, *Le travail, une responsabilité collective*, rapport final, 1985, p. 192.

6.   *Id., ibid.*, p. 192.

TABLEAU 3-1   Liste des accréditations d'un centre hospitalier de Montréal

Syndicat	Catégorie de salariés visés (date de l'accréditation entre parenthèses)	Nombre de salariés
Fédération des Infirmiers et Infirmières du Québec (FIIQ)	«Tous les infirmiers et infirmières diplômés, salariés au sens du Code du travail» (78 08 21)	299
Syndicat Démocratique de l'Hôpital _____ inc. (CSD)	«Toutes les secrétaires de direction, salariées au sens du Code du travail» (76 03 22)	6
	«Toutes les garde-bébés – puéricultrices, salariées au sens du Code du travail» (76 03 22)	30
	«Toutes les infirmières auxiliaires, salariées au sens du Code du travail» (76 03 22)	58
Ass. Prof. Technologistes Médicaux du Qué. (APTMQ) (COPS)	«Tous les technologistes médicaux salariés au sens du Code du travail» (71 01 24)	48
Ass. des Techniciens en Diététique du Québec (COPS)	«Tous les technicien(nes) en diététique, salarié(e)s au sens du Code du travail, travaillant dans leur spécialité et détenant un diplôme collégial émis par une institution reconnue» (79 03 15)	6
Ass. Prof. des Physiothérapeutes du Québec (COPS)	«Tous les physiothérapeutes salariés au sens du Code du travail» (70 06 26)	2
Syndicat des Diététistes du Québec (COPS)	«Tous les diététistes professionnels, salariés au sens du Code du travail» (71 09 93) [sic]	10
Ass. Prof. des Inhalothérapeutes du Québec (COPS)	«Tous les inhalotérapeutes salariés au sens du Code du travail» (71 03 11)	10
Syndicat Canadien des Officiers de Marine Marchande	«Tous les mécaniciens de machines fixes, salariés au sens du Code du travail» (79 03 6)	8
	«Tous les employés de maintenance et corps de métiers, salariés au sens du code du travail» (79 03 14)	9
L'Alliance des Paramédicaux du Québec (CSN)	«Tous les technicien(ne)s en radiologie, salariés au sens du Code du travail» (76 02 2)	25
Syndicat National des Employés de l'Hôpital _____ inc. (CSN).	«Les aides infirmières (P.B.I), les réceptionnistes-téléphonistes et les infirmiers (P.B. II) non couverts par d'autres certificats d'accréditation» (70 04 24)	129

TABLEAU 3-1   Liste des accréditations d'un centre hospitalier de Montréal (suite)

Syndicat	Catégorie de salariés visés (date de l'accréditation entre parenthèses)	Nombre de salariés
	«Tous les salariés au sens du Code du travail travaillant à l'entretien ménager» (71 11 24)	41
	«Tous les assistants-techniques en laboratoire, les préposés en ergothérapie, les aides féminins de service, les préposés aux autopsies, les employés du département de la comptabilité, salariés au sens du Code du travail» (73 07 12)	20
	«Tous les aides féminins en laboratoire et la secrétaire de R.E.F.I.M., salariés au sens du Code du travail» (79 03 14)	4
	«Tous les salariés au sens du Code du travail du département de l'admission externe et du département de la pharmacie à l'exception du pharmacien et des stagiaires (étudiants) en pharmacie» (73 08 30)	23
	«La secrétaire du département de la nutrition, salariée au sens du Code du travail» (79 03 15)	1
	«Tous les salariés au sens du Code du travail du département du magasin et du département de radiologie à l'exception des technicien(ne)s en radiologie». (74 05 15)	30
	«Tous les employés du département de l'admission interne salariés au sens du Code du travail» (74 06 25)	13
	«Tous les salariés au sens du Code du travail au département des archives externes» (sans date)	7
	«Tous les employés de la cuisine et de la cafétéria, salariés au sens du Code du travail» (75 03 22)	56
	«Tous les employés de la buanderie, lingerie, salariés au sens du Code du travail» (79 03 5)	28
	«Tous les employés du service des achats» (79 05 8)	2
	«Tous les préposés au poinçon, les messagers au département des renseignements, les employés du secrétariat des comités C.M.D., les dactylos aux départements des soins infirmiers, salariés au sens du Code du travail» (79 03 15)	4

TABLEAU 3-1   Liste des accréditations d'un centre hospitalier de Montréal (suite)

Syndicat	Catégorie de salariés visés (date de l'accréditation entre parenthèses)	Nombre de salariés
	«Tous les préposés aux ascenseurs» (79 03 15)	1
	«Tous les téléphonistes salariés au sens du Code du travail» (79 05 17)	8

Tableau fourni par la direction des ressources humaines du Centre hospitalier. Pour des raisons personnelles, la direction a préféré que l'on taise le nom.

SOURCE: Lemelin, Maurice, *Les négociations collectives dans les secteurs public et parapublic au Québec*, Agence d'Arc, 1984, p. 45-48.

3.2.6   Pourquoi alors tant de litiges?

Citons encore, cette fois-ci plus longuement, le rapport final de la Commission consultative sur le travail à ce propos.

> L'acceptation généralisée de l'unité d'accréditation typique comme constituant ce que l'on appelle une «unité appropriée», fait contraste avec l'abondance des litiges concernant sa détermination ou celle des personnes qu'elle vise. Cette pratique est d'ailleurs génératrice de longs délais. Ce contraste provient sans nul doute d'une procédure fautive où le délai constitue une prime au litige. La procédure, en vertu de la législation actuelle, est telle qu'un litige réel ou fictif sur l'unité d'accréditation constitue un outil admirable pour remonter d'un palier à l'autre du système d'accréditation. Elle offre donc une tentation souvent irrésistible à celui qui veut retarder et s'objecter à la reconnaissance d'un syndicat. C'est ainsi qu'on cherche, pour gagner du temps, à contourner l'agent d'accréditation, à obtenir une audition formelle puis des remises de cette audition, à plaider devant un adjudicateur, voire à en appeler au Tribunal du travail. C'est donc aussi pour remplacer la procédure actuelle, trop sujette aux abus, que nous avons recommandé l'adoption d'une approche administrative et intégrée et la création d'un CRT [Conseil des relations du travail]. On a volontiers parlé de déjudiciariser la procédure. Nous dirions que notre souci est de rendre la procédure moins «chicanière»[7].

On sait qu'aujourd'hui, six ans après la rédaction de ce rapport, le système dont les défauts sont esquissés ici est toujours en place et que, selon toute apparence, il n'est pas près de changer. Signalons au passage

----
7.   *Id., ibid.*, p. 192-193.

que les paliers successifs de la procédure d'accréditation sont l'agent d'accréditation (C.t. 28 à 30), le commissaire du travail (C.t. 31 à 36) et le Tribunal du travail (C.t. 118).

3.3   LES EFFETS DE LA REQUÊTE EN ACCRÉDITATION

Une requête en accréditation rend l'affaire publique[8]. Sur réception, le commissaire général du travail en transmet copie à l'employeur (C.t. 25). Celui-ci doit alors établir la liste des salariés qu'il croit visés par l'unité d'accréditation demandée par le syndicat, l'afficher dans l'entreprise, et en envoyer une copie au syndicat (C.t. 25). Très tôt, donc, tous savent à quoi s'en tenir quant à ces données importantes ou quant à leur interprétation.

Le dépôt d'une requête ferme la porte à toute demande d'accréditation faite par un autre syndicat (C.t. 27.1): on parle alors d'un «guichet fermé». Cette disposition ne date que de 1983 et vise à renforcer l'article interdisant les syndicats dominés (C.t. 12) auxquels certains employeurs avaient recours pour rivaliser avec un syndicat légitime, et forcer la tenue d'un vote. Cette tactique était apparue après que la reconnaissance volontaire ayant valeur d'accréditation a été interdite en 1969. À cause du «guichet fermé», le dernier cri dans le domaine de la riposte patronale est le dépôt d'une requête bidon, précédant le dépôt d'une requête légitime, et rendant cette dernière irrecevable. On saisit vite le caractère impérieux de la «clandestinité», lors du recrutement, pour contrer les entreprises de ce genre.

Même si la requête en accréditation est publique, nous avons déjà vu que l'employeur ne pourra jamais percer la confidentialité des adhésions (C.t. 32, 35 et 36), sauf bien sûr s'il profite d'indiscrétions ou d'imprudences, ce qui n'est pas rare.

Enfin, avec le dépôt de la requête débute le gel des conditions de travail (C.t. 59). Il durera longtemps, c'est-à-dire jusqu'à ce que l'accréditation ait été refusée ou accordée, pendant toutes les négociations si elle est accordée, et jusqu'à l'obtention du droit de grève ou de lock-out: les deux parties retrouvent alors leur pleine liberté d'action et l'em-

---

8.   Fernand Morin, *Rapports collectifs du travail*, Thémis, 1982, p. 220-223. L'ensemble de son chapitre III porte sur l'accréditation, comporte 125 pages, et constitue un approfondissement considérable des sujets abordés ici.

ployeur peut alors modifier les conditions de travail sans entente avec le syndicat. L'imposition de ce gel vise à renforcer l'obligation du gestionnaire de négocier avec le syndicat, ce dont nous reparlerons.

Dans le but de ne pas dérouter le lecteur attentif, soulignons qu'exceptionnellement, l'article 59 ne parle que du lock-out alors que le Code met habituellement grève et lock-out sur le même pied et les mentionne d'un même souffle. La raison est que dans les services publics, et jugés essentiels, sujet qui ne sera abordé qu'au chapitre 6, l'employeur n'acquiert jamais le droit au lock-out. Il doit continuer à fournir les services quelles que soient les tactiques ou les moyens de pression utilisés par les employés. Encore là, il s'agit d'une différence importante entre les secteur ou services publics et les secteurs privés.

3.4   LES EFFETS D'UNE ACCRÉDITATION ACCORDÉE

Il est maintenant possible de passer en revue tous les effets de l'accréditation au sein de l'entreprise ou, plus précisément, de l'établissement. L'ensemble de ces effets caractérise les relations du travail nord-américaines et contribue à expliquer que la présence ou l'absence d'un syndicat constitue un enjeu si important pour le gestionnaire nord-américain. Ces effets influent sur les relations du travail et indirectement sur l'ensemble de la gestion des ressources humaines. Certains ont déjà été abordés, d'autres le sont pour la première fois. Nous terminerons cette section et ce chapitre par un questionnement plus général sur l'impact de l'accréditation sur les conflits opposant les employeurs et les salariés.

3.4.1   Le découpage

Une accréditation découpe, nous l'avons vu, la main-d'œuvre d'une entreprise en unités distinctes (C.t. 1.1; les critères de Sicard). C'est dans chaque établissement qu'on décidera de se syndiquer ou non. Dans chacun des établissements, les groupes de décisions sont généralement les cols bleus ou les employés manuels, les cols blancs œuvrant dans les bureaux, les vendeurs travaillant sur la route et les gardiens de sécurité s'ils sont les employés de l'entreprise. Les cadres et les superviseurs ne peuvent pas demander d'accréditation. Quand il y a plus d'une accréditation, la répartition du travail doit en général tenir compte des frontières entre chacune.

3.4.2   Le gel des conditions de travail se continue

Nous avons déjà vu également que le gel des conditions de travail (C.t. 59) continue une fois l'accréditation émise et qu'il se poursuit tout au long des négociations qu'il a pour but d'encourager. La modification unilatérale des conditions de travail étant interdite à l'employeur, celui-ci a intérêt à négocier avec le syndicat. Il a également intérêt à obtenir le consentement de ce dernier quant aux droits de décision ou de gérance dont il veut conserver l'exclusivité, comme, par exemple, le droit d'ajouter une équipe de soir ou de nuit.

3.4.3   Un porte-parole unique

L'accréditation oblige le gestionnaire, par l'effet combiné de plusieurs articles de la loi (C.t. 1-b, 43, 52 et 67, entre autres), à reconnaître un porte-parole unique négociant au nom des salariés visés. Cette reconnaissance par l'employeur d'un porte-parole unique est le principal but de la loi et constitue l'essence même de l'accréditation. Nous avons vu que devant cette obligation, le gestionnaire souhaite que l'unité d'accréditation soit la plus large possible et de type industriel, de telle façon que les divergences ou conflits ne soient pas seulement exprimés mais aussi plus facilement résolus. Au besoin, il intervient auprès des employés, du syndicat ou du commissaire du travail pour que son souhait soit exaucé. Règle générale, il l'est, puisque cette forme d'accréditation est dominante et que, comme nous le verrons, elle contribue grandement à rendre les relations du travail plus harmonieuses. Par contre, comme nous l'avons vu au chapitre 1, le gestionnaire manifeste souvent une opposition farouche à l'arrivée d'un syndicat tant que celle-ci ne s'est pas concrétisée.

3.4.4   L'obligation de négocier de bonne foi

Cette obligation est une conséquence directe de l'accréditation, puisque la reconnaissance syndicale vise justement à instaurer la négociation de bonne foi entre l'employeur et le syndicat accrédité (C.t. 53). Cet

article de la loi est très rarement violé, contrairement à ce qu'un observateur extérieur pourrait penser. Règle générale, une fois conclue la
question ou le conflit de reconnaissance d'un porte-parole, la négociation
avec ce porte-parole s'ensuit automatiquement. De plus, nous verrons
au chapitre 5 que la bonne foi, en négociation, a un sens précis et limité,
c'est-à-dire chercher à conclure une entente; cela ne signifie pas baisser
les bras et renoncer à défendre ses intérêts.

3.4.5 L'arbitrage possible de la première convention

Dans les quelques cas où l'employeur, même après l'accréditation, continue à chercher la disparition du syndicat au point de négocier avec une
mauvaise foi palpable même si elle est difficilement prouvable, le syndicat peut demander l'imposition d'une première convention collective
(C.t. 93.1 à 93.9). La mauvaise foi se manifeste par l'absence de toute
entente, même sur des points mineurs, par le refus de suivre les pratiques courantes ou normales dans le secteur d'activité des parties, par
des délais exagérés, par le refus de se rencontrer ou par un climat
manifestement hostile au sein de l'entreprise.

Après l'intervention infructueuse d'un conciliateur, le syndicat, ou
plus rarement l'employeur – mais cela se voit[9] car le syndicat aussi peut
faire preuve de mauvaise foi –, s'adresse au ministre du Travail. Celui-
ci décide de nommer un arbitre ou de rejeter la demande. Le cas échéant,
l'arbitre a à décider s'il imposera ou non une première convention collective. S'il décide de le faire, toute grève ou lock-out en cours doit prendre
fin dès le moment de cette décision (C.t. 93.5). Puis l'arbitre écrit la
convention; plus précisément, il écrit une sentence ayant «l'effet d'une
convention collective» (C.t. 93) en s'inspirant des pratiques généralement en vigueur dans le secteur (C.t. 79). Il peut imposer cette convention pour une période maximale de deux ans (C.t. 92). «Ce mécanisme
exceptionnel par rapport à l'ensemble de la négociation constitue en fait
la dernière étape de l'encadrement par la loi des conflits de reconnaissance syndicale[10].»

Ce mécanisme ingénieux, instauré en 1977 au Québec, a été inventé
en Colombie-Britannique et a maintenant cours dans une bonne partie
du Canada. Une quinzaine de conventions collectives sont ainsi imposées

---

9.   Jean Boivin, Jacques Guilbault, *op.cit.*, p. 146.
10.   Commission consultative sur le travail, *op. cit.*, p. 198.

chaque année, surtout dans la toute petite entreprise, dans des secteurs qui sont au bas de la pyramide inversée dont nous avons parlé, c'est-à-dire là où les conflits de reconnaissance sont les plus âpres[11]. Ce mécanisme modeste est efficace puisqu'il évite, résout ou tranche plusieurs conflits, et puisque dans la moitié des cas environ, le syndicat et l'employeur signent eux-mêmes une seconde convention collective, qui témoigne de la survivance du syndicat. Aux États-Unis par contre, l'absence d'un tel mécanisme fait que presque la moitié des syndicats nouvellement accrédités ne réussissent pas à signer de convention collective et donc disparaissent.

3.4.6   Un compte à rebours du droit à la grève

L'accréditation annonce aussi l'acquisition du droit à la grève, puisqu'elle déclenche le compte à rebours du jour où le droit à la grève, ou au lock-out, sera acquis (C.t. 52, 52.2 et 58). Ce droit sera acquis de 90 à 180 jours après l'accréditation, selon un calcul et une démarche dont nous reparlerons au chapitre 5. On a transposé dans cette partie de la loi des principes initialement élaborés pour le renouvellement d'une convention collective.

3.4.7   La déduction obligatoire de la cotisation syndicale

À partir du moment où l'accréditation est accordée, l'employeur a l'obligation de déduire du salaire de chaque employé le montant de la cotisation syndicale et de verser ces sommes au syndicat accrédité (C.t. 47). Le gestionnaire est tenu de déduire la cotisation syndicale, et chaque salarié doit la payer, que celui-ci ait adhéré ou non au syndicat. C'est cette règle qui fait qu'en principe l'employeur ne saura jamais qui adhère au syndicat ou non.

D'où nous vient cette obligation? Elle émane des conflits de reconnaissance syndicale dans les entreprises nord-américaines, qui ont aussi motivé l'instauration à l'accréditation par l'État. Ces conflits de reconnaissance ont créé chez les syndicats un vif souci à l'égard de leur

---

11.   Jean Sexton, *L'arbitrage de différends dans le cas d'une première convention collective*, étude publiée par la CCT en 1985.

survivance dans l'entreprise, donc à l'égard de ce qu'on a convenu d'appeler la «sécurité syndicale». Le fonctionnement d'un syndicat exige, bien sûr, que ses adhérents paient une cotisation. Par ailleurs, le maintien de l'accréditation, et donc la survivance du syndicat, implique que celui-ci doit conserver une majorité d'adhérents parmi les travailleurs. La survivance du syndicat exige donc que la majorité des travailleurs continuent de payer une cotisation syndicale. Très tôt, les syndicats nord-américains se sont aperçus que cela n'allait pas de soi. Chaque salarié bénéficiant nécessairement de la convention collective, qu'il ait ou non adhéré au syndicat (C.t. 67), chacun peut se poser la question: pourquoi payer une cotisation quand mon voisin, qui ne paye pas, reçoit autant que moi? Très tôt donc, la négociation a porté sur l'obligation d'adhérer au syndicat ou de payer la cotisation syndicale; cela n'a pas été facile.

Au Canada, dans le cadre d'une célèbre grève chez Ford, en Ontario, en 1945, le juge Rand a suggéré, à titre de médiateur, que l'adhésion au syndicat soit libre, mais que le paiement de la cotisation soit obligatoire. La négociation de telles formules s'est généralisée en Amérique du Nord et, au Canada, on l'appelle volontiers la «formule Rand». La plupart des lois adoptées par certains États américains qui interdisent de négocier l'adhésion obligatoire à un syndicat n'ont pas interdit la cotisation obligatoire. De telles formules ont donc graduellement perdu leur caractère contentieux.

En dépit de cela, ce type de formule redevint litigieux au Québec. En 1974, il a été l'enjeu d'une longue grève de dix-huit mois chez Pratt & Whitney, un important fabricant de moteurs d'avion, comptant 3000 employés, situé à Longueuil. En 1977, on modifia le Code du travail en y ajoutant entre autres l'article 47: la «formule Rand» fait dès lors partie de la loi. La question cessa d'être vraiment contentieuse, d'autant plus que des dispositions équivalentes ont été instituées ailleurs au Canada.

3.4.8   La continuation de l'accréditation

L'accréditation demeure en vigueur tant qu'elle n'est pas remplacée par l'accréditation d'un autre syndicat (C.t. 43) puisque la loi prévoit la reconnaissance d'un seul et unique porte-parole. Il faut également que le syndicat conserve une majorité d'adhérents parmi les travailleurs. L'employeur peut demander la vérification de cette majorité durant les périodes prévues à cette fin (C.t. 41), soit entre le 90e et le 60e jour précédant l'expiration de la convention – ce qui constitue aussi la période

au cours de laquelle les travailleurs peuvent changer de syndicat
(C.t. 22-d) –, soit encore six mois après l'acquisition du droit de grève
ou de lock-out si ce droit n'a pas été exercé (C.t. 22-c). Cette dernière
possibilité donne à l'employeur farouchement opposé à l'arrivée d'un
syndicat une autre chance d'atteindre son but. Après de longs délais
retardant l'accréditation et de longues négociations stériles, des travailleurs découragés ou apeurés par tant d'opposition peuvent craindre
de faire la grève et retirer leur adhésion au syndicat. Si tel est le cas,
l'accréditation peut être révoquée; le syndicat disparaît.

Enfin, l'accréditation est valide tant que l'entreprise n'est pas vendue
en justice, suite généralement à une faillite (C.t. 45). Le Code prévoit
explicitement que la vente ou la sous-traitance d'une entreprise n'invalide pas l'accréditation, ni la convention collective en cours (C.t. 45 et
46). Les termes juridiques utilisés sont: l'aliénation ou la concession.
Par exemple, la vente d'un supermarché faisant partie d'une chaîne à
un épicier indépendant ou la concession d'un commerce à un franchisé
n'invalide pas l'accréditation. Il en va de même pour la vente ou la fusion
d'entreprises.

Par contre, la saga du manoir Richelieu a fait ressortir que l'accréditation ne demeure valide que s'il y a un lien juridique direct entre
l'ancien et le nouvel employeur. Expliquons.

3.4.9 Le manoir Richelieu

Ancien et prestigieux hôtel de luxe situé dans Charlevoix, le manoir
Richelieu connut son apogée au cours de l'entre-deux-guerres. Il était
la propriété de la *Canada Steamship Lines* qui y faisait escale lors de
ses croisières sur le Saint-Laurent et le Saguenay. Puis, les croisières
étant déclassées par le tourisme automobile, l'hôtel fut fermé. Soucieux
de l'emploi dans la région, le gouvernement du Québec en fit l'acquisition
en 1976 et en confia l'exploitation à Delta (les Auberges des Gouver-
neurs), puis, en 1983, à la famille Dufour. Celle-ci était l'employeur visé
par l'accréditation d'un syndicat affilié à la CSN.

En 1986, plutôt que de renouveler le contrat des Dufour, Québec
vendit l'hôtel à Raymond Malenfant pour la célèbre somme de
555 555,55 $. Ne s'estimant pas lié par l'ancienne accréditation,
M. Malenfant offrit des emplois à plusieurs des 300 ex-employés des
Dufour, puis à d'autres personnes de la région, car la CSN conseillait
de ne pas accepter ces emplois, considérant pour sa part que l'ancienne
accréditation continuait d'être valide. Certains acceptèrent les emplois,
d'autres pas, ce qui créa beaucoup de frictions entre voisins, entre amis

ou entre parents. L'hôtel se remit à fonctionner mais il y eut piquetage, injonctions, désordre, vandalisme et violences de 1986 à 1988, événements dont le lecteur se souvient peut-être.

Un commissaire du travail, puis le Tribunal du travail donnèrent d'abord raison à la CSN, mais le jugement du Tribunal du travail fut porté en appel. Finalement, à la fin de 1989, un commissaire du travail donna raison cette fois à Raymond Malenfant. Cette décision fut portée en appel par la CSN. Le litige juridique n'est donc pas réglé de façon définitive. Cependant le conflit lui-même s'est officiellement terminé, avec la défaite avouée du syndicat. La fin du conflit a quant à elle été grandement influencée par un jugement fort attendu de la Cour suprême dans une autre affaire, celle de la commission scolaire de l'Outaouais.

La commission scolaire de l'Outaouais (CSO) confiait en 1979 l'entretien ménager de ses écoles à un sous-traitant dont les employés se syndiquèrent à la CSN et qui, plus tard, firent la grève. La CSO résilia alors ce contrat et confia l'entretien ménager à un autre sous-traitant dont les employés se syndiquèrent avec l'Union des employés de services, affiliée à la FTQ. En 1981, un commissaire du travail et le Tribunal du travail donnèrent raison à la CSN pour qui l'ancienne accréditation continuait d'être valide ; mais ces décisions furent portées en appel. En décembre 1988, enfin, la Cour suprême trancha, cassa ces décisions et donna raison à l'affilié de la FTQ.

Les raisons qui motivent cette importante décision sont que le second sous-traitant n'ayant ni acheté ni obtenu son contrat du premier sous-traitant, il n'y avait aucun lien juridique entre les deux entreprises, que la première entreprise avait simplement disparu, et que les articles 45 et 46 ne s'appliquaient pas en l'absence d'aliénation ou de concession : «L'aliénation ou la concession totale ou partielle d'une entreprise (...) n'invalide aucune accréditation (...)» (C.t. 45).

La CSN et la FTQ eurent des réactions opposées sur ce jugement de la Cour suprême, comme sur tant d'autres sujets. La CSN le dénonça comme une menace au droit d'association dans tous les cas semblables, tel celui du manoir Richelieu. La FTQ s'en réjouit puisqu'elle en retira une confirmation de sa tradition syndicale dans les secteurs des services tels que l'entretien ménager ou les agences de sécurité, où elle regroupe plusieurs milliers de membres.

3.4.10 Droits de vote et de représentation syndicale

Enfin, l'accréditation confère aussi aux travailleurs des droits individuels que le syndicat doit respecter puisque la loi l'y oblige. Il y a d'abord le droit de voter par scrutin secret sur des questions telles que les élections syndicales, les votes de grève ou la ratification d'une convention collective (C.t. 20.1 à 20.5). L'étude de ces droits et obligations fera partie du chapitre 5, qui porte sur la négociation.

Il y a aussi le droit de chaque salarié d'être représenté de façon équitable par son syndicat, peu importe qu'il en soit membre ou non, et de soumettre lui-même à l'arbitrage une sanction disciplinaire si le syndicat a violé cette obligation (C.t. 47.1 à 47.6). L'étude de ce droit et de cette obligation fera partie du chapitre 10, qui porte sur l'arbitrage des griefs.

3.4.11   L'accréditation attise-t-elle le conflit?

Il est maintenant possible d'aborder une question de portée générale, même s'il est un peu tôt pour y apporter une réponse complète. Cette question peut se poser ainsi: est-ce que le système nord-américain des relations du travail condamne au conflit les travailleurs qui ont choisi de se syndiquer et les employeurs qui sont la cible de cette syndicalisation? Autrement dit, la réticence de tant d'employés à se syndiquer et la résistance de tant d'employeurs à la syndicalisation signifient-elles que la syndicalisation transforme en adversaires des employeurs et des employés qui, autrement, seraient des partenaires? Bref, le système nord-américain de syndicalisation est-il un système conflictuel, c'est-à-dire systématiquement et nécessairement conflictuel? La question est vaste, on le voit, et mérite d'être posée. À ce stade-ci cependant, elle ne peut être abordée que de façon préliminaire et partielle.

Selon nous – toute réponse à de telles questions étant forcément subjective, l'accréditation, c'est-à-dire ce dont nous avons parlé jusqu'ici, ne condamne pas au conflit, n'est pas la source que de conflits, et n'est pas systématiquement conflictuelle. Bien sûr l'accréditation cristallise la distinction entre les subordonnés et ceux qui détiennent le pouvoir de donner des ordres, ou plus précisément de sanctionner la désobéissance aux ordres donnés. Il s'ensuit qu'elle facilite l'expression des conflits inévitables entre subordonnés et supérieurs. Cependant, cristalliser une distinction, ce n'est pas la créer. Faciliter l'expression d'un conflit, ce n'est pas le causer. Canaliser un mécontentement c'est peut-être l'attiser, mais ce n'est pas l'allumer.

D'ailleurs est-ce si évident que la subordination n'est source que de conflits? Est-il inévitable que le gestionnaire considère ses subordonnées comme corvéables à merci et que le subordonné ne considère son employeur que comme un adversaire? Répondre affirmativement à de telles questions nous rapprocherait de très près des formulations marxistes sur le caractère inévitable de la lutte des classes. Or, l'histoire des sociétés industrielles a depuis longtemps démontré l'irréalisme de ces formulations, tout comme le sort récent des derniers partis communistes l'a confirmé.

La forme principale de l'accréditation nord-américaine, c'est-à-dire l'unité industrielle regroupant des ensembles de salariés, ne vise pas qu'à canaliser les conflits ; elle vise aussi à les résoudre. Elle y parvient, semble-t-il, si l'on se fie à l'appui que lui accordent les gestionnaires dont l'entreprise est syndiquée. Nous aurons à revenir sur ce sujet lorsque nous aborderons les questions de la négociation et de l'application de la convention collective dans l'entreprise.

Limitons-nous ici à dire que l'accréditation telle qu'on la connaît illustre bien le discours d'un éminent auteur américain, Jack Barbash : « En fait, il est impossible de comprendre le conflit industriel si on ne se réfère pas à un cadre qui inclut aussi la résolution du conflit[12]. » La pensée de Barbash, très nuancée, peut se traduire ainsi : le conflit est une partie intégrante des relations du travail qui ont justement pour objet de le résoudre. Elle diffère donc beaucoup d'une pensée selon laquelle le système des relations du travail engendre lui-même le conflit.

On pourrait avancer que les conflits sont exacerbés du fait que l'accréditation est confinée à l'entreprise individuelle ou à ses établissements individuels. Mais peut-on en être sûr ? Il est vrai que la syndicalisation exprime une volonté des travailleurs de limiter les effets négatifs de la concurrence qui les oppose les uns aux autres et que l'accréditation, en soi, fait porter leur action sur leur propre entreprise seulement. Il est également vrai que chaque dirigeant d'établissement ou d'entreprise veut également éviter d'être la victime de ses concurrents. Alors, justement, l'accréditation ne contribue-t-elle pas aussi à associer le gestionnaire et les salariés face à la concurrence propre à chacun ? S'il est vrai que le salarié se préoccupe d'abord de son emploi et que le gestionnaire se soucie avant tout de la rentabilité de l'entreprise, ces deux préoccupations ne sont pas toujours divergentes, loin de là.

À preuve, cette réflexion que me faisait le président d'un syndicat local, M. Albert Zlotkus. Il était question d'organiser des rencontres entre son syndicat et un autre, dont les membres fabriquaient un produit semblable – des tuyaux d'acier – dans une entreprise concurrente. Il s'y est objecté pour la raison suivante : « D'accord, disait-il, pour des négo-

---

12. Jack Barbash, *The Elements of Industrial Relations*, University of Wisconsin Press, 1984, p. 131.

ciations visant des résultats semblables dans les deux usines, puisque nous sommes concurrents. Mais je ne suis pas d'accord pour des rencontres où ces travailleurs pourraient apprendre de nous comment faire de meilleurs tuyaux, pouvant remplacer les nôtres, et ainsi faire croître le nombre de leurs emplois aux dépens des nôtres. »

Laissons pour le moment ces questions, même si elles sont d'un grand intérêt, et continuons de faire le tour du jardin puisque nous n'en sommes encore qu'au début. Avant d'aborder, au chapitre 5, la question de l'encadrement de la négociation et du conflit de travail établi par l'État, nous consacrerons le chapitre 4 à définir de façon plus précise les différents acteurs des relations du travail, et particulièrement l'acteur syndical.

Les acteurs

4.1   L'État

4.2   Le patronat
  4.2.1 Le patron
  4.2.2 Le patronat

4.3   Les employés ou leur syndicat
  4.3.1 Le syndicat local
  4.3.2 Les pouvoirs dans le syndicat local
    a) Les employés de l'entreprise
    b) Les membres du syndicat
    c) L'assemblée générale
    d) Les militants
    e) Les délégués syndicaux
    f) Les dirigeants élus
    g) Les politiques syndicales extérieures
      à l'entreprise
    h) Le représentant syndical
  4.3.3 L'appartenance à l'entreprise
  4.3.4 L'affiliation à des organismes syndicaux
    a) Les syndicats locaux indépendants
    b) Les fédérations ou syndicats indépendants
    c) La Centrale des syndicats démocratiques (CSD)
    d) La Centrale de l'enseignement du Québec
      (CEQ)
    e) CSN et FTQ : les ressemblances
    f) CSN et FTQ : les dissemblances

Il est devenu coutumier, en Amérique du Nord, de décrire les divers systèmes de relations du travail à partir de l'identité et du rôle des trois acteurs principaux que sont l'État, le patronat, et les employés ou leur syndicat. Un tel procédé est en effet un outil fort utile pour décrire, comprendre ou comparer les systèmes de relations du travail et leur fonctionnement respectif. Par analogie, songeons à une pièce de théâtre. Pour la décrire ou en capter le sens, il est souvent utile de camper l'identité des personnages, leur rôle dans le déroulement de l'action, leurs échanges ou leurs interrelations. Il en va de même pour les relations du travail. Qui sont les acteurs? Que font-ils? Que disent-ils? Et de quelles façons s'influencent-ils les uns les autres? Nous allons donc parler brièvement de l'État, du patronat avant de nous attarder au troisième acteur, c'est-à-dire les employés ou leur syndicat. Nous justifierons ce choix en temps opportun.

4.1 L'ÉTAT

L'importance du rôle de l'État dans les relations du travail est indéniable; le contenu des trois premiers chapitres l'a déjà démontré. En effet, l'État accrédite ou non un syndicat. S'il le fait, la loi oblige l'employeur à reconnaître ce syndicat comme porte-parole de ses employés et à négocier avec lui une convention collective. S'il ne le fait pas, le syndicat ne peut exercer sa mission principale et, à toutes fins utiles, cesse d'exister. Le fait que l'accréditation est requise dans chaque établissement plutôt que pour l'ensemble d'un secteur aide à comprendre pourquoi la majorité des employés au Québec ne sont pas syndiqués et surtout pourquoi le taux de syndicalisation peut être si dramatiquement différent d'un secteur économique à l'autre. L'effet sur les relations du travail est profond: la manière dont se déroule une tentative de syndicalisation illustre l'influence du contenu et de l'administration de la loi sur celles-ci. De plus, quand l'accréditation est accordée, ses effets sur l'employeur et au sein de son entreprise sont importants. Ils différencient de façon notable les relations du travail de celles qui ont cours dans une entreprise non syndiquée.

Le rôle de l'État sera également mis en relief dans les deux prochains chapitres. Le chapitre 5 examinera et définira «l'encadrement» étatique de la négociation collective et du conflit de travail. Il faut connaître ce cadre légal pour comprendre la pratique de la négociation collective. Enfin, l'importance manifeste du rôle de l'État sera également illustrée au chapitre 6 qui fait entre autres un survol des systèmes autres que le régime typique du secteur privé. On y verra aussi la diversité des rôles que peut jouer l'État et jusqu'à quel point celui-ci, en optant pour un rôle ou pour un autre, influence l'identité et le rôle des autres acteurs.

Il ressort de ce qui précède que les six premiers chapitres de ce livre, exception faite de celui-ci, décrivent le ou les rôles de l'État et leur influence profonde sur les autres acteurs. Ces nombreuses références au rôle de l'État sont nécessaires; elles expliquent aussi pourquoi il en est moins question dans ce chapitre-ci.

Une dernière remarque, cependant, sera utile. La séparation des pouvoirs de l'État, typique des régimes démocratiques dans le monde, entraîne leur dispersion; en pratique, le pouvoir de l'État comporte plusieurs niveaux. L'expression «le pouvoir de l'État» résulte d'une abstraction. Par exemple, l'Assemblée nationale adopte des lois tel le Code du travail. Le Conseil des ministres dirige le gouvernement et adopte les règlements qui rendent possible l'application de la loi. Le ministre du Travail est responsable de son administration, quand la loi la lui confie. Une structure administrative semi-autonome, comportant divers niveaux, émet les accréditations: agent d'accréditation, commissaire du travail et Tribunal du travail. Les tribunaux judiciaires surveillent le tout de haut, tels des anges gardiens dont on aime ou non les décisions: Cour supérieure, Cour d'appel et Cour suprême. Au besoin, les forces policières appliquent ces décisions sur les lignes de piquetage, à la suite d'injonctions ou dans le cas d'«outrage au tribunal», expression dont nous reparlerons au chapitre 5.

Pour dispersés qu'ils soient, démocratie oblige, ces pouvoirs se prêtent bien au processus utile d'abstraction qui les regroupe sous le vocable «le pouvoir de l'État» et qui aide ainsi à en saisir la force et la portée.

4.2 LE PATRONAT

4.2.1 Le patron

Chaque accréditation vise un établissement ou un employeur individuel qu'elle spécifie nommément. Elle ne vise pas une quelconque association d'employeurs qui seraient regroupés sur une base professionnelle et régionale. Par exemple, l'accréditation d'un hôtel montréalais vise cet hôtel et donc un patron plutôt que le patronat de l'hôtellerie montréalaise.

La différence est énorme. Elle contribue grandement à expliquer pourquoi tant de PME et de secteurs importants sont peu syndiqués et, vraisemblablement, le demeureront. Il s'agit d'entreprises qu'on retrouve dans la partie inférieure de la pyramide inversée présente au chapitre 1. Moins l'établissement compte d'employés et moins ses concurrents sont syndiqués, plus le patron a des raisons de craindre que l'accréditation constitue une menace à l'essor ou à la survie de son entreprise.

Cette précision permet aussi d'expliquer pourquoi le mécanisme de l'accréditation concerne non seulement les entreprises syndiquées, mais aussi celles qui ne le sont pas et qui ne souhaitent pas l'être. Ce mécanisme ouvre la voie à la syndicalisation, c'est vrai; mais il ouvre aussi la voie à la résistance du patron individuel à la syndicalisation et amène des pratiques de relations du travail qui viennent appuyer une telle résistance.

Enfin, elle explique pourquoi l'acteur patronal, dans les négociations collectives, est l'entreprise individuelle ou le patron individuel, et non des associations patronales ou le Conseil du patronat. Cela est fort différent de ce que l'on peut observer dans la plupart des systèmes européens où c'est la situation contraire qui domine. Ici même au Québec, on verra que lorsqu'on s'écarte du régime de l'accréditation, les associations patronales deviennent un acteur important de la négociation. Le secteur de la construction et les secteurs régis par des décrets en fournissent les meilleurs exemples.

Puisque l'entreprise individuelle est le principal acteur patronal, il en sera abondamment question dans la seconde partie du livre, à partir du chapitre 7. On y verra en détail comment l'employeur négocie la convention collective et comment il l'applique une fois négociée; comment il gère les ressources humaines; comment il intervient dans la procédure de règlement des griefs; comment il détermine la qualité de la communication, bonne ou mauvaise, au sein de l'entreprise. La diversité de ces activités est considérable. Elle annonce que la notion d'employeur constitue une abstraction complexe jouant plusieurs rôles différents. L'examen de chacune de ces activités nous permettra de définir plus précisément la fonction et le rôle des personnes qui composent l'acteur patronal au sein d'une entreprise: la direction, les cadres hiérarchiques et fonctionnels, et le superviseur de premier niveau, qu'on appelle plus simplement le contremaître dans le secteur manufacturier et chez les cols bleus.

4.2.2   Le patronat

Des considérations qui précèdent découle une autre question. Si l'acteur patronal dans les relations du travail se situe d'abord au sein de l'entreprise, quelle est la fonction du Conseil du patronat? Celui-ci joue un rôle précis et fort important, mais différent, dans la société québécoise. Le Conseil du patronat est d'abord un organisme de représentation qui fait valoir les conceptions du patronat et défend ses intérêts à l'échelle de la société. Il est le principal porte-parole des employeurs québécois auprès du gouvernement ou de l'opinion publique au Québec. Par exemple, on constate dans le document 4-1 que sur 27 déclarations publiques faites par le Conseil du patronat au cours des quatre premiers mois de 1991, aucune ne porte sur les relations du travail au sein des entreprises qui lui sont affiliées.

Ces deux facettes de l'activité patronale méritent d'être différenciées avec soin. D'autant plus que cette distinction sera fort utile pour dissiper la confusion considérable qui entoure les activités des différentes structures syndicales.

Le Conseil du patronat du Québec (CPQ) exerce des activités dites horizontales. Pourquoi dire horizontales? Parce que ces activités s'adressent à toute la société québécoise et qu'elles diffèrent considérablement des principales activités de gestion, qu'on qualifie de verticales. Des exemples d'activités dites verticales seraient la gestion des usines d'Alcan à Jonquière et la négociation collective avec le syndicat de ses employés, ou la gestion de l'usine d'IBM à Bromont et ses relations avec ses employés non syndiqués. De telles activités verticales ne s'adressent pas à la société québécoise. Elles ne touchent que le fonctionnement d'une entreprise. Elles sont fort différentes des activités du Conseil du patronat, comme on peut le constater dans le document 4-1, qui traite de sujets d'intérêt plus général comme les taxes, les cotisations au régime des rentes, la formation professionnelle, les congés de maternité, l'accès à l'égalité, les relations internationales ou la réduction des heures de travail.

Le cadre d'intervention que s'est donné le CPQ en matière de relations du travail résume très bien cette distinction:

> a) n'intervenir que dans les dossiers qui concernent l'ensemble du patronat; c'est ainsi que le CPQ n'interviendra pas dans un dossier sectoriel ou local, à moins que les principes en cause ne touchent l'ensemble des employeurs[1];

La composition du Conseil du patronat est complexe. Elle reflète la diversité des activités économiques et des réalités sociales au Québec.

---

1.   Ghislain Dufour, «Le Conseil du Patronat du Québec (CPQ): une structure unique en Amérique du Nord», in *Vingt-cinq ans de pratiques en relations industrielles au Québec*, sous la direction de Rodrigue Blouin, Éditions Yvon Blais, 1990, p. 156.

DOCUMENT 4-1   Résumé des principales prises de position publiques du CPQ
1er janvier au 1er mai 1991

Selon les résultats du sondage semestriel du CPQ, les membres corporatifs font une évaluation négative du climat économique et politique.

14 janvier 1991

Les résultats du sondage semestriel du CPQ mené auprès de ses membres corporatifs révèlent que les taux d'intérêt, la valeur du dollar et le déficit fédéral sont les bêtes noires du patronat.

14 janvier 1991

Selon le CPQ, les mesures de relance économique annoncées par le premier ministre Bourassa sont intéressantes et ont surtout pour mérite de produire des effets rapides, avec le maximum d'impact prévu pour cette année.

17 janvier 1991

Le CPQ souligne au ministre de l'Éducation que l'enseignement professionnel doit demeurer une priorité pour le gouvernement du Québec.

22 janvier 1991

Le président du CPQ déclare que le syndicalisme a beaucoup de positif, mais également beaucoup de négatif!

23 janvier 1991

Selon une consultation express du CPQ, une forte majorité de répondants estiment importants les travaux de la Commission Bélanger-Campeau.

24 janvier 1991

Le CPQ s'adresse au premier ministre Brian Mulroney pour lui faire part de la situation économique désastreuse qui sévit dans le secteur de la radiodiffusion privée au Québec.

28 janvier 1991

Réagissant à la proposition constitutionnelle du Parti libéral du Québec, le président du CPQ souhaite qu'elle soit perçue comme un électrochoc pour le Canada anglais, et non comme un ultimatum.

30 janvier 1991

Le CPQ se réjouit de l'intention des premiers ministres du Canada de négocier un accord de libre-échange nord-américain.

5 février 1991

Selon les résultats d'un sondage CROP-CPQ, une forte majorité de répondants favorisent un nouveau régime fédéral qui reconnaîtrait une plus grande autonomie au Québec.

18 février 1991

Le CPQ dit appuyer l'initiative du gouvernement du Québec de mettre en œuvre une politique intégrée d'immigration au Québec.

19 février 1991

DOCUMENT 4-1   Résumé des principales prises de position publiques du CPQ
1er janvier au 1er mai 1991 (suite)

Selon le CPQ, le budget Wilson est un budget «conservateur» qui tente de limiter les dégâts, mais qui ne réalise pas l'objectif attendu de réduire substantiellement le déficit.

26 février 1991

Le CPQ presse le ministre de l'Environnement d'exiger du Bureau d'audiences publiques sur l'environnement (BAPE) le dépôt de son rapport sur le projet Soligaz.

4 mars 1991

Le CPQ exprime sa vive inquiétude face aux transferts de coûts du gouvernement vers les municipalités et les MRC. Il appuie l'idée d'un moratoire dans ce dossier.

5 mars 1991

Le CPQ propose la mise sur pied d'un régime d'épargne rénovation-construction pour relancer l'industrie de la construction.

5 mars 1991

Le CPQ propose au ministre des Finances un train de mesures pour favoriser la relance économique.

5 mars 1991

Pour l'essentiel, le CPQ donne son appui à Bell dans le dossier qui l'oppose à Unitel.

12 mars 1991

La proposition gouvernementale concernant le partage des excédents des régimes de retraite ne plaît guère au CPQ.

14 mars 1991

Le CPQ réagit avec prudence à l'annonce faite par le président du Conseil du Trésor au sujet des propositions salariales (dont le gel) dans la fonction publique québécoise.

19 mars 1991

Le président du CPQ, également membre de la Commission Bélanger-Campeau, prend ses distances face aux documents publiés par le secrétariat de la Commission relatifs aux coûts de la souveraineté.

30 mars 1991

Selon le CPQ, il est vital que Montréal retrouve son dynamisme et continue d'affirmer son rôle moteur dans le développement économique de l'ensemble du Québec.

2 avril 1991

Le président du CQP soutient que les entreprises doivent revoir leurs politiques à l'égard des travailleurs âgés.

9 avril 1991

Le président du CPQ déclare qu'il faut apprendre à vivre avec une certaine incertitude constitutionnelle et qu'il faut maintenant consacrer du temps et des énergies à résoudre d'autres problèmes dont dépend notre avenir économique.

17 avril 1991

DOCUMENT 4-1   Résumé des principales prises de position publiques du CPQ
1er janvier au 1er mai 1991 (suite)

Le CPQ qualifie le remaniement ministériel de M. Mulroney de « majeur » et « à l'enseigne
de l'unité canadienne et de l'efficacité ».

21 avril 1991

Les résultats d'une consultation express du CPQ révèlent que les membres du CPQ
veulent un dollar à 0,78 – 0,80 $ US.

24 avril 1991

Le président du CPQ déclare devant le comité Beaudoin-Edwards que le Canada doit
se donner un carrefour pour définir ses attentes constitutionnelles.

25 avril 1991

Selon les répondants à un sondage CROP-CQP, une majorité simple de votes (50 % +
1) serait insuffisante pour faire l'indépendance.

29 avril 1991

SOURCE :   Conseil du Patronat, *Index chronologique pour l'année 1990-1991*, p. 9 à 11.

Le CPQ « forme le sommet d'une pyramide qui regroupe des associations
patronales professionnelles (verticales) et interprofessionnelles (horizontales), tant du secteur privé que du secteur parapublic, ainsi que
des entreprises[2] ». La plupart des 121 associations affiliées au CPQ sont
du type vertical et sont surtout constituées de PME ; « c'est le cas par
exemple des fabricants de meubles, des détaillants en alimentation, des
manufacturiers de cercueils[3] ». Parmi les associations horizontales, on
trouve le Centre des dirigeants d'entreprise, un apôtre francophone de
la création du CPQ, ainsi que le Bureau de commerce de Montréal, aussi
connu sous le nom de *Montreal Board of Trade*. Par contre, on n'y trouve
plus l'Association des manufacturiers canadiens (section Québec), qui
s'est récemment retirée du CPQ, ni la Chambre de commerce de la
province de Québec, ni aucune des chambres de commerce locales.

L'affiliation d'une entreprise au CPQ est donc la plupart du temps
indirecte, puisque les affiliés directs sont presque toujours des associations patronales verticales. « Par contre, parce qu'à un certain moment
il (le CPQ) a éprouvé des difficultés financières, il a dû se tourner vers
de grandes entreprises individuelles pour assurer son fonctionnement.

---

2.   Ghislain Dufour, président du CPQ, *op.cit.*, p. 143.
3.   Ghislain Dufour, *op.cit.*, p. 148.

C'est pourquoi on compte quelque 300 membres corporatifs (grandes entreprises) qui fournissent environ 80 p. 100 du budget du CPQ[4].»

En somme la représentativité et la fragilité du CPQ vont de pair. Tel appariement n'est pas exclusif au patronat, ni au syndicalisme, et ne se rencontre pas qu'au Québec. Mais dans le cas du CPQ, il y est manifeste. Il aura fallu six ans, du 20 janvier 1963 au 20 janvier 1969, pour passer du lancement à la fondation du CPQ que «la dispersion traditionnelle des groupes patronaux», et «un milieu patronal on ne peut plus hétérogène[5]» ont rendue difficile.

La fondation du CPQ ne lui a pas assuré d'emblée son financement. «Depuis mai 1974, le CPQ compte dans ses rangs une nouvelle catégorie de membres, celle des membres corporatifs, qui lui assure sa stabilité financière[6]». En 1989, il s'agit d'un «appui financier volontaire de 425 entreprises[7]», fournissant, on l'a vu, 80 p. 100 des sommes requises pour assurer les activités d'une quinzaine de permanents.

Depuis sa fondation en 1969, la contribution du Conseil du patronat du Québec à la qualité de la démocratie et de l'identité québécoise a été considérable et somme toute bénéfique. Le CPQ «agit sur la place publique[8]», ce qui ajoute à la qualité d'une démocratie. Il présente depuis vingt ans un mémoire annuel sur les priorités budgétaires de l'État québécois. Il siège entre autres au Conseil consultatif du travail et de la main-d'œuvre, à l'Office des personnes handicapées du Québec, à la Commission de la santé et de la sécurité du travail du Québec, à la Commission des normes du travail et à l'Institut de recherche en santé et sécurité du travail[9].

4.3 LES EMPLOYÉS OU LEUR SYNDICAT

Il sera souvent question, à partir du chapitre 7, des divers comportements du syndicat et des employés au sein de l'entreprise. Mais nous

---

4.   Jean Boivin, Jacques Guilbault, *op.cit.*, p. 126.

5.   Ghislain Dufour, *op.cit.*, p. 147.

6.   Ghislain Dufour, «Les acteurs: l'organisation patronale», in Noël Mallette, *op.cit.*, p. 366.

7.   Ghislain Dufour, «Le Conseil du Patronat du Québec...» in Rodrigue Blouin, *op.cit.*, p. 148.

8.   Jean Boivin, Jacques Guilbault, *op.cit.*, p. 125.

9.   Ghislain Dufour, in Rodrigue Blouin, *op.cit.*, p. 152.

en parlerons alors dans le cadre de questions ponctuelles portant par exemple sur la préparation de la négociation, son déroulement, l'application de la discipline au sein de l'entreprise, la répartition des heures supplémentaires ou l'appréciation de la compétence dans les mouvements de personnel. Avant d'aborder chacun de ces sujets, il est nécessaire de décrire l'organisation interne du syndicat.

L'importance de ce survol s'explique facilement par l'intérêt très vif que porte tout gestionnaire compétent à la conjoncture interne du syndicat avec lequel il traite. Le contremaître sait comment le délégué syndical est considéré parmi les employés. Le cadre qui traite avec un comité de griefs syndical connaît les membres de ce comité et les appuis dont ils disposent ou qui leur font défaut. Le négociateur patronal sait, que ce soit de première ou de seconde main, avec quel degré de confiance ou de méfiance le comité syndical de négociation sera reçu quand il fera rapport de la négociation aux salariés. Par exemple, quand M. Brian Mulroney, futur Premier ministre du Canada, occupait le poste de président de la compagnie Iron Ore, il lui est arrivé à plusieurs reprises de surprendre le représentant du syndicat en le mettant au courant, par téléphone, d'un incident survenu récemment dans un syndicat local.

Ce survol inclura une brève présentation des diverses allégeances syndicales dont les sigles constituent un véritable casse-tête. Il analysera aussi la répartition des fonctions et des pouvoirs au sein des structures syndicales dont certaines sont verticales et d'autres horizontales, tout comme dans le cas du patronat.

4.3.1   Le syndicat local

Au Québec, le syndicat local constitue le noyau de l'action syndicale dans le secteur privé. Ce terme désigne, le plus souvent, le regroupement des employés d'une entreprise sous une même accréditation. C'est d'ailleurs cette accréditation qui confère à ce groupe un certain pouvoir. Par une majorité, ces employés décident d'adhérer ou cesser d'adhérer à un syndicat et peuvent changer d'allégeance syndicale. De la même manière ils autorisent la signature d'une convention collective ou décident de faire une grève. Chaque gestionnaire sait qu'une allégeance ou affiliation de ce syndicat local à un syndicat ou à une centrale syndicale ouvre la porte à une influence qui est extérieure à son entreprise. Mais il sait aussi que cette influence, pour se faire sentir chez lui, doit d'abord passer par le syndicat local de ses employés. C'est là le lieu de l'action; c'est là que «ça se passe». C'est pourquoi cette cellule locale est aussi la cellule de base de toutes les structures syndicales.

Les syndicats locaux sont identifiés par une grande variété de vocables différents qui, à première vue prête à confusion. On trouve par exemple des noms tels que : syndicat local 1234, section locale 5678, loge 99, local 123, union locale 456, syndicat des employés de telle usine ou syndicat national des travailleurs de l'Employeur Untel. Cette confusion n'est d'ailleurs qu'un avant-goût de celle qui se dégage des autres niveaux des structures syndicales.

Il est cependant possible de simplifier un peu les choses en différenciant les usages qui ont cours dans les principales centrales syndicales. L'utilisation d'un numéro pour identifier le syndicat local indique qu'il fait partie d'un syndicat affilié à la Fédération des travailleurs et des travailleuses du Québec (FTQ). Il s'agit là d'une pratique généralisée en Amérique du Nord à laquelle les affiliés de la FTQ ont recours. Par contre, l'inclusion du nom de l'employeur dans le nom du syndicat local indique qu'il fait partie de la Confédération des syndicats nationaux (CSN) ou de la Centrale des syndicats démocratiques (CSD). Cette dernière a conservé cette pratique après avoir quitté les rangs de la CSN.

Il n'est pas superflu d'ajouter que la déroutante variété dans la dénomination des syndicats témoigne non seulement de l'importance des rivalités intersyndicales actuelles, mais aussi de la diversité et de la richesse de l'histoire syndicale du Québec.

La règle générale qui prévoit un syndicat local pour chaque accréditation, et dans chaque entreprise, connaît cependant une exception dans le cas de la petite entreprise. Quand celle-ci ne compte que quelques employés ou quelques dizaines d'employés, certains syndicats demandent l'accréditation au nom d'un syndicat local dit composé, tel le syndicat local 7625 des Métallos qui détient environ 80 accréditations dans autant d'usines ou de bureaux et qui compte environ 2500 membres.

Les principales justifications de cette exception sont d'ordre administratif : comment un groupe de 12 syndiqués pourrait-il assumer le coût même d'un seul arbitrage, assister à un congrès syndical ou compenser le salaire perdu par les membres qui les représentent lors des négociations ? Comment dénicher dans un si petit groupe un secrétaire, un trésorier, et à plus forte raison un comité de direction complet ? Pourquoi tenir une assemblée mensuelle quand les contacts informels et quotidiens au travail sont si intimes ? Comment élaborer un programme de formation syndicale valable ? Le Code du travail prévoit que les règles générales énoncées plus haut s'appliquent aussi à ces syndiqués. C'est-à-dire que ces 12 employés peuvent cesser d'adhérer au syndicat ou adhérer à un autre syndicat, entraînant ainsi la révocation de l'accréditation. Toujours en ce qui a trait aux dispositions générales du Code, ces 12 travailleurs, qui forment une accréditation distincte, désignent leurs propres porte-parole auprès de l'employeur et sont les seuls à voter la grève ou la signature d'une convention collective.

Enfin, on verra au chapitre 6 qu'il existe une autre exception, toujours dans la PME, dans les secteurs où existent ce qu'on appelle des «décrets». Mais il est vraiment trop tôt pour aborder cette question. À chaque chapitre suffit sa peine.

4.3.2   Les pouvoirs dans le syndicat local

À l'intérieur du syndicat local, il existe plusieurs niveaux de pouvoirs. Il faut passer en revue chacun de ces niveaux de pouvoir pour bien saisir le fonctionnement concret d'un syndicat: les employés, les membres, l'assemblée générale, les militants, les délégués syndicaux, les dirigeants élus, les politiques syndicales et le représentant syndical.

a)   Les employés de l'entreprise

Le premier niveau de pouvoir dans un syndicat local est celui des employés eux-mêmes, membres ou non du syndicat, qui travaillent dans l'entreprise au sein de groupes plus ou moins distincts ou rivaux dont la cohésion varie; tous payent un montant égal à la cotisation syndicale. Si, par exemple, une hausse de cotisation syndicale suscite de l'opposition et crée une désaffection envers le syndicat accrédité, son sort sera entre les mains de tous les employés. Car s'il perd l'adhésion de la majorité des employés, il est menacé de disparition ou de remplacement par un syndicat rival. Par contre, si le syndicat conserve un appui majoritaire, il restera en place.

b)   Les membres du syndicat

Les employés membres du syndicat jouissent d'un pouvoir plus important. À titre de membres, ils peuvent participer aux assemblées, y prendre la parole et exercer leur droit de vote sur la grève ou sur la signature d'une convention collective. Pour être membre d'un syndicat, il ne suffit pas de payer un montant égal à la cotisation syndicale (C.t.47). Il faut aussi y avoir adhéré, avoir signé une carte d'adhésion, tout comme au moment de la formation d'un syndicat. Ainsi, l'insouciance des dirigeants d'un syndicat local qui auraient négligé de faire signer une carte aux nouveaux employés de l'entreprise dès leur arrivée pourrait mener éventuellement à une perte de la majorité parmi les employés et à la disparition du syndicat.

La signature des nouveaux employés s'obtient principalement de quatre façons. D'abord par la vérification ou la signature de cartes à l'entrée de la salle d'une réunion syndicale, au début des grandes assemblées traitant de grève ou de contrat. Puis par la sollicitation systématique des nouveaux employés par un délégué de département vigilant. On peut aussi retrouver une clause dite de «sécurité syndicale» dans la convention collective, clause qui oblige par exemple tout employé à devenir et rester membre pour conserver son emploi. Une telle clause ne saurait s'appliquer durant les périodes et dans les cas où on demande la révocation d'une accréditation (C.t. 41). Puis, enfin, on peut recourir aux bons offices d'un employeur quand il accepte de faire signer l'adhésion syndicale en même temps que les autres formulaires qu'un employé doit signer au moment de l'embauche.

Ces deux dernières façons de faire exigent l'assentiment de l'employeur. Certains en seront surpris. Pourquoi un employeur prêterait-il son concours à l'adhésion syndicale? Une première raison est que l'adhésion permet de voter sur une grève ou sur un contrat. L'employeur a-t-il intérêt à ce qu'un employé tiède envers le syndicat exprime cette tiédeur par l'abstention? Une assemblée ou un vote ne regroupant que ceux des employés qui lui sont les plus hostiles, ou le moins bien disposés à son égard, n'aidera pas l'employeur à faire accepter et à conclure une convention collective qui reflète ses préoccupations.

On verra au chapitre 5 qu'en cas de grève légale, tous les employés visés par l'accréditation doivent en pratique cesser le travail. Casser une grève ou un syndicat par un retour graduel au travail est interdit au Québec depuis 1977. Dans de telles circonstances, exprimer son opposition à une grève en s'abstenant de voter lors du scrutin que tient le syndicat est contre-indiqué. Le Conseil du patronat a donc raison, convient-il d'ajouter, quand il allègue que cette disposition de la loi renforce le syndicat de façon importante, par ses effets directs au moment d'un conflit et par ses effets indirects, comme on le voit ici.

Une seconde raison à cette coopération patronale est la fréquente réticence des employeurs à la chasse aux signatures, par le délégué syndical, sur les lieux du travail. De plus, la disparition pure et simple d'un syndicat faute d'adhérents, à ne pas confondre avec son remplacement, est chose rare. Autant l'implantation d'un syndicat peut être difficile, autant, sinon plus, l'est sa disparition. Quant au remplacement d'un syndicat par un syndicat rival, l'employeur typique est très réticent à cet égard. Il se méfie, à juste titre, de la surenchère qui accompagne souvent le «maraudage», c'est-à-dire les luttes intersyndicales pour l'allégeance d'un groupe accrédité.

c)   L'assemblée générale

Comme troisième niveau de pouvoir dans un syndicat local, il y a l'assemblée générale des membres. Celle-ci doit ratifier la plupart des décisions importantes : le règlement des griefs, le recours à l'arbitrage, les frais et voyages des dirigeants, la composition du comité de négociations, le cahier des revendications sur lesquelles démarre la négociation ou, dans certains syndicats, le montant de la cotisation syndicale. La participation à ces assemblées est importante et représentative à l'occasion de la négociation, particulièrement à l'approche de son dénouement et surtout s'il est question de grève. Ce sont là les effets directs de l'accréditation, de la négociation collective qui s'ensuit et du choix auquel elle aboutit : la ratification d'un contrat ou la cessation du travail. S'il y a de profondes divisions parmi les membres au sujet de la négociation ou du recours à la grève, il arrive que le vote au scrutin secret soit reporté et déplacé du lieu d'assemblée au lieu du travail. L'employeur y donne généralement son consentement pour les raisons dont nous avons parlé précédemment. Le vote postal existe également, mais son utilisation est limitée aux cas de dispersion géographique extrême.

Par contre, lorsque la négociation n'est pas à l'ordre du jour, les assemblées générales régulières, le plus souvent mensuelles, attirent généralement très peu de membres ; seules quelques poignées de fidèles ou de militants y assistent. Depuis un demi-siècle que ce phénomène est généralisé, on y voit souvent un problème. Les dirigeants élus se sentent frustrés, isolés, et perçoivent cette abstention, qu'on attribue à l'apathie, comme un désaveu de leur conviction syndicale. Toutes sortes de moyens ont été utilisés pour attirer plus de monde aux assemblées, du tirage de prix de présence aux modestes jetons de présence, mais sans résultats appréciables. Ce faible taux de participation inquiète aussi les dirigeants élus qui redoutent la participation soudaine et imprévue de mécontents prenant à l'emporte-pièce des décisions importantes, même si le nombre de membres présents est minuscule.

Il n'est pas si sûr, cependant, que ce phénomène constitue un problème de désaveu ou d'apathie, car parfois, il s'explique entre autres par le dynamisme considérable des autres activités du syndicat. Au moment de la négociation, les membres sont présents. Sur les lieux du travail, les délégués syndicaux sont souvent actifs, le comité syndical de griefs solutionne beaucoup de problèmes courants, les travailleurs individuels ont accès à ces recours et sont tenus au courant des résultats qui les touchent directement. Un syndicat local vigoureux a généralement plusieurs comités qui sont actifs et s'occupent de problèmes tels que la pension, les assurances, les accidents du travail et leur prévention, l'évaluation des tâches, les primes de rendement, l'aide quant aux problèmes de drogue ou d'alcool, l'accès à l'égalité ou les activités sportives ou sociales. Dans de tels cas, en somme, que reste-t-il pour l'assemblée générale mensuelle? Des corvées administratives, auxquelles tout le monde souhaite se dérober: la lecture de procès-verbaux, l'adoption de rapports financiers, l'adoption des rapports de nombreux comités ou la discussion de problèmes individuels qui, en fait, auraient dû se régler sur les lieux du travail.

Les cadres de l'entreprise s'inquiètent de la faible participation aux assemblées régulières et y réagissent principalement de trois façons. La première est d'accepter ou de souhaiter que les délégués et les dirigeants syndicaux prennent le temps de régler sur les lieux du travail les problèmes d'application de la convention ou les problèmes quotidiens de communication. La seconde est d'accepter ou de souhaiter la tenue de votes au scrutin secret sur les lieux du travail pour trancher des questions susceptibles de diviser leurs employés telles que les élections syndicales, l'opportunité de travailler un samedi au salaire normal pour pouvoir faire le pont entre un jeudi férié et la fin de semaine qui suit ou le déplacement d'un congé férié. La troisième est d'éviter aux dirigeants élus du syndicat d'être confrontés à la manifestation imprévue, en assemblée, d'un mécontentement soudain relatif aux conditions de travail.

Par exemple, une machine brise dans un département et plusieurs travailleurs doivent cesser leurs activités. Plutôt que de les payer à ne rien faire ou de les renvoyer chez eux, le contremaître les assigne à un travail qu'ils ne prisent pas. Mécontentement. En même temps, un autre groupe de travailleurs escomptaient être invités à faire ce même travail en heures supplémentaires, avec leur salaire majoré de moitié; ils en sont privés. Autre mécontentement. Le contremaître en avise son surintendant, qui en avise le service des ressources humaines. Ce dernier sait que l'assemblée générale a lieu le lendemain soir. Il invite rapidement le président ou le comité de griefs du syndicat à discuter du problème et à tenter de le régler. Il s'assure ainsi non pas que le problème se réglera immédiatement, mais que le président du syndicat sait à l'avance que les mécontents, de part et d'autre, viendront à l'assemblée faire connaître leur frustration.

d) Les militants

Le quatrième niveau de pouvoir dans un syndicat local est celui qu'exercent les militants. Qu'est-ce qu'un militant? Ce terme désigne en pratique celui qui s'intéresse au syndicat et qui le fait savoir, par exemple dans les conversations qui se nouent dans la salle de repos, autour du poinçon, pendant les temps morts ou autour de la fontaine. Il n'occupe pas nécessairement un poste élu, mais c'est généralement parmi les militants qu'on recrute des candidats. Il exerce souvent une influence informelle mais considérable quand vient le temps de faire des choix au cours de la négociation. Il siège parfois à un comité. Il est connu et souvent écouté du contremaître à cause de son ascendant informel. On lui demande volontiers son opinion pendant les périodes troublées où se font des sondages rapides.

Il y a peu de militants parmi la masse des travailleurs. La proportion ne dépasse certainement pas 10 p. 100 si on insiste pour chiffrer une qualité. En cela, le syndicalisme ressemble aux autres organisations de masse comme les partis politiques réunissant de nombreux adhérents. Et, à cause du mode d'accréditation, le syndicalisme québécois ou nord-américain est certes un syndicalisme de masse et non un syndicalisme ne regroupant que des militants.

e)   Les délégués syndicaux

Le cinquième niveau de pouvoir dans un syndicat local est celui des délégués syndicaux. Le délégué syndical est élu ou sollicité pour agir comme porte-parole des travailleurs auprès du contremaître ou superviseur de premier niveau. Pour cette raison, dans l'industrie manufacturière, on l'appelle souvent le délégué de département. Il joue donc un rôle de communicateur, par exemple dans la procédure de règlement des griefs, dans les entrevues disciplinaires entre un contremaître et un employé ou dans d'autres échanges que lui-même, le contremaître ou un employé amorce.

L'importance de la communication et du pouvoir qui en découle varie beaucoup d'une entreprise à l'autre, ou d'une section de l'entreprise à une autre. On verra au chapitre 9 que la qualité de la communication et le pouvoir réel du contremaître sont grandement tributaires des choix de gestion faits par la direction de l'entreprise. Pour le moment, disons simplement que si le contremaître détient peu de pouvoir réel dans la gestion de l'entreprise, il en ira de même pour son vis-à-vis, le délégué syndical, au sein du syndicat. C'est dire qu'un style centralisé de gestion appelle la centralisation des décisions au sein du syndicat local.

f)   Les dirigeants élus

Le président élu d'un syndicat local est toujours un personnage important. Il fait partie d'un sixième niveau de pouvoir. Il préside les assemblées et dirige la marche du syndicat local. Dans un syndicat local de

FIGURE 4-1

SOURCE: Gérin-Lajoie, Jean, *Les Métallos 1936-1981*, Boréal Express, 1982, p. 96.

dimension modeste, de moins de 500 membres par exemple, il siège au comité de griefs et souvent le préside. Dans un syndicat local plus important, il arrive que le comité des griefs siège sans lui. Dans de tels cas, le poste de président du comité des griefs prend lui aussi une grande importance. Les postes associés à des tâches administratives sont eux aussi une source d'influence et leurs détenteurs siègent souvent au comité de négociation.

Il n'est pas rare que ces postes fassent l'objet d'un cumul. Par exemple, dans un syndicat de 1300 cols bleus du secteur manufacturier, nous pourrions rencontrer André, un mécanicien qualifié ayant 15 ans d'ancienneté, qui est chef délégué de la division de la maintenance et donc responsable du travail des six délégués s'occupant des 300 employés de l'entretien. À titre de chef délégué, il est membre du comité des griefs. André est aussi secrétaire-archiviste du syndicat local et membre du comité des sports pour le hockey. Enfin, il siège également au comité de négociations. Il est évident qu'André joue un rôle important dans le syndicat local et parmi les employés. Il est tout aussi évident que son contremaître, son surintendant, le directeur du personnel ou même le gérant de l'usine observeront André, sa personnalité, ses opinions, ses rivalités ou ses alliances avec les autres dirigeants, et son influence auprès des employés dans sa propre division et ailleurs dans l'usine.

Les cadres de l'entreprise, s'ils sont consciencieux, ne négligeront aucune information pouvant être recueillie auprès des divers niveaux de pouvoir du syndicat local. En effet, c'est ici que débute la préparation de la négociation, comme nous le verrons au chapitre 7. Un négociateur patronal y gagne toujours s'il connaît bien les besoins et les appuis de ses vis-à-vis.

Les renouvellements de mandat des dirigeants élus dans les syndicats locaux semblent considérables mais leur proportion est en fait très variable. Par exemple, une observation attentive d'une longue période chez les Métallos (FTQ) indique un taux de roulement global d'environ un tiers lors des élections locales qui se tiennent aux trois ans. Mais la situation varie beaucoup selon les individus ou selon les syndicats. Y a-t-il un lien entre le taux de roulement et le degré de démocratie? Il serait très imprudent de l'affirmer sans disposer d'études plus approfondies, qui n'existent pas.

Il convient de signaler deux aspects de ce roulement auxquels le gestionnaire n'est pas étranger ou indifférent. En premier lieu, une partie appréciable du roulement des délégués et des dirigeants d'un syndicat local provient de leur promotion au poste de contremaître. Certains y voient une intention de décapiter le syndicat local ou d'acheter la bienveillance de la personne concernée. Nul doute que de tels cas existent. D'autres, par ailleurs, y voient un phénomène beaucoup plus profond. En effet, si un employeur favorise la promotion interne au poste de contremaître, que cherche-t-il? Il recherche non seulement la compétence technique mais aussi la capacité d'apprendre et l'aisance dans les relations interpersonnelles. On trouve souvent ces qualités chez les dirigeants syndicaux. Les activités syndicales leur permettent de les mettre en évidence et même de les développer si nécessaire. Objectivement, ils constituent donc de bons candidats pour le poste de contremaître. Y a-t-il des barrières idéologiques faisant obstacle? Bien sûr, mais leur géométrie est très variable. Ce ne sont pas tous les militants qui ne voient que contradiction entre les intérêts de l'entreprise et ceux des employés. Ce ne sont pas non plus tous les gestionnaires qui se méfient d'emblée des militants syndicaux. En pratique, plus importantes sont la loyauté et l'intégrité qu'ils ont pu manifester au service de ceux qui les ont choisis ou élus.

En second lieu, certains syndicats peuvent connaître des difficultés considérables pour le renouvellement des mandats quand les exigences pour la mise en candidature sont trop sévères, quand, par exemple, on exige la présence à un nombre élevé d'assemblées régulières. Si cette exigence est excessive, le peu de présences à ces assemblées peut restreindre le nombre de candidats éligibles au point que les postes syndicaux se répartissent parmi un petit groupe d'habitués des assemblées, toujours les mêmes. Règle générale, le gestionnaire ne se réjouit pas d'une telle situation. En effet, même s'il trouve parfois laborieux de traiter avec des dirigeants représentatifs, cela lui est d'autant plus difficile quand ils ne le sont pas. De plus, la méfiance des employés envers des dirigeants syndicaux peu représentatifs est une entrave importante dans les rapports quotidiens au travail, pour le règlement des griefs et la résolution des vrais problèmes par la négociation.

g)   Les politiques syndicales extérieures à l'entreprise

Les cadres d'une entreprise se méfient, on l'a vu au chapitre 1, de l'intrusion, par le biais du syndicat, d'influences étrangères à leur entreprise. Ils n'ont pas tort puisque cette influence extérieure peut certainement représenter un septième niveau de pouvoir si elle reçoit l'adhésion des employés. Elle se manifeste par l'entremise de politiques ou de positions syndicales adoptées à un niveau élargi, ou supérieur, du syndicat et qu'on tente d'insérer dans la négociation à l'échelle locale.

Ces politiques proviennent d'un niveau élargi quand elles sont adoptées dans le cadre de réunions regroupant des syndicats locaux d'une même entreprise ou œuvrant dans la même industrie. À titre d'exemples: les syndicats locaux canadiens chez General Motors, les syndicats locaux québécois et terre-neuviens dans les mines de fer de la Côte Nord, ou les syndicats locaux montréalais dans l'hôtellerie. Devant un tel élargissement dans la formulation de politiques ou d'objectifs de négociation, le négociateur patronal et les dirigeants d'entreprise se montrent particulièrement attentifs. Ils se renseignent à l'avance sur ces préparatifs, cherchent à déterminer comment leurs propres objectifs ou intérêts seront affectés et tentent, et le plus souvent réussissent, de mesurer le degré d'adhésion chez leurs propres employés et chez ceux des autres employeurs visés.

Quand on dit que ces politiques proviennent d'un niveau supérieur, c'est qu'elles ont été adoptées lors de congrès syndicaux et qu'elles visent des objectifs qui sont proposés aux syndicats locaux. De tels objectifs peuvent être, par exemple, la bonification des caisses de retraite, l'amélioration ou l'élimination des primes de rendement, l'assurance des soins dentaires, la réduction des heures de travail, l'indexation du salaire au coût de la vie ou bien la méfiance ou la confiance envers les nouvelles méthodes de gestion. Ici encore le négociateur patronal mesure avec soin le degré d'adhésion des employés de l'entreprise puisque ce sont eux qui, en dernier ressort, les entérinent. De telles préoccupations sont absentes quand il s'agit d'un syndicat local totalement indépendant. Elles ne sont présentes que dans les cas où le syndicat local est affilié à une structure syndicale quelconque, ce qui est le cas pour 90 p. 100 des syndiqués dans le secteur privé[10].

h)   Le représentant syndical

Cet inventaire des niveaux de pouvoir à l'intérieur du syndicat local serait incomplet si on n'y ajoutait pas celui de l'influence qu'exerce le représentant syndical. Qui est le représentant syndical et que fait-il? C'est un homme ou, de plus en plus, une femme attitrée auprès du syndicat local par un des organismes syndicaux auquel il a donné son allégeance, auquel, donc, il est affilié, selon le langage familier. Nous reviendrons plus loin sur ce sujet assez complexe que sont ces organismes et cette affiliation.

---

10.   Voir les tableaux 4-2 et 4-3.

Le représentant syndical n'est pas un employé de l'entreprise, contrairement aux autres dirigeants syndicaux déjà mentionnés. Il est l'employé permanent de cet organisme syndical auquel le syndicat est affilié. Son emploi étant permanent, on l'appelle souvent le «permanent». Ainsi, les titres de permanent ou de représentant sont interchangeables. Les deux sont couramment utilisés.

L'importance du représentant syndical réside dans plusieurs de ses fonctions dont celle de porte-parole du syndicat local, d'abord dans la négociation de la convention collective; on verra au chapitre 7 l'importance que cela lui confère. Il est également son porte-parole dans la dernière étape de la procédure interne de règlement des griefs, qui sera l'objet du chapitre 9. Dans plusieurs cas, il le représente aussi devant un arbitre quand un grief n'ayant pu être réglé au sein de l'entreprise est porté en arbitrage, ce dont nous reparlerons au chapitre 10.

Une autre fonction du permanent est de conseiller le syndicat local dans ses rapports avec l'employeur ou sur son fonctionnement interne; d'où, d'ailleurs, un troisième titre parfois utilisé, celui de conseiller syndical. À ce titre il doit appuyer le syndicat local sur de nombreux points comme les tensions ou dissensions internes, l'application des statuts du syndicat, la conduite d'une assemblée, la rédaction ou la présentation en assemblée de rapports précis sur la négociation, la connaissance des lois et la préparation ou la conduite d'une grève. La compétence du représentant syndical et les attentes qu'elle suscite donne du poids à ses interventions au sein du syndicat local, où il exerce parfois une influence considérable.

Une source du pouvoir du représentant syndical, et une raison importante de s'affilier à un organisme syndical qui emploie des représentants, est que celui-ci se consacre à plein temps à l'action syndicale; il ne fait que cela. Il s'agit souvent d'une seconde carrière qui fait suite à plusieurs années de travail dans une entreprise syndiquée. Le permanent est un professionnel de l'action syndicale, voire un expert. Il s'ensuit que son pouvoir réel au sein d'un syndicat local, et donc auprès d'une entreprise, est souvent inversement proportionnel au degré d'expertise en action syndicale et en relations du travail qu'on y trouve. À un extrême, son pouvoir peut être considérable dans une micro-entreprise de quinze employés où il est le seul qui soit familier à la fois avec la gestion d'entreprises et avec les relations du travail. Par exemple un représentant, lui-même ancien président du syndicat dans une importante usine, s'étonnait de son nouveau rôle dans une telle micro-entreprise. Le président de ce petit groupe avait coutume de demander son intervention par l'intermédiaire du gérant de l'usine après s'être entendu avec lui pour dire que le problème à résoudre dépassait leur compétence.

Quand le syndicat local est plus important, le groupe est moins totalement tributaire du représentant. Par exemple, le représentant attitré d'un syndicat local dans une entreprise de 150 cols bleus se plaignait que le président et le comité de négociation refusaient de demander le renforcement d'une clause d'ancienneté particulièrement floue et faible. Ce refus était motivé par leur appréciation des pratiques de l'employeur chez qui l'ancienneté jouait un grand rôle et qui consultait systématiquement le syndicat local pour tous les mouvements de personnel. Le président attribuait une bonne partie de ces pratiques au désir de l'employeur de conserver telle quelle la rédaction de cette clause. Il savait par ailleurs que ses membres étaient très satisfaits de la situation qui existait et il ne voulait donc rien y changer. Une telle vision stratégique est l'indice de ressources humaines plus qualifiées ou plus expérimentées sur le plan syndical que celles de la micro-entreprise citée plus haut.

Quand le syndicat local compte des membres par centaines, un nombre plus important d'employés sont rémunérés par l'employeur de façon à compenser le temps consacré aux fonctions de délégué, de membre du comité des griefs ou de président du syndicat. L'importance et la définition du travail syndical effectué sans perte de salaire varient beaucoup d'une entreprise à l'autre et, la plupart du temps, ne sont pas précisées dans la convention. Il semblerait en effet que la plupart des employeurs soient plus permissifs dans la pratique que s'ils devaient inclure des clauses de libération dans la convention.

On constate en général que plus l'employeur permet à certains travailleurs d'accomplir des tâches syndicales pendant les heures de travail et sur les lieux du travail, plus ces employés ont du poids au sein du syndicat local. Cela a pour effet de diminuer l'influence du représentant. À la limite, pendant la durée de la convention, le représentant ne participe pratiquement plus au règlement interne des griefs. Son rôle se limite à plaider les griefs non réglés et soumis à un arbitre. Dans certains syndicats, où on recourt à un avocat pour plaider les griefs, le rôle du représentant entre les négociations est encore plus restreint.

Le rôle du représentant est également limité dans certains syndicats industriels qui sont nés à l'époque des syndicats de métiers. De ces derniers ils ont conservé la tradition de l'«agent d'affaires», élu par les membres, rémunéré par le syndicat local, et détenant donc un pouvoir considérable. Le rôle du représentant est aussi restreint dans certains syndicats industriels ayant recours formellement à un système de «libération» à temps plein de certains salariés qui se consacrent à l'action syndicale. Le dirigeant ainsi «libéré» de son travail équivaut alors à un «agent d'affaires».

4.3.3   L'appartenance à l'entreprise

Indéniablement, le sentiment d'appartenance à l'entreprise est affecté par la présence d'un syndicat, comme le démontre le bilan des niveaux de pouvoir dans un syndicat local qui précède. On a vu que, pour la plupart, ces niveaux de pouvoir s'exercent au sein de l'entreprise, par des employés de l'entreprise. Cependant ces pouvoirs sont différents de ceux qu'exercent les paliers de la hiérarchie de l'entreprise. Dans une entreprise non syndiquée, la hiérarchie patronale est la seule qui détienne des pouvoirs formels. Dans une entreprise syndiquée, il y a deux sources de pouvoir. Que les parties s'entendent bien ou non, il y a nécessairement un partage du pouvoir. Ce partage ne perturbe pas nécessairement le gestionnaire mais, comme on l'a vu au chapitre 2, il le préoccupe toujours.

4.3.4.   L'affiliation à des organismes syndicaux

Nous avons mentionné que le syndicat local est souvent affilié à plusieurs organismes syndicaux, dont il est conséquemment une partie constituante. Le jeu complexe de ces affiliations et ces organismes constituent les structures syndicales. Les structures de chaque organisme se sont distinguées les unes des autres par la double action de leur évolution historique respective et de leurs rivalités mutuelles. Ainsi se sont créées des cloisons étanches entre les grands organismes syndicaux rivaux, ou souvent même ennemis, que sont les centrales syndicales.

Le tableau 4-1, publié par Travail Canada, identifie les trente syndicats comptant le plus de membres au Canada en 1990. La plupart de ces syndicats sont bien implantés au Québec. Outre la lourdeur de certaines traductions, le dédale de noms et de sigles – qui indiquent l'allégeance du syndicat – fait obstacle à une présentation qu'on voudrait à la fois simple et éclairante. Mais justement, la structure des grandes organisations syndicales n'a rien de simple; il faut plus qu'un simple tableau pour y voir clair.

TABLEAU 4-1   Les syndicats comptant le plus grand nombre de membres
(au Canada)

			Membres (en milliers)	
			1990	1989
1.	Syndicat canadien de la Fonction publique	(CTC)	376,9	356,0
2.	Syndicat canadien de la Fonction publique provinciale	(CTC)	301,2	297,2
3.	Syndicat international des travailleurs unis de l'alimentation et du commerce	(FAT-COI/CTC)	170,0	170,0
4.	Syndicat national des travailleurs et travailleuses unis de l'automobile, de l'aérospatiale et de l'outillage agricole du Canada	(CTC)	167,4	160,4
5.	Alliance de la Fonction publique du Canada	(CTC)	162,7	171,9
6.	Métallurgistes Unis d'Amérique	(FAT-COI/CTC)	160,0	160,0
7.	Fraternité internationale d'Amérique des camionneurs, chauffeurs, préposés d'entrepôts et aides	(ind.)	100,0	100,0
8.	Fédération des affaires sociales inc.	(CSN)	94,6	94,6
9.	Fédération des enseignantes et enseignants des commissions scolaires	(CEQ)	75,0	75,0
10.	Union internationale des employés des services	(FAT-COI/CTC)	75,0	75,0
11.	Syndicat canadien des travailleurs du papier	(CTC)	69,0	69,0
12.	Fraternité internationale de ouvriers en électricité	(FAT-COI/FCT)	64,5	64,4
13.	Fraternité unie des charpentiers et menuisiers d'Amérique	(FAT-COI)	62,0	62,0
14.	Association internationale des machinistes et des travailleurs de l'aéroastronautique	(FAT-COI/CTC)	59,6	58,4
15.	Union internationale des journaliers d'Amérique du Nord	(FAT-COI)	57,2	48,4
16.	Association des infirmières de l'Ontario	(ind.)	52,1	46,6
17.	Syndicat international des travailleurs du bois d'Amérique	(FAT-COI/CTC)	50,0	50,0
18.	Syndicat des postiers du Canada	(CTC)	46,0	46,0
19.	Fédération des enseignants des écoles secondaires de l'Ontario	(ind.)	43,3	39,9
20.	Association des enseignants de l'Alberta	(ind.)	42,5	38,9
21.	Fédération des infirmières et infirmiers du Québec	(ind.)	41,5	41,5
22.	Association unie des compagnons et apprentis de l'industrie de la plomberie et de la tuyauterie des États-Unis et du Canada	(FAT-COI/FCT)	40,0	40,0
23.	Syndicat des travailleurs et travailleuses en communication et en électricité au Canada	(CTC)	40,0	40,0
24.	Syndicat des fonctionnaires provinciaux du Québec	(ind.)	40,0	40,0

TABLEAU 4-1   Les syndicats comptant le plus grand nombre de membres
(au Canada) (suite)

		Membres (en milliers)	
		1990	1989
25. Fraternité canadienne des cheminots, employés des transports et autres ouvriers	(CTC)	39,9	39,9
26. Fédération des associations des enseignantes de l'Ontario	(ind.)	37,0	35,0
27. Union internationale des opérateurs de machines lourdes	(FAT-COI/FCT)	36,0	36,0
28. Fédération des enseignants de la Colombie-Britannique	(ind.)	35,6	32,4
29. Syndicat des travailleurs de l'énergie et de la chimie	(CTC)	35,0	35,0
30. Union internationale des employés d'hôtels et de restaurants	(FAT-COI/CTC)	32,0	30,0

SOURCE: Travail Canada, «Les syndicats...» in *Répertoire des organisations de travailleurs et travailleuses au Canada*, 1990-1991, annexe II, p. XV.

La meilleure façon d'obtenir une première vue d'ensemble du mouvement syndical est d'établir la taille de chaque catégorie de syndicats ou de chaque centrale. Tout de suite après, une identification plus précise de chacune suivra. Le tableau 4-2 reproduit la seule estimation officielle qui existe du nombre des syndiqués québécois et de leur répartition selon leur allégeance syndicale. Elle fut faite pour l'année 1984 par la Commission consultative sur le travail. Dans le tableau 4-3 nous avons fait la mise à jour de ces chiffres à partir des données disponibles pour 1989. On sera peut-être surpris d'apprendre que dans ce domaine il faut se contenter d'estimations. La cause principale en est l'imperfection des statistiques officielles, dont nous avons parlé au chapitre 1, et des chiffres avancés par chacune des centrales syndicales.

À partir de ces tableaux, il convient de noter quelques traits saillants quant à la répartition des syndiqués avant de procéder à une identification plus précise des organismes qui se les partagent. Dans le secteur privé, la moitié des syndiqués ont donné leur allégeance à la FTQ, le sixième à la CSN, le dixième à des fédérations ou des syndicats indépendants, un dixième également à des syndicats locaux indépendants et le vingtième à la CSD. Dans le secteur public, par contre, la répartition est tout autre. Les fédérations indépendantes dominent avec le tiers des syndiqués, suivies par la CSN avec le quart, puis par la FTQ et la CEQ avec un cinquième chacune.

Une autre façon d'en arriver à une perspective globale des structures syndicales est d'identifier chacune des catégories de syndicats mentionnées jusqu'ici. Entre autres, la figure 4-2, et la figure 4-3, de même que les concepts de structure verticale et de structure horizontale déjà utilisés dans la section traitant du patronat nous y aideront.

a)   Les syndicats locaux indépendants

On dit qu'un syndicat local est indépendant quand il ne s'affilie à aucun autre organisme syndical. Sa structure est exclusivement locale. Le principal exemple québécois est l'usine de Marconi, à Ville Mont-Royal. Un autre exemple était l'usine montréalaise de Molson, jusqu'à la fusion Molson-O'Keefe, puisque les syndiqués chez O'Keefe font partie du syndicat des camionneurs, dont nous parlerons bientôt. Les syndicats locaux indépendants sont absents du secteur public et ne regroupent que le dixième de l'effectif syndical du secteur privé. C'est à ce niveau qu'on peut trouver des syndicats dits dominés, c'est-à-dire mis sur pied par l'employeur pour prévenir l'arrivée d'un véritable syndicat. Par contre, il serait abusif de prétendre que tous les syndicats locaux indépendants sont dominés par l'employeur, ou qu'ils le demeurent. Par exemple, le

TABLEAU 4-2   Nombre et répartition des syndiqués québécois
Estimations pour 1984, en milliers

	Public	Privé	Total
FTQ-CTC	60	270	330
CTC (non affilié à FTQ)	45	75	120
CSN	105	95	200
CEQ	65	–	65
CSD	5	40	45
FCT	–	20	20
Fédérations indépendantes	110	60	170
Syndicats locaux indépendants	–	50	50
TOTAL	**390**	**610**	**1 000**

Estimations établies à partir de
– Fleury, Gilles, *Évolution de la syndicalisation, 1964-1984*, CRSMT, Québec 1985, 85 p.
– Office de la construction du Québec, *Analyse de l'activité dans l'industrie de la construction en 1984-1985*, à paraître.
– Gouvernement du Canada, Travail Canada, compilation spéciale, 1985.

SOURCE: Commission consultative sur le Travail, gouvernement du Québec, *Le travail, une responsabilité collective*, Rapport final, Les Publications du Québec, 1985, p. 19.

TABLEAU 4-3   Nombre et répartition des syndiqués québécois
Estimation pour 1989, en milliers

	Public	Privé	Total
FTQ-CTC	90	335	425
CTC (non affilié à FTQ)	15	30	45
CSN	115	105	220
CEQ	85	–	85
CSD	5	35	40
FCT	–	20	20
Fédérations indépendantes	145	70	215
Syndicats locaux indépendants	–	50	50
TOTAL	**455**	**645**	**1 100**

FIGURE 4-2   Structures verticales et horizontales des différents organismes
syndicaux au Québec*

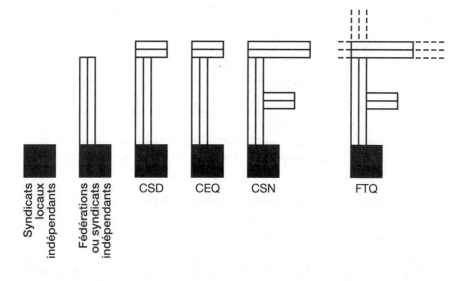

* Le syndicat local constitue la base de toute structure syndicale à laquelle il est affilié.

FIGURE 4-3   Répartition de la cotisation syndicale au sein de la CSN et de la FTQ*

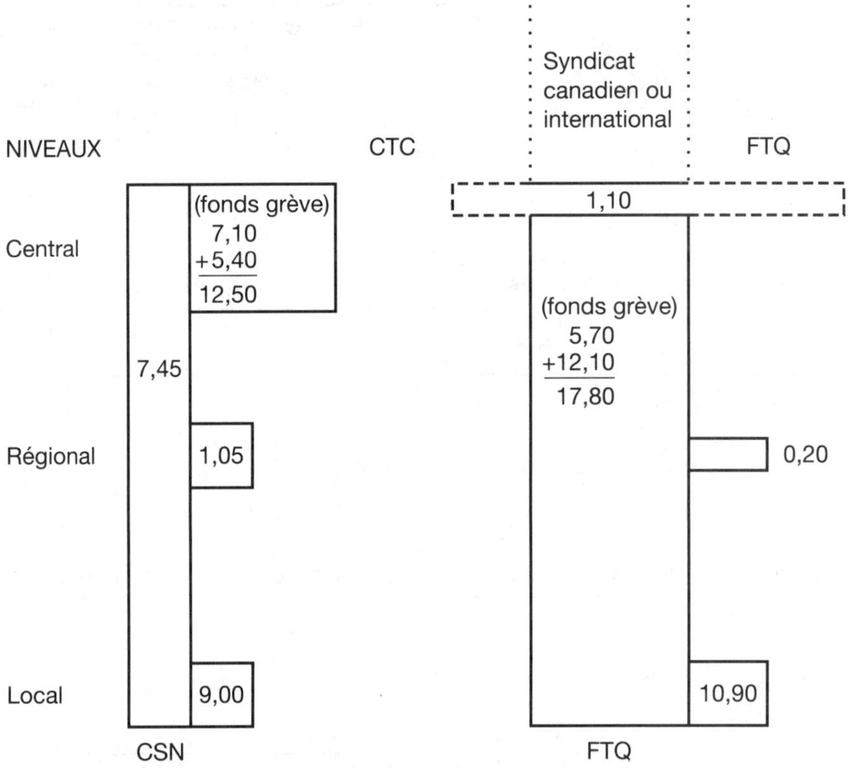

* Dans chaque cas, il s'agit d'une cotisation mensuelle dont le montant a été fixé à 30 $ aux fins de la comparaison.

local 500 du syndicat de l'alimentation (FTQ) est issu d'un syndicat local dominé, formé chez Steinberg, à Montréal, il y a un demi-siècle.

b)   Les fédérations ou syndicats indépendants

On dit d'une fédération ou d'un syndicat qu'il est indépendant quand il ne s'affilie pas à ce qu'on appelle une centrale syndicale. Cette structure ne regroupe que le dixième des syndiqués dans le secteur privé, mais elle domine le secteur public avec le tiers des syndiqués.

Dans le secteur privé, le principal exemple d'organisme de cette nature est le syndicat des camionneurs ou «Teamsters», le plus gros syndicat nord-américain avec 1,5 million de membres, qui a également été relié à de spectaculaires activités criminelles. Ces activités ont contribué à son expulsion de la centrale américaine AFL-CIO et de la centrale canadienne CTC, dont nous parlerons plus loin. Cette exclusion a maintenant pris fin aux États-Unis mais elle perdure au Canada, et par le fait même au Québec. Même si le nom français abrégé de ce syndicat est «camionneurs», couramment on l'appelle «Teamsters». À cause de la notoriété nord-américaine de ce syndicat turbulent et troublé. À cause aussi du poids historique de son origine. C'est en effet parmi les *teamsters*, c'est-à-dire les conducteurs d'attelages de chevaux, que ce syndicat est né au début du siècle.

Un autre exemple est l'ACET (Association canadienne des employés du téléphone) qui a conservé l'allégeance des employés de bureau de Bell Canada, les autres s'étant affiliés à la FTQ. Un troisième exemple est la FSSA (Fédération des syndicats du secteur de l'aluminium) qui regroupe la quasi-totalité des syndiqués chez ALCAN. L'usage du mot Fédération par la FSSA rappelle qu'ils faisaient partie de la Fédération de la métallurgie de la CSN, jusqu'en 1972.

Dans la figure 4-2, cette structure verticale est représentée par une colonne verticale signifiant que cet organisme syndical s'occupe avant tout, et presque exclusivement, de représenter les intérêts de ses membres auprès de leur employeur, et qu'il regroupe des accréditations qui, quoique distinctes, proviennent d'un même secteur économique. La FSSA utilise le terme fédération, typique de la CSN. Les Teamsters, eux, utilisent le terme syndicat selon l'usage courant en Amérique du Nord du mot *Union*, et du mot syndicat au sein de la FTQ. Mais ces deux mots différents, soit fédération et syndicat, désignent la même réalité, dite verticale.

Dans le secteur public les fédérations ou syndicats indépendants sont surtout représentés par des fédérations professionnelles œuvrant exclusivement dans le secteur public ou parapublic du Québec. Le principal exemple en est la Fédération des infirmières et infirmiers du Québec (FIIQ). Elle a fait les manchettes en 1989 par sa négociation isolée et par ses défis à la loi. Plusieurs de ces syndiqués avaient quitté la CSN pendant les années 1970 pour former éventuellement une fédération indépendante propre à leur profession. Sont aussi inclus dans cette catégorie d'organisations deux groupes qui se nomment syndicats : le Syndicat des fonctionnaires provinciaux du Québec (SFPQ) et le Syndicat des professionnels du gouvernement du Québec (SPGQ). Formellement, ce sont d'énormes syndicats locaux représentant des unités de négociation dictées par une loi qui leur est spécifique. En réalité cependant, ils s'apparentent plutôt à une fédération par leur dimension imposante, par leur dispersion géographique et par la complexité de leur structure interne. Tous deux étaient initialement affiliés à la CSN.

c)   La Centrale des syndicats démocratiques (CSD)

Le mot «centrale», qui fait même partie du nom officiel de la CSD, est utilisé pour témoigner de la volonté de cette organisation syndicale de représenter ses membres auprès de l'ensemble de la société, de se prononcer sur des problèmes d'intérêt général, et de se livrer ainsi à des activités qu'on a déjà qualifiées d'horizontales, dans le cas du patronat, à l'aide d'une structure en partie horizontale. Dans la figure 4-2, cette volonté et cette partie de la structure sont illustrées par un chapeau horizontal. C'est donc dire qu'à la CSD, comme dans les autres centrales, en plus des syndicats locaux et des activités verticales dans les rapports avec les employeurs, on trouve aussi des activités et une structure horizontale s'adressant à l'ensemble de la société québécoise. L'effectif de la CSD est modeste, soit quelque 40 000 membres. Ses structures internes sont donc moins développées que celles d'autres centrales. Ses membres sont surtout des cols bleus du secteur manufacturier, dans des petites villes et dans des secteurs dits mous : la chemise, le vêtement pour hommes, le textile primaire ou la chaussure. La CSD a donc une expérience considérable des réalités que vivent les PME : c'est-à-dire leur dynamisme, l'implication des employés, leur inquiétude face à la concurrence et les conflits de travail.

La CSD est aussi la Cendrillon des centrales syndicales québécoises à cause du ressentiment engendré par sa fondation, il y a vingt ans déjà. C'était en 1972, au plus fort d'un affrontement entre l'État-employeur québécois et le premier «Front commun» de ses employés syndiqués, en majorité membres de la CSN. Trois dirigeants syndicaux du secteur privé de la CSN se rebellèrent et provoquèrent un schisme qui donna naissance à la CSD, avec 40 000 membres. Éventuellement la CSN connut, sur une période de cinq ans, une véritable saignée de 100 000 membres, mais dont la CSD profita peu. Face à ces sécessions, la CSN cria à la trahison, à l'opportunisme et à la servilité envers les intérêts du Parti libéral du Québec alors au pouvoir. Pour motiver leur geste, les fondateurs de la CSD alléguaient l'excès de centralisation à la CSN, l'absence de démocratie dans son orientation idéologique et les dangers, pour les travailleurs du secteur privé, d'être à la remorque de ceux du secteur public. Le legs de ces dissidences à la CSN a été un ressentiment très vif. Le résultat de ces divisions a été une tout petite CSD et une CSN encore imposante, surtout dans le secteur public. Face à de telles inimitiés, la CEQ et la FTQ se sont rangées derrière la CSN qui s'opposait à la reconnaissance du statut de centrale revendiqué par la CSD dans le cadre d'actions regroupant les centrales québécoises. Il en va donc des centrales québécoises comme des mousquetaires: on dit qu'il y en a trois, en dépit du fait qu'elles soient quatre.

d)   La Centrale de l'enseignement du Québec

Tout autre fut l'histoire du syndicalisme enseignant au Québec[11]. Le premier syndicat fut fondé en 1936 à Clermont, tout près de La Malbaie, dans le comté de Charlevoix, sous l'impulsion de Laure Gaudreault. La Fédération des institutrices rurales fut fondée en 1937. En 1946, 96 p. 100 du personnel enseignant laïque des commissions scolaires était regroupé au sein de la Corporation des instituteurs et institutrices catholiques de la province de Québec (CIC). Le mot corporation indique que l'adhésion à cet organisme était obligatoire. L'histoire de la CIC fut mouvementée. Son syndicat local le plus important, l'Alliance des professeurs de Montréal, perdit son accréditation en 1954 à la suite d'une grève illégale qui eut lieu en 1949. Il ne la recouvra qu'en 1959[12]. Finalement, issue de la CIC, l'actuelle Centrale de l'enseignement du Québec (CEQ) fut formellement fondée en 1974[13].

Pourquoi le profil graphique de la CEQ dans la figure 4-2 est-il identique à celui de la CSD? Une première raison est qu'à la CEQ, tout comme à la CSD, on trouve des syndicats locaux, des activités verticales dans les rapports avec les employeurs et des activités et une structure horizontales s'adressant à la société québécoise. Une seconde raison est la fragilité de son statut de centrale. Même si ses effectifs sont le double de ceux de la CSD, une énorme proportion de ceux-ci détiennent la même occupation: enseignant dans une commission scolaire. Cette caractéristique l'apparente davantage à une fédération verticale qu'à une centrale. Même son nom est manifestement équivoque: centrale de l'«enseignement». Pourtant, elle aspire à diversifier son membership et tente de s'implanter ailleurs dans le secteur public, notamment chez les employés de soutien, chez les enseignants des cégeps et chez les employés du secteur de la santé. Ces tentatives contribuent aussi à attiser une ancienne rivalité avec la CSN.

Une troisième raison est que son statut de centrale, même s'il est fragile, est reconnu, officiellement du moins, par la CSN et par la FTQ. La CEQ est de toutes les réunions entre centrales. La FTQ et la CSN

---

11.   Jean Boivin, Jacques Guilbault, *Les relations patronales-syndicales*, 2ᵉ édition, Gaëtan Morin Éditeur, 1989, p. 63.

12.   *Id., ibid.*, p. 64.

13.   *Id., ibid.*, p. 69.

y trouvent leur compte puisque la présence d'une tierce centrale lui confère souvent le rôle de médiateur entre frères ennemis.

e)   CSN et FTQ : les ressemblances

Ces deux centrales, les plus importantes, ont plusieurs traits communs. Elles ont des effectifs importants à l'échelle du Québec et des effectifs dans plusieurs secteurs différents. Elle combinent les activités horizontales et verticales dans des structures formellement semblables : syndicats locaux, structures verticales consacrées aux rapports avec les employeurs, activités horizontales sur le plan régional dans une vingtaine de conseils régionaux – chacune – qui sont des structures horizontales, le tout chapeauté par une structure horizontale assez complexe et qui s'adresse à toute la société québécoise. Au sein de chacune, on trouve le même type d'activités concrètes : on recrute des membres, on obtient des accréditations, on négocie des conventions, on règle des griefs, ou appuie des grèves, on participe à la vie municipale ou régionale, on prend position et on fait des déclarations publiques s'adressant à l'ensemble de la société québécoise.

De plus, ces réseaux d'allégeances et d'affiliations sont étanches les uns par rapport aux autres, comme c'est le cas pour chacune des catégories d'organismes ou centrales illustrées dans la figure 4-2. Ainsi, un syndicat local de la FTQ ne peut d'aucune façon s'affilier à l'une ou l'autre des structures de la CSN. Un syndicat local de la CSD ne peut pas non plus s'affilier à l'une ou l'autre des structures de la CEQ, de la CSN ou de la FTQ. Aucune des fédérations indépendantes ne peut le demeurer et en même temps s'affilier, par exemple, à un conseil régional de la FTQ. L'étanchéité entre ces structures est totale ; et elles sont étanches parce qu'elles sont rivales.

f)   CSN et FTQ : les dissemblances

Au-delà cependant du parallélisme formel des structures respectives de la CSN et de la FTQ, il existe d'énormes contrastes entre les activités et les structures de chacune des ces centrales. Issus de leur histoire respective, ces contrastes tout à fait actuels méritent d'être soulignés si on veut dissiper la confusion considérable qui apparaît quand on les ignore.

Le but de la figure 4-3 et du texte qui suit est d'illustrer à la fois le parallélisme des fonctions et le contraste des fonctionnements de la CSN et de la FTQ. Il le fait en complétant l'illustration faite de ces deux centrales dans la figure 4-2. La figure 4-3 illustre la répartition du pouvoir et de l'argent au sein des deux centrales. Dans toute société humaine, une analyse de la répartition du pouvoir et de l'argent permet d'aller rapidement au cœur des choses. Cela ne veut pas dire que le pouvoir et l'argent soient nécessairement le cœur des choses, loin de là, mais ils en témoignent de façon éloquente.

On suppose à la figure 4-3 que deux cols bleus de la métallurgie payent chacun une cotisation mensuelle égale de 30 $. Ce montant est assez représentatif puisque la cotisation la plus typique est de deux heures de salaire par mois, soit d'environ 1,15 p. 100 du salaire. Par ailleurs, cette figure ne prétend pas que les cotisations sont égales d'une centrale à l'autre. Il n'y a pas de renseignements sûrs à ce sujet. La figure ne fait que supposer l'égalité des cotisations dans le but de faciliter l'étude de leur répartition.

L'un est membre de la Confédération des syndicats nationaux (CSN), faisant ainsi partie de sa Fédération de la métallurgie. L'autre est membre du Syndicat des Métallos, qui est quant à lui affilié à la Fédération des travailleurs et travailleuses du Québec (FTQ). On notera en passant les écarts de terminologie. Nous y reviendrons. Pour le moment, une première question se pose : comment est réparti l'argent de chacun au sein de sa centrale ? La figure 4-3 est là pour répondre à cette question et à quelques autres. La surface attribuée à chacune des structures se veut une suggestion de l'importance des sommes qui y correspondent. Elle n'est pas proportionnelle.

Dans les deux cas, et c'est ici une ressemblance, environ le tiers de la cotisation reste dans le syndical local : un peu plus côté FTQ, un peu moins côté CSN. C'est considérable et cela illustre l'importance du syndicat local. Cet argent sert à rémunérer ou rembourser les dirigeants élus pour leur participation aux congrès syndicaux ou aux négociations, puisqu'il s'agit du secteur privé, et à défrayer le coût des arbitrages, des programmes d'éducation ou pour l'accumulation de réserves. Mais c'est là la seule ressemblance.

En effet, le Métallo-FTQ verse un autre 17,80 $ au Syndicat des Métallos, une structure verticale qui l'aide dans ses rapports avec son employeur, qui lui attitre un représentant, employé par les Métallos, et qui lui verse des secours de grève, le cas échéant. Les activités du Syndicat absorbent les deux tiers de cette somme et le fonds de grève l'autre tiers.

Par contre, le syndiqué CSN ne verse même pas la moitié de sa cotisation à sa Fédération de la métallurgie puisqu'il ne lui verse que 7,45 $. Pourtant, la Fédération au sein de la CSN a la même vocation verticale, qui est d'aider le syndicat local dans ses rapports avec l'employeur. Le fonds de grève est administré par la centrale CSN elle-même, et les activités de la Fédération sont nécessairement plus modestes que celles du Syndicat des Métallos puisque sa part de la cotisation est considérablement inférieure.

En revanche, le syndiqué CSN verse beaucoup plus d'argent que le Métallo-FTQ à ses structures horizontales. Au niveau régional d'abord, il verse cinq fois plus d'argent à son Conseil central (vocabulaire CSN) qu'un syndiqué FTQ n'en verse à son Conseil du travail (vocabulaire FTQ). On n'a pas à se demander longtemps si la présence régionale de la CSN est supérieure à celle de la FTQ, si elle est mieux outillée au plan local, ou si elle dispose de plus de permanents pour ces activités horizontales. La réponse est évidente compte tenu de la disproportion des sommes. Si, par exemple, un président de syndicat local veut faire passer un communiqué de presse dans l'hebdo local, où sera-t-il le mieux servi: à la FTQ ou à la CSN?

Au niveau de la centrale elle-même, c'est le jour et la nuit. En effet, les cinq dirigeants supérieurs, c'est-à-dire ceux élus à des postes à plein temps, de la CSN administrent des sommes dix fois plus élevées, toutes proportions gardées, que les deux dirigeants supérieurs de la FTQ. Ils administrent entre autres le fonds de grève centralisé de la CSN, qui s'appelle le Fonds de défense professionnelle. L'administration d'un fonds de grève est évidemment une activité névralgique et verticale, à cause de son lien étroit avec la négociation collective. Au sein de la FTQ, la centrale elle-même n'a pas de fonds de grève centralisé. Il y a des fonds de grève décentralisés et administrés par les structures verticales que sont les syndicats affiliés, tel, par exemple, le Syndicat des Métallos dans la figure 4-3.

Le fonctionnement des structures syndicales est donc beaucoup plus centralisé au sein de la CSN qu'au sein de la FTQ. Il faut tenir compte de cette différence si on veut répondre à la question laissée sans réponse un peu plus haut: qui attitre le représentant auprès du syndicat local? Au sein de la FTQ, c'est invariablement la structure verticale, qu'on y appelle un syndicat. C'est là que réside le centre de gravité de la FTQ. C'est là, dans les activités verticales, que se trouvent le pouvoir, l'argent et les ressources humaines. Ainsi s'explique la prolifération déroutante de noms, d'initiales ou de sigles quand on veut nommer l'acteur syndical affilié à la FTQ dans une négociation: Métallos (MUA), Syndicat canadien de la fonction publique (SCFP), Machinistes (AIM), Syndicat du papier (SCTP), Électriciens (FIPOE), Vêtement pour dames (UIOVD), Vêtement pour hommes (TAVT), Alimentation et commerce (TUAC), Communications (STCC), Automobile (TCA), Énergie (STEQ) et ainsi de suite. Même les journalistes s'y perdent souvent et écrivent FTQ pour simplifier. Mais le gestionnaire d'une entreprise, lui, ne s'y perd jamais. Il sait avec précision qui est l'acteur syndical avec qui il doit transiger au sein de son entreprise.

Au sein de la CSN, par contre, la réponse à cette question est plus complexe. Dans le secteur privé, le négociateur peut être attitré par la Fédération, le directeur de grève par la CSN, le plaideur en arbitrage par la CSN, le publicitaire par la CSN et le permanent présent à une assemblée par le Conseil central.

Les travailleurs d'ailleurs ne s'y trompent pas. Si on demandait aux deux syndiqués de la métallurgie de la figure 4-3 quel est le nom de leur syndicat, à condition qu'ils le sachent, ce qui n'est pas toujours le cas, le syndiqué FTQ répondra Métallos, et le syndiqué CSN répondra CSN. Leur perception est exacte.

Les permanents et représentants syndicaux non plus ne s'y trompent pas. Quand ils sont eux-mêmes syndiqués, les représentants de la FTQ se syndiquent au sein de leur syndicat respectif ou au sein de la Centrale-FTQ, qui compte quelques dizaines d'employés. Par contre, côté CSN, les quelques centaines de permanents sont tous regroupés au sein du même syndicat, ce qui a d'ailleurs contribué à la centralisation du fonctionnement de la CSN.

Avant de quitter ces structures syndicales, il faut ajouter une autre précision sur la figure 4-3. On y représente la CSN par un dessin fermé sur lui-même, alors que la FTQ est représentée par un dessin ouvert sur l'extérieur, par des lignes pointillées.

En effet, la CSN existe entièrement par elle-même, et ce depuis sa fondation il y a trois quarts de siècle. Ni elle-même ni ses composantes n'ont d'affiliation extérieure, sauf le réseau très ténu d'une petite organisation mondiale. C'est même la méfiance envers les affiliations extérieures qui ont alimenté la naissance et la croissance de la CSN, et qui alimentent encore ses rivalités avec les affiliés de la FTQ. De plus, la CSN œuvre exclusivement sur le territoire du Québec, en dépit de son ancien nom (Confédération des travailleurs catholiques du Canada) et de son nom actuel, et des tentatives qu'elle a faites ailleurs au Canada. Ces réalités font que la CSN reflète une partie importante de l'identité québécoise, alors que la FTQ en reflète une autre.

Contrairement à la CSN, la FTQ elle-même et presque toutes ses composantes sont ouvertes sur l'extérieur par des affiliations canadiennes ou nord-américaines. En effet, presque tous ses syndicats affiliés font également partie d'un syndicat canadien tel les TCA (automobile), le SCTP (papier) ou le SCFP, ou d'un syndicat dit international ou nord-américain tel les MUA (Métallos) ou l'AIM (Machinistes). L'importance des structures verticales au sein de la FTQ confère une grande importance à ces affiliations extérieures. Pour s'en convaincre, on n'a qu'à observer le déroulement des négociations chez GM, chez Stelco ou dans le papier journal, dont une partie importante déborde les frontières du Québec.

De plus, la FTQ elle-même est également une composante du Congrès du travail du Canada (CTC). Elle en constitue une Fédération provinciale, comme chacune des autres fédérations provinciales du Canada. Le président de la FTQ siège à ce titre au Bureau de direction du CTC. En fait, le montant de 1,10 $ attribué au niveau CTC et FTQ dans la figure 4-3 représente la part de la cotisation qui est dévolue à ces deux structures. Encore une fois, on constate le contraste entre les pratiques nord-américaines courantes et celles de la CSN, beaucoup plus centralisantes.

Il s'agit donc, au sein de la FTQ, d'un réseau assez complexe et déroutant d'affiliations, qu'on peut illustrer par un dernier exemple. L'employé de Canadair, qui y assemble des avions, est syndiqué. Son syndicat local, la Loge 712, possède déjà une riche histoire. Celle-ci est affiliée à la FTQ et fait également partie de l'Association internationale des machinistes (AIM). L'AIM est affiliée à la centrale canadienne CTC, pour ses membres canadiens, et à la centrale américaine AFL-CIO, pour ses membres américains. Enfin, la Loge 712 est également affiliée au Conseil du travail de Montréal. De telles affiliations ne sont pas désincarnées. Par exemple, l'ex-président de la FTQ, Louis Laberge, a successivement été employé de Canadair, président de la Loge 712 et président de ce qui s'appelle maintenant le Conseil du travail de Montréal.

CHAPITRE 5

L'encadrement légal de la négociation ou du conflit

5.1 La loi encadre une négociation libre
    5.1.1 Un contenu illimité
    5.1.2 Une négociation à la fois libre et obligée
    5.1.3 Le gel des conditions de travail se continue
    5.1.4 Et après le dégel?

5.2 L'État n'intervient pas directement
    5.2.1 Une conciliation optionnelle
    5.2.2 Une médiation occasionnelle
    5.2.3 Un arbitrage exceptionnel
    5.2.4 Le vote de grève secret

5.3 La cessation du travail: permise, encadrée
    5.3.1 L'acquisition du droit à la grève
    5.3.2 Le piquetage
    5.3.3 Les recours
    5.3.4 Les articles anti-remplaçants
    5.3.5 Le retour des grévistes
    5.3.6 Le dépôt de la convention
    5.3.7 Un encadrement précis

Pour compléter l'exposé sur le système «principal» des relations du travail au Québec, nous allons examiner l'encadrement, par l'État, de la négociation ou du conflit de travail dans le secteur privé. Ce chapitre en dégage les traits principaux et en évalue la portée. Cette appellation de système «principal» vise à marquer la distinction entre celui-ci et ses variantes, dont nous reparlerons au chapitre suivant.

Pourquoi user du mot encadrement? Pourquoi ne pas tout simplement parler d'intervention de l'État? En fait, le choix de ce mot constitue déjà une appréciation globale et importante de la présence de l'État. Il souligne que l'État s'immisce peu ou prou dans la négociation ou le conflit et s'en tient non pas à l'écart, mais à l'extérieur. C'est pourquoi on dit volontiers que notre système en est un de «négociation collective libre». De façon générale, même si cela n'est pas absolu, les lois ne permettent pas à l'État d'ordonner ni le contenu d'une convention collective, ni la fin d'une grève ou d'un lock-out, ni la désaccréditation d'un syndicat, même si celui-ci viole la loi. On verra d'ailleurs que les quelques exceptions à cette règle générale ont une portée très limitée.

La meilleure analogie qu'on puisse utiliser pour illustrer cette situation a trait aux compétitions sportives. Les règlements, les juges ou les arbitres encadrent la joute sans toutefois y participer. Au hockey par exemple, on réglemente la dimension de la patinoire, la disposition des lignes, les coups permis et les coups défendus. Mais on n'y voit pas l'arbitre pousser la rondelle ou compter des buts.

5.1   LA LOI ENCADRE UNE NÉGOCIATION LIBRE

5.1.1   Un contenu illimité

Précisons d'abord que le contenu de la négociation ou de la convention collective est illimité (C.t. 62) en ce sens que les négociateurs peuvent donner libre cours à leur imagination et y inclure «... toute disposition relative aux conditions de travail...». On peut rédiger un texte simplifié de vingt pages, comme on peut rédiger une brique juridique de 200 pages.

Cependant, ce même article du Code interdit et invalide toute disposition qui est contraire à l'ordre public ou prohibée par la loi. En pratique, ce sont surtout les lois dites sociales qui imposent ainsi un seuil sous lequel on ne peut pas négocier. Par exemple, des salaires trop bas ou des heures de travail trop nombreuses violeraient la *Loi sur les normes du travail* ou encore, des listes d'ancienneté ou des règlements de promotion qui seraient discriminatoires violeraient la *Charte des droits et libertés de la personne.*

Il y a cependant un accroc à cette liberté de négocier. Le Code du travail interdit de négocier une convention collective dont la durée serait inférieure à un an ou supérieure à trois ans (C.t. 65). Cet accroc est particulier au Québec mais il est, en pratique, peu contraignant. En effet, il est très rare, en Amérique du Nord, qu'une convention collective dure plus de trois ans.

Par ailleurs, la loi n'interdit pas le remplacement prématuré d'une convention par une autre quand il y a consentement mutuel des parties signataires. Par exemple, l'employeur peut demander et obtenir du syndicat de remplacer une convention de 36 mois avant son échéance, par une autre convention de 36 mois entrant en vigueur le 30e mois de la première. L'employeur peut souhaiter obtenir du syndicat des concessions ou des reculs qui éviteraient des pertes d'emploi ou la faillite, comme il peut faire des concessions au syndicat afin de pouvoir se fixer des prix fermes à plus long terme, solliciter des commandes sans la crainte d'une grève ou faire des investissements. L'inflation galopante des années 1970 a poussé plusieurs syndicats à faire une telle demande, qui leur a parfois été accordée.

Ce processus comporte cependant un risque de taille car les employés demeurent libres de changer de syndicat pendant le 34e mois de la convention initiale, même si elle a été remplacée. On a vu au chapitre 3 que la loi prévoit qu'entre les 90e et 60e jours précédant l'expiration d'une convention, on peut changer de syndicat ou demander sa disparition. Ce droit est inaliénable, même par entente mutuelle. Le remplacement prématuré d'une convention peut donc être périlleux et pour le syndicat et pour l'employeur. Il est donc peu fréquent.

5.1.2 Une négociation à la fois libre et obligée

Lorsque la négociation est libre, elle est néanmoins obligatoire. Car selon le Code, il y a obligation de négocier (C.t. 52 et 53) «avec diligence et bonne foi» (C.t. 53). La bonne foi, en négociation, a un sens précis et limité qui est de chercher à conclure une entente. Cela n'exclut pas le refus pur et simple d'une demande dont on ne veut rien savoir, par exemple la participation syndicale à la description des tâches et à la classification des emplois. Cela n'exclut pas l'intransigeance, par exemple le refus de faire la moindre concession qui diminuerait la longueur de la semaine de travail. Cela n'exclut pas non plus, on l'a maintes fois constaté durant les années 1980, des demandes insistantes de la part de l'employeur visant à assouplir les obligations normatives inscrites dans la convention ou à diminuer le niveau des salaires.

Sans doute, le durcissement patronal des années 1980 a provoqué plusieurs accusations de mauvaise foi de la part des syndicats. Le contraire eût été surprenant après quarante ans de prospérité ou d'enrichissement graduel. Mais recevoir une réponse déplaisante ne prouve pas la mauvaise foi de son auteur. Être confronté à une demande qu'on considère cruelle ne prouve pas non plus la mauvaise foi de son auteur. Il y a loin de l'usage courant au contenu précis et limité des expressions «bonne foi» et «mauvaise foi».

La bonne foi n'exclut même pas le désaveu d'une entente qu'a conclue un négociateur par le groupe qu'il représente. Cela se produit le plus souvent du côté syndical à cause du fonctionnement démocratique de l'organisme. À cet égard, la question de la bonne foi peut cependant se poser au sujet de l'intégrité des négociateurs syndicaux si, par exemple, après s'être engagés à recommander la ratification d'une entente pour obtenir une dernière concession patronale, ils encouragent son rejet auprès des syndiqués. De façon générale, le fonctionnement hiérarchique de la partie patronale exclut le désaveu dans le secteur privé. Par contre, il peut arriver qu'il se produise dans des organismes hybrides du secteur public, tel qu'on l'a vu en 1989 au sein de la Société des transports de la rive Sud de Montréal (STRSM).

Le désaveu de sa propre parole donnée par un négociateur en cours de négociation est considéré comme synonyme de mauvaise foi. La chose est rare car elle est suicidaire.

5.1.3   Le gel des conditions de travail se continue

L'obligation de négocier est renforcée dans la loi par le gel, ou plus précisément le maintien des conditions de travail jusqu'à l'acquisition, dans le secteur privé, du droit à la grève (C.t. 59), que celui-ci soit exercé ou non.

Ici, il va falloir devancer le chapitre 6 pour l'intelligence du texte de l'article 59. Car celui-ci impose le gel «... tant que le droit au lock-out n'est pas acquis...». Partout dans le Code, sauf ici, le droit à la grève et le droit au lock-out sont simultanés et mis sur le même pied. La grève est la cessation du travail par les travailleurs. Le lock-out est la cessation du travail par décision de l'employeur. On parle plus volontiers du droit de grève que du droit au lock-out parce qu'elle est plus fréquente, c'est tout. Jusqu'à récemment, le lock-out était même exceptionnel.

On verra au chapitre 6, donc, que dans un service public déclaré essentiel, tels ceux du gaz, de l'eau ou de l'électricité, le droit au lock-out est toujours interdit à l'employeur (C.t. 111.0.26). On voit bien que dans ce cas le droit au lock-out n'est pas acquis en même temps que le droit de grève. C'est pourquoi la rédaction de l'article 59 relie le moment du dégel des conditions de travail uniquement à l'acquisition du droit au lock-out. Cela veut dire jamais, dans un service public déclaré essentiel. Ailleurs, cela revient à dire au moment de l'acquisition du droit à la grève, et le langage courant l'exprime ainsi.

5.1.4   Et après le dégel?

Que se passe-t-il après le dégel, c'est-à-dire quand l'employeur redevient libre de modifier unilatéralement les conditions de travail sans entente avec le syndicat? Curieusement, un avocat dira volontiers que s'ouvre alors une période dite de «vide juridique». En réalité, l'employeur recouvre alors la liberté discrétionnaire de modifier les conditions de travail au sein de son entreprise, telle qu'il la possédait avant l'apparition d'un syndicat. Mais au même moment, ses employés acquièrent le droit à la grève[1]. La liberté est donc totale, des deux côtés. Chacun peut faire à sa guise, ce qui inclut les représailles.

Par exemple un ou des travailleurs impatients devant la longueur d'une négociation infructueuse peuvent ralentir le travail ou faire ce qu'on appelle «la grève du zèle», c'est-à-dire travailler moins sans pour autant cesser de toucher leur salaire. Mais ils s'exposent à un congédiement, sans droit de recours à un grief. Par exemple toujours, l'ensemble des travailleurs peut opposer un refus concerté aux demandes de l'employeur de faire des heures supplémentaires. Mais ils courent le risque que l'employeur mette la clé dans la porte et fasse ainsi un lock-out. Il convient de noter ici que chacune de ces actions de la part des travailleurs constitue un geste de grève au plan juridique. On pourrait aussi voir un contremaître impulsif profiter de l'occasion pour congédier un travailleur qui l'irrite. Mais il s'expose à ce que tout son département cesse le travail. Enfin, un employeur peut baisser les salaires ou aug-

---

1.   L'arrêt Paccar de la Cour suprême à ce sujet est décrit et commenté par Fernand Morin, «Modification unilatérale des conditions de travail au terme d'une convention collective» in *Relations industrielles*, vol. 45, n° 3, 1990, p. 566-584.

menter le nombre d'heures de travail sans entente avec le syndicat. Mais il risque que tous ses employés quittent le travail. L'exercice de telles représailles peut d'ailleurs gommer la distinction entre grève et lock-out au point qu'on ne s'entend même plus pour savoir si c'est l'une ou l'autre qui a cours. On parle ici du secteur privé; rien de ceci n'est possible dans un service public déclaré essentiel.

Confrontés à de telles éventualités, certains employeurs acceptent de spécifier, dans la convention collective, le maintien des conditions de travail jusqu'à la signature de la convention suivante, c'est-à-dire, en pratique, jusqu'à l'exercice du droit à la grève ou au lock-out. D'autres par contre s'y refusent, mais acceptent de valider rétroactivement les griefs logés pendant l'intervalle entre les conventions. À moins qu'on cherche la bataille, la réaction la plus courante chez les employeurs et les syndicats, après le dégel, est de respecter scrupuleusement et précautionneusement les dispositions de l'ancienne convention, et ainsi de continuer à se conformer à l'article 59, même quand celui-ci ne les y oblige plus. La chose n'est pas rare puisque dans les industries manufacturières, la durée typique des négociations est de six mois alors que le droit de grève est acquis après trois mois de négociation[2].

5.2 L'ÉTAT N'INTERVIENT PAS DIRECTEMENT

Pour se convaincre que l'État n'intervient pas directement dans le processus de négociation, il suffit d'inventorier ses interventions. Cet examen révèle leur caractère indirect qui en font un encadrement, ou une aide à la négociation, plutôt qu'une intervention directe.

5.2.1 Une conciliation optionnelle

Le ministre du Travail nomme un de ses conciliateurs, c'est-à-dire un employé permanent du ministère qui relève du Service de conciliation, pour faciliter la conclusion d'une entente (C.t. 54 à 57.1). Il le fait à la demande du syndicat ou de l'employeur. La présence du conciliateur

---

2.   En 1988-1989, la durée moyenne des négociations y était de 206 jours civils et la durée médiane de 156 jours civils.
      Ministère du Travail, «Les Relations du travail en 1989» in *Le marché du travail*, décembre 1989.

n'exige donc pas d'entente entre les deux parties à la négociation, une précision qui n'est pas superflue comme on le verra bientôt. On demande ainsi la présence d'un conciliateur dans environ le quart des négociations, une proportion indicatrice de son caractère optionnel. Le travail du conciliateur est hautement confidentiel et il en fait rapport au ministre seulement, de façon tout aussi confidentielle. Il peut faire des suggestions ou des hypothèses de solution si on les lui demande, mais son rôle central est de faciliter une solution consentie plutôt que de produire un rapport public ou officiel. En cela son rôle se distingue de celui du médiateur.

5.2.2   Une médiation occasionnelle

La médiation peut se distinguer de la conciliation par le pouvoir habituel du médiateur de produire un rapport destiné à l'opinion publique s'il échoue dans ses efforts pour obtenir une entente patronale-syndicale. Cette distinction conceptuelle est fréquemment soulignée par le recours à ce vocabulaire. Mais pas toujours. En effet, il existe des cas hybrides. De plus, l'usage de ce vocabulaire est flottant, tant en français qu'en anglais. Le Code du travail ne mentionne ni la médiation ni le médiateur. Le recours à la médiation se produit quand un conflit de travail a déjà réussi ou menace de soulever l'opinion publique. Le gouvernement nomme alors un médiateur, évitant ainsi toute accusation d'intervention ou d'indifférence. Le médiateur est souvent choisi hors du rang des conciliateurs et possède déjà une certaine notoriété publique dans ce domaine. Celle-ci accroît les chances de succès total de son intervention, c'est-à-dire la conclusion d'une entente plutôt que la présentation d'un bilan d'échec. On l'estime et on le craint à la fois. On sait à l'avance qu'en cas d'échec, il formulera des recommandations publiques. On le choisit avec précaution à la suite de multiples échanges téléphoniques. Des noms connus dans ce domaine sont les juges Montpetit, Lippé ou Gold, le sénateur Goldenberg ou l'avocat Hartt. La médiation n'est qu'occasionnelle parce que tributaire de l'opinion publique.

5.2.3   Un arbitrage exceptionnel

L'arbitrage, c'est-à-dire l'imposition d'une solution finale à un conflit de négociation par un tiers, est tout à fait exceptionnel. Un tel conflit portant sur la négociation d'une convention s'appelle, en langage juridique, un différend. On le distingue ainsi d'un conflit d'interprétation ou d'application d'une convention déjà négociée, qui lui s'appelle un grief.

L'arbitrage d'un différend est longuement prévu au Code du travail[3]. Mais dès le premier article de cette section du Code, on y met une barrière formidable et rarement franchie, c'est-à-dire l'accord des deux parties. Contrairement à la demande d'une conciliation, qui peut être faite par l'une ou l'autre des parties, la demande d'un arbitrage doit être faite par les deux parties (C.t. 74). Le résultat? Il peut être décrit d'une façon à la fois paradoxale et réaliste. Les parties ne sont jamais d'accord pour faire une telle demande parce qu'elles sont toujours d'accord sur ses conséquences. Par exemple, un employeur verrait d'un bon œil l'arbitrage d'une demande syndicale de réduire de 40 à 37 heures la semaine de travail de ses cols bleus, la jugeant outrageuse et estimant aussi que l'arbitre se refuserait à ordonner une telle nouveauté. Il en parle au syndicat, puisque la loi exige une demande des deux parties. Le syndicat s'accorde très vite avec l'employeur sur l'exactitude d'une telle prévision. S'ensuit son refus d'une telle demande conjointe d'un arbitrage, qu'il estime contraire à ses intérêts. Dans le sens inverse, le mécanisme est tout aussi implacable. Par exemple, un syndicat souhaiterait soumettre à l'arbitrage une demande patronale qui vise à instaurer le travail sur trois quarts de travail, donc sur vingt-quatre heures, pour un travail jusque là restreint au quart de jour. Il en parle à l'employeur, puisque la loi exige une demande des deux parties. L'employeur s'accorde très vite avec le syndicat sur le fait que l'arbitre serait très réticent à ordonner une telle nouveauté dans cette industrie où cette pratique est inédite. S'ensuit son refus d'une telle demande conjointe d'un arbitrage, qu'il estime contraire à ses intérêts.

Voilà pourquoi votre fille est muette, pour paraphraser Molière. La demande conjointe de faire arbitrer un conflit d'intérêts est une possibilité inopérante dans la négociation. Et voilà pourquoi il n'y en a pas. À cela s'ajoute, dans le secteur privé, une méfiance profonde et généralisée du recours à l'État omnipotent pour trancher des conflits d'intérêts jugés de nature privée.

Deux exceptions à signaler. La première est le recours possible à l'arbitrage d'une première convention collective (C.t. 93.1 à 93.9). Il en a été question au chapitre 3. Cette possibilité y a été présentée comme faisant partie des mécanismes de reconnaissance d'un syndicat par l'employeur. C'est en effet l'enjeu le plus fréquent de tels conflits. De plus, l'intervention directe de l'État dans ces conflits de reconnaissance est déjà forte.

---

3.   Chapitre IV, Section 1, art. 74 à 93.

La seconde exception concerne les policiers et pompiers pour qui la grève est interdite (C.t. 105). En revanche, l'une ou l'autre des parties peut demander l'arbitrage de ce qui n'a pu être réglé par la négociation directe. Le ministre doit obligatoirement accéder à cette demande, mais il peut au préalable imposer une tentative de conciliation (C.t. 94 à 99). En fait, cette exception confirme la règle générale énoncée plus haut, en ce sens que l'application de ce mécanisme d'arbitrage n'exige pas le consentement des deux parties. L'Union des municipalités du Québec a publiquement réclamé, au nom des employeurs municipaux, de supprimer l'arbitrage et de permettre la grève aux policiers et pompiers. Leurs syndicats s'y sont objectés, craignant qu'un tel droit à la grève ne soit qu'illusoire étant donné la nature de leurs fonctions.

5.2.4 Le vote de grève secret

Une autre forme d'encadrement du conflit par l'État est l'exigence de tenir un vote au scrutin secret parmi les membres du syndicat avant toute déclaration de grève ou toute signature de convention collective (C.t. 20.1 à 20.5). Cette exigence date de 1977. En même temps, on imposait à l'employeur de déduire le montant de la cotisation syndicale du salaire de tous ses employés, pour des raisons politiques qui sautent aux yeux. La loi prévoit explicitement que la grève ou la ratification doivent avoir reçu l'approbation de la majorité des membres ayant effectivement voté et non pas celle des voteurs éligibles. On ne tient donc pas compte des membres qui n'exercent pas leur droit de vote. La tenue du scrutin doit avoir été annoncée 48 heures à l'avance.

La loi n'impose donc pas d'obtenir l'appui de la majorité de tous les salariés éligibles à voter. Elle n'impose pas la surveillance du vote par un représentant de l'État, laissant la conduite du vote au syndicat. Elle n'impose pas non plus de moment particulier pour tenir ce vote. Le syndicat peut respecter la lettre de la loi en tenant un vote secret au tout début ou au beau milieu de la négociation. Donc, chaque révision successive des offres patronales n'entraîne pas l'obligation de reprendre le vote. Cette dernière situation n'est pas rare. Par exemple, même si un employeur bonifie ses offres le lendemain d'un vote massif en faveur d'une grève et deux jours avant la date prévue de l'arrêt de travail, le syndicat peut juger dérisoire cette bonification et déclarer la grève sans reprendre un second vote. Le négociateur patronal surveille donc de très près la tenue des assemblées ou des scrutins, et il en tient compte dans le choix de sa manœuvre.

Enfin, et surtout, l'absence d'un vote au scrutin secret ou des vices de procédure dans sa conduite, l'absence d'un isoloir par exemple, ne rendent ni la grève illégale ni la convention invalide (C.t. 20.4). Ce sont là des infractions qui ne donnent lieu qu'à des pénalités. De plus, il est exclu que l'employeur puisse participer à toute procédure judiciaire découlant d'une telle infraction. En pratique, donc, de telles procédures sont extrêmement rares.

On peut trouver laxistes de telles obligations ou de telles sanctions. Elles ne soulèvent certes pas l'enthousiasme du Conseil du patronat. Cependant, il faut constater par ailleurs qu'elles ne sont guère contentieuses au sein de la société québécoise. La Commission consultative sur le travail constatait, en 1985, que sur les 1675 propositions d'action résultant de ses vastes consultations, 32 seulement avaient été faites au sujet du vote de grève. Elle constatait aussi, et concluait, «que les exemples à l'appui de ces propositions se réfèrent soit à des cas isolés, soit à des scénarios tout à fait hypothétiques. On peut difficilement envisager un encadrement législatif supplémentaire sur de telles bases[4]».

Comment peut-on expliquer une telle quiétude? La première explication, sans doute, est le recours plus qu'habituel des syndicats à des votes secrets dans les moments critiques de la négociation. La quasi-totalité des employés s'y intéressent grandement parce que ses enjeux les affectent directement. A-t-on idée de la rancœur que laisse une grève n'ayant qu'un appui minoritaire? De plus, les dirigeants d'un syndicat local sont élus et donc particulièrement exposés au ressentiment et à la revanche de leurs membres si ceux-ci se sentaient roulés.

Une seconde explication est que la loi traite identiquement l'autorisation d'une grève à celle de la signature d'une convention. Plus on gênera l'une, plus on gênera l'autre également. Il s'agit d'une arme à double tranchant. Il y a là de quoi faire hésiter un négociateur patronal qui s'y connaît. De plus, celui-ci sait, comme on le verra au chapitre 7, que son vis-à-vis syndical est à la fois un adversaire et un allié, du moins dans le secteur privé. Chacun tire la couverture à lui, mais cherche en même temps à parvenir à une entente mutuelle.

Une troisième explication est, qu'en pratique, les pires exemples du refus d'un vote au scrutin secret proviennent souvent non d'une manœuvre des dirigeants syndicaux élus mais, au contraire, d'une méfiance dirigée contre eux. Par exemple ceux-ci se présentent à une assemblée divisée en recommandant la signature d'un contrat. Leurs

---

4.   Commission consultative sur le travail, *op. cit.*, p. 204.

opposants craignent d'être minoritaires. Quelle est parfois la première ligne de défense de ceux-ci? Le chahut, qui peut rendre impossible la tenue d'un vote au scrutin secret: comment peut-on apprêter des tables pour la votation quand le mobilier de la salle est projeté dans les airs? Alors le président et son comité, certainement malheureux et possiblement isolés, peuvent choisir de défendre leur projet de contrat plutôt que de dilapider leur peu de crédibilité dans des arguties sur le texte de la loi, sur les statuts du syndicat ou sur les subtilités de la procédure des assemblées délibérantes. Ils présentent leur recommandation, ils font état de ses mérites, ils mentionnent aussi que c'est cela ou la grève, ils se battent verbalement et ils remportent un vote majoritaire à main levée. Tard, très tard le même soir, le président en avise le négociateur patronal, avide d'écouter la première de ses sources d'information. Le lendemain, on signe les amendements à la convention ratifiés la veille et on les expédie au ministère du Travail pour leur donner une valeur juridique. Un peu plus tard, on lui enverra une version finale et amendée de la convention.

Le négociateur patronal est soulagé. La négociation est terminée. La convention est signée. Elle a été expédiée au ministre du Travail. Elle a valeur juridique. Ouf! Mettez-vous à sa place pendant un instant. Si la loi permettait à un dissident furieux de contester la validité d'une convention signée dans les conditions décrites plus haut, tout comme à un autre de contester la légalité d'une grève déclarée dans les mêmes conditions, où donneriez-vous de la tête? Manifestement, la perspective d'un changement législatif à ce sujet suscite chez les négociateurs patronaux des réactions aussi ambivalentes que les processus de la négociation elle-même.

5.3 LA CESSATION DU TRAVAIL: PERMISE, ENCADRÉE

Alors que l'État se veut discret dans le déroulement d'une négociation libre, il est par contre précis et sévère dans l'encadrement des conflits. Il contribue ainsi à les éviter. Car les règles du jeu étant connues de tous à l'avance, les négociateurs en présence peuvent s'y ajuster dans le déroulement de la négociation, comme on le verra au chapitre 7. Il convient de souligner ici que les négociations collectives dans le secteur privé sont avant tout pacifiques. Bon an mal an, les cessations du travail n'atteignent jamais 10 p. 100 des syndiqués du secteur privé. En 1989-1990, cette proportion était de 7,6 p. 100.

5.3.1   L'acquisition du droit à la grève

Le droit à la grève s'acquiert à un moment connu de tous, soit au moins trois mois à l'avance et après une période officielle de négociation de trois mois également (C.t. 52, 52.2, 53 et 58). Le moment le plus tôt où on peut faire grève est celui de l'expiration de la convention, à condition qu'on ait demandé de négocier 90 jours auparavant. Toujours, cette demande fixe la date permise de grève, 90 jours plus tard. Ainsi, si on demande de négocier 30 jours avant l'expiration d'une convention, la grève devient permise 60 jours après cette date d'expiration. Au plus tard, la grève devient permise 90 jours après l'expiration de la convention car même si on n'a pas demandé de négocier, on est réputé l'avoir fait (C.t. 52.2).

À trois mois près, donc, le moment où la grève est permise a été déterminé durant les négociations précédentes, quand on s'est entendu sur la durée de la convention et sur sa date d'expiration. Parmi les législations canadiennes, la loi québécoise est celle qui ressemble le plus à la loi américaine, qui est toutefois encore plus simple: la grève y est permise à partir du moment de l'expiration de la convention.

Les mêmes principes s'appliquent à l'acquisition du droit de grève après une accréditation. Le droit de grève est acquis au plus tôt 90 jours et au plus tard 180 jours après l'accréditation et, entre ces dates, 90 jours après la demande d'entamer la négociation.

Ces mêmes principes s'appliquent également à l'acquisition du droit de grève quand la convention collective contient une clause en permettant la révision (C.t. 107), clause dite de réouverture. La présence d'une telle disposition dans la convention s'explique par l'incertitude d'un avenir lointain. Voici comment, à l'aide d'un exemple. Supposons que les négociateurs s'entendent sur le fait que les clauses normatives de la convention devraient durer trois ans, parce qu'elles sont satisfaisantes ou parce que la rédaction qu'on vient de terminer a été longue et laborieuse. On s'entend aussi sur les salaires payables à partir de la signature et sur les salaires payables à partir du premier anniversaire de la signature. Mais on n'arrive pas à s'entendre sur les salaires payables à partir du second anniversaire, donc pendant la troisième année de la convention. Dans cet exemple, c'est l'incertitude qui empêche de s'entendre. Le syndicat craint que l'inflation mine le pouvoir d'achat de ses membres. L'employeur craint pour sa part que ses marchés lui soient moins favorables. On s'entend donc pour que les salaires, et les salaires seulement, soient renégociés à ce moment-là, c'est-à-dire sur une clause dite de réouverture des salaires avec acquisition du droit de grève ou de lock-out à ce moment-là. De telles réouvertures avaient presque disparu avec le recours généralisé à l'indexation des salaires causé par l'inflation des années 1970. La baisse subséquente de l'inflation a beaucoup diminué le recours à l'indexation. Les clauses de réouverture ont alors connu un regain de vie.

La simplicité de ces règles, et la fixation de ces dates, à trois mois près, sont importantes pour les négociateurs. Elles allègent la négociation. D'ailleurs les négociateurs s'inspirent souvent de ces règles quand le recours à la grève ou au lock-out devient permis, mais n'est pas utilisé. On clarifie explicitement la date des échéances à respecter, c'est-à-dire la date d'un lock-out, la date d'une grève, ou la date d'une assemblée décisive, de façon à faciliter la stratégie de chacun.

Il convient aussi d'ajouter que la légalité d'une grève qui est faite dans le respect de ces dates n'est aucunement entachée par d'autres illégalités. Par exemple, une grève déclenchée un jour trop tôt devient légale le lendemain. Les recours en dommages possibles de l'employeur se limitent à cette première journée illégale. De même, on le verra tout de suite, les autres illégalités auxquelles une grève peut donner lieu n'entament pas la légalité de la grève elle-même.

Cela est important puisque dans le secteur privé il existe depuis un demi-siècle d'énormes différences entre les effets d'une grève légale et ceux d'une grève illégale. Les plus importantes concernent l'employé individuel. Dans une grève illégale, l'employé individuel perd la protection, considérable on le verra, qu'offre le Code du travail. Il s'expose à la disparition de son statut d'employé puisqu'il a quitté son emploi en violation de la loi. Il s'expose au congédiement, une sanction communément prévue dans les règlements disciplinaires du secteur privé. Il s'expose enfin à son remplacement par quelqu'un qui s'assied sur la chaise d'où il s'est levé. La sévérité de telles sanctions individuelles explique largement la rareté des grèves illégales dans le secteur privé. Car elle transmue un rapport de force en rapport de faiblesse. La vigilance des employeurs à ce sujet est souvent implacable. On défie rarement la loi dans le secteur privé. Presque toutes les grèves y sont légales.

5.3.2 Le piquetage

Le Code du travail ne mentionne pas ce mot, même une seule fois. C'est qu'il relève du droit criminel et donc de la législation fédérale du Canada. Le droit au piquetage découle d'une exception explicite prévue au Code criminel et qui date de 1872, on l'a vu au chapitre 2.

Le Code criminel permet le piquetage informatif seulement. Cette information peut être donnée dans le but de convaincre. Par exemple on peut informer qu'il y a grève et inviter à ne pas traverser la ligne de piquetage. Tout le reste est illégal.

Sont ainsi interdits l'obstruction, la menace ou le harassement. Une pancarte peut donner de l'information. Deux pancartes peuvent donner de l'information. Deux cent cinquante pancartes portées par une foule compacte de piqueteurs devant une entrée constituent de l'obstruction. Des petits poteaux en bois de 1 po × 2 po peuvent être nécessaires pour hisser la pancarte et donner de l'information visible de loin. Ce n'est pas la même chose d'utiliser et de brandir des madriers de 2 po × 4 po, qui peuvent constituer une menace. Surveiller ou entourer un restaurant ou la résidence d'un cadre, ce n'est pas informer, c'est harasser.

Or de telles illégalités surviennent, chacun le sait. Elles ne sont pas courantes, mais quand elles se produisent elles sont très visibles. Les journaux et la télévision en sont friands, et leurs lecteurs ou spectateurs aussi. Elles épicent les conversations. En tout cas, leur existence souligne l'importance des recours disponibles aux entreprises ou aux personnes visées par de telles illégalités.

5.3.3 Les recours

De loin, le principal recours est de s'adresser à un juge de la Cour supérieure et de lui demander d'émettre une injonction. D'abord, ce recours est rapide; le délai se compte en heures et les mesures dilatoires sont impossibles. Il convient donc bien aux besoins du directeur d'usine qui voit, de sa fenêtre, une foule compacte de 250 piqueteurs bloquant l'accès de l'usine aux cadres, aux cols blancs ou aux camions.

Ses effets peuvent être draconiens. L'injonction peut ne permettre qu'un piquetage symbolique, par exemple deux personnes devant chaque entrée. Elle peut l'interdire totalement. Elle peut même interdire toute présence syndicale dans les environs de l'usine, par exemple dans un rayon de 500 mètres. Le juge met volontiers les points sur les «i» pour maintenir l'ordre quand on n'a pas su le faire soi-même.

Enfin, ce recours est irrésistible. Car le juge ordonne, défend ou enjoint, d'où le mot injonction. C'est donc l'ordre d'un tribunal, dans ce cas-ci la Cour supérieure. Celui qui ne s'y plie pas commet ainsi une autre infraction qu'on appelle l'outrage au tribunal. Un tel refus d'obéir facilite l'intervention de la police et rend passible d'emprisonnement.

Les piqueteurs récalcitrants se retrouvent derrière des barreaux. Fin de la désobéissance.

Il y a aussi d'autres recours possibles tels le recours pénal auprès du Tribunal du travail, ou les procès civils pour les dommages causés par les illégalités commises ou par la grève elle-même quand celle-ci est illégale. Ces recours sont plus lents, mais les sommes en jeu peuvent être considérables.

Sachant tout cela, le syndicat est fortement incité à s'entendre plutôt avec l'employeur sur une conduite que celui-ci juge acceptable, par exemple sur le nombre de piqueteurs ou sur la proximité de la ligne de piquetage. C'est ainsi qu'on voit souvent des lignes de piquetage poreuses, parce que traversables. On y défile deux par deux et on y circule constamment, à un mètre de distance, de façon à supprimer l'anonymat de l'agression ou l'infraction qui résulte d'une foule compacte. Certains défilés de piqueteurs ressemblent aux défilés de couventines du temps jadis. Pour les mêmes raisons, d'ailleurs; la perte de l'anonymat incite au respect de l'ordre.

L'employeur aussi a intérêt à s'entendre avec le syndicat. Il évite le désordre, les actes criminels ou le vandalisme qui alourdissent la négociation. Il assure l'accès à l'usine et souvent son entretien essentiel pour la maintenir en bon état. Il peut permettre la visite de l'usine pour éviter toute spéculation sur ce qui s'y passe. C'est ainsi qu'on peut voir des roulottes de piquetage situées à l'entrée du terrain de l'employeur avec téléphone ou électricité fournis par l'employeur. S'il survient un désordre, l'employeur vérifie avec soin s'il provient de dissidents au sein du syndicat local ou si les dirigeants du syndicat local en sont eux-mêmes la cause. La différence est fort importante.

5.3.4 Les articles anti-remplaçants

Il s'agit des dispositions de la loi (C.t. 109.1 à 109.4) qui empêchent l'embauchage ou l'utilisation de remplaçants pour les employés en grève, ou le retour au travail de ceux-ci. Dans le monde syndical, on utilise volontiers les expressions «anti-scabs» ou «anti-briseurs de grève». Ces articles sont fort sévères et ont parfois une grande importance.

Les fonctions qu'accomplissaient les employés en grève, quand cette grève est déclarée d'une façon légale (C.t. 109.1), doivent pratiquement cesser presque totalement. Les deux seules exceptions à cette règle générale sont les ententes fréquemment conclues pour assurer l'entretien jugé essentiel et le travail qu'on peut confier aux cadres actuels du même établissement, c'est-à-dire l'établissement visé par l'accréditation. Par exemple, la Société des alcools du Québec l'a fait, en 1986, dans la région montréalaise où tous ses magasins sont visés par la même accréditation. Elle le faisait sur une base rotative et non annoncée à l'avance, laissant à ses clients assoiffés le soin de diffuser le secret, qui devint vite le secret le mieux connu en ville.

Tout le reste est interdit, c'est-à-dire, explicitement, le remplacement des grévistes par des cadres nouvellement embauchés, par les cadres d'autres établissements, par des sous-traitants à l'intérieur de l'établissement et par tout autre salarié. Même le retour au travail de tout employé en grève est prohibé tant que celle-ci n'est pas terminée.

Cette législation date de 1977 et fut complétée en 1983. Elle a toujours été l'objet d'une forte opposition du Conseil du patronat. Celui-ci y voit une intrusion de l'État dans la négociation libre, une entorse aux libertés individuelles, et une façon de fausser le rapport de force que constitue une grève ou un lock-out. Les syndicats, de leur côté, se réjouissent qu'elle ait mis fin aux épisodes de violence antérieurs à 1977. Ils se réjouissent aussi que ce renforcement de la grève légale diminue l'attrait des grèves illégales. Car en cas de grève illégale, l'employé individuel perd complètement la protection qu'offre le Code contre le congédiement ou contre le remplacement.

Cette législation est unique en Amérique du Nord. Bien sûr, de nombreux employeurs en dehors du Québec appliquent les grandes lignes de la législation québécoise et préviennent la violence en cessant toute activité visée par une grève; une ligne de conduite dont s'est inspirée la législation québécoise. Mais ils le font volontairement. Ils peuvent ne pas le faire et, au contraire, se préparer longuement à briser une grève et à affronter la violence prévisible qui s'ensuivra. Un quotidien new-yorkais a consacré 20 mois à une telle préparation, de janvier 1989 à octobre 1990[5].

5.3.5 Le retour des grévistes

La loi protège aussi le statut d'employé d'un gréviste lors d'une grève légale et assure son retour au travail s'il a lieu (C.t. 110, 110.1). L'employeur ne peut donc pas attirer des remplaçants en leur promettant qu'à l'issue de la grève, ils auront préséance sur les grévistes. C'était là un motif d'inquiétude qui a toujours hanté les grévistes, jusqu'en

5. *The Wall Street Journal*, 2 novembre 1990, p.1.

1977 au Québec et encore aujourd'hui ailleurs. C'est cette inquiétude qui a alimenté, dans le vocabulaire syndical, l'usage si péjoratif du vocable «scab».

5.3.6   Le dépôt de la convention

Enfin, une fois la négociation ou le conflit terminés, une fois donc la convention signée, l'État rend obligatoire le dépôt de cette convention au bureau du commissaire général du travail (C.t. 72). Ce dépôt peut être, et l'est en fait, effectué par l'une ou l'autre des parties signataires. À défaut d'un tel dépôt, la convention devient invalide et les employés peuvent alors changer de syndicat. Une telle sanction assure évidemment le respect de cette obligation. Celle-ci vaut aussi pour les nombreuses annexes et lettres d'entente qui sont monnaie courante dans la négociation quand on veut éviter d'alourdir le texte principal de la convention par trop de détails, ou quand on la modifie pendant sa durée sur des détails, ou par des précisions ou des compléments. Tout cela doit être identifié comme faisant partie de la convention, et faire l'objet d'un dépôt.

La version française de la convention est nécessairement son texte officiel au Québec (*Charte de la langue française*, art. 34). L'effet de cette obligation a été profond dans le secteur privé où l'usage de l'anglais est courant. Il a souvent modifié la langue d'usage parlée pendant la négociation.

Enfin, il faut préciser que le dépôt de la convention n'assure pas sa validité ou sa légalité, même s'il en est une condition indispensable. Le bureau du commissaire général du travail ne vérifie rien de tel. Il ne vérifie que si l'identité des signataires est conforme au contenu de l'accréditation. Si on a le malheur d'inclure dans la convention une clause illégale, c'est à ses risques et périls. Par contre, la nullité d'une clause de la convention n'invalide pas la convention elle-même (C.t. 64). C'est là une différence importante, on le verra, entre un contrat purement privé, par exemple un contrat commercial, et la convention collective qu'encadre le Code du travail.

5.3.7   Un encadrement précis

L'étude du système des relations du travail dans le secteur privé québécois se termine ici. Dans ce système, l'encadrement du conflit est caractérisé par le fait que quand celui-ci est légal sous tous ses aspects, il n'y a ni ordre de retour au travail, ni ouverture à des dommages, ni emprisonnement, ni congédiement, ni remplacement des grévistes qui soient possibles. La situation peut être tout autre quand des illégalités sont présentes. Mais même là, de telles illégalités ne remettent pas en cause l'accréditation elle-même.

On étudiera les variantes de ce système au chapitre suivant, pour ensuite en étudier le fonctionnement dans l'entreprise, à partir du chapitre 7.

CHAPITRE 6

Les variantes du système

6.1   Le Code canadien du travail
    6.1.1   Les changements technologiques
    6.1.2   L'acquisition du droit de grève
    6.1.3   L'absence des articles «anti-remplaçants»
    6.1.4   Le Conseil canadien des relations du travail (CCRT)
    6.1.5   Quelques contrastes entre entreprises

6.2   Le régime des décrets québécois

6.3   La construction au Québec: un monde à part

6.4   Les services publics au Québec

6.5   Les services essentiels dans le secteur de la santé

6.6   La négociation dans les secteurs public et parapublic

6.7   La fonction publique provinciale

6.8   La fonction publique fédérale au Canada

Les variantes du système principal de relations du travail au Québec méritent aussi d'être étudiées. En soi d'abord, puisqu'elles sont à la fois diversifiées et importantes. Pour la perspective ensuite, puisqu'elles aident à dégager et à saisir les traits importants du système principal. Ces variantes du système sont respectivement le *Code canadien du travail*, la loi québécoise sur les décrets, le régime particulier à la construction au Québec, l'encadrement des conflits dans les services publics québécois, le régime particulier aux secteurs public et parapublic québécois et, enfin, le régime particulier à la fonction publique fédérale. Voilà autant de termes parfois nouveaux et autant de réalités nouvelles et différentes les unes des autres. Leur sens et leur nature seront précisés au fur et à mesure.

Une autre considération préliminaire peut s'avérer utile à titre de fil conducteur; elle sera développée dans la conclusion. Chacune de ces variantes a émergé là où on a abandonné l'un ou l'autre des traits suivants du système principal, soit: l'accréditation majoritaire, le contenu illimité de la négociation, la possibilité d'un conflit permis même s'il est encadré ou l'entreprise soumise à la concurrence dans une économie de marché. Dans la plupart des cas, les résultats de ces changements sont profonds.

6.1   LE CODE CANADIEN DU TRAVAIL

Le code fédéral du travail mérite à peine d'être qualifié de variante. En effet le Code canadien du travail, dans sa partie 1, est avant tout semblable au Code du travail du Québec. On a vu au chapitre 2 qu'ils ont partagé une origine commune en 1944. Depuis, ils ont conservé les airs évidents d'une parenté partagée: des demi-frères en somme.

Leur principale différence est leur champ d'application respectif. D'une part, le Code québécois s'applique aux entreprises relevant de l'autorité d'un gouvernement provincial. D'autre part, le Code fédéral s'applique aux entreprises dites de juridiction fédérale. Ce sont d'abord les banques, telle la Banque de Montréal. Ce sont aussi les stations de radio ou de télévision, Télé-Métropole par exemple. Ce sont enfin les communications et les transports interprovinciaux tel Via Rail, le camionnage interprovincial, les autobus interprovinciaux, Postes Canada, les services de courrier interprovinciaux, les services de téléphone ou de communication interprovinciaux tel Bell Canada, les lignes aériennes ou les aéroports (C.c.t. 2).

À cela s'ajoutent des différences qu'on peut qualifier de ponctuelles. Elles sont possiblement importantes mais dans un domaine circonscrit. Toutefois, elles ne modifient pas l'économie générale ou l'impact global de la loi qui restent avant tout semblables à ceux du Code du travail du Québec. Nous en avons retenu quatre.

6.1.1   Les changements technologiques

Le Code canadien ouvre la porte à la possibilité que des employés puissent faire la grève en cours de convention à propos d'un changement technologique majeur (C.c.t. 51 à 55). Cependant, il faut pour cela que les avis requis n'aient pas été donnés ou que la convention soit muette sur la façon de disposer de tels problèmes. Il est facile pour un employeur de s'assurer que tel ne soit pas le cas. Ce droit de grève est donc plus hypothétique que réel et n'est guère exercé. Ainsi, la faiblesse de ses effets pratiques permet de ne pas s'y attarder.

6.1.2   L'acquisition du droit de grève

Devant la menace d'une grève ou d'un lock-out, le ministre du Travail a l'option d'en retarder la date en imposant l'intervention d'un conciliateur ou d'une commission de conciliation (C.c.t. 72 à 89). Des dispositions semblables ont déjà fait partie des lois québécoises, d'ailleurs, il y a de cela plusieurs années, et font encore partie des lois de plusieurs provinces canadiennes.

En pratique, cependant, cette option est de moins en moins exercée. Il semblerait que l'exemple des pratiques américaine et québécoise y soit pour quelque chose. Quoi qu'il en soit, il semble que ces différences ne nuisent pas, en pratique, à la conduite des négociations par l'employeur ou le syndicat dans les entreprises qui chevauchent les compétences législatives. Un exemple en est la compagnie Iron Ore, dont les opérations minières chevauchent trois lois différentes: celle de Terre-Neuve pour une mine, celle du Québec pour la manutention à Sept-Îles et celle du fédéral pour un chemin de fer interprovincial. La coordination de ces négociations en est plus complexe puisqu'au Québec on connaît à l'avance et avec précision le moment d'acquisition du droit de grève, alors qu'au fédéral il peut y avoir un certain flottement. Cependant, les différences entre les lois n'empêchent pas cette coordination.

6.1.3 L'absence des articles «anti-remplaçants»

C'est là une différence ponctuelle importante. On a déjà vu qu'à cet égard, la loi québécoise est unique en Amérique du Nord. Elle peut affecter le déroulement d'une négociation ou les préparatifs d'un conflit par ses effets sur le rapport de force économique. Certes, certains allèguent que ces articles sont contraires à l'économie générale de la loi québécoise. Il semblerait abusif cependant de prétendre qu'elle la bouleverse.

6.1.4 Le Conseil canadien des relations du travail (CCRT)

Voilà une autre différence ponctuelle importante entre les deux législations. Elle différencie non pas le sens de l'accréditation, qui leur reste commun, mais les procédures d'accréditation. On a vu qu'au Québec, l'accréditation est accordée, ou refusée, par une structure comportant trois paliers successifs. Au niveau fédéral, ce rôle revient plutôt à un organisme administratif intégré exerçant seul l'ensemble des mêmes pouvoirs (C.c.t. 9 à 23). L'influence et l'autorité de celui-ci en sont donc augmentées. Un exemple est sa célèbre décision de 1988, commentée dans le document 6-1. Celle-ci a ramené de 26 à 4 le nombre des unités d'accréditation des 60 000 employés de Postes Canada et a fusionné d'autorité ces ennemis qu'étaient le Syndicat des postiers du Canada et l'Union des facteurs du Canada, tous deux affiliés au CTC et à la FTQ.

Le document 6-1 illustre trois choses. La première est l'utilisation du critère de la paix industrielle, également présent au Québec. La seconde est la puissance d'intervention du CCRT, beaucoup plus grande que celle de la structure québécoise d'accréditation morcelée en paliers successifs. La troisième est l'influence du marché, puisque c'est la privatisation partielle des postes, en 1981, qui a rendu plus urgente leur compétitivité.

Ce type d'organisme administratif, et intégré, est commun à toute l'Amérique du Nord, le Québec faisant exception. Le Québec a failli se ranger à l'exemple nord-américain. Une loi créant un tel organisme a été adoptée en 1987. Cependant, suite à l'opposition du Conseil du patronat surtout, elle n'a jamais été promulguée. Il n'y a donc pas de Commission des relations du travail au Québec.

DOCUMENT 6-1   Le Devoir, 19 janvier 1989, p. 6

Postiers et facteurs réunis
De la confrontation à la négociation, un obstacle de plus ?

Après le vote d'allégeance syndicale des deux groupes numériquement les plus importants d'employés de la Société canadienne des postes, les postiers et les facteurs, les usagers se demanderont si la fusion qui va se consommer favorisera de meilleures relations de travail, partant moins d'interruptions de service.

Car tel était bien le but de l'opération.

On aura peut-être oublié que c'est à l'initiative de la direction des Postes que le Conseil canadien des relations du travail (CCRT) s'est saisi de cette affaire.

Avec plus de 60,000 employés, Postes Canada se classe au sixième rang sur la liste des grandes entreprises du pays. Au plan syndical cependant, le groupe est extrêmement fragmenté: pas moins de 26 unités et huit agents négociateurs. Il s'ensuit un processus quasi permanent de renouvellement des contrats, ponctué de conflits qui, à tour de rôle, viennent gêner sinon paralyser la distribution du courrier.

La question s'est posée dès 1981 lors de la transformation du ministère en société d'État. N'y aurait-il pas lieu de procéder à une révision des unités de négociation? Pressenti, le CCRT se fit tirer l'oreille: la tâche était monumentale et les ressources jugées insuffisantes. Ce n'est qu'en mai 1985, après le dépôt d'une requête de la Société des postes, que le Conseil accepta d'ouvrir la boîte de Pandore. Il y travailla pendant plus de deux ans et rendit sa décision en février 1988: ramener de 26 à quatre le nombre des unités, dont la plus importante résultera de la fusion du Syndicat des postiers du Canada et de l'Union des facteurs du Canada.

Entre-temps, la direction des Postes avait eu le loisir de se repentir. Le Conseil refusa cependant de se dessaisir du dossier. Mais ceci est une autre histoire...

Cette fusion aurait pu se faire sur une base volontaire. Une démarche en ce sens a été entreprise. Elle échoua. Dès lors, le Conseil devait tenir le scrutin dont le résultat était prévisible: les postiers plus nombreux l'emportant sur les facteurs.

On a tendance à opposer le syndicat des postiers de Jean-Claude Parrot à celui des facteurs de Bob McGarry. Le premier, plus militant, abrasif, spontanément porté à la confrontation. Le second, plus enclin à la négociation, plus «parlable» (en fait, son président est un véritable moulin à paroles), et souvent tenté de gober les marrons tirés du feu par ses collègues.

Mais les différences, sinon l'hostilité permanente entre les deux groupes, vont bien au-delà des conflits de personnalités.

Postiers, c'est plus ingrat. Travail d'usine, à la chaîne, des horaires contrariants, dans une atmosphère bruyante, et l'anonymat. S'y ajoutent les bouleversements entraînés par les changements techniques. Le cocktail est explosif. On l'a vu.

Facteurs, c'est mieux. La marche, le plein air, la route avantageusement chronométrée, des horaires plaisants, une certaine reconnaissance sociale...

Mais, même là, la situation se corsait. L'étalement urbain a rendu la distribution du courrier à domicile trop onéreuse, donc fini l'expansion. La direction des Postes s'inquiète des coûts croissants des avantages consentis aux facteurs au fil des années, donc remise en question des acquis. Il y a de l'électricité dans l'air. On l'a vu aussi lors de la dernière ronde de négociation.

C'est le syndicat de Jean-Claude Parrot qui hérite de tout. À court terme il en aura plein les bras.

Côté «paix sociale», les usagers qui en ont vu de toutes les couleurs se résignent à l'avance. D'autant qu'il y a de plus en plus de solutions de rechange.

– Jean FRANCŒUR

6.1.5   Quelques contrastes entre entreprises

En fait les principaux contrastes entre le secteur privé de compétence fédérale et celui de compétence provinciale, dans la pratique des relations du travail, proviennent surtout de l'environnement des entreprises. Au fédéral, on trouve de grandes entreprises dont les prix sont réglementés (téléphone, poste) ou l'étaient (aviation, rail, transport routier). Leurs employés sont massivement syndiqués. Celles dont les prix n'ont jamais été réglementés directement sont, au premier chef, les banques. Ce sont là de grandes entreprises mais dont les employés, des cols blancs, sont très dispersés, dans de nombreuses petites succursales. Ceux-ci ne sont pas syndiqués, sauf quelques exceptions. La propriété de ces entreprises peut être privée; c'est le cas de Bell Canada, du Canadien Pacifique, de Télé-Métropole ou de la Banque de Montréal. Elle peut aussi être publique et prendre la forme de sociétés d'État: Postes Canada, Radio-Canada, Via Rail et Air Canada en sont des exemples.

Par contre, le secteur privé de compétence provinciale est beaucoup plus vaste et diversifié, et moins propice, dans son ensemble, à la syndicalisation. Il inclut de grandes entreprises mais aussi un nombre énorme de PME. La réglementation des prix y est beaucoup plus rare (Gaz Métropolitain et Québec-Téléphone, dont les employés sont syndiqués). La propriété publique aussi: Hydro-Québec et Sidbec, par exemple (également syndiqués). Dans le secteur privé provincial, la syndicalisation est minoritaire, beaucoup plus faible qu'au fédéral et surtout très inégale, on l'a vu au chapitre 1. On peut donc constater que le degré de syndicalisation et la pratique des relations du travail subissent grandement l'influence de la nature et de la liberté du marché où œuvre l'entreprise.

6.2   LE RÉGIME DES DÉCRETS QUÉBÉCOIS

Le degré de variance de ce régime par rapport au Code du travail est beaucoup plus important que dans le cas du Code canadien du travail. Son principal effet est de soustraire le taux du salaire payé à la concurrence directe entre entreprises d'un même secteur. Il le fait par l'usage d'une négociation élargie, dépassant le cadre de l'entreprise, et aussi par l'usage d'une intervention directe de l'État rendant obligatoire le salaire ainsi négocié.

On a vu au chapitre 2 que la *Loi sur les décrets de convention collective*[1] date de 1934; elle est donc née dans un contexte différent de celui d'aujourd'hui. Il s'agit, depuis 1935, d'une exclusivité québécoise par rapport au reste de l'Amérique du Nord. Elle est souvent peu connue, à cause du caractère hétéroclite et obscur des secteurs où on l'utilise, à cause de la petitesse des entreprises qu'elle vise, à cause aussi de la relative harmonie qui y règne.

Car c'est ici le royaume de la PME ou même de la micro-entreprise. La Commission consultative sur le travail constatait que les effets de cette loi s'appliquent à 18 000 entreprises comptant en moyenne huit employés chacune. Globalement, cette loi s'applique à 140 000 travailleurs. Mais la taille moyenne des 40 secteurs couverts par autant de décrets d'extension de la convention collective est petite: 3500 travailleurs répartis dans 450 entreprises en moyenne[2].

Les secteurs couverts se situent dans le bas de la pyramide inversée du chapitre 1. Ils sont composés de petites manufactures ou d'entreprises de service comme le vêtement pour hommes, le vêtement pour dames, les agents de sécurité, l'entretien ménager des édifices publics, le meuble, la réparation automobile, la menuiserie métallique, les musiciens, le camionnage ou les produits du ciment.

Environ la moitié de ces employés sont syndiqués. La syndicalisation se fait en vertu du Code du travail, qui à cet égard a les mêmes effets ici qu'ailleurs. Sauf quelques rares exceptions, les syndiqués détiennent une accréditation, signent une convention collective, et travaillent dans une entreprise syndiquée. Les non-syndiqués ne détiennent pas d'accréditation, ne signent pas de convention collective, et travaillent dans une entreprise non syndiquée.

C'est dans la négociation monétaire qu'apparaît une grande différence avec le Code du travail. À l'issue de la négociation, donc après la signature d'une convention, les parties signataires s'adressent ensemble au ministre du Travail et lui demandent d'étendre à tout un secteur le «contenu monétaire» ainsi négocié, c'est-à-dire les salaires, les heures, les congés, les vacances ou les avantages sociaux. Si le ministre accède à cette demande, en tout ou en partie, il promulgue alors un décret s'appliquant à tout le secteur visé, dans la région visée. L'effet d'un tel décret gouvernemental est d'obliger toute entreprise, signataire ou non, syndiquée ou non, à se conformer au «contenu monétaire» ainsi promulgué en vertu de cette loi. L'application et le respect du décret sont

---

1. L.R.Q., c. D-2.
2. Commission consultative sur le travail, *op. cit.*, p. 213-218.

confiés à un «comité paritaire» composé en parts égales de représentants patronaux et syndicaux. Il s'agit donc ici, en vertu de cette loi,
d'une intervention directe de l'État. Celle-ci se distingue facilement de
l'encadrement que prévoit quant à lui le Code du travail.

Il est évident que cet aboutissement très particulier de la négociation
sur le contenu monétaire en affecte le déroulement. Et cet impact est
diversifié parce que chaque secteur est très particularisé. Le mode de
fonctionnement de ce régime varie considérablement d'un secteur à
l'autre.

Dans le gardiennage, par exemple, un syndicat et une association
patronale ont été formés dans le but explicite de négocier en fonction
d'une demande d'extension de la convention plutôt que sur la base de
l'établissement. On décrit cette situation en disant qu'on «négocie le
décret», et cette expression paradoxale exprime une réalité précise. Dans
d'autres secteurs tels le meuble ou les produits du ciment, c'est exactement le contraire. Plusieurs établissements sont syndiqués et plusieurs syndicats œuvrent dans ces secteurs. La véritable négociation se
déroule au niveau de l'établissement syndiqué. Les autres rapports collectifs menant au décret d'extension jouent un rôle important mais
auxiliaire. «En réalité, le fonctionnement des décrets serait mieux saisi
par une série de monographies que par des catégories, tant la diversité
est grande et marquée[3].»

La relative harmonie régnant dans ces secteurs de PME et de services, et le consensus des usagers de ce régime, tant patronaux que
syndicaux, quant à ses bienfaits proviennent de l'isolement moindre de
l'entreprise individuelle face à ses concurrents. Il s'agit de PME ou de
services où la main-d'œuvre constitue une part importante des coûts
de l'entreprise. Autant l'isolement de l'entreprise alimente la résistance
à la syndicalisation, on l'a vu, autant la baisse de son isolement alimente
l'harmonie. La volonté commune de négocier une demande d'extension
dans le gardiennage en est un exemple. «N'eût été cette volonté
commune, la naissance du syndicat aurait été étouffée dans l'œuf[4].»
Comme nous le verrons au chapitre 7, la puissance de la crainte d'un
tel isolement se manifestera aussi dans le déroulement de la négociation
et dans l'importance qu'y prennent les comparaisons.

---

3.   Commission consultative sur le travail, *op. cit.*, p. 218.
4.   *Ibid.*, p. 217.

6.3 LA CONSTRUCTION AU QUÉBEC: UN MONDE À PART

Le secteur de la construction au Québec est un monde en soi. Les relations du travail y sont profondément différentes de celles de l'industrie ou des services. Le lecteur friand de contrastes sera servi à souhait. Le but visé ici est d'abord de souligner l'existence de ces contrastes et de dissiper toute équivoque quant à leur importance. Il est aussi de dégager l'influence exercée dans les relations du travail par des facteurs tels qu'une loi différente et carrément interventionniste, des entreprises différentes, un travail différent et des syndicats différents. Il n'est pas de tracer un panorama complet du secteur de la construction, que le lecteur pourra trouver ailleurs[5].

Même si elle fait partie du secteur privé et que ses travailleurs sont bel et bien des cols bleus, le Code du travail ne s'applique pas dans la construction, depuis l'adoption en 1968 de la *Loi sur les relations du travail dans l'industrie de la construction*[6]. C'est que la nature même de l'entreprise y est différente. Au lieu de fournir un produit ou un service sur une base relativement continue, l'entreprise de construction doit dénicher des contrats, par définition discontinus. D'ailleurs on la nomme familièrement «contracteur». Elle n'œuvre pas d'abord dans ses propres locaux, mais à pied d'œuvre, sur un chantier provisoire. Tout aussi provisoire est le travail de ses employés, qui passent d'un chantier à l'autre, et souvent d'un contracteur à l'autre, au gré des contrats octroyés. Les effets d'une telle situation sur la législation et sur les relations du travail sont profonds.

Il n'y a aucune accréditation dans les chantiers de construction; alors que celle-ci est au cœur du Code du travail. Le contracteur ne négocie rien avec ses employés du moment, car tout se fait au niveau sectoriel; alors qu'en vertu du Code l'employeur individuel négocie tout. La construction est le royaume du pluralisme syndical, comme l'indique le tableau 6-1; alors qu'en vertu du Code il n'y a qu'un syndicat dans chaque accréditation. Ici, on parle de syndicats de métier; alors qu'ailleurs on parle de syndicats industriels. L'adhésion à un syndicat de son choix est obligatoire dans la construction; alors qu'en vertu du Code

---

5. Gérard Hébert, «La négociation sectorielle: le régime des décrets dans l'industrie de la construction» in Mallette, *op.cit.*, p. 513 à 529.

6. Plusieurs fois amendée, son nom actuel est la *Loi sur les relations du travail, la formation professionnelle et la gestion de la main-d'œuvre dans l'industrie de la construction*, (P.L. 119), L.Q. 1986, c. 89.

TABLEAU 6-1   Répartition de l'allégeance syndicale dans la construction

Métier	FTQ (%)	CPQMC (%)	CSN (%)	CSD (%)	SCN (%)	Total effectifs
Briqueteur-maçon	30	41	15	13	1	3 460
Calorifugeur	1	97	1	1	0	589
Carreleur	68	9	13	9	1	747
Charpentier-menuisier	43	13	26	16	2	20 021
Chaudronnier	4	92	3	1	1	652
Cimentier-applicateur	39	14	34	12	1	1 271
Couvreur	14	63	12	9	2	1 822
Électricien	85	9	2	3	1	9 482
Ferblantier	11	80	4	4	1	2 741
Ferrailleur	30	40	17	11	1	672
Grutier	37	55	6	2	1	951
Mécanicien d'ascenseurs	1	80	1	18	0	617
Mécanicien de chantiers	29	69	1	1	0	1 126
Mécanicien de machinerie lourde	50	23	18	7	1	262
Monteur d'acier de struc.	6	90	2	2	1	1 825
Opérateur d'équipement lourd	47	13	23	15	2	3 940
Opérateur de pelle mécanique	53	16	15	13	2	1 242
Peintre	26	38	22	12	2	3 330
Plâtrier	21	29	25	23	1	1 118
Poseur de systèmes intérieurs	30	8	45	14	2	1 289
Poseur de revêtements souples	49	10	22	13	6	376
Serrurier	9	69	14	8	0	434
Tuyauteur	16	80	2	2	0	2 460
Plombier	21	72	3	3	1	3 716
Poseurs d'appareils de chauffage	4	96	0	0	0	95
Mécanicien en protection contre les incendies	93	6	1	0	0	465
Frigoriste	97	1	1	1	0	754
Boutefeu	53	12	25	9	1	118
Conducteur de camion	42	12	26	14	6	370
Journalier	36	27	27	9	1	14 171
Monteur de lignes	92	7	1	0	0	1 649
Soudeur	16	77	5	2	1	369
Soudeur haute pression	6	93	1	0	0	786
Autres	44	26	18	9	2	364
TOTAL	**41**	**31**	**17**	**10**	**1**	**83 284**

SOURCE: Commission de la construction du Québec. Ces chiffres valent pour le 1er mars 1988. Ils ont été fournis le 27 juin 1991 à l'auteur, qui a arrondi les pourcentages.

seul le paiement d'une cotisation est obligatoire. Tous les travailleurs de la construction, du premier au dernier, doivent adhérer individuellement à un syndicat pour pouvoir travailler de façon légale ; alors qu'ailleurs les employés de chaque établissement sont collectivement libres de se syndiquer ou non. L'ancienneté ne compte pas dans la construction ; alors qu'ailleurs elle est une pièce maîtresse des relations du travail, même en l'absence de syndicat. Le lot courant du travailleur de la construction est le placement répété à la suite du déplacement occasionné par la fin du contrat qu'avait obtenu son contracteur sur un chantier ; alors qu'ailleurs on recherche ou on offre la stabilité de l'emploi. La gestion des ressources humaines dans la construction se fait à court terme et dans un contexte d'emplois provisoires ; alors qu'ailleurs elle se fait à long terme, dans le contexte d'un emploi stable ou régulier. Le travailleur de la construction est mobile et s'identifie à son métier ; alors qu'ailleurs un emploi, quand il est stable, facilite l'identification à l'entreprise. Le nombre total et l'accès aux emplois de la construction sont contingentés par un mécanisme complexe ; alors qu'ailleurs chaque entreprise a pleine autorité sur l'embauchage. L'État peut intervenir et intervient dans les négociations centralisées de la construction, dans le cadre d'une loi issue de la «loi des décrets[7]» ; alors qu'ailleurs, et en vertu du Code, l'État ne fait qu'encadrer la négociation.

La liste pourrait s'allonger. Elle suffit cependant à illustrer que les réalités et la législation, quand elles sont spécifiques à un secteur, y affectent profondément les relations du travail et les différencient de celles des autres secteurs.

6.4 LES SERVICES PUBLICS AU QUÉBEC

Plusieurs pages du Code du travail comportent des articles qui sont spécifiques aux services publics du Québec. On les trouve dans deux sections différentes. La première inclut les articles 111.0.15 à 111.0.26. La seconde comprend les articles 111.16 à 111.20. Le lecteur aura saisi que, dans cette partie du Code, le maniement des décimales exige de la rigueur.

Le contenu de ces articles a une portée qui justifie quelques remarques préliminaires, d'ordre général. Ces articles constituent, à

---

7. À ce sujet, voir la présentation qu'en fait Réal Mireault, «Témoignage sur l'évolution du régime des relations du travail dans l'industrie de la construction» in Rodrigue Blouin, *op.cit.*, p. 601-628.

plusieurs égards, une intervention directe de l'État dans le déroulement des conflits; son ampleur est telle qu'elle déborde largement le concept d'un simple encadrement. En fait, le pouvoir de l'État régit et limite, voire supprime, le conflit ou ses manifestations. Dans tous les cas, on le verra, il s'agit de services à la fois publics et jugés essentiels, à des degrés divers, au fonctionnement de la société, et auxquels le marché libre ne procure pas une alternative adéquate parce qu'il est inopérant ou absent de ces activités. Autrement dit, le droit de grève ou de lock-out n'est permis et complet qu'au sein d'une économie de marché. Il en fait peut-être partie, qui sait?

Sous sa forme actuelle, qui résulte d'une longue histoire, cette loi date de 1982 et a été renforcée en 1985. Elle ne porte que sur la cessation du travail en cas de conflit. C'est donc dire que pour tout le reste des relations du travail, le Code s'applique ici comme ailleurs, sauf l'exception notoire du régime très particulier de la négociation dans les secteurs public et parapublic; nous y reviendrons.

À qui et à quoi ces articles du code s'appliquent-ils? Ils régissent les services publics, que ceux-ci fassent ou non partie des secteurs public ou parapublic. Quand il est pris dans son sens étroit, le secteur public désigne les employés directs de l'État, par exemple ses fonctionnaires. Le secteur parapublic désigne alors les employés indirects de l'État, par exemple les employés d'un hôpital ou d'une commission scolaire. Ces secteurs, en somme, ce sont ceux où l'État est le seul ou le principal payeur. On reviendra plus loin sur le régime particulier et exclusif à ces secteurs.

Les services publics (C.t. 11.0.16), eux, comprennent les entreprises de téléphone, du gaz, de l'eau, de l'électricité, d'enlèvement des déchets ou d'ambulances. Sont également inclus les municipalités et les communautés urbaines, les employés de la santé et les employés de l'État provincial, sauf ceux de la Société des alcools, si on est assoiffé de précision. Sont aussi exclus les employés des institutions d'enseignement.

Tout service public n'est pas nécessairement essentiel, loin de là. Au sein de l'un ou l'autre de ces services publics, le gouvernement peut juger qu'il se trouve certains services dits essentiels (C.t 111.0.17). Il peut alors ordonner par décret, à l'avance et publiquement, le maintien des services essentiels en cas de grève. Pas besoin de parler ici du lock-out puisque l'employeur n'y a jamais droit, on l'a vu. L'expression services essentiels reviendra souvent puisque c'est leur maintien qui est l'objet de l'intervention de l'État dans la cessation du travail. Un service est dit essentiel quand «une grève pourra avoir pour effet de mettre en danger la santé ou la sécurité publique» (C.t. 111.0.17).

Cette façon de qualifier un service essentiel a son importance. Elle n'inclut pas le confort des usagers ou leur perception de la commodité d'un service. Cela devient manifeste quand survient une grève, comme il arrive assez souvent, dans le transport en commun montréalais. Les seuls services considérés essentiels et maintenus sont ceux des heures de pointe et de fin de soirée. Car le caractère essentiel de ces services ne provient pas de l'inconfort de l'usager qui devient trempé, grelottant ou impatient en attendant un autobus qui ne viendra pas. Il provient d'abord de la probable paralysie de la circulation montréalaise aux heures de pointe en l'absence de transport en commun[8]. Une telle paralysie empêcherait les pompiers de venir éteindre un feu, les policiers d'accourir en cas d'agression, les ambulanciers de venir chercher un cas d'urgence, ou toute personne de se rendre à l'hôpital en cas de besoin.

Le caractère essentiel d'un service peut aussi provenir d'une menace à la santé ou à la sécurité de l'usager lui-même, par exemple celle du promeneur nocturne, celle de l'usager du téléphone sur la Côte-Nord, celle de l'usager du gaz ou de l'électricité, ou celle du client du service d'urgence d'un hôpital. Elle peut enfin provenir d'une variété infinie de combinaisons des deux menaces ci-dessus, telle une épidémie résultant de l'accumulation des déchets ou de l'absence d'eau en milieu urbain. Dans tous les cas où ces dispositions sont appliquées, faut-il ajouter, l'économie de marché est impuissante à fournir un remplacement autre que provisoire ou marginal, par exemple pour l'eau, la cuisson ou le chauffage en hiver. Ce n'est pas le cas, pour ne citer qu'un exemple, dans le secteur de l'alimentation, qui est elle aussi essentielle à la santé. S'il y a grève chez un épicier, la liberté du marché fournit des solutions de remplacement qui semblent adéquates. Du moins semble-t-il y avoir un consensus social et politique sur le fait qu'elles le sont.

Pour exécuter leur obligation respective de maintenir, en cas de grève, les services jugés essentiels au sein des services publics préalablement identifiés, l'employeur et le syndicat doivent négocier une entente à cet effet, ou en dresser une liste et la soumettre au Conseil des services essentiels (CSE) (C.t. 111.0.18, 111.01.19).

Les pouvoirs de ce Conseil sont importants. En cette matière, il s'agit du troisième détenteur des pouvoirs de l'État. Le premier étant l'Assemblée nationale qui a adopté la législation, le second est le gouvernement qui, en vertu de cette loi, a décrété le maintien de services essentiels.

---

8.   Nicole Forget, «La notion de service essentiel» in Rodrigue Blouin, *op cit.*, p. 487.

Dans un premier temps, le pouvoir du Conseil est d'aider les parties à conclure une entente sur la liste des services essentiels à maintenir. Cela ne va pas de soi et exige parfois un travail détaillé. Par exemple, l'entretien adéquat des réseaux d'aqueducs sur l'île de Montréal requiert la présence de quels employés, possédant quelle compétence, quels jours, et combien de temps? Autre exemple, la réfection des nids-de-poule dans les rues de Montréal au mois d'avril nécessite combien d'équipes de réparation? De plus, le Conseil évalue si le contenu d'une telle entente, ou de la liste des services essentiels que doit lui transmettre le syndicat à défaut d'une entente avec l'employeur, est suffisant. Il s'assure aussi de l'application et du respect de cette liste.

Dans un second temps, le pouvoir du Conseil est d'informer le ministre et d'alerter l'opinion publique s'il juge insuffisante une entente mutuelle ou une liste syndicale (C.t. 111.0.20, 111.01.21). Ce rapport détaillé et ce cri d'alarme visent évidemment à ouvrir la voie aux étapes suivantes et à une intervention de l'État. De plus le Conseil s'assure que des services essentiels suffisants sont effectivement rendus tout au long de la grève même si ceux-ci ne sont pas prévus dans les ententes conclues ou les listes écrites qui ont été fournies.

Par la suite, le processus bifurque. Deux voies s'ouvrent. D'une part, le gouvernement peut reprendre l'initiative et, s'inspirant ou non du rapport du CSE, suspendre l'exercice du droit de grève dans ce service public (C.t. 111.0.23 à 26). C'est dire qu'au moins provisoirement, le syndicat accrédité perd son droit de grève; pas de façon partielle: totalement. La sanction est draconienne. Une telle suppression, ou du moins suspension, du droit de grève est évidemment une intervention directe de l'État. La grève elle-même est devenue illégale. On a vu au chapitre précédent que le Code du travail sanctionne lourdement les illégalités. Les individus ne jouissent plus de la protection du Code contre le congédiement ou le remplacement, et les individus et le syndicat s'exposent à des injonctions. Cependant, alors qu'ailleurs l'employeur lui-même peut recourir à l'injonction, dans le cas actuel ce recours est réservé au seul procureur général (C.t. 111.0.25), c'est-à-dire qu'elle repose d'abord sur des décisions de nature politique, prises à un niveau centralisé avec rigueur ou avec indulgence.

D'autre part, le CSE lui-même peut continuer d'agir et exercer un pouvoir nouveau qui lui a été conféré en 1985. Il s'agit des pouvoirs de redressement (C.t. 111.16 à 111.20). Ils sont considérables et, encore une fois, ils constituent une intervention directe de l'État.

De sa propre initiative, selon son propre jugement, et dans le but d'assurer le maintien des services essentiels, le Conseil dispose maintenant d'un vaste pouvoir d'ordonnance (C.t. 111.17). Il peut donner des ordres aux individus, au syndicat, à l'employeur ou à toute personne impliquée dans un conflit. Il peut ainsi rendre la grève illégale, auquel cas l'employé individuel perd la protection du Code contre le congédiement ou le remplacement. Il peut ordonner l'arbitrage accéléré d'un grief qui attiserait un conflit. Il peut ordonner «... de faire connaître publiquement son intention de se conformer à l'ordonnance du Conseil». Un tel pouvoir d'ordonnance dévolu à un organisme de l'État équivaut en pratique au pouvoir dévolu à la Cour supérieure d'émettre une injonction, incluant le fait que la désobéissance peut constituer un «outrage au tribunal». Cette équivalence est d'ailleurs prévue de façon explicite (C.t. 111.20).

Le Conseil dispose aussi d'un vaste pouvoir de réparation (C.t. 111.17). Il peut ainsi évaluer les dommages causés aux utilisateurs d'un service qui a été perturbé, les chiffrer, les additionner les uns aux autres et choisir le mode de réparation qu'il juge le plus approprié. C'est dire qu'on donne au Conseil le pouvoir de réunir les éléments qui constituent le recours collectif, en droit québécois, ou le *class action* en droit américain. Ceux qui sont familiers avec de telles procédures judiciaires savent que les sommes pouvant être ainsi adjugées sont tout à fait remarquables, et remarquées. Il semblerait que de telles sommes puissent aisément équivaloir aux dommages que peut réclamer un employeur du secteur privé en cas de grève illégale. Un premier exemple, peut-être annonciateur, a été l'ordonnance d'une réparation de 100 000 $ par les chauffeurs d'autobus de la STRSM à la suite d'une grève illégale d'une demi-journée survenue le 18 janvier 1988.

Deux limites à l'intervention de l'État sont à signaler. En premier lieu, la perte de l'accréditation ne fait pas partie des sanctions auxquelles s'expose un syndicat qui viole la loi. En second lieu, les sanctions interventionnistes prévues au Code du travail se matérialisent à condition que les services essentiels soient menacés. Il s'ensuit que si le gouvernement souhaite intervenir au-delà de ce qui est prévu, il doit alors faire adopter par l'Assemblée nationale une loi spéciale lui accordant des pouvoirs additionnels.

Peut-on maintenant évaluer cette partie de la législation québécoise? Peut-on évaluer sa stabilité ou son avenir? Cela semble difficile puisqu'elle est si récente. Ces nouveaux mécanismes sont encore en période de rodage.

Peut-on par ailleurs évaluer son efficacité? Cela implique, en réalité, tout un faisceau d'évaluations fort différentes. Quant au respect de la loi, on peut dire que ces dispositions sont efficaces en dehors du secteur de la santé, et qu'elles ne le sont pas dans ce secteur. En effet, il a fallu ajouter encore une autre loi s'appliquant à ce secteur, comme nous le verrons bientôt. Quant aux intérêts des usagers, toute réponse est nécessairement subjective. L'un se réjouira du maintien des services essentiels; un autre, par contre, réclamera le maintien du service complet. En fin de compte, la société aura à trancher la question par ses choix politiques. Quant aux intérêts et aux attitudes des employés, leur rapport de force est certes diminué puisque le droit à la grève est limité de façon si sévère dans les services essentiels. Par contre, il demeure plus grand que si le droit à la grève était totalement supprimé, ce que plusieurs réclament. À cet égard on doit s'inquiéter que la cessation du travail, rendue illégale ou inefficace, ne soit remplacée par le vandalisme. On en a vu des exemples chez les employés d'entretien du transport en commun et à Hydro-Québec. D'autres cas se sont produits chez Bell, où le service se continuait à cause de la technologie plutôt que grâce à la loi, la grève y étant légale; un phénomène d'ailleurs nouveau et qui va croissant.

Quant aux intérêts des dirigeants de l'entreprise, ou de l'organisation, sans doute l'absence de recours au lock-out affaiblit-elle leur force de riposte aux grèves faites «sur le tas», sans être déclarées. Ils ne peuvent avoir recours qu'aux sanctions individuelles, ce qui peut être difficile si la loi elle-même n'a pas été défiée. De plus, le recours à l'injonction ou à l'ordonnance leur est enlevé puisqu'il est réservé au gouvernement ou au Conseil des services essentiels. Par contre, ce sujet fait aussi partie d'une autre question, beaucoup plus vaste. Quel est la nature ou le pouvoir du gestionnaire dans ces services publics? Sont-ils vraiment des gestionnaires, ou, plus modestement, de simples administrateurs? Ils dirigent des services fournis à un public captif, et souvent subventionnés ou réglementés par l'État. Ils sont parfois nommés par l'État, ou assujettis à des conseils d'administration d'une nature hybride tel celui de la STRSM. Leurs pouvoirs ressemblent-ils à ceux d'un cadre fonctionnaire plus qu'à ceux d'un cadre du secteur privé?

Quant au déroulement de la négociation, enfin, cette partie de la législation a l'effet important d'en supprimer la raison d'être, c'est-à-dire éviter la cessation du travail. Cette raison d'être est capitale dans le secteur privé ou concurrentiel, puisque derrière la cessation du travail se profile la menace d'une perte de clientèle ou d'emplois. Nous reviendrons sur ce sujet au chapitre suivant.

6.5 LES SERVICES ESSENTIELS DANS LE SECTEUR DE LA SANTÉ

Et les grèves dans les hôpitaux, où se situent-elles? demandera-t-on. Nous y voici, justement. Les secteurs de la santé et de l'enseignement sont, nous l'avons dit, les principaux secteurs parapublics au Québec. Cette expression est utilisée quand on veut les distinguer du secteur public dans son sens le plus étroit, c'est-à-dire la fonction publique elle-même. Puisqu'ils sont largement subventionnés par le gouvernement, c'est le Conseil du Trésor qui y dirige la négociation du côté patronal. Traitons d'abord du conflit.

Le conflit dans le secteur de la santé est l'objet de l'intervention de l'État la plus directe qui existe au Québec à cet égard. Premièrement, tout l'appareil assurant le maintien des services essentiels, que nous avons décrit plus haut, est également présent dans le secteur de la santé.

Deuxièmement, le Code du travail est encore plus exigeant quant à leur maintien dans les établissements du secteur de la santé (C.t. 111.10 à 111.15). Il exige la présence, en tout temps, de fortes proportions des salariés : 90 p. 100 dans la plupart des hôpitaux, 80 p. 100 dans les autres, 60 p. 100 dans un CLSC et 55 p. 100 dans un centre de services sociaux (C.t 110.10). Il exige «le fonctionnement normal des unités de soins intensifs et des unités d'urgence» et «le libre accès d'un bénéficiaire à l'établissement» (C.t. 111.10.1). Le Conseil des services essentiels peut modifier d'autorité toute liste syndicale ou toute entente entre un syndicat et un hôpital (C.t. 111.10.2 à 111.10.8). L'approbation préalable par le Conseil de toute liste ou de toute entente est indispensable à la légalité d'une grève (C.t. 111.11 à 111.15). Ainsi, dans ce secteur, le Conseil dispose de pouvoirs accrus dans l'application d'exigences exceptionnellement précises et sévères. Ce renforcement date de 1985. Il résulte de la même loi qui octroyait au Conseil des pouvoirs de redressement, c'est-à-dire des pouvoirs d'ordonnance et de réparation, comme on l'a vu.

Cependant, la sévérité de la législation peut ne pas être garante de son respect. Le législateur l'a senti. Dès 1986, il a adopté (1986, C. 74) le projet de loi 160 s'intitulant *Loi assurant le maintien des services sociaux*, entré en vigueur le 12 novembre 1986, c'est-à-dire alors qu'une négociation était en cours. Cette loi, qui ne fait pas partie du Code du travail, a un effet permanent. Elle pousse encore plus loin l'intervention directe de l'État. Elle n'a pas été appliquée dans ce qu'on appelle «la ronde» des négociations de 1986. Mais dans celle de 1989, si, à la surprise et au grand dam des syndicats et des individus impliqués. Son contenu est remarquable ; le fait qu'on y ait recours a été remarqué, dans certains cas sur le tard.

Cette loi contient avant tout des sanctions nouvelles et encore toutes chaudes puisque leur application ne date que de 1989.

Une première sanction (art. 10 à 17) d'une grève illégale est la hausse des pénalités à un salarié qui n'exerce plus ses fonctions ou ses activités normales (art. 2), à un dirigeant syndical, à un syndicat local accrédité, à un syndicat (FTQ) ou à une fédération (CSN), ou même à une centrale émettant «des encouragements, des conseils ou des ordres» (art. 15) dans le cadre d'une grève illégale.

Une seconde sanction est qu'un syndicat accrédité s'expose aux réparations des dommages réclamés par le biais d'un recours collectif ou directement auprès du Conseil des services essentiels (art. 24). Quand il s'agit de santé, il peut s'agir aussi de sommes considérables. Cela s'est vu, devant les tribunaux américains, notamment dans des causes concernant la transformation de l'amiante ou à la suite de l'explosion d'une usine de Union Carbide, à Bhopal, en Inde.

Une troisième sanction est l'arrêt de la déduction des cotisations syndicales par l'employeur (art. 18 et 19). La durée de cette cessation est importante puisqu'elle est de douze semaines pour chaque jour de grève illégale. Ainsi, cinq jours de défi à la loi suppriment pendant quatorze mois la déduction de la cotisation syndicale.

Une quatrième sanction est la perte de deux jours de salaire pour chaque jour de cessation, ralentissement, diminution ou altération de ses activités normales (art. 2, 20, 21 et 22). La sanction est forte et elle est faite de deux volets. Le premier est une suppression de la rémunération. Ainsi, le gouvernement bénéficie financièrement de toute grève illégale, comme de toute grève d'ailleurs, parmi ses employés, ce qui n'est pas le cas du secteur privé. Le second volet est une pénalité dont le produit va à une entreprise désignée par le gouvernement. Celui-ci se veut ainsi bon prince envers les entreprises à caractère social. À noter, les deux volets sanctionnent les individus à la suite de leur implication personnelle, plutôt que leur syndicat à la suite de leur implication collective. Ce n'est qu'un début. Passons à la sanction suivante.

La cinquième sanction est la perte d'un an d'ancienneté individuelle pour chaque jour de cessation, ralentissement, diminution ou altération de ses activités normales (art. 2 et 23). L'affaire est forte. Elle est certes issue d'un cerveau perspicace en relations du travail. Car quels sont ses effets? Ils sont majeurs et corrosifs au sein d'un groupe. Majeurs puisque après cinq jours de grève illégale, on a ainsi perdu cinq années d'ancienneté. Si on n'en avait que quatre, on se retrouve à zéro. Cependant, il faut souligner que contrairement à la pratique courante dans le secteur privé, on ne se retrouve pas pour autant congédié, sauf si on est encore en période de probation. Car une telle annulation accélérée de l'ancienneté ne remet pas en question une probation qui a été complétée (art. 23).

Ces effets de la loi sont surtout corrosifs au sein d'un groupe. Pourquoi? C'est qu'ils ramènent les individus à leur statut de concurrence mutuelle antérieur à la syndicalisation et à la convention collective. Comment? Par exemple, l'infirmière Michèle est numéro un sur une liste d'ancienneté qui lui accordera une certaine préséance dans le choix des quarts de travail, des vacances ou des promotions. Après une journée de grève, elle a perdu une année d'ancienneté et se retrouve numéro deux, à la suite de Josée qui, elle, a travaillé. Après deux journées de grève elle a perdu deux années d'ancienneté et se retrouve numéro trois à la suite d'Isabelle qui était en congé hebdomadaire. Après trois journées de grève elle a perdu trois années d'ancienneté et se retrouve numéro quatre derrière une autre Isabelle qui était en vacances. Après quatre journées de grève elle a perdu quatre années d'ancienneté et se retrouve numéro cinq après Julie qui était en congé de maternité. Après cinq journées de grève elle a perdu cinq années d'ancienneté et se retrouve numéro six après Mélissa qui était en vacances. Si l'infirmière Michèle c'était vous, cinq jours auparavant la première, cinq jours plus tard la sixième dans l'ordre de préséance, la moutarde, la peur ou la colère vous monteraient-elles au nez? Le sens commun voudrait que oui. En effet, cette modification par l'État de la convention collective atteint directement chaque individu. Et elle l'atteint au cœur de ses rapports avec les individus qui l'entourent.

Pour être complet, il faut ajouter que cette loi (art. 9) ouvre aussi la porte à l'embauchage de remplaçants et à l'octroi d'une ancienneté préférentielle qui les favoriserait par rapport aux autres employés. Cependant, ces dispositions additionnelles n'ont pas été appliquées dans les grèves illégales de la crise de 1989.

La suite des événements de la crise 1989 révèle que la mise en application de cette législation a créé une surprise et a fait mal. La législation elle-même datait de 1986. Mais son application, en 1989, constituait une nouveauté. Celle-ci a surpris de nombreux incrédules. Voyons la trame des événements.

Fin juin 1989, les 40 000 infirmières de la Fédération des infirmières et infirmiers du Québec (FIIQ) avaient désavoué une entente de principe conclue entre leurs négociatrices et le gouvernement. L'été se passa sans qu'une autre entente soit conclue. Début août, les dirigeantes de la FIIQ fixent au 24 août la tenue d'un vote de grève référendaire. À cette occasion, leur présidente déclare que pour la majorité, «la grève, ça ne fait pas peur[9]». Le 24 août, 54 p. 100 des infirmières votent la grève

9.   *Le Devoir*, 4 août 1989, p. 8.

dans une proportion de 75 p. 100[10]. La FIIQ fixe ensuite au 5 septembre la date d'une grève générale illimitée, et illégale puisque la FIIQ ne tiendra pas compte de la législation sur les services essentiels.

Le ministre responsable, Daniel Johnson, met en doute que les infirmières aient saisi la gravité des sanctions à venir. Rétorque Diane Lavallée, la présidente de la FIIQ: «On connaît très bien les conséquences de la loi 160[11].» Elle ajoute: «Veut-on intimider les infirmières[12]?» Juste avant le début de la grève elle avertit le gouvernement: «S'il est responsable, il ne peut nous matraquer et imposer les travaux forcés[13].»

La grève de la FIIQ a duré du 5 au 12 septembre; celle des 100 000 membres de la CSN a duré du 13 au 17; celle des quelques milliers d'employés de la santé membres de la CEQ a duré les 14 et 15. La Centrale des professionnels de la Santé a fait grève le 21[14].

Dès l'entrée en grève de la FIIQ, le gouvernement annonce l'imminence de sanctions sévères. Cependant, les infirmières «affirment qu'elles ne céderont pas et qu'aucune loi ne sera assez forte pour leur imposer un retour au travail[15]». Le 6 septembre, le gouvernement adopte les décrets permettant l'embauchage de remplaçants et imposant les sanctions sur l'ancienneté. Le 9 septembre, il avertit la CSN que ces mesures sont valides pour tous, amenant La Presse à titrer: «Les mêmes sanctions pèsent sur la CSN[16].»

Les problèmes de crédibilité affligeant cette nouvelle fermeté et ces nouvelles sanctions furent directement abordées par le premier ministre Robert Bourassa dans une entrevue accordée le 14 septembre à La Presse. Sans lui attribuer de citations, La Presse rapporte: «Le premier ministre a paru comprendre le scepticisme des journalistes et de nombreux grévistes quant à la fermeté du gouvernement au moment de négocier un protocole de retour au travail. Il a admis qu'à maintes reprises, dans le passé, la question des sanctions a fait l'objet d'une négociation de dernière minute. Et que c'est souvent au prix d'une armistice accordée au fil d'arrivée qu'un règlement global a pu intervenir». Le but de cette nouvelle loi de 1986 avait été justement de rompre avec

---

10.   *La Presse*, 26 août 1989, cahier A-1.
11.   *Le Devoir*, 31 août 1989, p. 1.
12.   *Le Devoir*, 31 août 1989, p. 14.
13.   *Le Journal de Montréal*, 5 septembre 1989, p. 5.
14.   Jean Francœur, *Le Devoir*, 13 octobre 1989, p. 8.
15.   *La Presse*, 6 septembre 1989, cahier A-1.
16.   *La Presse*, 10 septembre 1989, cahier A-1.

le passé. «Selon lui, de nombreuses personnes ont, jusqu'ici, sous-estimé les rigueurs de la nouvelle loi et mal mesuré ses conséquences[17].»

Le 12 septembre, les infirmières «suspendent» leur grève et, en réalité, y mettent fin. Dès le 6 septembre, Diane Lavallée déclarait: «Nos avocats ont passé la matinée à informer les déléguées du Conseil fédéral[18].» Le 13 septembre, une entente est conclue. Elle est approuvée, le 21 septembre, par 75 p. 100 des 63 p. 100 des infirmières qui ont voté[19].

Il y a deux indices additionnels de la pression qu'exerçaient les sanctions de la loi 160 sur les infirmières. Le premier est le ralliement, sans grève, de dissidentes à l'entente conclue le 13 septembre. «Nous n'étions tout de même pas pour envoyer nos membres au suicide», a déclaré une dirigeante du syndicat local à l'hôpital Sacré-Cœur, dans le nord de Montréal[20]. Le second est l'absence d'un protocole de retour au travail prévoyant l'abandon des sanctions, malgré toute une matinée consacrée à cette question, à la toute dernière minute[21], selon la pratique courante évoquée ci-haut par le premier ministre. Rien de ce qui est connu publiquement, c'est-à-dire le reflet étiolé de toute véritable négociation, ne permet de supposer l'équivalent d'une clause-remorque, c'est-à-dire une assurance, donnée par le gouvernement au syndicat, que tout fléchissement hypothétique et futur des sanctions envers la CSN serait également offert à la FIIQ. Dans les faits, toute la crise de 1989 s'est terminée sans aucun fléchissement de la part du gouvernement. Les grèves, on l'a vu, ont été brèves.

L'incrédulité vis-à-vis de la nouveauté et de la fermeté de ces sanctions était-elle le lot des seuls syndiqués? En tout cas, les directeurs d'hôpitaux ont été lents à s'ébranler. Prudence du fonctionnaire? dira-t-on.

Finalement, le 2 octobre, «l'Association des hôpitaux du Québec décidait de recommander aux directions d'établissements d'appliquer, d'ici le 27 octobre, toutes les sanctions prévues à la loi 160 envers les infirmières et les employés de la CSN qui ont déclaré une grève illégale[22]».

17. *La Presse*, 15 septembre 1989, cahier A-1.
18. *La Presse*, 7 septembre 1989, cahier A-2.
19. *La Presse*, 23 septembre 1989, cahier A-1.
20. *La Presse*, 15 septembre 1989, cahier A-2.
21. *La Presse*, 15 septembre 1989, cahier A-1.
22. *La Presse*, 3 octobre 1989, cahier A-1.

Jusqu'alors, presque aucun hôpital ne les avaient appliquées, comme l'avait soudain découvert un directeur d'hôpital de Louiseville qui l'avait tenté: «Mais je me suis aperçu que j'étais le seul à l'avoir fait[23].» Pour sa part, *Le Devoir* rapporte: «La semaine dernière le ministère de la Santé et des Services sociaux a émis une directive imposant aux directeurs des établissements l'obligation d'appliquer la loi[24].»

Ainsi se sont faits les jeux. Ont suivi les protestations de certains des syndicats qui avaient choisi de défier la loi. Elles témoignent du caractère douloureux des sanctions. Deux dirigeantes de la CSN déclarent: «on n'a pas l'intention de se laisser écraser[25]». La présidente de la FIIQ proteste: «L'ancienneté c'est très précieux (...) Cette mesure provoquera des iniquités[26].» Chez les 13 000 membres impliqués de la CEQ, «la réaction est très vive[27]». La CSN demande en vain au gouvernement de passer l'éponge et d'enlever «le manteau de plomb de la loi 160[28]». Le 13 octobre, les dirigeants de la CSN renoncent à relancer sa grève générale illimitée qui avait été suspendue le 17 septembre. «Ce changement s'explique, a précisé le porte-parole (...) par l'impact qu'a eu le commencement de l'application des mesures de répression qui ont fait l'objet de plusieurs assemblées d'information depuis le 23 septembre[29].» On recourra plutôt à la contestation judiciaire, au harcèlement des directions d'hôpitaux, et à l'avalanche de 160 000 griefs individuels.

En somme, en moins de deux mois, la détermination des uns ou l'incrédulité des autres ont cédé la place au découragement ou à la colère. Enfin, un an et demi plus tard, soit en juin 1991, le gouvernement et les syndicats concluaient une entente où, d'une part, les syndicats renonçaient aux griefs d'ordre monétaire et, d'autre part, le gouvernement restituait, à partir du 1er juillet 1991, l'ancienneté perdue en 1989[30]. Entre-temps, un débat juridique sur la validité de cette loi s'est amorcé devant les tribunaux.

23. *Le Devoir*, 29 septembre 1989, p. 3.
24. *Le Devoir*, 3 octobre 1989, p. 10.
25. *La Presse*, 3 octobre 1989, cahier A-1.
26. *Le Devoir*, 4 octobre 1989, p. 10.
27. *Le Devoir*, 4 octobre 1989, p. 10.
28. *La Presse*, 6 octobre 1989, cahier A-4.
29. *Le Devoir*, 13 octobre 1989, p. 1.
30. *La Presse*, 6 juin 1991, page B-1.

6.6 LA NÉGOCIATION DANS LES SECTEURS PUBLIC ET PARAPUBLIC

Le processus et le contenu de la négociation dans les secteurs public et parapublic se démarquent considérablement du régime en vigueur dans le secteur privé. La négociation est centralisée, et généralement tumultueuse. Chacun de ses acteurs y joue plusieurs rôles. L'état est omniprésent.

L'État intervient de façon directe à plusieurs titres. Il adopte ainsi au moins trois visages. Le premier est celui de l'État-employeur. Il paye directement les employés du secteur public, subventionne largement les salaires payés dans le secteur parapublic et fixe, ou accepte, les principales conditions de travail. Il prend part à la négociation, fort centralisée on le verra, sous la direction du Conseil du Trésor, un groupe de ministres.

Le second est celui de l'État-législateur. Il fixe le contenu ou le processus de la négociation en adoptant des lois qui sont soit d'un ordre général, ou qui sont des lois spéciales visant à régler un conflit particulier quand les lois générales ne lui en donnent pas le pouvoir. Trente lois spéciales ont été adoptées de 1965 à 1988 (tableau 6-2) par l'Assemblée nationale, où le parti au pouvoir est majoritaire.

Le troisième est celui de l'État-gouvernement. Celui-ci, c'est-à-dire le Conseil des ministres, adopte des décrets ou prend des décisions en vertu des pouvoirs que lui accordent les lois, par exemple celui de décréter qu'un service est essentiel. Le cumul au moins partiel de ces trois rôles par l'État différencie profondément ces négociations de celles du secteur privé.

Depuis un quart de siècle elles ont été plus tumultueuses qu'harmonieuses, comme chacun le sait et comme le tableau 6-2 le démontre. L'État a souvent dérogé aux lois générales, que défiaient les syndicats, par l'adoption de lois spéciales. Il a souvent dérogé aux lois spéciales elles-mêmes, que défiaient aussi les syndicats comme on l'a vu plus haut. Selon Gérard Hébert, «on peut même se demander s'il s'agit encore d'une négociation collective. Ne serait-ce pas plutôt un régime de pressions politiques, de part et d'autre, pour en arriver à imposer une décision économique à des tiers[31]?».

---

31.   Gérard Hébert, «La négociation du secteur public provincial» in Noël Mallette, *op. cit.*, p. 565.

TABLEAU 6-2   Lois spéciales ayant influencé l'exercice des moyens de pression au Québec, 1965-1988, par ordre chronologique[1]

N	Identification du secteur économique	Codification de la loi	Date	Gouvernement au pouvoir
1.	Transport par traversier (Lévis)	S.Q. 1965, c. 1	22-10-65	Lib.
2.	Éducation (province)	S.Q. 1966-67, c. 63	17-02-67	U.N.
3.	Transport en commun (Montréal)	S.Q. 1967, c. 1	21-10-67	U.N.
4.	Police (Montréal)	L.Q. 1969, c. 23	07-10-69	U.N.
5.	Éducation (Chambly)	L.Q. 1969, c. 68	23-10-69	U.N.
6.	Construction (province)	L.Q. 1970, c. 34	08-08-70	Lib.
7.	Médecins – radiologistes (province)	L.Q. 1970, c. 40	16-10-70	Lib.
8.	Construction (province)	L.Q. 1972, c. 10	29-03-72	Lib.
9.	Secteur public et parapublic (province)	L.Q. 1972, c. 7	21-04-72	Lib.
10.	Hydro-Québec (province)	L.Q. 1972, c. 9	15-11-72	Lib.
11.	Construction (province)	L.Q. 1974, c. 38	24-12-74	Lib.
12.	Transport en commun (Montréal)	L.Q. 1974, c. 56	27-09-75	Lib.
13.	Affaires sociales (province)	L.Q. 1975, c. 52	19-12-75	Lib.
14.	Éducation (province)	L.Q. 1976, c. 38	09-04-76	Lib.
15.	Affaires sociales (province)	L.Q. 1976, c. 29	24-07-76	Lib.
16.	Secteur public et parapublic (province)	L.Q. 1979, c. 50	12-11-79	P.Q.
17.	Hydro-Québec (province)	L.Q. 1979, c. 62	18-12-79	P.Q.
18.	Ville de Montréal et CUM	L.Q. 1980, c. 1	24-03-80	P.Q.
19.	Éducation (Trois-Rivières)	L.Q. 1980, c. 22	24-10-80	P.Q.
20.	Traversiers (Sorel)	P.L. 44[2]	02-12-81	P.Q.
21.	Transport en commun (Montréal)	L.Q. 1982, c. 1	15-01-82	P.Q.
22.	Transport en commun (Québec)	L.Q. 1982, c. 43	06-11-82	P.Q.
23.	Éducation (province)	L.Q. 1983, c. 1	07-02-83	P.Q.
24.	Transport en commun (Montréal)	L.Q. 1983, c.16	12-05-83	P.Q.
25.	Ambulanciers (Montréal)	L.Q. 1984, c. 37	20-12-84	P.Q.
26.	Transport scolaire (Terrebonne)	L.Q. 1986, c. 2	27-03-86	Lib.
27.	Construction (province)	L.Q. 1986, c. 11	17-06-86	Lib.
28.	Affaires sociales (province)	L.Q. 1986, c. 74	11-11-86	Lib.
29.	Université du Québec à Montréal (chargés de cours)	L.Q. 1987, c. 22	07-05-87	Lib.
30.	Ambulanciers (province)	L.Q. 1988, c. 40	22-06-88	Lib.

1. En plus de cette liste des lois spéciales, il ne faut pas oublier les diverses lois amendant le *Code du travail* et dont l'un des objectifs était d'influencer la façon dont les moyens de pression devaient s'exercer.

2. Cette loi n'a pas été sanctionnée parce que les parties en sont venues à une entente après le dépôt du projet de loi mais avant son adoption définitive.

SOURCE: Boivin, Jean, Guilbault, Jacques, *Les relations patronales-syndicales*, 2e édition, Gaëtan Morin Éditeur, 1989, p. 160 et 161.

L'étude la plus approfondie de cette variante si particulière du régime principal a été faite par Maurice Lemelin[32]. Celui-ci a étudié le rôle de l'État, celui des syndicats, le phénomène de la centralisation, d'où provient l'expression «ronde de négociation», et les six premières «rondes» de négociations, à partir de l'octroi par l'État de certains droits à la grève en 1964 et 1965. À ces six premières rondes se sont ajoutées celles de 1986 et de 1989.

Les premières négociations de 1964, quoique officiellement décentralisées, ne se sont réglées qu'après deux interventions majeures de l'État. «C'est lors de cette ronde que s'est façonné le modèle de négociations centralisées, modèle qui sera par la suite retenu et renforcé jusqu'à aujourd'hui[33].» Dans le secteur de la santé, l'État a mis les hôpitaux en tutelle. Le tuteur ainsi nommé a signé, en 1965, une convention collective unique avec les syndicats de la CSN, largement majoritaires à l'époque. Dans le secteur de l'enseignement, il y avait plus de 1000 conventions collectives différentes. À ce moment-là, la CEQ s'opposait à la centralisation des négociations. À la suite de plusieurs grèves en 1966 et au début de 1967, le gouvernement imposait, en février 1967, le retour au travail dans les 48 heures. «En plus de mettre fin à la grève, la loi extensionnait les conventions collectives jusqu'au 30 juin 1968[34].» On notera que le gouvernement a ainsi imposé dans l'enseignement une date d'expiration qui coïncidait avec celle des hôpitaux. Il en résultera une politique salariale unique de l'État et une telle centralisation de la négociation qu'on parlera désormais d'une «ronde», dès la seconde ronde, en 1968, où le processus s'est imposé sans affrontement majeur. Mais cette politique salariale unique et cette date commune d'expiration contribueront aussi à l'apparition du célèbre Front commun de 1972.

Il importe de noter qu'à partir de 1969, l'État, sous des gouvernements différents, a choisi la centralisation comme mode d'intervention pour réaliser ses importants objectifs de transformation sociale: centralisation de l'administration des hôpitaux et présence prépondérante dans l'enseignement, désormais largement subventionné. Ainsi, la centralisation actuelle de la négociation n'est qu'un aspect d'une centralisation politique et administrative plus vaste. Une question encore actuelle mérite d'être posée. Pourrait-on vraiment décentraliser cette négociation sans décentraliser cette administration? La réponse à cette question dépasse évidemment le cadre de ce volume, puisqu'elle exige

32. Maurice Lemelin, *Les négociations collectives dans les secteurs public et parapublic*, Agence d'Arc, 1984.
33. *Id., ibid.* p. 85.
34. *Id., ibid.* p. 96.

une maîtrise considérable de l'histoire et des enjeux sociaux et politiques impliqués.

La troisième ronde, en 1972, devait se dérouler entre les interlocuteurs désignés par la loi et se répartissant la matière négociable. En réalité, elle fut marquée par l'apparition d'un Front commun des centrales syndicales, par l'apparition d'une «table centrale» – c'est-à-dire un lieu centralisé – de négociations non prévue par la loi, par des défis aux lois et par l'emprisonnement des présidents de trois centrales qui avaient lancé ces défis: Marcel Pépin, Yvon Charbonneau et Louis Laberge.

La quatrième ronde de 1975-1976 n'a été réglée qu'à la suite de l'adoption de trois lois spéciales, de nombreuses violations des lois et d'une intervention personnelle du Premier ministre dans les négociations.

La cinquième ronde de négociations a été l'occasion d'une intervention encore plus importante du président du Conseil du Trésor. «Somme toute, la négociation de 1979 a été caractérisée par une centralisation encore accrue, une ouverture de livres plus marquée et aussi une durée plus courte. Néanmoins, tout comme dans les rondes précédentes, il y a eu grèves et lois spéciales bien que les grèves n'aient pas eu l'aspect spectaculaire que l'on avait déjà vu[35].»

La sixième ronde de 1982-1983 pousse encore plus loin l'intervention de l'État. Suite à une crise économique mondiale qui n'a pas épargné le Québec, les finances de l'État sont très mal en point. Le gouvernement est en demande puisqu'il veut diminuer son important déficit en récupérant, chez ses employés, une partie des gains accordés en 1979. Les plus hauts dirigeants du gouvernement interviennent pour tenter de convaincre les syndicats de la nécessité de ces concessions. Peine perdue. Cette récupération doit être réalisée par le biais d'une loi, en 1982. À la même occasion, on légifère aussi la première version de l'actuelle loi sur les services essentiels, décrite plus haut. La négociation subséquente, concernant les trois années suivantes, est également infructueuse. L'État-législateur adopte une loi permettant à l'État-gouvernement de décréter le contenu des conventions collectives, ce qui devra être fait. Il adopte aussi une autre loi spéciale forçant le retour au travail dans l'enseignement, où avait eu lieu des défis aux décrets. Par ses dispositions, cette loi spéciale préfigure aussi la loi actuelle, et permanente, régissant le secteur de la santé. Par exemple, chaque jour de grève illégale dans l'enseignement en 1983 pouvait entraîner la perte de trois

---

35.   *Id., ibid.*, p. 200.

ans d'ancienneté[36], au lieu d'un an selon la loi actuelle dans la santé. C'est dire que dès 1983 les nuages grossissaient et annonçaient l'orage de 1989. Un autre legs de cette ronde de négociations est une loi de 1985 statuant, encore une fois, l'identité des négociateurs, le partage de la matière négociable entre les tables locale, régionale ou nationale, et les procédures de la négociation. Cette loi est encore en vigueur. Cependant il faut constater, cinq ans et deux rondes plus tard, qu'elle est en porte-à-faux par rapport aux réalités, comme on le verra bientôt[37].

La septième ronde de négociations, en 1986, révèle deux des visages de l'intervention de l'État. D'une part, la signature des conventions collectives a été obtenue par l'État-employeur avec peu d'égard aux procédures prévues dans la loi de 1985. Par exemple, on y a fixé le montant des salaires pour trois ans, et non pas pour la première année seulement comme le prévoit la loi. De plus, les centrales syndicales ont boycotté la mise sur pied de l'Institut de recherches et d'information sur la rémunération (IRIR), théoriquement bipartite, et dont les rapports devaient servir à fixer les salaires des deuxième et troisième années de la convention. Enfin, les longs mois consacrés à de nombreuses médiations, obligatoires en vertu de la loi, se sont avérés inutiles. La législation de 1985 n'a donc pas été efficace. C'est ainsi que la CSN et les syndicats d'infirmières ont entamé, ou annoncé, de nouvelles grèves dans le secteur de la santé à partir du 11 novembre 1986; grèves illégales puisqu'on défiait l'autorité du Conseil des services essentiels.

Alors est apparu un autre aspect de l'intervention de l'État. L'État-législateur a adopté le projet de loi 160, qui sera mis en application trois ans plus tard en 1989, on l'a vu. Pour s'en tenir à 1986, la seule adoption de cette loi et la menace de son application ont suffi à «suspendre» ces grèves, une semaine plus tard. Ces «suspensions» du défi à la loi devinrent en fait permanentes; quelques semaines plus tard on concluait des ententes et on signait des conventions collectives.

On peut ajouter que, tout au long de la ronde de 1986, il n'y eut pas l'ombre d'un Front commun des centrales. On n'était même pas parvenu à s'entendre sur des demandes uniformes. Chaque centrale et les fédérations indépendantes, ou les syndicats indépendants, se sont présentés en ordre dispersé, du début à la fin.

---

36. *Id., ibid.*, p. 218.

37. La faiblesse des effets pratiques de ce projet de loi 37, adopté en 1985, explique notre mutisme à son sujet. Par contre, une analyse détaillée de son contenu est aisément disponible: Fernand Morin, «Rapports collectifs du travail dans les secteurs publics québécois», in *Relations Industrielles*, vol. 40, n° 3, 1985.

La huitième ronde de négociations, en 1989, a révélé encore une fois deux visages différents de l'État. D'une part, la négociation s'est déroulée encore une fois avec peu d'égard à la loi de 1985, toujours en vigueur sans l'être vraiment, tel un fantôme. D'autre part, on l'a vu, les sanctions prévues depuis 1986 mais, cette fois, appliquées par l'État-gouvernement, ont démontré qu'elles taillaient la chair et cassaient des os.

Ces huit rondes successives, réparties sur un quart de siècle, illustrent des différences profondes entre ces négociations et celles du secteur privé. Une de ces différences est l'intervention directe de l'État sous des visages différents: l'État-législateur, l'État-gouvernement et l'État-employeur. Ainsi, au sommet de l'État, les mêmes personnes portent des chapeaux différents. Aux trois premiers il faut en ajouter deux autres, ceux de l'État-taxeur et de l'État-élu, à cause de la nature et du financement des services dispensés par les secteurs public et parapublic. Il est donc clair que l'État, quand il négocie, est un acteur «versatile», qui joue plusieurs rôles, et qui exerce plusieurs pouvoirs entre lesquels la séparation n'est pas toujours étanche.

Face à l'État, ses employés. Eux aussi disposent d'un porte-chapeaux bien garni. On y voit celui de l'employé et celui du syndiqué qui façonne ou subit des structures syndicales plus complexes que dans le secteur privé. On y voit aussi celui de l'usager de l'un ou l'autre des services de l'État, celui du contribuable et celui de l'électeur. L'usage de ces trois derniers chapeaux, pour poursuivre avec la même image, est également très répandu au sein de la population et au sein des centrales syndicales dont les effectifs sont diversifiés. D'ailleurs, les discours sociaux et les actions soi-disant horizontales des centrales dans le feu de ces négociations reflètent la diversité de ces chapeaux et exacerbent les divergences mutuelles entre les organisations syndicales.

La complexité du rôle de ses acteurs augmente celle de la négociation, notamment de la façon suivante. Les acteurs en présence ne se bornent pas à tenter de convaincre leur vis-à-vis et d'en arriver à une entente mutuelle qui leur soit la plus favorable possible. Ils font aussi autre chose. Ils préparent ou se font l'écho de leur plaidoirie devant le tribunal de l'opinion publique. Or les dynamiques de ces deux discours peuvent souvent être incompatibles. D'une part, la négociation n'est que partiellement antagoniste, puisqu'elle vise une entente mutuelle entre deux signataires, forcément partenaires. D'autre part, la plaidoirie est beaucoup plus antagoniste. Le meilleur exemple en est la plaidoirie devant un juge dans un procès. Le système judiciaire est souvent qualifié de système antagoniste, à juste titre. En effet le pouvoir de décision appartient à un tiers, en l'occurrence un juge, qu'on veut convaincre de sa position par sa plaidoirie. Le plaideur ne tente pas de convaincre le plaideur adverse, mais plutôt le juge. C'est pourquoi un excellent plaideur peut être un piètre négociateur, et vice-versa. Donc, la question formulée par Gérard Hébert et citée précédemment se pose: s'agit-il encore de négociation collective?

Les exemples d'une telle ambiguïté abondent. Un ancien président de la CEQ caractérisait ainsi la stratégie du second front commun syndical en 1975-1976:

> Toute la stratégie syndicale est axée sur l'opinion publique, tout en maintenant, bien sûr, les préoccupations de mobilisation des syndiqués. La population est directement touchée (...) À partir de ce principe, il faut expliquer politiquement les revendications syndicales et sociales mises de l'avant (...) Il faut démontrer que les demandes de salariés vont dans le sens des intérêts de la population, d'où l'accent très important mis sur la qualité de l'éducation et sur la qualité des soins de santé. Il faut insister sur le fait que le gouvernement est au service des puissants, des capitalistes[38]...

On a appelé la ronde de 1978-1979 «une négociation pré-référendaire», menée par un gouvernement du Parti québécois «dont la base militante se recrute beaucoup parmi les syndiqués, particulièrement ceux des secteurs public et parapublic[39]».

Quelques années plus tard, retour du pendule. Au sujet de la défaite électorale du PQ en 1985, Michel Grant commente: «De plus, le Parti québécois paie le prix politique de la stratégie de négociation adoptée face aux 300 000 salariés des secteurs public et parapublic[40].»

Plus récemment, la cote d'amour évidente des infirmières au sein de la population[41] ne semble pas étrangère à leurs décisions ou à leur conduite de la négociation[42]. De même, ce n'est pas par coïncidence si quelques jours avant les élections générales du 25 septembre 1989, la manchette à la une des journaux annonçait: «Branle-bas de combat dans le réseau de la santé et des services sociaux[43].» «Hôpitaux:

38. Robert Gaulin, «Évaluation syndicale de la négociation du front commun» in Noël Mallette, *op. cit.*, p. 586-587.
39. Maurice Lemelin, *op.cit.*, p. 163.
40. Michel Grant, «Vers la segmentation du syndicalisme au Québec» in Rodrigue Blouin, *op. cit.*, p. 333.
41. *La Presse*, 22 juin 1989, cahier A-1.
42. *Le Devoir*, 2 septembre 1989, p. 1 et *Le Devoir*, 21 septembre 1989, p. 1.
43. *La Presse*, 13 septembre 1989, cahier A-1.

200 000 autres syndiquées débrayent[44].» «300 000 syndiqués de l'État débrayent[45].» Dès le mois de juin précédent, la vice-présidente de la CSN déclarait: «Le gouvernement veut reporter tout le monde après les élections (attendues pour la fin d'octobre); alors, avec un nouveau mandat, il nous dira «séchez». Et bien non![46]» En août, *La Presse* titrait: «Menace de débrayage de la CSN pendant la campagne électorale» et résumait ainsi les propos de Mme Simard: «Les syndiqués du secteur public ont l'appui de la population québécoise dans leurs négociations avec le gouvernement[47].» Un tel impact médiatique est énorme. De plus, à tort ou à raison, il est recherché.

6.7   LA FONCTION PUBLIQUE PROVINCIALE

Enfin, les employés directs de l'État sont l'objet de deux autres interventions de l'État. L'une porte sur leur accréditation et l'autre, sur la nature du «négociable[48]».

En matière d'accréditation, l'État ne laisse rien au hasard dans la fonction publique. Il y a la *Loi de la fonction publique*[49], où le gouvernement spécifie à la fois les unités d'accréditations et l'identité du syndicat accrédité. L'essentiel des employés de l'État sont régis par une accréditation législative (L.F.P., 64) réunissant fonctionnaires et ouvriers. Les autres sont régis par six accréditations additionnelles et statutaires dont celle des professionnels et celle des agents de la paix (faune, pêche, prisons, palais de justice, inspection)[50]. Il en va de même à la Sûreté du Québec, en vertu d'une autre loi.

Quant à l'objet de la négociation, la loi en exclut tout ce qui touche aux mouvements du personnel (L.F.P., 70). À toutes fins utiles, «ne sont négociables que la rémunération, les heures et la durée du travail et les

---

44.   *Le Journal de Montréal*, 14 septembre 1989, p. 1.
45.   *Le Devoir*, 15 septembre 1989, p. 1.
46.   *Le Devoir*, 20 juin 1989, p. 3.
47.   *La Presse*, 8 août 1989, cahier A-1.
48.   Maurice Lemelin, *op.cit.*, p. 74-76.
49.   L.R.Q., C.F. 3.1.1.
50.   P. Garant, C. Berlinguette, «La fonction publique provinciale» in Noël Mallette, *op. cit.*, p. 544.

congés[51]». Toute grève est interdite aux agents de la paix, comme elle l'est aussi aux employés de la Sûreté du Québec. Elle n'est pas interdite aux autres à condition qu'il y ait entente préalable avec le gouvernement sur «les services essentiels et la façon de les maintenir» (L.F.P., 69). Le Conseil des services essentiels est tenu à l'écart (C.t. 111.0.16), sauf à titre de contrôleur.

Ces restrictions confirment la validité d'une observation de portée générale. Plus l'État est présent et plus on s'écarte de la liberté du marché, plus on s'éloigne aussi de la liberté de négocier ou de cesser le travail. Autant l'adhésion à un syndicat est généralisée dans la fonction publique, autant l'action syndicale y est restreinte. On peut aussi ajouter que ces restrictions sont moins sévères au Québec que dans la fonction publique fédérale américaine, où toute grève est interdite, où ce qui est négociable est encore plus limité[52], et où les sanctions incluent la révocation de l'accréditation syndicale, comme les contrôleurs aériens l'ont constaté en 1986. Par ailleurs, elles sont du même ordre que les restrictions en vigueur dans la fonction publique fédérale au Canada. Les modalités de ces deux régimes, cependant, diffèrent suffisamment pour qu'on s'y attarde.

6.8 LA FONCTION PUBLIQUE FÉDÉRALE AU CANADA

La législation propre à la fonction publique fédérale peut se caractériser et se comparer à celle du Québec par trois aspects. Ceux-ci sont le champ de ce qui est négociable, les unités d'accréditation et l'accès à la grève. Avant de les aborder, il convient de préciser qu'il s'agit d'une législation récente puisqu'elle date de 1967. Sa génèse débute au tournant du siècle et culmine avec une grève des postiers montréalais en 1967. Il s'agit aussi d'une loi spécifique à la fonction publique: la *Loi sur les relations de travail dans la fonction publique*. Son administration relève d'une Commission des relations du travail spécifique à la fonction publique. Autrement dit, le Code canadien du travail ne s'applique d'aucune façon aux employés de l'État.

---

51.   Maurice Lemelin, *op.cit.*, p. 75.
52.   *Id., ibid.*, p. 325.

Le champ de ce qui est négociable y est restreint[53], à peu près comme au Québec. Dans les deux fonctions publiques, on a exclu de la négociation tout ce qui touche aux mouvements du personnel. Il s'agit donc d'interventions parallèles et directes de l'État-législateur visant à protéger la souveraineté de l'État-gouvernement et la liberté d'action de l'État-employeur.

Quant aux unités d'accréditation, elles sont prédéterminées par l'État selon un système assez sophistiqué de 72 groupes homogènes, répartis en cinq catégories différentes[54]. D'une part, cette intervention évoque celle du Québec par son caractère direct. Dans les deux cas, on ne veut ainsi laisser aucune place à la spontanéité, à l'improvisation ou au désordre qui pourrait résulter d'un fractionnement géographique, régional, culturel, linguistique ou syndical. D'autre part, elle s'en distingue par la part plus généreuse qu'elle fait au découpage professionnel et, on le verra, par la porte qu'elle ouvre au décalage, dans le temps, des négociations de chaque groupe. Par ailleurs, ce degré tant fédéral que québécois d'intervention se démarque radicalement de la permissivité de l'État québécois dans le fractionnement extrême du secteur de la santé.

L'accès au conflit, ou plus précisément à la cessation légale du travail, est à la fois semblable et différent. Semblable, en ce qu'il est conditionné par le maintien de services essentiels. Mais également différent, compte tenu de deux interventions caractéristiques de l'État fédéral.

L'État-législateur fédéral intervient dans l'accès au conflit d'une façon qui lui est unique. La loi exige qu'avant le début de la négociation suivante, le syndicat accrédité doive faire, à chaque fois, un choix irrévocable, pour cette fois-là, entre le recours à la grève et l'arbitrage exécutoire des divergences. Il faut noter que c'est l'État qui nomme le président d'un conseil d'arbitrage tripartite. En pratique, l'usage de ce choix a été variable. En 1969-1970, 80 p. 100 des fonctionnaires fédéraux avaient choisi l'arbitrage exécutoire. Par contre, en 1975-1976, 70 p. 100 d'entre eux avaient choisi le droit de grève[55]. Pourquoi de telles variations? En guise de réponse, une hypothèse peut être évoquée. Ce serait que, du point de vue syndical – puisque le syndicat est le seul à exercer ce choix –, l'arbitrage serait l'outil préféré du rattrapage, alors que le

---

53.   P. Garant, C. Berlinguette, «La fonction publique fédérale: le cadre juridique» in Noël Mallette, *op.cit.*, p. 614.

54.   Lemelin, «La fonction publique fédérale: le cadre institutionnel» in Noël Mallette, *op.cit.*, p. 628.

55.   P. Garant, C. Berlinquette «La fonction publique fédérale: le cadre juridique» in Noël Mallette, *op.cit.*, p. 619.

droit à la grève serait l'outil privilégié de l'innovation. Une telle hypo-thèse, issue de l'expérience, dont celle des policiers municipaux du Québec, reste encore à vérifier.

L'État-employeur fédéral intervient également dans l'accès au conflit d'une façon qui le distingue radicalement de l'État-employeur québécois. Il intervient, à titre de négociateur, pour maintenir un décalage entre les dates d'expiration des conventions collectives et donc, éventuellement, entre les dates d'un recours possible à la grève, si ce recours est choisi. Il perpétue ainsi, avec, bien sûr, l'assentiment de l'Alliance de la Fonction publique (CTC) qui unifie tous ses fonctionnaires, un calendrier décalé des négociations qui est né avec la loi en 1967. «Ainsi, on ne voit pas encore de front commun et, en cas de grève, d'arrêt de tout l'appareil gouvernemental[56].» Le contraste avec la pratique québécoise est patent et majeur; du moins jusqu'à la grève généralisée des fonctionnaires fédéraux en 1991.

Cependant, il faut se garder d'exagérer le contraste. En effet, tout n'est pas noir au sein du psychodrame triennal québécois, selon une expression utilisée couramment. En effet, il faut préciser qu'à Québec comme à Ottawa, les négociations sont relativement paisibles entre l'État et ses employés directs. Il y a peu d'arrêts de travail dans les deux fonctions publiques proprement dites et quand il y en a, ceux-ci se déroulent d'une façon légale. Il est facile de l'oublier pour ce qui est de la fonction publique québécoise. En effet, au Québec, tout se passe en même temps dans les secteurs public et parapublic. Et la relative harmonie du secteur public fait moins la manchette que les défis à la loi dans les hôpitaux, qui ont été la règle générale du moins jusqu'au 21 septembre 1989.

---

56.   Maurice Lemelin, *op.cit.*, p. 306.

PARTIE II

LA PRATIQUE

CHAPITRE 7

La négociation

7.1   Quelques questions

7.2   La préparation
    7.2.1   Son importance
    7.2.2   Son contenu
    7.2.3   Ses procédures
    7.2.4   Un obstacle?
    7.2.5   Objectifs, stratégie et tactiques
    7.2.6   Une préparation qui continue

7.3   La prise de contact
    7.3.1   Se connaît-on?
    7.3.2   Se connaît-on dans cette situation?
    7.3.3   Comment se connaître?
    7.3.4   Le poids du passé et celui de l'avenir
    7.3.5   Ses résultats
    7.3.6   Son climat

7.4   La solution des problèmes
    7.4.1   Le cas du bébé
    7.4.2   Des sujets appropriés
    7.4.3   Un «pré-affichage»
    7.4.4   La concurrence

7.5   Les échanges
    7.5.1   Une étape difficile
    7.5.2   Un marchandage
    7.5.3   Conclure un échange
    7.5.4   Le climat
    7.5.5   L'usage de modèles ou comparaisons
    7.5.6   Leur importance

7.6   Le dénouement
    7.6.1   Pourquoi faut-il une crise?
    7.6.2   Le rôle de la peur
    7.6.3   Une crise de survivance
    7.6.4   Le climat

7.7   La durée, les émotions et l'individualité
    7.7.1   La durée
    7.7.2   Les émotions
    7.7.3   L'individualité

7.8   La négociation collective a-t-elle un avenir?
    7.8.1   Dans le secteur privé
    7.8.2   L'influence du marché
    7.8.3   Dans le secteur public

7.1 QUELQUES QUESTIONS

Que se passe-t-il entre les quatre murs de la salle où l'on négocie? Une fois les portes refermées derrière les négociateurs, de quelle façon démarre la négociation? Par quoi commence-t-on? Comment se font les compromis ou les échanges, les acceptations ou les refus qui sont le fruit de la négociation? Pourquoi le dénouement d'une négociation ressemble-t-il tant à celui d'une crise; atteint à la dernière minute et à l'issue de journées ou de nuits entières de discussions? Pourquoi s'échine-t-on pendant des semaines, voire des mois, dans de longs palabres apparemment stériles? Un tel gaspillage de temps et d'énergie pourrait-il être évité grâce à une préparation meilleure ou différente, grâce à des demandes plus réalistes, ou grâce à des arguments plus convaincants, moins abrasifs ou moins désagréables? Enfin, peut-on améliorer le climat de la négociation?

Ce chapitre vise à dégager les réalités et les principaux éléments de la négociation dans le secteur privé. Il le fait par le découpage de cinq étapes successives, soit: la préparation; la prise de contact; la solution de problèmes; les échanges; le dénouement. Cependant, ces étapes successives ne sont pas mutuellement étanches. Chacune d'entre elles révèle une facette de la négociation qui n'est pas totalement absente des étapes précédentes ou subséquentes. En somme, l'identification des arbres ne doit pas empêcher de voir la forêt. Plus profondément, la négociation constitue un écosystème humain et social.

7.2 LA PRÉPARATION

7.2.1 Son importance

Comme dans beaucoup d'autres domaines d'activités, au moins la moitié du succès d'un négociateur dépend directement de son degré de préparation. Aussi, dans plusieurs cas, nous pouvons dire sans trop nous tromper que le succès d'une négociation est déjà acquis ou perdu avant même le début de la communication entre les négociateurs. (Me Jean H. Gagnon[1])

---

1.   Me Jean H. Gagnon, *L'art de bien négocier*, Ottawa, Agence d'Arc, 1987, p. 93.

Les experts de la négociation sont unanimes sur ce point. Deux auteurs américains vont même jusqu'à écrire que la discussion n'est que la troisième et dernière étape de la négociation, les deux premières étant l'analyse et la mise au point d'un plan[2].

7.2.2　Son contenu

Un praticien québécois de la négociation collective écrit: «La préparation articulée d'une négociation revêt un caractère indispensable[3].» Il décrit les activités patronales en négociation sous la forme d'un cheminement critique comportant 76 activités, dont 45 précèdent la première rencontre de négociation[4]. Dans le tableau 7-1, Me Gagnon dresse la liste des sujets qu'il juge important de considérer quand vient le temps de préparer une négociation.

La partie la plus apparente de la préparation est la collecte de renseignements, tant du côté patronal que syndical. On se renseigne sur les soucis, les attitudes et le comportement prévisible des employés de l'entreprise, qui sont également les membres du syndicat. On se renseigne de part et d'autre sur la situation interne du syndicat à l'approche de la négociation. Elle peut être assez complexe, on l'a vu, puisque les pouvoirs y sont partagés. Il s'ensuit qu'elle peut être changeante. On se renseigne aussi sur les comparaisons de salaires, d'heures de travail ou d'avantages sociaux qu'on voudra invoquer dans la négociation et qui y joueront un rôle important.

7.2.3　Ses procédures

Du côté patronal, idéalement, tous les paliers devraient être impliqués dans la préparation, c'est-à-dire la direction, les cadres fonctionnels participant à la négociation, et les cadres hiérarchiques, jusqu'au contremaître physiquement présent sur le plancher de l'entreprise. Leurs rapports mutuels devraient être clarifiés. S'ils ne le sont pas au moment de la préparation, ils le seront peut-être brutalement au moment des choix difficiles, par exemple par des changements brusques et déroutants

---

2.　Roger Fisher, William Ury, *Comment réussir une négociation*, Paris, Seuil, 1982, p. 33.

3.　Jacques E. Ouellet, «La préparation au processus de la négociation collective: une approche patronale», in Noël Mallette, *op. cit.*, p. 449.

4.　*Id., ibid.*, p. 472-473.

TABLEAU 7-1   Les sujets de la préparation d'une négociation

- L'époque de la négociation (le *timing*)
- Les besoins et objectifs
- La meilleure alternative à une solution négociée
- Les points à négocier et ceux à éviter
- L'évaluation de l'importance relative des différents points
- Les méthodes de négociation
- L'autorité conférée au négociateur
- Les faits pertinents
- Les parties
- Les influences extérieures
- L'évaluation de sa position
- Les questions
- L'agenda
- Les offres initiales
- Les critères de solution
- Les options
- Le temps, le lieu et la durée
- Les stratégies et les tactiques
- La révision du plan
- La préparation finale
- La documentation reliée à la négociation

SOURCE :   Gagnon, Jean H., *op. cit.*, p. 94.

dans la hiérarchie des priorités qui s'avère soudain inappropriée, faute d'une préparation adéquate.

Du côté syndical, les procédures suivies dans la préparation sont très variées. Elles sont souvent révélatrices du partage des pouvoirs et du fonctionnement interne du syndicat local. Elles débouchent sur l'adoption, en assemblée générale, d'un document souvent hétéroclite où s'amalgament l'expression de besoins, la formulation d'objectifs et la liste des revendications.

Par exemple, le secrétaire d'un syndicat local dans une fonderie de l'Est de Montréal a déjà eu fort à faire pour réconcilier les revendications disparates, de cinq départements différents, d'une prime de 25 cents l'heure applicable à leur seul département puisque, dans chaque cas, on s'estimait sous-payé par rapport aux autres départements. Il avait finalement réussi à transmuer ces revendications jalouses en un objectif commun soit une hausse généralisée, et plus importante, des salaires. Le négociateur patronal, fort compétent et conscient que les membres du syndicat étaient également ses propres employés, suivait de près l'évolution de la situation ; lui aussi se préparait.

Cette agitation intrasyndicale peut facilement aboutir à une liste non seulement inorganisée, mais aussi teintée d'utopie. Certains négociateurs patronaux la qualifient volontiers de liste de «souhaits pour les cadeaux de Noël». Souvent, ils n'ont pas tort.

7.2.4   Un obstacle?

Une telle liste ne constitue-t-elle pas un obstacle, plutôt qu'une préparation, à la négociation? Ce n'est pas sûr. Premièrement, l'accumulation des revendications est aussi un sous-produit de la démocratie syndicale. Pourquoi m'acharner à dire non à mes électeurs, se demandera le dirigeant du syndicat local, quand le négociateur patronal le fera de toute façon? Celui-ci le devine ou le sait, d'ailleurs, et souvent s'en accommode puisqu'il préfère négocier avec un interlocuteur qui est l'objet de la confiance plutôt que de la méfiance des membres du syndicat. Par ailleurs, le volume des demandes peut être tellement exagéré qu'il devient l'indice d'aspirations irréalistes. Il peut aussi les alimenter. Chacun des deux négociateurs devra alors en tenir compte dans le choix de sa stratégie.

Deuxièmement, l'accumulation procure au demandeur une monnaie d'échange et, donc, une marge de manœuvre dans les compromis et dans les concessions; un «lubrifiant» qui peut être utile aux deux négociateurs. La croissance rapide des demandes patronales depuis 1980, suite à l'âpreté accrue de la concurrence, a fait que cette marge de manœuvre n'est plus une exclusivité syndicale.

Troisièmement, l'accumulation des revendications fait elle-même moins problème que le fait d'en rester là et de ne pas compléter la préparation de la négociation. Car l'accumulation des mécontentements exprimés ou perçus ne dispense pas le négociateur syndical, ou patronal le cas échéant, de faire un bilan des succès autant que des échecs. À titre d'exemple, même si le syndicat a perdu deux arbitrages sur l'appréciation de la compétence par l'employeur, combien de griefs a-t-il su régler avec succès? Même si la distribution du temps supplémentaire a donné lieu à cinq plaintes isolées, combien d'autres travailleurs en sont-ils ravis? Même si quelques-uns sont mécontents de leur situation dans l'échelle salariale, combien d'autres seraient-ils ulcérés qu'elle soit modifiée? Ou encore, même si l'employeur a perdu deux arbitrages portant sur des sanctions disciplinaires, s'est-il aussi attardé à évaluer le climat global de la discipline, de la ponctualité ou de l'effort productif parmi ses employés? Il n'est pas rare qu'on escamote cet aspect de la préparation qui consiste à faire la part des choses et qu'on se borne à véhiculer les mécontentements. La négociation n'en sera que plus ardue.

7.2.5   Objectifs, stratégie et tactiques

Car le rôle principal de la préparation à la négociation dépasse de beaucoup la collecte des renseignements ou la formulation des revendications. Il est de fournir à chaque négociateur une vision claire des objectifs qui lui sont assignés, de leur degré de priorité et de leur hiérarchie interne. Sachant ce qu'il vise, chaque négociateur sera ainsi en mesure de formuler ou au moins d'adopter une stratégie d'ensemble qui reflète ces objectifs. Cette stratégie, à son tour, le guidera dans le choix des tactiques ponctuelles ou quotidiennes. Autrement dit, le rôle d'une stratégie est de conserver ses objectifs dans le choix des tactiques.

Par exemple, le nouveau propriétaire d'un supermarché, auparavant corporatif, l'exploite désormais à son compte. Il a beaucoup misé, et continue de miser, sur l'implication de ses employés et sur la stabilité d'emploi qu'il peut leur offrir au sein de son établissement. Avant l'achat, les employés étaient déjà syndiqués. Deux ans après cet achat, l'ancienne convention collective échoit un 1er juillet. Les négociations salariales s'annoncent ardues car, depuis deux ans, le supermarché a connu une hausse d'achalandage de 20 p. 100. De plus, les négociations surviennent au moment d'un creux saisonnier, puisque la clientèle urbaine du supermarché déserte la ville durant l'été. Le nouveau propriétaire doit clarifier lequel de deux objectifs lui apparaît prioritaire. Est-ce de freiner ses coûts, même au prix d'une grève estivale qui lui coûtera moins qu'aux employés? Ou est-ce de renforcer la loyauté des employés à son égard au sein d'une PME, et d'accentuer la personnalisation du service par un travail d'équipe accru et par un moindre recours au travail à temps partiel? Ce travail de préparation et de choix est important. Il lui permettra de donner l'heure juste aux négociateurs syndicaux dès l'ouverture de la négociation. Il lui permettra à tout le moins d'éviter cette sorte de grève qui est issue de la confusion plutôt que d'un désaccord véritable.

Un autre exemple illustrera que le choix des objectifs issu de la préparation peut prévenir une absence suicidaire de stratégie. Parmi une accumulation disparate de revendications, chacune d'entre elles peut ne pas profiter également à tous. Ainsi, parmi les 500 travailleurs d'une entreprise, les 100 travailleurs qualifiés de l'entretien, attachés de façon stable à l'entreprise, peuvent être très sensibles à une hausse des prestations de retraite, à une cinquième semaine de vacances après

25 ans de service, à l'assurance des soins dentaires ou à des règles d'ancienneté protégeant leur compétence respective. Les 400 autres travailleurs, ceux de la production, plus jeunes, plus mobiles et incluant plus de travailleuses, peuvent par contre être très sensibles à une hausse immédiate du salaire, à une troisième semaine de vacances après 10 ans de service, à un congé de maternité rémunéré ou à des règles d'ancienneté donnant accès à une diversité d'emplois. Le négociateur syndical insouciant pourra négocier durement et obtenir des concessions patronales bénéficiant toutes aux 100 employés de l'entretien. Mais ces concessions, mal ciblées faute d'une préparation adéquate, seront rejetées par un vote majoritaire et pourtant prévisible des membres. Le négociateur patronal qui a accordé ces concessions aura été lui aussi insouciant. Il aura accordé, voire préconisé auprès de ses supérieurs des concessions jugées dispendieuses et malgré tout stériles. Le négociateur syndical aura mal ciblé les besoins de ses membres; le négociateur patronal aura mal compris les besoins de ses employés. Si une grève s'ensuit, il y a fort à parier qu'elle laissera dans toutes les bouches un goût de cendre.

Dans un autre exemple, le représentant syndical attitré d'un syndicat local de 100 membres perçoit très vite, avant l'ouverture des négociations, qu'une grève lui semble inévitable. Pourquoi? À cause de la rancœur parmi les membres et les dirigeants du syndicat local, de la tension dans les rapports quotidiens au travail et de sa perception des comportements de l'employeur. Dès lors, quel sera son objectif? Il cherchera non pas à éviter la grève, qu'il aura jugée inévitable, mais plutôt à la régler au moment où elle aura permis d'atténuer les conflits et avant qu'elle ne les exacerbe. S'il a su convaincre le négociateur patronal de la validité de son objectif, le conflit peut être mineur, et la grève courte. Mais s'il en a été incapable, le conflit peut être majeur, et la grève longue. Ainsi, deux semaines après le début de la grève, leur dialogue téléphonique pourrait se résumer à ceci: «Que peux-tu faire de plus pour régler la grève? – Rien du tout, j'ai déjà raclé tous les fonds de tiroir pour l'éviter.»

Défaut de communication? Défaut de préparation? Seul leur coiffeur respectif le sait.

7.2.6   Une préparation qui continue

Le travail de préparation ne se termine pas avec le début des rencontres. Au contraire, il continue d'être nécessaire tout au long de la négociation, jusqu'à la conclusion d'une entente. Chaque rencontre aussi doit être préparée. À la suite de chaque rencontre, un bilan progressif de la négociation est requis: il faut tenir compte des changements qui surviennent en cours de route. Chaque négociateur doit s'assurer constamment que son choix de tactiques ponctuelles est au service de sa stratégie d'ensemble et que celle-ci, à son tour, est au service de ses objectifs ou de ses besoins. En ce sens, la préparation ne constitue pas une étape qui est étanche par rapport aux autres, même si elle s'en distingue.

7.3   LA PRISE DE CONTACT

7.3.1   Se connaît-on?

Avant même que les portes se referment sur les négociateurs, lors de leur toute première rencontre, une question se pose. Se connaît-on? Faut-il se nommer, se présenter soi-même, ou présenter les autres membres du comité de négociations?

Dans un film sur la négociation[5], fort prisé de ceux qui l'ont vu, on observe une situation typique du secteur privé. La cordialité et la familiarité sont évidentes entre Bob White, alors directeur canadien du syndicat de l'automobile, et Rod Andrew le négociateur patronal du producteur automobile General Motors au Canada. Cette attitude découle de la continuité des rapports entre un employeur et les structures syndicales verticales auquel le syndicat local est affilié. Cette familiarité peut être absente quand le représentant syndical est nouveau, du moins à cet endroit, ou quand l'employeur confie à un avocat extérieur le rôle de porte-parole. Dans de tels cas, on apprend à se connaître, à partir de zéro ou à partir de la réputation de chacun.

7.3.2   Se connaît-on dans cette situation?

Dans tous les cas, une seconde question se pose aussitôt. Se connaît-on dans la situation d'aujourd'hui? Car celle-ci peut être une situation nouvelle. Chaque négociation peut se présenter assez différemment des

---

5.   Office national du film, *La dernière offre*, film en couleurs de 78 minutes, 1988. Ce film porte sur les négociations de 1984 chez GM-Canada. Palpitant et dramatique, il illustre les péripéties d'une négociation et les tensions internes au sein d'un syndicat industriel. Il se termine sur la scission de la section canadienne d'avec le syndicat nord-américain dont elle faisait partie.

précédentes, pour toutes sortes de raisons telles l'effondrement ou l'érosion des marchés de l'entreprise ; une récession de l'économie ; une inflation des prix ; une tentative récente de maraudage syndical auprès des employés ; ou l'apparition de nouveaux visages au sein du comité syndical de négociations. Dans ce dernier cas, pour ne prendre que lui, le nouveau venu est certes connu de son contremaître, et peut-être de son surintendant s'il possède une certaine notoriété. Mais personne ne le connaît encore dans sa situation nouvelle de négociateur. Le négociateur patronal voudra certes apprendre à le connaître sous cet aspect nouveau.

À cause de la nouveauté d'une situation, le bon démarrage d'une négociation peut exiger bien plus que la familiarité des personnes. Celle-ci peut même être trompeuse. Un exemple de négociation au sein d'une famille l'illustrera. Dans une famille, l'apparition de l'adolescence suscite toutes sortes de nouveaux sujets tels que les sorties, la décoration de la chambre, l'emploi du temps pendant la fin de semaine ou l'usage de l'automobile. Familiers, les enfants et les parents le sont certes. Mais la nouveauté des situations transforme bien des choses, dont les comportements. Et prendre acte de cette nouveauté est indispensable au succès de ces négociations intrafamiliales. Car il s'agit bien de négociations. En effet, on veut conclure des ententes mutuelles et satisfaisantes à partir d'intérêts ou de besoins qui sont différents ou perçus comme différents. En réalité, pour bien saisir les réalités de la négociation collective, il faut également avoir saisi comment elle se compare à ses propres négociations interpersonnelles, qui sont multiples et quotidiennes.

7.3.3   Comment se connaître ?

Que le contexte soit personnel ou collectif, on apprend à se connaître par l'explication, l'inventaire et l'exploration de ses propres demandes et de celles de l'autre partie. En même temps, si on y est attentif, on fait aussi l'inventaire et l'exploration des interlocuteurs en présence, y compris de soi-même. Le négociateur compétent y est très attentif, parce que la communication commence ici.

L'échange des messages entre les négociateurs commence ici, lui aussi, à condition que la préparation ait été bien faite. Car pour obtenir des réponses utiles, il faut savoir quelles questions poser, il faut s'y être préparé. De même, pour faire passer les messages qui nous semblent importants, il faut savoir où on s'en va, il faut s'être préparé. De plus, une préparation bien faite et menée à terme fournit au négociateur l'assurance et la quiétude indispensables à l'écoute ; indispensables aussi pour saisir au vol l'occasion d'envoyer son message. Ces échanges de messages, importants parce que préliminaires, sont l'occasion rêvée pour la mise au point de ses propres objectifs, stratégie et tactiques. En effet, désormais on sait aussi, ou on devine, où l'autre partie s'en va.

À ce stade préliminaire, on explique ses revendications. Le temps n'est pas encore venu de les argumenter. On demande aussi à son vis-à-vis des explications. À leur suite, on pose encore des questions plutôt que des objections, et on s'efforce d'écouter la réponse plutôt que de préparer sa réplique. Ce n'est pas toujours facile. Pour les deux négociateurs, c'est aussi l'occasion d'aller au-delà des revendications et de fournir ou de saisir les objectifs et les besoins qui les ont motivées. Cela peut être laborieux si la préparation a été inadéquate. Si cela est bien fait, l'étape suivante en sera facilitée. On apprend aussi à décoder les messages et l'interlocuteur. Par exemple, le négociateur patronal peut jeter les hauts cris au sujet de revendications salariales qu'il juge démesurées. Ce faisant, il peut aussi se référer longuement aux chiffres modérés de l'inflation des prix. C'est peut-être là sa façon de donner au négociateur syndical un indice discret de ce qui sera possible de négocier. En tout cas, si son objectif est de limiter à 2 p. 100 la hausse annuelle des salaires, il ne devrait pas se référer à une hausse annuelle des prix de 5 p. 100.

7.3.4 Le poids du passé et celui de l'avenir

La prise de contact est souvent le bon moment d'expliciter le poids du passé et celui de l'avenir dans la négociation qui débute.

Le poids du passé? Il peut être illustré par des exemples différents et sans aucun lien entre eux. Le comité syndical peut être indigné du climat de travail ou du non- règlement des griefs en matière de sanctions disciplinaires. Il peut également être ravi que la dernière mise à pied se soit déroulée sans qu'un seul grief ait été logé. L'employeur pour sa part peut s'emporter au sujet de la faible productivité. Comme il peut se réjouir que les griefs se règlent sans recours à l'arbitrage. Dans chacun des cas, c'est le moment d'en parler. C'est surtout le moment d'en parler si des changements sont survenus qui rendront cette négociation différente des précédentes. Dans d'autres exemples encore, l'employeur pourrait souhaiter geler ou couper le niveau des salaires, ou modifier la répartition du travail d'entretien entre les métiers traditionnels. Le syndicat pourrait quant à lui espérer un important rattrapage des salaires à la faveur d'une nouvelle prospérité de l'entreprise. Idéalement, ces bilans de situation auront été faits par chacun lors de sa préparation.

Il faut savoir que cela n'est pas toujours le cas. Le moment est donc venu d'en faire état et de partager sa préparation, ou l'absence de préparation avec l'autre partie. Chacun des exemples cités n'a pas de lien avec les autres. Dans les faits, il est possible et même fréquent que des situations similaires se produisent au cours d'une même négociation et la rendent merveilleusement complexe.

Quant au poids de l'avenir, il peut se manifester par la crainte de l'employeur qui appréhende l'érosion de ses marchés et la diminution des emplois. Ou par celle du syndicat qui pressent un taux d'inflation élevé. Le moment est venu d'en parler. C'est fort important de parler explicitement de l'avenir. D'abord, c'est le sujet de la négociation. De plus, les employés et l'employeur auront à partager cet avenir. Les parties en présence auront à vivre ensemble une fois la négociation conclue, qu'il y ait eu ou non cessation du travail. Le maintien de cette stabilité de la relation mutuelle au travail joue un rôle important dans la négociation collective, on le verra. Elle n'écarte toutefois pas le conflit, pas plus que l'été exclut la pluie. Mais elle explique la présence additionnelle de la coopération au sein du conflit. Une comparaison servira d'illustration. On peut affirmer qu'une négociation entre un franchiseur et un futur franchisé ressemble plus à une négociation collective, à cet égard, qu'aux négociations entourant la rupture d'une franchise. Celle-ci, d'ailleurs, se termine souvent par un procès. Celle-là, au contraire, a ceci de commun avec la négociation collective qu'elles visent à aménager un avenir commun. On y reviendra plusieurs fois.

7.3.5 Ses résultats

À l'issue de la prise de contact, les grandes lignes de la négociation devraient déjà se profiler. Chacun des porte-parole devrait pouvoir formuler dans son for intérieur une hypothèse de réponse à la question qui hante tout négociateur : peut-on régler en se dispensant d'une grève ? À tout le moins, il devrait avoir identifié les sujets et les principaux enjeux des étapes finales de la négociation, où cette réponse sera forgée. Cela sera fort utile, tout au long de son déroulement pour la gestion conjointe de la négociation, puisqu'il s'agit ici de gérer un conflit. Comme dit le proverbe, «cela en prend deux pour faire une chicane».

Il arrive, dans certaines négociations, qu'on ait du mal à distinguer la préparation de la prise de contact. Cela peut provenir de l'absence de préparation, de l'insouciance, des horaires trop chargés des porte-parole ou de la familiarité que génèrent des contacts continus ou fréquents entre les mêmes personnes. On y gagne rarement. Les dangers provenant de la confusion ou de l'improvisation sont toujours présents et peuvent jouer de sales tours. On se grattera la tête par la suite en se demandant pourquoi il a fallu une grève ou un lock-out pour en arriver à une entente. Par contre, il arrive qu'on n'y perde pas grand-chose, mis à part beaucoup de temps. En effet, la familiarité des rapports passés et la continuité des rapports futurs font parfois des miracles. Le prix à payer est la lenteur de la négociation, surtout dans ses soi-disant débuts, alors qu'en fait on cherche encore à l'amorcer.

7.3.6   Son climat

Le climat de la prise de contact est peu conflictuel, règle générale, même si on y évoque volontiers l'éventualité d'un conflit, ou les sources de conflit. Tout d'abord, le conflit est encore loin et la tension plus faible. De plus, l'envoi et surtout l'écoute des messages échangés demandent un climat plus détendu. Le courant doit passer entre les porte-parole même s'il charrie déjà une réserve indispensable. Enfin, les deux porte-parole ont intérêt à s'écouter puisque leur but commun est de s'entendre. La prise de contact est propice au rodage de cette écoute mutuelle. Elle leur sera hautement bénéfique quand viendra le moment de faire avancer la négociation ou de lui trouver un dénouement dans un climat conflictuel et tendu à souhait, où l'écoute sera à la fois plus difficile et plus nécessaire que jamais. À ce moment-là aussi le courant devra passer entre eux si on veut éviter un dialogue de sourds, qui se situe aux antipodes de la négociation. Autant il est important de prendre contact dès l'amorce de la négociation, autant il est important de garder le contact tout au long du processus.

Un témoignage sera éloquent à cet égard. Dans un reportage sur *Reichman Brothers* de Toronto, ce géant mondial de l'immobilier, un pair expliquait leur succès par ce compliment à propos de leur président : « Probablement une des personnes dont l'écoute est la meilleure au monde[6]. » Il est question ici d'immobilier. La clé du succès, dans l'immobilier, c'est la négociation ; la négociation de ventes, d'achats et de développements immobiliers permanents tels le *World Financial Center* de New York ou le *Canary Row* de Londres, le plus important complexe immobilier de l'Europe. Il ne s'agit pas ici de considérations propres à la négociation collective. Peu importe. L'écoute se situe au cœur de toute négociation, soit-elle collective, commerciale ou interpersonnelle.

---

6.   *Probably one of the best listeners in the business. Business Week*, 29 janvier 1990, p. 34. Traduction libre.

7.4 LA SOLUTION DES PROBLÈMES

L'expression «solution de problèmes» fait elle-même problème, justement, quand son sens exact est inconnu. Elle provient du vocabulaire courant des psychologues. Elle désigne une façon de solutionner un conflit quand les intérêts communs peuvent l'emporter sur les intérêts divergents, c'est-à-dire que la communauté d'intérêts peut l'emporter sur la divergence des intérêts respectifs. Bien sûr les psychologues s'intéressent d'abord aux conflits entre personnes. Mais en même temps, cette façon de solutionner un conflit est très pertinente à toute négociation, dont la négociation collective.

7.4.1 Le cas du bébé

Me Jean H. Gagnon souligne cette pertinence dès la première page de l'introduction à *L'art de bien négocier*[7], en évoquant l'exemple bien connu de notre première négociation à nous tous, celle du nourrisson qui, pour les fins de l'exemple et pour éviter des dérapages vers le rôle possible du père, est allaité. Je suis le nourrisson. J'ai faim. Je le fais savoir de manière à être entendu. Donc je braille ou je hurle, à vous de choisir et à moi de le faire. L'ouïe de maman capte le message. Elle m'offre son sein. Nourri, comblé, je digère et me rendors pendant trois heures. Et je recommence. Et elle recommence. Ma négociation est un succès. Et la sienne aussi. À la fois amoureux et négociateurs comblés de succès, nous ne sommes pas à la veille de nous quitter. D'ailleurs nous ne nous quitterons jamais complètement. Un mois plus tard je suis rendu aux quatre heures. Maman m'en sait gré. Mon horaire, et le sien, est donc le suivant: 2 h, 6 h, 10 h, 14 h, 18 h et 22 h. Nous nous aimons, chacun à sa mesure.

Cependant, trois mois après ma naissance, le système nerveux de maman révèle des signes évidents de fatigue. Elle aurait son voyage, comme on dit. C'est mon boire de 2 h qui semble faire problème. Elle préférait dormir sa nuit, une notion qui m'est encore étrangère. Je ressens par la suite, sans le savoir, que ma tétée est brève à 18 h et qu'on me gave à 22 h. Et bientôt voilà! Deux semaines plus tard, croissance neurologique oblige, je saute directement du gavage de 22 h au petit déjeuner de 6 h. Maman est gagnante puisqu'elle dort ses nuits. Moi aussi, puisqu'elle continue de me nourrir et de s'en réjouir.

---

7.   Jean H. Gagnon, *op. cit.*, p. 9.

L'exemple peut sembler charmant. Il l'est. Il est aussi instructif car il nous montre deux personnes gagnantes parce que satisfaites de la solution d'un problème commun sous certains rapports.

7.4.2   Des sujets appropriés

La négociation collective est elle aussi un terrain fertile à la solution de problèmes. Car elle inclut des sujets tels que les horaires de travail, le surtemps, l'équité des sanctions disciplinaires, la promotion de la santé et de la sécurité, le dosage de l'expérience et de la compétence dans les promotions individuelles ou l'accès à la formation professionnelle. Il est encore trop tôt pour pénétrer le détail de ces sujets. Mais il est déjà le temps de souligner que la solution des problèmes constitue un aspect important de la négociation collective ou des relations du travail dans le secteur privé.

À titre d'exemple, la rémunération des heures supplémentaires dans une usine non syndiquée de moulage de produits en plastique. Cette PME compte 100 employés, dont 10 assurent l'entretien de l'équipement. La production est saisonnière et la fin de la saison approche. Ce sera bientôt le temps de remettre l'outillage en état pour la saison suivante. Soudain, l'entreprise décroche une commande additionnelle prolongeant de trois mois la pleine utilisation de l'équipement. L'entretien de l'outillage ne peut donc pas attendre si on veut prévenir un bris majeur qui discréditerait la fiabilité de l'entreprise comme fournisseur. Selon l'ingénieur de l'entreprise, il lui faut 40 heures additionnelles d'entretien par semaine si on ne veut pas courtiser le désastre. La direction y agrée. Comment faire?

L'embauchage de surnuméraires est vite exclu. L'urgence exige une grande familiarité avec l'outillage. De plus, la stabilité de l'emploi joue un rôle important dans les arguments utilisés pour contrer l'apparition d'un syndicat. L'octroi d'un contrat de sous-traitance est également exclu parce qu'il serait inefficace à court terme. La seule possibilité qui reste est de demander aux 10 employés de l'entretien de faire chacun quatre heures supplémentaires par semaine, pendant trois mois.

Il y a cependant un petit problème de relations du travail. D'une part l'entreprise ne paye pas de supplément de salaire quand la semaine de travail dépasse sa durée normale de 40 heures mais n'excède pas les 44 heures. Selon l'expression consacrée, tout travail est «à temps simple». D'autre part, les employés de l'entretien détestent travailler plus de 40 heures. Ils craignent de plus que l'employeur veuille allonger en permanence leur semaine de travail. Ils sont au courant de cette nouvelle commande, comme tout le monde dans l'usine et dans le village, en moins d'une journée. Ils sont méfiants. Et hostiles.

Voilà un problème typique de relations du travail, et de négociation, en l'absence d'un syndicat. Se prête-t-il à une solution avantageuse à ces deux intérêts qui semblent adverses?

D'une part, comment l'entreprise peut-elle rassurer ces employés sur le fait qu'elle ne cherche pas à augmenter en permanence leurs heures normales de travail? Facilement, en s'astreignant à une pénalité. Par exemple, il suffirait de payer les heures supplémentaires, au-delà des 40 heures, à temps et demi plutôt qu'à temps simple; c'est-à-dire une pénalité de 50 p. 100 au chapitre des coûts. D'autre part, ce même moyen permettrait probablement de vaincre l'hostilité de ces employés quant à l'allongement provisoire de leur semaine de travail puisque pour ceux-ci, il représente une prime de 50 p. 100 par rapport au salaire normal. Cette solution du problème mutuel est évidemment avantageuse pour les deux intérêts en présence. Elle est donc très souvent adoptée, avec ou sans syndicat.

Bien sûr, une telle solution n'est pas magique. Le contenu documenté des conventions collectives, le seul disponible, en fait foi. D'une part, l'employeur, craignant l'absence de volontaires, se réserve souvent le droit d'imposer l'allongement du travail aux individus. D'autre part, le syndicat, craignant l'afflux des volontaires, revendique, et obtient, le partage par rotation de ce revenu additionnel parmi les individus qui y sont éligibles. Comme quoi des intérêts adverses coexistent volontiers avec des solutions mutuellement avantageuses, dans toutes sortes de négociations.

Le recours à la solution de problèmes explique en partie l'adage, bien connu des professionnels de la négociation, qui dit qu'il est préférable de débuter par les sujets les plus faciles. Il se développe ainsi un «momentum favorable[8]». Tout comme se développe un climat de confiance indispensable à la recherche de solutions des problèmes[9]. Ces sujets les plus faciles incluent évidemment ceux qui sont peu contentieux ou d'une importance mineure. Mais surtout, ils incluent également ceux qui sont susceptibles de se régler par une entente mutuellement avantageuse. Car celle-ci, outre qu'elle exige un climat de confiance, l'accentue et le renforce. Elle prouve, par la pratique, qu'il est fructueux de se centrer sur ses besoins et ses objectifs plutôt que sur ses revendications.

---

8.   Jean H. Gagnon, *op. cit.*, p. 165.
9.   Jean H. Gagnon, *op. cit.*, p. 54

De plus, elle démontre qu'on est plus convaincant quand on a bien compris les besoins et les objectifs de son vis-à-vis. Elle prouve enfin l'importance des étapes précédentes de la préparation et de la prise de contact.

7.4.3 Un «pré-affichage»

Un exemple important du recours explicite à la solution de problèmes a été fourni dans une intensive, et parfois dure, négociation de neuf mois entre Alcan et ses employés membres de la Fédération des syndicats du secteur aluminium (FSSA). En présentant leur recommandation d'accepter les dernières offres d'Alcan, les négociateurs syndicaux écrivaient: «Vous savez tous que négocier, c'est d'abord et avant tout de rechercher des solutions à des problèmes tout en essayant de concilier les intérêts des parties en présence[10].»

Parmi les solutions présentées, se trouve l'entente 2-11 appelée «préaffichage». Elle vise à régler plusieurs problèmes perçus comme vexants depuis longtemps dans les salles de cuves de l'immense usine de Jonquière: nombreux déplacements temporaires, chaque été, à la suite des départs en vacances; promotions accordées avec peu d'égard à l'ancienneté; le peu de planification dans la formation ou l'entraînement requis pour une promotion. Le «préaffichage» des promotions éventuelles permettrait aux candidats potentiels de s'identifier à l'avance, de se rendre éligibles, par leur ancienneté, à l'entraînement requis, et, ainsi, d'acquérir la compétence additionnelle dont Alcan a grand besoin. Ainsi, du même coup, les ci-devant «bouche-trous» de l'été planifient aussi leur avancement, et assurent à l'employeur une relève qualifiée, tout en bénéficiant d'une motivation de perfectionnement allant de pair avec leurs états de service, et équitable pour tous. Qui dit mieux? Une entente bénéfique à tous, et très particulière à l'électrolyse de l'aluminium.

7.4.4 La concurrence

Dans le secteur privé, le recours à la solution des problèmes est souvent stimulé par la présence de la concurrence. Celle-ci menace tant les profits

---

10. FSSA, *Contact*, édition spéciale négociation, mars 1988.

de l'entreprise que le volume de l'emploi. Elle stimule donc la recherche d'une défense commune contre la menace extérieure. Les éléments de cette défense commune sont connus et ce sont ce qu'on pourrait appeler de gros meubles: la productivité, le salaire, la compétitivité, la rentabilité, le niveau de l'emploi ou sa stabilité. On les aborde dès les étapes de la préparation et de la prise de contact. Ils sous-tendent toute la négociation et il se peut que leur importance n'apparaisse pas avant son dénouement. Par exemple dans le film *La dernière offre*[11], les avertissements de *General Motors* quant à la fermeture éventuelle d'usines, dont celle de Sainte-Thérèse, sont cités, avec virulence, par le négociateur syndical Bob White pour justifier le projet d'entente qu'il a ébauché. Il ne les a pas acceptés de façon explicite et ne les reprend pas à son compte. Il lui suffit de les citer. Ils font apparaître une profonde communauté d'intérêts entre l'employeur et l'employé du secteur privé au sein d'un marché concurrentiel. Dans un tel contexte, l'avertissement peut être beaucoup plus efficace que la menace.

Toujours dans le secteur privé, le recours à la solution des problèmes se manifeste par le recours aux comparaisons des salaires payés par les concurrents. Cette pratique est généralisée, on le verra bientôt. Elle est efficace, pour les raisons qu'on vient de voir. Elle transmue la divergence d'intérêts en communauté d'intérêts.

7.5   LES ÉCHANGES

Le négociateur syndical Bob White narre ainsi à ses acolytes la brutale précision du négociateur de GM, Rod Andrew, lors d'un moment difficile de la négociation: «Tu tiens à ce principe? Il y aura un prix à payer[12]». Le principe en question était le refus de primes forfaitaires comme substitut à des hausses permanentes du taux de salaire. Cette substitution, refusée par les travailleurs canadiens, avait été acceptée par la section américaine de leur syndicat à la suite d'importantes réductions d'effectifs chez GM aux États-Unis. Le prix à payer, évidemment, c'était le montant de ces hausses du salaire. En somme, donnant donnant, mon cher ami.

---

11.   ONF, *op. cit*.
12.   ONF, *op. cit*.

7.5.1 Une étape difficile

L'étape des échanges est encore plus difficile que les étapes précédentes. Le ton y est parfois acrimonieux. Le processus de l'échange est toujours délicat. Car au lieu de rechercher ensemble des solutions mutuellement avantageuses, on recherche ensemble les concessions mutuellement acceptables. Non seulement chacune de ces concessions est souvent difficile à faire, mais elle doit aussi contribuer à l'équilibre global du résultat final de la négociation. Elle fait partie d'un tout.

La concession consiste d'abord à faire des compromis au sujet d'une même revendication. Par exemple, on s'entend, par compromis, sur 11 congés fériés payés alors que leur nombre est actuellement de 10 et que le syndicat en demandait 12. Elle consiste aussi à faire des échanges impliquant plusieurs sujets différents. En voici trois illustrations distinctes. L'employeur laisse entrevoir qu'il pourrait envisager un onzième congé à la condition que les vacances ne soient pas rallongées. Le syndicat laisse entendre qu'il pourrait sacrifier ses revendications sur les mises à pied si l'employeur diminuait ses attentes au sujet des promotions. L'employeur laisse entrevoir qu'il pourrait consentir à hausser les bénéfices de retraite si le syndicat renonçait à sa demande d'un programme d'assurance des soins dentaires.

De tels échanges comportant le regroupement de sujets différents soulèvent bien sûr une question. Comment, et pourquoi, regrouper les sujets de compromis? Là-dessus les pratiques varient à l'infini. Cela peut se faire selon que les sujets sont connexes, parce qu'ils ont un impact sur certaines catégories d'âge, sur un même département ou sur les sexes. Le regroupement des sujets peut par ailleurs dépendre de leur impact sur la flexibilité laissée à la gestion, avec la productivité ou de leur impact monétaire global. Le regroupement peut aussi être influencé par les péripéties de la négociation: on regroupe tels sujets, à tel moment, parce qu'ils sont sur la table à ce moment-là et parce qu'ils semblent constituer les éléments d'un marchandage fructueux.

7.5.2 Un marchandage

Car il s'agit bien de marchandage. Celui-ci est au cœur de la négociation. Par exemple, il n'y a ni marchandage ni négociation quand on achète une pinte de lait dans un supermarché au prix affiché. Il n'y en a pas non plus quand on ne cherche pas à conclure une entente, comme dans le cas où l'on s'enquiert, par curiosité, du prix d'une blouse alors qu'on veut acheter une jupe.

Le choix ou le regroupement des sujets joue un rôle important dans le marchandage. Il est rarement laissé au hasard. Au contraire, c'est un choix souvent stratégique. Le négociateur avisé commence à le faire dès le moment de sa préparation, le précise dans la prise de contact, le modifie à la suite des solutions de problèmes, et l'exécute ou tente de l'exécuter au moment des échanges.

Le marchandage est plus facile quand on dispose de monnaie d'échange, c'est-à-dire de revendications qu'on peut sacrifier pour en obtenir d'autres. Cette réalité vient donc étayer la pratique courante de revendications initiales disproportionnées par rapport au résultat final. Celles-ci, en effet, ne compliquent pas toujours la négociation. Par contre, elles peuvent lui nuire si elles alimentent une expectative irréaliste ou une évaluation des résultats reposant sur les revendications initiales plutôt que sur des besoins ou des objectifs concrets. La présence de tels inconvénients explique le recours plus qu'occasionnel à la revendication syndicale d'une «hausse substantielle des salaires». Celle-ci évite à la fois toute accusation d'exagération et la création d'expectatives irréalistes. Elle lance la balle à l'employeur en plus d'ouvrir la porte à une exploration mutuelle lors de la prise de contact.

L'excès des revendications est d'abord le fait du syndicat, à cause de sa nature politique et aussi parce qu'il est plus souvent le demandeur. Mais plus récemment il est aussi devenu le fait de l'employeur, qui assume parfois le rôle de demandeur à la suite d'une âpreté accrue de la concurrence.

7.5.3 Conclure un échange

Le marchandage des échanges ou des compromis ne consiste pas à s'échanger des papiers. Au contraire, on est ici au royaume du langage verbal, voire corporel. Car l'obstacle central à l'offre d'échange est l'inquiétude qu'il ne soit ni acceptable, ni accepté. L'échange espéré devient alors une concession unilatérale. Par exemple l'employeur offre de hausser de 10 à 11 le nombre de congés fériés payés dans l'espoir d'une entente sur ce point; au contraire, le syndicat maintient sa demande initiale d'un douzième congé. Tout négociateur vit cette inquiétude. Qu'on songe au marchandage du prix d'une automobile usagée. Qu'on songe aussi à la négociation au sujet d'une discorde familiale.

À cet égard, le titre même du film sur la négociation chez GM-Canada en 1984 est révélateur: *La dernière offre* ou *The Final*

Offer[13]. On voit dans le film que dans cette négociation, GM ne formule son offre officielle qu'après des conversations téléphoniques privées, des heures de discussions informelles, et une séance plénière et orageuse de cinq heures du comité syndical de négociation. Le comité vote enfin sur l'acceptation d'une offre qui n'a pas encore été faite, mais dont on sait, par des échanges verbaux, qu'elle serait disponible si elle était acceptée à l'avance. Le président du comité plénier finit par prendre un vote à main levée sur cette proposition qui vise à «faire bouger les choses». Puis, ainsi acceptée, la proposition est enfin faite. Le film plonge alors au cœur de la difficulté de la négociation: quand finaliser? Comment finaliser? Quoi finaliser?

7.5.4   Le climat

Quel est le climat de ces échanges? Bien sûr il est d'abord conflictuel. Aucun des deux porte-parole n'est là pour faire à l'autre des cadeaux, du moins pas des cadeaux gratuits. Chacun tire la «couverte» de son côté. Mais en même temps, il tire aussi la couverte vers une entente qui devra être mutuellement acceptée. Adversaires, les deux porte-parole le sont, certes. Associés également, puisque leur trajectoire respective aboutit nécessairement au même point de chute: une entente mutuelle.

Le secteur privé n'est pas exempt des plaidoiries dont il a déjà été question à propos du secteur public. Mais il importe de souligner que dans le secteur privé, le point de chute de la plaidoirie n'est pas, sauf exception, la décision d'un juge ou d'un tiers telle l'opinion publique. C'est son vis-à-vis. Est-ce un adversaire? Est-ce un partenaire? Le choix du vocabulaire importe peu, tant pratiquement que conceptuellement. Car la réalité d'un climat est subtile, nuancée et susceptible de changer dans le cours d'une même phrase grâce à une simple intonation.

C'est donc un climat d'intimité, on l'aura saisi. D'abord, une intimité entre deux partenaires stables, soit l'entreprise et ses employés. Ensuite, entre deux participants à la négociation, soit les comités de négociation respectifs. Enfin, entre deux porte-parole se parlant l'un à l'autre. Si on ajoute les unes aux autres les relations les plus simplistes entre trois niveaux de deux intérêts divergents, ça fait au bas mot 27 relations différentes. Faites le calcul, vous verrez. Si on a la chance d'avoir des yeux tout autour de la tête, c'est le temps de s'en servir. Cette multiplicité des relations explique l'importance du rôle de porte-parole dans la négo-

---

13.   ONF, *op. cit.*

ciation collective. Plus l'entonnoir est large, plus son goulot joue un rôle important.

Chaque porte-parole négocie ainsi, par définition, avec de nombreux autres interlocuteurs, en plus de son vis-à-vis officiel. Les deux porte-parole sont donc assez isolés, ensemble, dans l'écosystème le plus complexe qui soit, celui d'une parcelle de la société humaine contemporaine. Pire. Plus on les entoure de monde, plus ils sont isolés puisque la diversité des relations croît de façon exponentielle. Plus complexes sont les négociations, plus nombreux les négociateurs, donc plus grande est l'importance du porte-parole.

L'intimité des porte-parole va grandissant avec l'intensité du conflit. On a déjà pris contact au début de la négociation. Mais maintenant il faut garder le contact puisque le temps est venu de trancher dans le vif pour sculpter une entente mutuellement acceptable. Les deux sont penchés l'un vers l'autre. Chaque coup de couteau est le fait d'une seule main. Mais la sculpture s'adresse à deux cerveaux et, derrière eux, à deux groupes d'intérêts.

Dans le quart des cas, les porte-parole ne parviennent pas à maintenir ce contact, ou craignent de ne pas y parvenir. On recourt alors aux services d'un conciliateur, que fournit le ministre du travail sur demande d'une des parties. Ces services sont précieux. Ils sont confidentiels, on l'a vu. Ils suppléent aux besoins d'intimité et de confiance que le syndicat ou l'employeur n'ont pas su, ou n'ont pas pu, combler l'un envers l'autre. Par définition, ils sont demandés quand l'une ou l'autre des parties renonce au face-à-face dans cette phase difficile de la négociation.

7.5.5   L'usage de modèles ou comparaisons

La difficulté des échanges est plus grande quand on ne possède pas de modèles ou de points de repère. À l'inverse, elle est réduite quand on en possède. La difficulté des échanges explique pour une bonne part l'usage si prépondérant, dans le secteur privé, de points de repère, de modèles ou de comparaisons, dont il faut expliquer le rôle et la nature. Cet usage est tel qu'il a donné naissance à l'expression nord-américaine *pattern-bargaining*, qui caractérise cet aspect de la négociation. Malheureusement, l'expression est difficile à traduire. Le mot *pattern* a un pendant en français, comme l'expression «un patron de mode» en fait foi. Mais en dehors du monde de la mode, le mot patron a pris un tout autre sens. Un autre pendant de ce terme est le mot *modèle*, que nous avons choisi d'utiliser.

Quoi qu'il en soit, l'usage de modèles dans les négociations du secteur privé est aussi répandu au Québec qu'ailleurs en Amérique du Nord. Le ministère du Travail y réfère abondamment quand il passe en revue les négociations de l'année précédente[14]. Pour les décrire de façon utile, il les regroupe par secteurs d'activité économique tels l'exploitation forestière, le papier journal, les mines non métalliques, les brasseries, les distilleries, les viandes, le textile, le bois d'œuvre, l'aluminium, la sidérurgie ou l'hôtellerie. Il dit par exemple de l'exploitation forestière : « Tant les négociateurs patronaux que syndicaux ont en effet qualifié de bonnes ou de très bonnes les dernières négociations. Outre les augmentations salariales de l'ordre de 4,0 p. 100 dans l'ensemble[15]... »

7.5.6 Leur importance

Si l'usage des modèles est tant répandu dans le secteur privé, c'est que les deux parties y trouvent leur compte. Les porte-parole, d'abord. Leur intérêt commun est d'arriver à une entente. Les deux invoquent donc les faits et les arguments les plus susceptibles de fournir la base d'une entente mutuelle. Chacun fournit ainsi à l'autre les faits et les arguments dont celui-ci aura besoin pour convaincre les décideurs qu'il représente. En ce sens, chacun aide l'autre à faire son propre travail.

Il en va de même pour les parties représentées. Auprès d'un employeur, le fait ou l'argument le plus convaincant est que ses coûts ne dépasseront pas ceux de ses concurrents. Auprès des employés, c'est que leur salaire ou leurs conditions de travail ne seront pas inférieurs à ceux de leurs pairs dans des entreprises semblables à la leur. Cela peut même amener un président d'entreprise et deux dirigeants syndicaux du secteur de l'hôtellerie à dire que « les clauses salariales constituent les points les plus faciles à négocier », comme on peut le lire au document 7-1. Dans ce cas, les parties à la négociation bénéficient en effet d'un point de repère bien identifié : les salaires payés dans les grands hôtels montréalais. De plus, elles bénéficient aussi d'une conscience aiguë du marché. L'hôtelier sait que la main-d'œuvre est très mobile. L'employé sait que l'hôtellerie est très vulnérable à la concurrence.

---

14.   Ministère du Travail, «Les relations du travail en 1988» in *Le marché du travail*, vol. 10, n° 1, janvier 1989, p. 39-50.

15.   *Id., ibid.*, p. 39.

DOCUMENT 7-1   Hôtellerie et restauration

Le cauchemar des hôteliers : une convention collective inapplicable

■ «Si les syndicats n'existaient pas, il faudrait sans doute les inventer». L'homme qui vient de prononcer cette phrase n'a rien d'un dangereux meneur gauchiste. En fait, **Michel Fournelle** est président de **Hôtels F.L.,** regroupant le **Sheraton Laval** et le **Sheraton Le Saint-Laurent**, situé sur l'Ile Charron.

Il sait de quoi il parle, puisque depuis des années il vit avec deux syndicats, la **CSN** Au Sheraton Le Saint-Laurent et le **Syndicat des Métallos** au Sheraton Laval. «Par contre, poursuit-il, je ne connais rien de plus pénible que de vivre avec une convention collective inadéquate».

ERREURS DE JEUNESSE

Lisette Denis, présidente du syndicat des employés du Sheraton Laval acquiesce. «Actuellement, nous vivons notre troisième convention collective et nous avons pris de l'expérience, mais au début nous ne savions pas trop où nous allions. Nous étions affiliés dans ce temps-là à une organisation syndicale qui ne nous fournissait aucun support au niveau de notre formation de négociateurs.»

Résultat, les deux parties décident alors de s'entendre entre elles en faisant fi de la convention collective. Lors de la signature de la seconde convention, les employés ont fait leur magasinage et bénéficient des stages de formation dispensés par le Syndicat des Métallos.

Cette fois, tant la direction que le personnel seront attentifs à signer une convention collective qui soit un texte de référence clair et *praticable* par les deux parties.

Les négociations semblent s'être passées sensiblement de la même manière au Sheraton Le Saint-Laurent.

«Nous sommes avec la CSN depuis le début. Elle nous a fourni toute l'aide stratégique dont nous avions besoin. De la sorte, chaque négociation de convention collective nous est apparue un peu plus facile» déclare **Christian Fon-taine**, premier vice-président du syndicat des employés du Sheraton Le Saint-Laurent.

«Peu après la négociation de la première convention collective, un de mes confrères fut accusé de vol, ce qui entraîna son licenciement, déclare M. Fontaine. Sept mois plus tard, faute de preuve suffisante, la direction perdait cette cause en arbitrage et mon collègue fut réintégré dans ses fonctions après avoir reçu son salaire rétroactivement.» Avec franchise, M. Fournelle reconnaît l'erreur de la direction. «Les premiers temps après l'arrivée d'un syndicat sont vécus comme très traumatisants par un patron. C'est humain, on cherche toujours à combattre ce que l'on ne connaît pas. Aujourd'hui, il me faudrait des preuves hors de tout doute avant d'entreprendre une action pareille.»

Le négociable et le non négociable

D'emblée, les trois interviewés tombent d'accord: les hausses salariales constituent les points les plus faciles à négocier. Ce sont les lois du marché qui doivent déterminer les salaires, il y va de la survie même de l'établissement et donc de la préservation des emplois.

À la limite, même les coupures de postes paraissent acceptables aux syndiqués, pourvu que l'entreprise recouvre sa rentabilité. M. Fontaine se souvient: au Sheraton Le Saint-Laurent, il a fallu procéder à une réorganisation et cela a entraîné le licenciement collectif de 35 employés sur un total de 120, moyennant quoi l'hôtel a pu résorber son déficit d'exploitation.

Y-a-t-il des points de la négociation qui provoquent le véto de l'une des parties? «Le droit de gérance, lance sans hésitation M. Fournelle. C'est notre talon d'Achille, car c'est là que nous sommes le plus vulnérables. Un propriétaire d'hôtel n'acceptera jamais de négocier les changements d'horaire.»

Michel DE SMET

SOURCE: *Les Affaires*, cahier spécial, 13 février 1988, p. R-7.

On trouve une autre illustration du même phénomène dans le secteur de l'automobile aux États-Unis. Le syndicat a négocié une «entente-modèle» avec GM en 1984, avec Ford en 1987, et avec GM encore en 1990. Dans cette industrie, «l'entente modèle» se fait avec le producteur que le syndicat de l'automobile a choisi comme cible initiale. Une fois ratifiée, le syndicat en impose la généralisation aux autres fabricants. Les employeurs font de même quand le syndicat se voit acculé à des concessions, comme ce fut le cas lors du sauvetage de Chrysler en 1979. L'influence d'une entente modèle et la pression exercée pour s'y conformer peuvent être très fortes. À preuve, la complainte d'un négociateur de GM, contraint à adopter l'entente modèle négociée chez Ford en 1987 : «Même s'il y avait des fautes de grammaire, ils insistaient que le texte soit identique[16].» En réalité, un tel contexte de concurrence modifie l'intérêt respectif des parties. Le syndicat, par exemple, quand il négocie une entente modèle chez Ford, a intérêt à ne pas obtenir plus que ce qu'il pourra imposer chez GM ou Chrysler.

Ainsi le recours à une entente modèle agréée, ou l'accord sur les comparaisons appropriées, facilite la négociation. Inversement, l'absence d'un tel accord est source de turbulence. Tel est manifestement le cas dans le secteur parapublic de la santé au Québec, on l'a vu. Tel est aussi le cas dans des PME syndiquées, mais dont les concurrents ne le sont pas; c'est pourquoi les employeurs syndiqués sont favorables à la présence d'un décret, là où il y en a. Tel est aussi le cas dans les secteurs où la concurrence internationale de bas salaires est vive.

7.6 LE DÉNOUEMENT

Pourquoi le dénouement d'une négociation ressemble-t-il tant à celui d'une crise, atteint à la dernière minute et à l'issue de journées ou de nuits entières de pourparlers? Pourquoi faut-il côtoyer l'abîme et en éprouver le vertige? En effet, le phénomène est généralisé, et profond. L'imminence ou la réalité de la cessation du travail constitue une crise. Celle-ci joue un rôle important dans la négociation collective. La langue anglaise a même inventé une expression spécifique pour décrire le phénomène: *crisis-bargaining*.

---

16. *The Wall Street Journal*, le vendredi 9 octobre 1987, p. 2.

7.6.1   Pourquoi faut-il une crise?

Le rôle du délai limite n'est pas exclusif à la négociation collective, loin de là. N'importe quel étudiant peut en témoigner. Il semblerait que l'imminence de l'examen décuple la part des énergies disponibles pour l'étude. En témoignent aussi les négociations fructueuses de 1988 sur un accord de libre-échange entre le Canada et les États-Unis. Le texte de l'accord n'a été finalisé, ratifié et signé que dans les heures précédant l'échéance du 31 décembre 1988. Pour mémoire, cette date marquait la déchéance du pouvoir présidentiel de conclure un tel accord avec le Canada sans que le Congrès des États-Unis, dont les passions protectionnistes étaient connues de tous, puisse l'amender en le ratifiant. Comment reprocher à un négociateur de n'être pas allé au bout de l'effort quand il est allé au bout du temps? Comment ignorer les périls du protectionnisme américain pour le Canada quand ils étaient à la veille d'éclore? En témoignent également les négociations infructueuses pour dire le moins, de 1986 à 1990, à propos du statut du Québec au sein du Canada et à propos d'un accord survenu sur les rives du lac Meech. Pendant de nombreux mois, la somnolence ou l'insouciance ont régné au sein des opinions publiques. L'échéance de juin 1990, fixée dès 1987, faisait bâiller. Tout autre ont été l'hiver et le printemps de 1990. L'échéance approchait. La controverse s'échauffa. Les moindres péripéties acquirent une grande notoriété, du moins dans notre parcelle de la population mondiale. Le tumulte connut son paroxysme durant les semaines précédant l'échéance. Rien n'y fit. L'accord devint caduc.

Mais le rôle du délai limite est très visible dans les négociations du secteur privé. L'imminence de la cessation du travail, ou sa réalité si elle a débuté, contribue puissamment à submerger des divergences jusqu'alors irréductibles, défiant tous les efforts de préparation, de contact, de solutions ou d'échanges. Irréductibles non pas en apparence mais en réalité. Réalité provisoire, cependant. Que s'est-il donc passé?

7.6.2   Le rôle de la peur

La peur est apparue. Tout comme le vertige n'est ressenti qu'en voyant l'abîme, la peur peut n'être ressentie qu'au bord de l'échec. La peur, c'est bien connu, est une motivatrice puissante. Elle fait réagir au danger. Elle est tellement puissante qu'elle peut devenir dysfonctionnelle et paralysante. Quand la peur apparaît au point d'être ressentie, cette émotion balaye bien des obstacles bloquant la perception d'une communauté d'intérêts. De quoi a-t-on peur dans le secteur privé, puisque c'est de lui qu'il s'agit?

À court terme, l'employé a peur de perdre son salaire, par exemple à partir de lundi prochain à 7 heures. L'employeur a peur de perdre son profit sur les produits non vendus ou sur les services non fournis à partir du même moment. Il s'agit ici du court terme, par exemple d'une grève ne dépassant pas deux semaines.

À plus long terme, l'employeur a peur aussi de perdre sa clientèle. Si la durée de la cessation du travail se calcule en mois plutôt qu'en jours, les acheteurs commerciaux et industriels s'approvisionneront ailleurs et signeront d'autres contrats, ou les consommateurs choisiront une autre marque ou un autre magasin. Par le fait même, l'employé a peur de perdre non seulement son salaire, mais aussi son emploi.

La nature de ces peurs fait qu'elles rapprochent les parties. En effet, la seule façon d'éviter ou de terminer la cessation du travail est de se rapprocher et de conclure une entente. Le rapprochement est le seul moyen de sauvegarder les bénéfices de la relation mutuelle d'emploi: bénéfices à court terme sous forme de salaire ou de profit; bénéfices à long terme sous forme de clientèle ou de l'emploi lui-même. En même temps, il faut souligner que la permanence de la relation mutuelle est indispensable à cet effet de rapprochement. Si l'employeur avait déjà décidé et annoncé la fermeture de l'entreprise, ce n'est pas une grève qui le fera broncher. Si l'entreprise était déjà provisoirement déficitaire, par exemple pendant une saison morte dans le commerce ou à la suite d'une chute des prix internationaux dans le secteur minier, la seule cessation du travail ne nuit pas à l'employeur. De même, si les employés peuvent et souhaitent changer d'emploi, et quitter l'entreprise, la cessation du travail ne sera qu'un inconvénient passager. En général cependant, la relation d'emploi est suffisamment stable et bénéfique dans le secteur privé pour que l'effet de rapprochement soit présent et puissant. Car la peur de perdre sa clientèle ou son emploi donne le vertige et incite à reculer. Par contre, il est notoire qu'il n'en va pas de même dans les secteurs public ou parapublic, ou dans les services publics.

Le fait que la peur soit une émotion explique pour une bonne part les dénouements obtenus à la dernière minute ou à la suite de marathons nocturnes. Bien sûr la peur est anticipée et la rupture est appréhendée dès le début de la négociation. C'est pour les conjurer qu'on accorde tant de soins à la préparation, à la prise de contact, aux solutions de problèmes ou aux échanges. Mais il arrive souvent que ceux-ci ne suffisent pas à la tâche. Par contre, à «minuit moins cinq», les rationalisations ou l'insouciance ne sont plus de mise: c'est soit l'entente mutuelle, soit la cessation du travail. La peur n'est plus qu'anticipée: elle est aussi ressentie. Et c'est alors qu'elle submerge les divergences et rapproche les parties.

Quand ce phénomène est peu compris ou mal accepté, il peut susciter l'amertume. Par exemple, des travailleurs mal préparés par leur comité de négociation se rebelleront contre lui quand il leur annoncera que le bulletin de vote ne comporte qu'une alternative : la signature ou la grève. Ils ne veulent ni l'une ni l'autre. Ils veulent que la négociation se continue sans grève, alors que le comité considère cette étape terminée. Ils crieront au chantage. Par exemple encore, un président d'entreprise qui désavoue la ligne dure qu'il a imposée à son négociateur pendant six mois, s'apercevant enfin que la grève est là et que sa ligne dure n'était que bravade; il accepte en catastrophe les concessions requises, discrédite à tout jamais son négociateur, et, parfois, se discrédite aussi lui-même.

Quand arrive-t-elle, la «dernière minute» avant le délai limite? Le plus communément, ce sont les heures précédant la date annoncée du recours à la grève ou au lock-out, ou précédant la date annoncée d'un vote syndical ou d'une assemblée syndicale où les employés exprimeront leur choix, ou quelque autre échéance qui en découle. Il arrive aussi que la «dernière minute» se situe après qu'une grève a débuté. Dans le film sur GM en 1984[17], pour y revenir une dernière fois, Bob White menace explicitement de transformer en grève longue une grève encore courte, qui n'a duré que huit jours. Il annonce que son comité plénier se réunit ce soir-là à 22 heures et que faute d'une bonification majeure des offres patronales, il recommandera à son comité de suspendre toute négociation jusqu'après les Fêtes; on est alors en octobre. Au cours de cette longue et orageuse réunion du comité, il n'hésite pas à utiliser les propos du négociateur patronal pour bien illustrer la différence entre les effets d'une grève courte et ceux d'une grève longue chez GM au Canada.

La peur de la cessation du travail joue donc un rôle important dans les négociations du secteur privé. Elle le fait avec efficacité, il faut le souligner. En effet, plus que 90 p. 100 des conventions collectives sont signées sans grève ni lock-out. C'est beaucoup. On peut donc affirmer que la pratique de la négociation collective se fait d'une façon remarquablement fonctionnelle dans le secteur privé pris dans son ensemble.

---

17.   ONF, *op. cit.*

7.6.3   Une crise de survivance

Il y a aussi un autre type de crise que la cessation du travail par grève ou par lock-out. Ce sont les crises où, pour des raisons extérieures à l'entreprise, celle-ci est menacée de disparition. L'enjeu de la crise est alors la survivance même de l'entreprise. L'ampleur actuelle du phénomène est récente. Il a acquis sa notoriété à partir des négociations devenues essentielles au sauvetage et à la survivance de Chrysler en 1979. Il a même donné naissance à une expression nouvelle en anglais : le *survival-bargaining*. L'exemple québécois le plus important de ce phénomène a été les négociations très mouvementées visant à empêcher la vente ou le démantèlement du réseau des magasins d'alimentation de la famille Steinberg. L'affaire a éclaté au grand jour en 1988.

Il s'agit bien d'une négociation puisqu'on vise la survie de l'entreprise. Il y a donc menace de fermeture. Il peut même y avoir annonce de fermeture, comme Borden l'a fait pour son usine Catelli à Montréal en 1990[18]. Mais il y a encore place pour une négociation quand, dans les faits, la décision finale n'a pas encore été prise. Un avenir commun est encore possible. Quand il cesse de l'être, la négociation cesse également. Ou, du moins, elle ne porte plus que sur les modalités de la fermeture, ce qui est très différent de la négociation visant la survivance.

Il s'agit bien d'une crise, quoique sa source soit extérieure à l'entreprise et non interne. Elle produit le même type d'effets, en ce sens que la menace d'une disparition amène à se serrer les coudes. Dans ce contexte nouveau, les pratiques établies ou la méfiance établie peuvent voler en éclats parce qu'elles apparaissent soudain suicidaires. Par exemple, chez Harley-Davidson à partir de 1983, la concurrence japonaise a stimulé un renouveau considérable des relations du travail, comme on peut le lire dans le document 7-2. Le phénomène est d'importance, puisque les nouvelles formes d'organisation du travail s'installent souvent à la suite d'une crise de survivance, et souvent, aussi, disparaissent quand celle-ci s'estompe.

Elle produit parfois un autre type d'effets, quand l'employeur demande des concessions et quand, du point de vue syndical, les négociations sont à la baisse. Cela a été un rude choc pour plusieurs syndicats à partir de 1980. Depuis quarante ans les négociations avaient été à la hausse et le syndicat avait été le principal demandeur. La mémoire des années trente s'était estompée. Sous un autre aspect ces négociations

---

18.   *La Presse*, 16 mars 1990, p. 1.

DOCUMENT 7-2

ÉTATS-UNIS
Les nouvelles relations du travail
chez Harley-Davidson

**Les nouvelles relations du travail
chez Harley-Davidson**

La société Harley-Davidson, fabricant de motos depuis 85 ans, a connu il y a quelques années des difficultés importantes. En 1983, la société accuse des pertes et la réputation de ses produits est en forte baisse. En 3 ans, de 1983 à 1986, Harley-Davidson redresse sa situation et devient l'une des premières marques sur le marché américain, face à ses concurrents japonais.

Le secret de sa réussite n'est pas l'utilisation de technologies de pointe et/ou un marketing intensif mais de nouvelles façons de travailler, réalisées avec la participation des travailleurs, grâce à une bonne coopération entre la direction, le personnel et les syndicats. Les changements mis en place notamment dans les usines de Milwaukee (600 ouvriers) et York en Pennsylvanie (1100), reposent sur 3 principes : «fabrication juste à temps», contrôle statistique de la production, participation du personnel.

La «fabrication juste à temps» est une idée d'origine japonaise. Le PDG est allé au Japon où il a étudié la façon de travailler de ses concurrents. Il a également constaté que la réussite des firmes japonaises ne provient pas d'équipements sophistiqués mais d'une gestion plus souple. Harley-Davidson a donc modifié ses structures de gestion. On a réduit le personnel administratif. On a diminué les salaires des cadres, gelé ceux des employés. On a décentralisé le pouvoir de décision et les responsabilités. Les ouvriers ont trouvé qu'il s'agissait là d'une amélioration importante de leurs conditions de travail. Ils sont chargés de l'entretien de leurs machines et ils pratiquent un contrôle continu de la qualité, pouvant arrêter à tout moment la chaîne pour remédier à un défaut.

Le contrôle statistique de la production se fait sur la ligne de production, l'ouvrier indiquant en permanence les quantités, les caractéristiques du produit et vérifiant que la production correspond au plan. L'ouvrier, qui a reçu une formation spéciale de 20 heures, rectifie lui-même sa production en fonction des objectifs. Ce système donne d'assez bons résultats, bien qu'il soit assez complexe à gérer.

La participation du personnel est déterminante dans chaque phase du processus de transformation.

Il existe dans la firme des cercles de qualité depuis 1977, bien que leur nombre ait diminué. Mais ce que l'on recherche chez Harley-Davidson, c'est une vue plus large de la participation. Il faut que le personnel soit impliqué le plus possible à tous les niveaux. Ainsi ce sont les ouvriers qui ont demandé que l'on produise sur une même chaîne : différents types de motos : couleurs différentes, puissances différentes. L'amélioration de la productivité à été remarquable. Tout changement dans l'atelier est étudié par les ouvriers : nouvelles machines, disposition de l'atelier. La direction communique au personnel tout ce qui a trait aux produits de la firme : réclamations, appréciations. L'entreprise propose à ses salariés un «contrat social» en 6 points : 1. esprit de recherche : accepter l'opinion d'autrui et rechercher ensemble une solution ; 2. ouverture ; 3. dialogue ; 4. possibilité de dire non ; 5. confidentialité ; 6. travailler avec plaisir.

La direction entretient de bons rapports avec les syndicats présents dans les établissements : «International Association of Machinists» (IAM) et «Allied Industrial Workers» (AIW). Il n'y a pas eu de grèves chez Harley-Davidson depuis 1974, mais de l'aveu de la direction et des syndicats, il y a quelques années le climat social n'était pas bon. Les syndicats sont maintenant régulièrement informés des changements dans l'entreprise et ils participent aux programmes de coopération. Les syndicats estiment cependant qu'ils auraient dû être impliqués plus tôt dans le processus de changement. Le nombre des plaintes syndicales a baissé de 90 en 1986 à 20 en 1987. En outre, la direction a accepté d'appliquer le «label syndical» sur chaque moto Harley-Davidson.

Harley-Davidson offre un programme de couverture sociale à son personnel : soins de santé, aide sociale en cas de problèmes familiaux, financiers, d'alcoolisme ou de drogues. Il y existe un groupe spécial d'employés que l'on peut consulter pour ses problèmes personnels, et des «comités de sécurité de l'emploi» qui interviennent en cas de chômage.

Labor-Management Cooperation Brief (*Département du Travail*) – avril 1988

SOURCE :   Union des Industries Minières et Métallurgiques, *Social International*, octobre 1988, p. 15.
L'UIMM est de loin la plus importante organisation patronale au sein du Conseil National du Patronat Français (CNPF). L'UIMM est du type vertical alors que le CNPF est du type horizontal.

à la baisse, pour cruelles qu'elles soient, constituent également l'indice d'un régime stable puisqu'il fonctionne tant à la baisse qu'à la hausse.

7.6.4 Le climat

Quel est le climat de cette étape ultime de la négociation, ou de son échec provisoire? Bien sûr il est conflictuel, à moins qu'on soit un légume?! On se trouve dans l'œil du cyclone. Un premier indice de ce climat est la multiplication des «caucus» internes, surtout du côté syndical, reflétant la hausse des conflits internes. La discipline de la négociation exigeant qu'on ne contredise pas le porte-parole, la cacophonie n'étant guère crédible, un dissident au sein du comité fait passer un billet, un coup de coude ou un coup de pied au porte-parole pour réclamer un «caucus», c'est-à-dire une discussion privée en l'absence du comité patronal. L'organisation physique de la négociation prévoit généralement un endroit de ces caucus. Le caucus débute souvent sur une interpellation du porte-parole par le dissident du type: «Où t'en vas-tu avec tes skis?» La crudité des propos reflète à la fois l'intensité du conflit officiel entre les parties, celle du conflit informel au sein des employés et donc du syndicat, et la robustesse du syndicat local où ces conflits s'expriment sans crainte d'éclatement. Cette robustesse étant la règle générale dans le secteur privé, ce qui n'est pas le cas dans le secteur public. Le négociateur patronal est très attentif à la demande ou aux résultats de tels caucus. Il est attentif aussi à la possibilité que sa nécessité soit feinte plutôt que réelle. Une telle feinte viserait à simuler une dissidence interne inexistante et à valoriser un compromis que le porte-parole est en train d'évoquer.

Un second indice du climat conflictuel est la tension. Oui, le climat est tendu. L'heure est grave. (Cette phrase peut être dite sur un ton caverneux ou aigu.)

Sous une telle tension, les négociateurs sont-ils sereins? Sont-ils agités? En réalité chacun réagit à sa façon. Le porte-parole principal, semble-t-il, peut être muet, morne, impassible, serein, expressif, agité, irascible ou coléreux. L'important est qu'il soit prévisible. Ce serait là le fruit souhaitable des étapes précédentes, où chacun a eu l'occasion de se connaître et de se faire connaître. C'est l'heure juste qu'il faut donner et connaître. Bien sûr le négociateur intègre ne confesse pas toute sa vérité. Bien sûr la sincérité n'est pas synonyme d'incontinence. Ni dans la négociation collective, ni dans sa vie personnelle, interpersonnelle ou familiale. La négociation est une activité humaine et sociale fort sophistiquée qui ressemble peu à un strip-tease.

La prévisibilité des porte-parole, au cœur de la crise, est d'autant plus grande qu'ils se sont connus avant la négociation ou surtout, qu'ils vivront les résultats de la négociation. Car c'est un avenir partagé qui rapproche les porte-parole, les autres négociateurs avec eux, et, derrière ceux-ci, l'entreprise et ses employés. Un avenir partagé n'écarte pas tous conflits. Mais il contribue beaucoup à l'opération conjointe du conflit, c'est-à-dire à la coopération au sein du conflit.

Par exemple, deux porte-parole peuvent en venir à partager le même pressentiment qu'une grève, au moins courte, sera inévitable. Pour une foule de raisons possibles, il leur apparaît qu'un vote favorable à la grève est inéluctable. À tel point que le comité syndical de négociation ne ferait que se discréditer auprès des membres et des employés s'il recommandait, futilement, le contraire. Leur évaluation respective peut dater du moment de la préparation ou de toute étape subséquente, comme elle peut être récente ou tardive. Si telle est leur perception de la situation, le climat mutuel n'est pas pour autant dénué de compréhension. S'il faut une grève, soit. On se préoccupera plutôt, et à plus long terme, du moment et des conditions de son règlement. À plus long terme encore, on se préoccupera aussi des effets futurs d'une telle grève au sein de l'entreprise et sur des sujets tels que la rentabilité, la part du marché, le niveau de l'emploi ou le climat interne du travail. On revient ainsi, en fin de course, au point de départ, c'est-à-dire aux sujets dont on devrait se préoccuper dès l'étape de la préparation. On y revient avec d'autant plus de succès que celle-ci aura été adéquate.

7.7 LA DURÉE, LES ÉMOTIONS ET L'INDIVIDUALITÉ

7.7.1 La durée

La durée moyenne d'une négociation, on l'a vu, se situe aux environs de six mois, c'est-à-dire le double de la «période de négociations» prévue à titre officiel dans le Code du travail. Elle varie habituellement de trois à huit mois. Une durée de neuf mois, comme chez Alcan en 1988, n'est donc pas représentative. Une telle durée est-elle excessive ou évitable? Comment répondre... Existe-t-il même une réponse qui ne soit pas invalide ou simpliste? Car il se passe beaucoup de choses pendant, au sein et autour d'une négociation. En fait les participants se préoccupent plus de son contenu ou de ses résultats que de sa durée, puisque celle-ci ne constitue qu'un moment dans une relation sinon permanente, du moins durable. C'est par ses effets à long terme au sein de l'entreprise qu'on jauge une négociation. De ce fait, sa durée apparaît moins pertinente comme critère d'évaluation.

7.7.2 Les émotions

La négociation est chargée d'émotions, tant dans les désaccords internes de chacune des parties que dans les commentaires faits privément ou publiquement au sujet de l'adversaire. L'indignation, la chicane, l'insulte ou la grossièreté sont parfois monnaie courante. Pourquoi tant d'émotions? C'est qu'une négociation est le terrain non seulement de conflits d'intérêts, mais aussi celui de conflits de valeurs. Or l'adhésion à une valeur n'est pas que cérébrale, elle est aussi émotive. On lutte contre l'injustice disciplinaire, on se protège contre l'insécurité, on s'indigne d'une décision arbitraire. Ou alors, de l'autre point de vue, on s'inquiète de l'entreprise qu'on a fondée, on sauvegarde la bonne marche d'une organisation qu'on dirige, on lutte contre la facilité de la routine établie ou de la médiocrité. Les conflits de valeurs soulèvent donc les émotions mêmes qui nous ont fait adhérer à ces valeurs. On le voit tout aussi clairement dans notre vie personnelle. Si par exemple le choix d'un restaurant, d'un film ou du lieu des vacances met en cause le respect mutuel qu'on veut recevoir ou qu'on croit donner, la négociation d'intérêts personnels différents peut vite être empreinte de ressentiment ou de colère, et virer en chicane.

La cause des conflits est donc double dans la négociation collective. Il y a les divergences d'intérêts. Il y a aussi les divergences de valeurs. La composition d'un climat conflictuel peut donc être complexe, et, règle générale, elle l'est. Elle est, en fait, à la mesure de la complexité des personnes, des groupes ou des organisations. Cette complexité est grande à cause de la haute sophistication de ces réalités humaines, sociales et organisationnelles. «Du haut de ces pyramides, vingt siècles d'histoire nous contemplent», disait Napoléon Bonaparte à ses troupes à la veille d'une bataille dans sa campagne d'Égypte. On peut dire la même chose de la négociation collective d'aujourd'hui. À cet égard, deux étapes ou deux ingrédients prennent une grande importance. Celle de la solution des problèmes, où on cherche à centrer les contacts sur les problèmes plutôt que sur les personnes, sur les besoins plutôt que sur les revendications et sur les solutions plutôt que sur les obstacles. L'autre est celle du dénouement, où la force émotive de la peur accentue la communauté d'intérêts issue de la relation mutuelle d'emploi et estompe les divergences, quand celles-ci la menacent.

7.7.3 L'individualité

Il s'ensuit que chaque négociation est hautement individualisée, en ce sens qu'aucune n'est identique à l'autre. Ceux dont le poste les conduit à mener de front plusieurs négociations différentes le savent par expérience. Non seulement chaque négociation est-elle complexe mais aussi, plus profondément, cette complexité provient de ce que ses participants sont des êtres vivants qui élaborent des rapports sociaux vivants au sein d'organisations non moins vivantes. La vie sociale et la vie organisationnelle ne sont pas des expressions vides de sens. Comme chaque feuille d'un arbre, comme chaque empreinte digitale, comme chaque famille, comme chaque village ou ville, comme chaque pays, chaque négociation est individualisée par ses composantes et par sa dynamique.

7.8 LA NÉGOCIATION COLLECTIVE A-T-ELLE UN AVENIR?

Cette question peut être posée à plusieurs niveaux différents. À un premier niveau, plus général, on peut se demander si le syndicalisme lui-même a un avenir. En effet, l'existence de négociations présuppose la présence de syndicats. On y reviendra. Ce sera beaucoup plus loin. À un second niveau, plus spécifique, on peut se demander si la négociation patronale-syndicale a un avenir. Globalement il semble que oui. Mais cette réponse doit être nuancée.

7.8.1 Dans le secteur privé

Dans le secteur privé, d'abord, on peut dire que la réponse est affirmative. Bien sûr son cadre juridique et sa pratique sont récents puisqu'ils sont apparus il y a un demi-siècle. Cependant, ils semblent stables. Sa pratique a été plus facile pendant les 40 premières années, à la faveur d'une prospérité et d'un enrichissement accompagnés d'une inflation, c'est-à-dire de trois lubrifiants et adjuvants de taille. Sa pratique a été plus difficile depuis 10 ans suite à la disparition des deux premiers. Mais elle a tenu le coup; un indice de stabilité. On peut émettre l'hypothèse qu'elle tiendrait aussi le coup si le troisième disparaissait lui aussi. On peut difficilement en être certain.

De plus, on tient compte ou on explicite de plus en plus «l'importance que prend quotidiennement la négociation dans les activités humaines[19]». Il s'agit par exemple des relations interpersonnelles visant à «créer, modifier ou terminer une relation[20]». Il s'agit aussi des rapports commerciaux ou organisationnels où «le litige et le procès, comme modes de règlement des divergences et des conflits, s'avèrent de moins en moins adéquats[21]». Il s'agit aussi des relations internationales, où «on doit faire face à la même difficulté: réussir à convaincre sans faire la guerre[22]». Sur plusieurs plans vitaux en somme, la négociation émerge comme un outil hautement sophistiqué qui est le fruit d'une société humaine sans cesse en voie de développement. Il semble improbable, vu cette marée montante, que la négociation patronale-syndicale connaisse un mouvement de ressac important.

7.8.2 L'influence du marché

En même temps, on peut postuler que l'âpreté accrue et prévisible de la concurrence continuera d'influencer le contenu ou la forme de la négociation. Cette âpreté provient soit de la concurrence transocéanique en vertu des accords du GATT (General Agreement on Tariffs and Trade), soit de la concurrence nord-américaine en vertu de l'accord du libre-échange, soit encore d'une conjoncture économique défavorable. La peur sera au rendez-vous, plus forte et plus fréquente. Il en sera de même pour le rapprochement mutuel, on l'a vu. Un produit ou un service de qualité, essentiel à la survie d'une entreprise, exigera une relation d'emploi plus stable dans laquelle il y aura deux gagnants, que les travailleurs soient syndiqués ou non. La cessation du travail sera plus destructive et produira plus volontiers deux perdants. Il est donc possible de se livrer à une prédiction acrobatique, c'est-à-dire imprudente. D'ici l'an 2000, horizon arbitraire s'il en est, il continuera d'y avoir moins de grèves ou de lock-outs. Ce ne sera pas à cause d'une baisse des revendications, surtout pas du côté patronal où elles continueront d'augmenter. Ce ne sera pas non plus à cause d'une baisse des convictions du côté syndical. Ce sera plutôt à cause d'un plus grand rapprochement, la

19.   Jean H. Gagnon, *op. cit.*, p. 10.
20.   *Id., ibid.*, p. 9.
21.   *Id., ibid.*, p. 10.
22.   Ury Fisher, *op. cit.*, p. 9.

plupart du temps approprié et effectué avec compétence, face à la peur interne et productive issue d'une concurrence externe et accrue[23].

On peut aussi, pour ces mêmes raisons, postuler que le format de la négociation sera plus décentralisé. Les grandes entreprises à succursales multiples œuvrent déjà dans des marchés ou des créneaux différenciés et localisés. On est passé du slogan *small is beautiful* au slogan *small is small*. C'est-à-dire que le créneau est souvent aussi étroit qu'il est lucratif. De nombreuses PME le savaient déjà. Les grandes entreprises l'apprennent rapidement, concurrence oblige. Par voie de conséquence, les grandes négociations centralisées se font déjà plus rares, se limitent à des secteurs particuliers, tel celui de l'assemblage automobile, et font place à des négociations axées sur une comparaison. Dans toute l'Amérique du Nord, le *pattern-bargaining* remplace le *joint bargaining*, c'est-à-dire la négociation centralisée. À preuve, la grève de trois mois chez Stelco au Canada en 1990, dont cette question était un enjeu important.

D'une façon non pas paradoxale mais plutôt complémentaire, cette tendance à la décentralisation de la négociation est accentuée par les OPA (Opérations de prises d'actions), encore plus par les LBO (Leveraged Buy-Outs), c'est-à-dire les acquisitions financées par des prêts bancaires ou par des obligations de second ordre nommées *junk bonds*. À titre d'exemple, dans le cinéma, Cinéplex Odéon voit sa propriété minoritaire (49 p. 100) passer d'un MCA américain à un Matsushita japonais alors que son propriétaire majoritaire (51 p. 100) continue d'être la famille Bronfman, de Montréal. De telles transactions font osciller la propriété ou le contrôle d'un film tel que *ET* de Steven Spielberg. Il en va de même des emplois individuels ou des conventions collectives ainsi ballottées par ces transactions qu'on peut trouver soit vertigineuses ou menaçantes, soit exaltantes ou prometteuses, c'est au goût de chacun. Somme toute, la diversité des propriétés et des marchés engendrée par la concentration financière peut, à son tour, conduire à la décentralisation des négociations commerciales ou patronales-syndicales.

7.8.3   Dans le secteur public

Dans les secteurs public ou parapublic, cependant, l'avenir de la négociation collective apparaît moins clairement. La principale raison étant

23.   Michel Grant, «La négociation collective dans les années 1990: la situation québécoise», communication présentée à l'Association canadienne des administrateurs de législation ouvrière (ACALO), 10 avril 1990.

que la négociation y est considérablement moins libre que dans le secteur privé. Son contenu est plus limité. Elle est beaucoup plus centralisée, même si la désunion syndicale y est extrême. Elle ne se fait pas sous l'influence directe d'un marché concurrentiel et la peur de perdre clientèle ou emploi y est faible, voire négligeable. Elle n'est que peu stimulée par la peur d'une cessation du travail, puisque le lock-out y est souvent interdit et le droit à la grève n'y est parfois que symbolique. Enfin, elle ne se déroule pas qu'entre deux interlocuteurs, puisque des énergies considérables de part et d'autre sont consacrées à des plaidoiries auprès de l'opinion publique.

Une autre raison est l'instabilité de son encadrement juridique et de son déroulement. D'une ronde à l'autre, elle se déroule différemment. Ses règles sont changeantes. Cette instabilité passée est telle qu'elle rend son avenir obscur. Toute prédiction devient donc difficile.

Certes, il semble acquis qu'on continuera de conduire des discussions et, à leur terme, de signer des conventions collectives. En ce sens, fort limité, on continuera de négocier.

CHAPITRE 8

La convention collective

8.1 Présentation générale
    8.1.1 Les sujets abordés
    8.1.2 Le plan de ce chapitre

8.2 Le contenu monétaire
    8.2.1 Le contenu habituel
    8.2.2 Les nouvelles formes de rémunération
    8.2.3 Les aspects normatifs des clauses monétaires

8.3 Les rapports collectifs entre employeur et syndicat
    8.3.1 Le statut du syndicat
    8.3.2 Les droits de la direction
    8.3.3 Un partage des pouvoirs

8.4 Ancienneté, compétence et stabilité de l'emploi
    8.4.1 L'importance des enjeux
    8.4.2 Deux sortes de pratiques et de clauses
    8.4.3 L'ancienneté et la compétence normale
    8.4.4 L'ancienneté et la compétence égale
    8.4.5 La procédure des choix
    8.4.6 La sécurité d'emploi
    8.4.7 La complexité des enjeux
    8.4.8 La complexité des clauses

8.5   La discipline
       8.5.1   Son importance
       8.5.2   La présence d'un syndicat
       8.5.3   Un état de subordination
       8.5.4   Une subordination aménagée
                a)   L'exercice du pouvoir de direction
                b)   Des règles raisonnables et connues
                c)   Une application objective
                d)   Une place à la correction
                e)   La gradation des sanctions
                f)   Le contenu des sanctions
                g)   La proportionnalité des sanctions
       8.5.5   Quelques questions

8.6   Les heures et les horaires de travail
       8.6.1   Cinq jours de huit heures
       8.6.2   Équipes, repas et pauses
       8.6.3   Primes d'équipe ou d'heures supplémentaires
       8.6.4   La journée ou la semaine normale
       8.6.5   La normalisation des décisions

8.7   L'organisation du travail
       8.7.1   Exclue de la convention collective
       8.7.2   Travail de production
       8.7.3   Travail d'entretien
       8.7.4   Travail d'assemblage

8.1 PRÉSENTATION GÉNÉRALE

Quand on n'a jamais vu ou lu une convention collective, on se demande volontiers à quoi cela ressemble. Il y a plusieurs réponses. La liste ci-dessous de douze conventions collectives et de leur longueur respective permet de saisir en un coup d'œil leur grande diversité. À un extrême se trouve une convention de 32 pages du secteur privé manufacturier. À l'autre, s'en trouve une de 485 pages du secteur parapublic hospitalier. Contrairement au format de poche habituel du secteur privé, c'est un format de bibliothèque ou de porte-documents qu'on a adopté dans les hôpitaux. L'amplitude de ces variations témoigne de la grande diversité du nombre de personnes couvertes, des milieux de travail, des pratiques, des rédactions, voire des conceptions.

Chaque convention contient de 15 à 50 titres qu'on appelle articles : « Article 8 : Procédure de griefs », par exemple. Chaque article regroupe un nombre variable de clauses, habituellement numérotées par des décimales : « 9.06 – Affichage, mutations et déplacements », pour prendre un autre exemple. Chaque clause peut contenir plusieurs alinéas distincts qui sont dans certains cas, chiffrés ou lettrés tel que : « 9.04-a)-3) ». À cela peuvent s'ajouter des annexes ou des lettres d'ententes ; il peut n'y en avoir qu'une, comme il peut y en avoir cinquante. Celles-ci peuvent contenir des détails, des précisions, des procédures d'application ou des

TABLEAU 8-1   Longueur comparée de douze conventions collectives

Référence aux signataires : Patronal	Syndical	Nombre de pages
ASEA	631, Machinistes	32
Laiterie Mont St-Bruno	973, Teamsters	44
Banque C.I.C.	504, TUAC	54
Alimentation Dufour	500, TUAC	85
Hôtel Méridien	CSN	88
Société de transport de Laval	CSN	98
Canadair	721, Machinistes	119
Fonction publique du Québec	SFPQ	135
Air Canada (au sol)	148, Machinistes	165
Conseil du Trésor fédéral	AFPC	183
STCUM (chauffeurs)	1983, SCFP	236
Association des Hôpitaux du Québec	FAS-CSN	485

ajouts, tels que «Salle de réunion»; elles peuvent aussi contenir des points majeurs telle l'échelle des salaires.

8.1.1   Les sujets abordés

La présentation des sujets abordés sera d'autant plus simple si ceux-ci sont regroupés et classifiés en quelques catégories.

Une première forme de classification consiste à distinguer le contenu monétaire du contenu normatif, selon des expressions couramment utilisées. Le contenu monétaire est fait de ce qui est directement chiffrable. Par exemple, il s'agit du salaire horaire versé pour chaque occupation ou groupe d'occupations, ou encore du regroupement de ces taux de salaire qui constitue ce qu'on appelle une «échelle des salaires». Font également partie du contenu monétaire les avantages sociaux tels qu'une caisse de retraite. Quant au contenu normatif, il est fait des normes imposées, des obligations créées et des interdictions faites, de façon générale à l'employeur. Ces contraintes peuvent être vues comme coûteuses en ce sens qu'elles alourdissent la gestion, diminuent sa flexibilité et augmentent les coûts de production. Mais ce coût n'est pas vraiment chiffrable. Par exemple:

> 14.01 A) Toutes les tâches vacantes et toutes les nouvelles tâches doivent être affichées publiquement pendant une période de trois (3) jours ouvrables, dans toute l'unité de négociation[1].

Cette forme de classification est utilisée de façon courante dans la négociation, puisque la comparaison des salaires payés avec ceux des concurrents y joue un rôle important. En cours de négociation, les échanges ou les regroupements sont grandement influencés par les montants et les chiffres impliqués, qui sont disponibles pour le contenu monétaire mais ne le sont pas pour le contenu normatif.

Une seconde forme de classification consiste à distinguer trois types de dispositions, selon la nature des rapports qui découle de leur contenu[2]. Le premier type traite des rapports entre l'employeur et le syndicat, de rapports collectifs, donc, entre deux organisations ou ceux qui les représentent. Le second édicte directement des conditions de travail pour des individus ou des groupes à propos de sujets tels que l'ancienneté, la discipline, les horaires et les heures de travail, les salaires et les avantages sociaux; leur contenu, nous l'avons signalé, peut être normatif ou

---

1.   Laiterie Mont St-Bruno et local 973, Teamsters, 1987-1990.
2.   F. Morin, R. Blouin, *Arbitrage des griefs*, Éditions Yvon Blais, 1986, p. 36.

monétaire. Le troisième type traite des recours dont disposent les individus ou le syndicat à l'endroit des décisions de l'employeur. Ils prennent généralement la forme de griefs qui peuvent soit être réglés par entente mutuelle au sein de l'entreprise, soit être soumis à l'arbitrage d'un tiers, externe à l'entreprise.

8.1.2 Le plan de ce chapitre

Dans les six sections qui suivent, nous allons aborder les sujets suivants: le contenu monétaire; les rapports collectifs entre employeur et syndicat; l'ancienneté; la discipline; les heures et les horaires de travail; l'organisation du travail.

La présentation de chaque sujet vise à faire saisir les conditions du travail qui résultent des relations du travail, qu'elles impliquent un syndicat ou non, et leurs principaux enjeux pour les entreprises et les travailleurs. Ce sont les conventions collectives qui en constituent le meilleur témoignage écrit. Par ailleurs, il sera peu question de la formulation détaillée de la convention collective; un exemple de convention collective est fourni, en annexe à ce livre.

Nous aborderons ensuite, dans un autre chapitre, la procédure de règlement des griefs et la communication interne au sein de l'entreprise. La séquence employée ici vise à faciliter la familiarisation avec les effets d'une convention collective et non à refléter l'ordre des sujets qui y est utilisé.

8.2 LE CONTENU MONÉTAIRE

8.2.1 Le contenu habituel

Au premier chef, il s'agit du salaire direct versé à chaque employé, pour chaque occupation ou groupe d'occupations et formant une «échelle des salaires». Le taux du salaire est horaire pour les cols bleus. Pour les autres, il est souvent hebdomadaire ou mensuel. En second lieu, le contenu monétaire comprend diverses primes, c'est-à-dire des sommes additionnelles qui varient selon le type d'entreprises. Les principales primes sont:

1. Les primes de poste pour les heures travaillées sur un quart du soir ou de nuit plutôt que sur un quart de jour;

2. Les primes versées pour un travail accompli en dehors des heures normales de chaque individu, habituellement de 50 p. 100, ou davantage pour un dimanche ou pour le jour de Noël, par exemple: 100 p. 100 ou 200 p. 100, soit le double ou le triple du salaire de base;

3. Les primes au rendement individuel faites de taux à la pièce, très courantes dans le vêtement ou dans l'électroménager;

4. Enfin, les primes résultant de l'indexation du salaire à l'indice des prix à la consommation, dont les modalités sont nombreuses et dont la popularité est fluctuante, comme on l'a vu au chapitre précédent.

Une troisième partie du contenu monétaire habituel est constituée des heures ou des journées non travaillées mais quand même rémunérées, tels douze jours par an de congés fériés, chômés et payés; d'un programme de vacances annuelles, de deux semaines après un an de service continu[3], de trois semaines après quatre ans et de quatre semaines après 11 ans; ou encore de congés personnels pour les cas de mortalité dans la famille immédiate par exemple. Font également partie de cette catégorie des congés de maladie rémunérés; par contre, ceux-ci sont rares chez les cols bleus du secteur privé et ne sont courants que chez les cols blancs et les employés du secteur public.

En quatrième lieu il y a les engagements qu'a pris l'employeur de défrayer, au complet ou en partie, les coûts parfois importants d'avantages sociaux tels un plan de pension supplémentaire à la retraite, une assurance-salaire en cas de maladie, après une période de carence imposée au malade, ou un programme de soins dentaires. Ces coûts peuvent facilement atteindre ou dépasser le tiers du salaire horaire nominal[4]. Ils constituent une forme de salaire indirect ou différé qui est non négligeable.

En cinquième lieu, il existe aussi un contenu monétaire ne faisant partie ni de la convention ni de la négociation, mais pouvant l'affecter. Il s'agit surtout des taxes ou des cotisations proportionnelles à la masse salariale telles que celles de l'assurance-chômage, de l'assurance-maladie, de la CSST (Commission de la santé et de la sécurité du travail), ou de la CNT (Commission des normes du travail). À celles-ci peuvent s'ajouter les cotisations patronales à un régime de pension supplémentaire mais extra-conventionnel. Ces éléments peuvent affecter la négociation puisque toute hausse du salaire horaire haussera aussi le coût de tous les avantages liés au salaire, qu'ils soient conventionnels tel un

---

3. En vertu de la *Loi sur les normes du travail* (LRQ, C-N-1.1).
4. Gérard Hébert, *op. cit.*, p. 8.

congé payé, ou extra-conventionnels telle l'assurance-chômage; on appelle cela les «coûts d'impact» d'une hausse de salaire. Ils font certes partie des coûts de main-d'œuvre.

Tous ces éléments font que le revenu visible et individuel empoché par l'employé, syndiqué ou non, est notablement inférieur à son revenu global et collectif quand celui-ci est calculé à plus long terme pour y inclure les coûts des accidents, de la maladie, de la vieillesse ou de la mort.

À cet égard, le tableau 8-2 est à la fois concret et révélateur même s'il est en partie spécifique aux chauffeurs d'autobus de la STCUM.

Le tableau 8-2 indique d'abord l'importance considérable des avantages sociaux. Le coût annuel total d'un employé pour l'entreprise est de 40 000 $. Il est composé d'un salaire de 25 000 $, d'avantages salariaux de 8 000 $ et d'avantages additionnels non salariaux de 7 000 $. Ces chiffres sont ceux de 1985. Ils dépassent ceux de 1983 à la suite d'une négociation faite en 1984. Ils révèlent aussi que le coût total de la main-d'œuvre dépasse largement sa partie négociable.

Le tableau 8-2 indique aussi, par l'ajout d'un «E» aux endroits appropriés, que certains coûts, totalisant 6000 $ environ, ont un caractère exceptionnel, c'est-à-dire hautement spécifique aux conditions de travail d'un chauffeur d'autobus de la STCUM. L'importance de ce total rend difficiles les comparaisons que l'on voudrait faire avec d'autres travailleurs de la région montréalaise, tels ceux de Canadair à Saint-Laurent ou de Marconi à Mont-Royal. Il rend également difficiles les comparaisons que l'on voudrait faire avec d'autres chauffeurs d'autobus, tels ceux de Toronto, Vancouver, Detroit ou Boston. Voici pourquoi. À titre d'exemple, les heures de pointe du matin et du soir, bien connues, font que l'amplitude des heures peut atteindre jusqu'à treize heures entre un début de journée à 6 h et une fin de journée à 19 h. Cinq de ces heures intermédiaires ne sont pas rémunérées puisque la journée normale de travail est de huit heures, et représentent un inconvénient très particulier; en effet, il n'est pas évident qu'elles se passeront toutes à la bibliothèque municipale; il n'est pas plus évident qu'elles se passeront toutes à la maison, où elles peuvent être sources de conflit; il n'est pas évident non plus que les autres choix possibles, tel le flânage ou la brasserie, ne soulèvent pas à leur tour d'autres problèmes.

De plus, la distribution du travail se fait selon une procédure fort complexe organisant les listes, les choix et l'élaboration des assignations,

TABLEAU 8-2   Coût moyen d'un chauffeur d'autobus – STCUM, 1983 et 1985

	Heures		$	
	1983	1985	1983 (11,92)	1985 (13,44)
SALAIRE DE BASE				
Heures travaillées (excl. surtemps)	1 485	1 425	17 701	19 152
Allocations de temps	85	64	1 013	860 E
Garantie minimum (12 min)	22	41	262	551 E
Maladie & autres congés	56	46	668	618 E
Jours fériés	88	88	1 049	1 183
Vacances	167	165	1 991	2 218
			22 684	24 582
AVANTAGES EN SALAIRE				
Temps supplémentaire	156	170	2 789	3 427
Prime du dimanche			403	450
Amplitude			840	554 E
Pauses et déplacement			1 243	2 527 E
Vacances (% excédant taux)			427	464
Maladie & congés remboursés	48	54	572	726 E
Déficit de caisse des changeurs			–	19 E
			6 275	8 167 E
AVANTAGES ADDITIONNELS				
Caisse de retraite			2 848	3 084
Assurance-Vie			125	103
AMQ			869	1 054
Assurance-santé (plan familial)			48	98
Assurance-chômage			673	793
Assurance-salaire (4 ou 5 (1985) jours)			381	538
Vêtements et uniformes			203	228
Compensation / Loi Acc. du travail			89	80
Primes CSST et CNT			887	1 133
Transport gratuit			288	342 E
Permis de conduire			31	37 E
Différentiel – disqualifiés			85	99 E
			6 526	7 588
Grand total:			35 485	40 336

NOTES: Selon la STCUM, 55 % des congés-maladie en 1983 se produisaient la veille ou le lendemain d'un congé.
Avantages en salaire: leur proportion relativement élevée rend moins facile la comparaison avec d'autres salaires répartis différemment.
E = Exceptionnel

SOURCE: STCUM

NOTE DE L'AUTEUR: des explications quant à la source sont données dans le texte à la page 219.

le regroupement des pièces de travail ou le travail supplémentaire. Ce seul article de la convention collective des chauffeurs de la STCUM s'étale sur 18 pages[5]. De plus, il y a une bonne douzaine d'allocations diverses payables au chauffeur pour des mouvements de véhicule autres que le transport des passagers, telle la sortie, la rentrée, le garage, ou les déplacements d'un garage à un autre.

Ces données sont citées parce qu'il est rare qu'une information aussi détaillée soit du domaine public. Dans ce cas-ci, on doit les chiffres de 1983 à un conflit de travail qui s'est réglé le 20 décembre 1984. Ils faisaient partie d'un message publicitaire et d'une plaidoirie de la STCUM devant l'opinion publique[6]. L'absence de toute contestation de leur exactitude par le syndicat, en plein cœur d'un conflit de travail, constitue un bon indice de fiabilité. On doit les informations de 1985 à une mise à jour des chiffres de 1983, effectuée par la STCUM et aimablement remise à l'auteur. Malheureusement, une modification subséquente de quelques catégories comptables rend moins facile la comparaison avec des chiffres plus récents.

8.2.2   Les nouvelles formes de rémunération

Au contenu monétaire habituel peuvent s'ajouter de nouvelles formes de rémunération, autant, sinon plus, dans les entreprises non syndiquées que dans les entreprises syndiquées.

Il y a d'abord le paiement de montants forfaitaires, c'est-à-dire de sommes globales en lieu et place de hausses du salaire horaire. C'était là un enjeu central des négociations chez GM en 1984. Leur attrait pour l'entreprise provient de leur flexibilité, en ce sens qu'il est plus facile de faire varier ce montant global que de modifier le taux horaire du salaire, surtout à la baisse. Il provient aussi de leur coût plus modeste. Sur trois ans, à partir d'un salaire moyen de 15 $ l'heure à raison de 40 heures par semaine, un montant forfaitaire annuel égal à 3 p. 100 du salaire n'aurait coûté à l'entreprise que 2808 $ par employé, alors qu'une hausse annuelle de 3 p. 100 du salaire moyen lui aurait coûté 6245 $! L'incrédulité à ce sujet peut être dissipée par un simple calcul. De plus, la négociation suivante débutera à partir d'un salaire demeuré à 15 $ dans

5.   STCUM et section locale 1983, SCFP, 20 décembre 1984, art. 41.

6.   *La Presse*, 1ᵉʳ novembre 1984, D-13.

le premier cas, mais haussé à 16,39 $ dans le second. L'usage de tels paiements est assez courant au Japon, où on verse l'équivalent d'un 13e mois de salaire avant Noël et d'un 14e mois avant les vacances d'été.

Il y a ensuite des formules de partage des profits et, surtout, celles d'intéressement à la hausse de la productivité. Les premières ont l'inconvénient d'exiger des calculs compliqués où entrent d'autres considérations telles que le calcul de la dépréciation, celui des inventaires, ou la radiation dans les états financiers de certains éléments du passif. Les secondes ont l'avantage d'impliquer surtout des calculs de productivité où les employés sont directement impliqués.

Il y a aussi le partage, avec les employés, des actions ou des titres de propriété de l'entreprise. Il semble que celui-ci puisse n'avoir qu'un rapport ssez lointain avec la productivité, moins immédiat en tout cas que l'organisation elle-même du travail ou le style de gestion. Il apparaît aussi, comme le disent volontiers les frères Lemaire, qui dirigent l'entreprise Cascades, qu'un tel partage ne constitue pas un substitut à une véritable caisse de retraite, contrairement à ce qui se produit dans certaines entreprises non syndiquées. En effet, si l'entreprise vient à péricliter ou disparaît, le travailleur impliqué risque de perdre non seulement son emploi actuel mais aussi la protection de ses vieux jours.

Cette dernière éventualité a grandement contribué à la naissance et à l'essor du Fonds de solidarité (FTQ). Dans celui-ci, les employés participants contribuent à un capital de risque visant la stimulation de l'emploi, amassent, à l'abri du fisc, une protection en vue de leur vieillesse, et diminuent simultanément les risques en diversifiant les placements. À cet égard, cette troisième formule apparaît supérieure aux deux précédentes.

8.2.3 Les aspects normatifs des clauses monétaires

Il ne faut pas jeter le bouchon trop loin, c'est-à-dire exagérer la distinction entre le monétaire et le normatif. Les clauses monétaires contiennent aussi des aspects normatifs. Ceux-ci portent sur des sujets tels que les règles d'assignation à un poste de nuit; la rotation dans le partage des heures supplémentaires; la révision des taux à la pièce quand le travail est modifié; la répartition des choix de vacances; la définition de la famille dans l'admissibilité à un congé de mortalité; ou encore, la sanction de l'absentéisme la veille ou le lendemain d'un congé férié.

Ce dernier point constitue une excellente illustration de ces aspects normatifs. Les employeurs du secteur privé sont d'une grande sévérité à cet égard, du moins envers les cols bleus. Ils estiment que la tentation de s'absenter du travail atteint son point culminant la veille ou le lendemain d'un congé. La plupart insistent, avec succès, pour que la sanction d'un tel absentéisme soit la perte du paiement du congé. Cela donne lieu à des restrictions normatives dans l'article accordant les congés, tel qu'on peut le voir dans la clause suivante:

> 25.04 Tout employé aura droit à ces jours fériés payés pourvu qu'il ait travaillé le jour ouvrable précédant immédiatement et le jour ouvrable qui suit immédiatement le jour férié, sauf:
>
> A) s'il peut prouver et justifier son absence...[7]

Cette sévérité est également alimentée par certains résultats obtenus quand ces sanctions ont été abandonnées, tel qu'à la STCUM[8]. Celle-ci a reconnu publiquement, sans démenti de la part du syndicat, que 55 p. 100 des congés de maladie en 1983 ont été pris la veille ou le lendemain d'un congé férié.

La distinction est donc ambiguë entre le coût facilement chiffrable d'un congé férié, d'une part et, d'autre part, le coût difficilement chiffrable de l'absentéisme appréhendé quand une telle restriction est abandonnée. C'est dans le déroulement de la négociation qu'on pourra s'en apercevoir.

Si, dans le secteur privé, un syndicat revendique la levée d'une telle restriction, avec quel autre sujet la regroupera-t-on s'il s'avère nécessaire de faire des échanges au cours de la négociation? Il est difficile de généraliser puisqu'une telle clause est à la fois normative et monétaire. Le choix sera à la fois subtil, stratégique, et en même temps conjoint, puisqu'il faut être deux pour faire un échange ou une chicane. De plus, autant la partie patronale est monolithique sur un tel sujet, autant la partie syndicale peut être divisée. Si vous-même êtes ponctuel et discipliné, souhaiterez-vous être sacrifié dans un échange au profit de quelqu'un qui ne l'est pas? Plus précisément, accepterez-vous, pour ainsi dire, de renoncer à un congé pour tous, dont pour vous-même, comme prix de l'indiscipline de certains? En somme, cet exemple, tout mineur qu'il soit, permet de pénétrer au cœur de la négociation, de la convention, et des rapports collectifs et individuels que celles-ci chapeautent.

---

7.   Laiterie Mont St-Bruno et local 973, Teamsters, 1987-1990.

8.   Voir tableau 8-2.

8.3   LES RAPPORTS COLLECTIFS ENTRE EMPLOYEUR ET SYNDICAT

8.3.1   Le statut du syndicat

Habituellement, au début d'une convention, quelques articles établissent le statut du syndicat. Premièrement, l'employeur reconnaît explicitement comme porte-parole unique le syndicat accrédité ; au besoin, on précise l'application des termes parfois généraux employés pour décrire l'unité d'accréditation.

Deuxièmement, les activités syndicales au sein de l'entreprise y sont à la fois précisées et délimitées ; celles des délégués de département, des dirigeants élus ou des membres de divers comités traitant avec l'employeur ; l'affichage sur babillards ou la distribution de tracts par le syndicat, souvent consentis à la condition que leur contenu ne soit pas offensant.

Troisièmement, une clause de non-discrimination est incluse dans ces articles, selon une pratique fort ancienne. Il y a un demi-siècle, ces clauses visaient d'abord la protection des adhérents ou des dirigeants du syndicat ; par la suite, elles ont aussi interdit plusieurs autres formes de discrimination. Aujourd'hui, elles s'inspirent parfois des termes de la *Charte des droits et libertés de la personne*.

Quatrièmement, le syndicat et l'employeur s'interdisent réciproquement tout recours à la grève ou au lock-out pendant la durée de la convention, reprenant ainsi à leur compte les prohibitions du Code du travail. Pourquoi cette pratique qui peut sembler redondante ? À cause sans doute de l'exemple américain où cette renonciation est volontaire plutôt qu'imposée par la loi. Aussi en raison de la réticence de l'employeur à ne se fier qu'au texte de la loi dans un domaine aussi névralgique. De plus, si une grève illégale advenait quand même, la signature d'une telle renonciation pourra éventuellement faciliter l'imposition de sanctions ou de dommages par les tribunaux[9].

Cinquièmement, enfin, la survivance du syndicat est facilitée par des clauses dites de sécurité syndicale, justement. Il y en a plusieurs sortes[10].

---

9.   Fernand Morin, *Rapports collectifs du travail*, Éditions Thémis, 1982, p. 456.

10.   Celles-ci sont inventoriées et détaillées par Noël Mallette, «La sécurité syndicale» in Noël Mallette, *op. cit.*, p. 221-239.

Au Québec, on l'a vu, le Code impose la déduction sur le salaire, par l'employeur, d'une somme équivalant à celle de la cotisation syndicale. Règle générale, la convention précise les modalités de la remise au syndicat des sommes ainsi déduites. De plus, elle traite de l'adhésion syndicale elle-même qui se fait de diverses façons. À un extrême, l'adhésion syndicale peut être libre et volontaire. À l'autre extrême, elle peut être obligatoire à partir du moment de l'embauche ; cette obligation se distingue de la pratique, tout à fait exceptionnelle en dehors de la construction, selon laquelle on embaucherait des syndiqués par le truchement de leur syndicat. Dans plusieurs cas, l'employeur s'engage aussi à exiger ou à faciliter la signature d'une adhésion syndicale au moment même de l'embauche, s'évitant ainsi toute sollicitation syndicale sur les lieux du travail.

Ces questions de sécurité syndicale ont déjà été fort contentieuses et l'objet de conflits majeurs. Aujourd'hui, au Québec, elles le sont beaucoup moins. C'est en bonne partie à cause de l'intervention directe de l'État qui, depuis 1977, a imposé à tous la déduction à la source de la cotisation syndicale ou d'une somme équivalente.

8.3.2   Les droits de la direction

Il existe une clause importante et solitaire de la convention, habituellement dénommée «les droits de la gérance» ou «les droits de la direction». Elle est solitaire parce que contrairement aux autres, qui limitent les pouvoirs de l'employeur, celle-ci les explicite. Sa formulation peut être courte. Elle est parfois longue. Voici l'exemple d'une telle clause courte :

> 3.01 La conduite des affaires de la Compagnie et la direction de son personnel seront du seul ressort de la Compagnie, y compris le droit d'embaucher, promouvoir, rétrograder, discipliner, suspendre ou renvoyer tout employé pour juste cause, pourvu qu'une telle mesure ne contrevienne à aucune disposition de la présente convention collective[11].

Elle est souvent beaucoup plus longue ; il s'agit souvent alors de l'œuvre d'un avocat patronal ayant voulu expliciter, enseigner aux membres du syndicat, ou rasséréner son client.

---

11.   Laiterie Mont St-Bruno et local 973, Teamsters, 1987-1990.

Elle est parfois, encore aujourd'hui, inexistante[12]. Cette absence découle d'une tradition patronale selon laquelle il est juridiquement évident que l'employeur conserve l'exclusivité de ce que le syndicat ne lui a pas arraché. Cette clause serait donc inutile, voire dangereuse, si elle portait à croire que la convention est la source des droits de la direction, ou si l'inclusion des droits mentionnés signifiait l'exclusion des droits non mentionnés.

Dans les faits, les conséquences pratiques ou juridiques sont évidentes, peu importe que cette clause soit présente ou absente, courte ou détaillée. Elles sont que l'employeur conserve l'exclusivité des pouvoirs qu'il n'a pas consenti à partager avec le syndicat.

8.3.3   Un partage des pouvoirs

Car l'existence même d'une convention reflète un partage du pouvoir au sein de l'entreprise; son contenu le précise. En effet, chaque clause de la convention enlève à l'employeur une parcelle de pouvoir discrétionnaire presque total qu'il détient en l'absence d'un syndicat. Chacune circonscrit les droits autrement presque illimités de la direction.

Cependant il serait simpliste de déduire hâtivement qu'en l'absence de restrictions, un employeur fera n'importe quoi. À preuve, le propriétaire d'une entreprise non syndiquée, mais susceptible de le devenir, peut être très prudent dans l'exercice d'un pouvoir théoriquement entier, par crainte d'une syndicalisation et, donc, d'un partage du pouvoir devenu obligé. De plus, il se peut que la direction d'une entreprise adhère aux valeurs dont les conventions sont le reflet. Le contenu d'une convention témoigne des besoins des employés et des motifs de syndicalisation, et des pratiques patronales dans de nombreuses entreprises non syndiquées. En ce sens, le contenu d'une convention détient une influence ou une représentativité qui déborde largement les rangs des syndiqués.

Par contre, certaines entreprises syndiquées, croyant n'avoir rien d'autre à perdre, pourront être tentées de gérer à court terme et de faire n'importe quoi qui n'est pas explicitement défendu dans la convention. L'effet sera funeste. Au prochain rendez-vous, la convention sera détaillée et allongée de façon à ajouter de telles interdictions. C'est là une source importante d'allongement et de précisions tatillonnes dans les conventions. À l'inverse, mais de la même façon en somme, certains dirigeants ou conseillers syndicaux pourront chercher refuge exclusi-

---

12.   Dans 15 à 20 p. 100 des conventions, estimait Gérard Hébert en 1979. Gérard Hébert, *Négociation et convention collective: introduction*, tiré à part n° 31, École des Relations Industrielles, Université de Montréal, 1979, p. 3.

vement dans la sécurité parfois illusoire d'un texte écrit. Les pratiques de la gestion des ressources humaines débordent largement les inter- dictions ou obligations que contient la convention. L'oublier, c'est se couper des réalités vécues au sein de l'entreprise. Défendre les intérêts des travailleurs n'est pas toujours synonyme de jouer à l'avocat ou au législateur.

8.4 ANCIENNETÉ, COMPÉTENCE ET STABILITÉ DE L'EMPLOI

8.4.1 L'importance des enjeux

Toute gestion des ressources humaines est profondément influencée par la place qu'on fait, dans les relations du travail, à des facteurs tels que l'ancienneté, la compétence ou la stabilité de l'emploi. Au jour le jour, le cadre hiérarchique peut être confronté à un choix difficile et impor- tant: à qui accorderai-je cette promotion prochaine? au plus ancien ou au plus compétent? Un cadre fonctionnel des ressources humaines pourra se demander comment des choix quotidiens ainsi faits affecte- ront, à moyen terme, la motivation et la performance des employés. À plus long terme, la direction de l'entreprise scrutera les rapports qui peuvent exister entre la stabilité de l'emploi et la présence de valeurs telles que l'attachement, l'identification ou la loyauté envers l'entreprise.

Les enjeux que sous-tendent ces questions sont importants. On le vérifie facilement quand on tente de décrire le système japonais des relations du travail comme on le fait dans le document 8-1 à partir de trois principes: «le principe de l'emploi à vie, le principe d'ancienneté, et le principe de syndicat d'entreprise...».

On peut renforcer cette illustration, au risque d'accentuer le dépay- sement. L'âge et l'ancienneté sont, dans les entreprises japonaises, les premiers déterminants du salaire, plutôt que l'occupation comme c'est le cas en Amérique du Nord. À tel point que pour interpréter les sta- tistiques de salaire, il faut y inclure l'âge moyen du personnel, comme on le voit dans le document 8-2.

Plus près de nous, l'entreprise IBM, non syndiquée, se vantait à juste titre d'avoir supprimé 16 000 emplois entre 1985 et 1988 sans avoir fait de mise à pied, conformément à une politique prioritaire de la direction[13]. Dans une analyse du changement de mission de l'usine

---

13. *Business Week*, 15 février 1988, p. 98.

SOCIAL ▬▬▬
INTERNATIONAL

DOCUMENT 8-1   Japon – Situation économique et politique sociale[1]

Introduction

L'économie du Japon se trouve aujourd'hui dans une phase de mutation. Le vieillissement de la population, le progrès technologique toujours plus rapide, ainsi que la forte orientation de l'économie vers le marché mondial, placent la société japonaise devant de grands défis. Cela touche particulièrement le monde de l'économie et du travail. Des mesures importantes d'adaptation sont nécessaires pour maintenir la capacité de fonctionnement et de rendement du système économique et social japonais.

Le présent rapport montrera, à côté d'une présentation du système social japonais, que les responsables sociaux du Japon ont bien compris les signes des temps. Le gouvernement, les employeurs et les syndicats ont déjà lancé de nombreuses mesures de réformes. Tous les domaines de la vie du travail sont touchés directement ou indirectement.

Tout ce qui a fait ses preuves doit, en dépit de toutes les nécessités d'adaptation, être conservé. Cela vaut surtout pour le système caractéristique des relations de travail, qui a grandement contribué au succès économique du Japon et à sa promotion au rang de puissance économique mondiale. C'est pourquoi les trois principes du système japonais des relations du travail : le principe de l'emploi à vie, le principe d'ancienneté, et le principe du syndicat d'entreprise ne sont au Japon, jusqu'à présent, pas remis en cause malgré des modifications pragmatiques.

La maîtrise extraordinairement rapide de la dernière crise économique et de l'emploi – provoquée par la réévaluation drastique du yen, entreprise depuis le milieu de 1985 – prouve que la direction prise par la politique de réforme du Japon est la bonne. La flexibilité et la capacité concurrentielle de l'économie japonaise s'en trouvent renforcées. Le processus de réforme et d'adaptation n'est cependant en aucune façon terminé.

1.   Traduction d'une étude (avril 1989) de la Princesse zu Schœnaich-Carolath, de la Confédération patronale allemande (B.D.A.), publiée dans la série «Internationale Sozlalpollik» du B.D.A.

SOURCE: *Social International*, Union des industries métallurgiques et minières, décembre 1989, p. 31.

d'IBM située à Boulder, Colorado (une documentation très rare), l'auteur décrit ainsi les règles imposées alors aux gérants IBM. «Ils devaient plutôt, en cette période de transition, fonctionner surtout selon un système basé non pas sur le mérite mais sur la disponibilité et sur l'an-

DOCUMENT 8-2

JAPON
Bilan de l'offensive de printemps 1988

La traditionnelle offense syndicale de printemps («Shunto»), à l'issue de laquelle sont fixés, par accords d'entreprise, les taux d'augmentation de salaire de l'année, s'est terminée par un niveau moyen de hausse de 4,43 % (contre 3,56 % en 1987), soit une augmentation moyenne de 10 573 yen par mois (100 yen = 4,29 F). Un article de l'Institut du Travail japonais fait le bilan de cette offensive, d'après les données recueillies par le ministère du Travail auprès de 290 grandes entreprises du secteur privé.

Les négociations 1988 se sont déroulées dans un environnement économique et social assez différent de celui des années précédentes.

En premier lieu, les conditions économiques favorables étaient caractérisées par un taux de croissance élevé (10 % au 1er trimestre 1988 en rythme annuel). En second lieu, la modification structurelle de l'économie creuse encore davantage l'écart entre les secteurs performants (services, télécommunications, bâtiment), les industries en bonne condition (construction

BILAN DES NÉGOCIATIONS SALARIALES DES GRANDES FIRMES DE LA MÉTALLURGIE (printemps 1988)

Secteurs	Nombre de firmes	Âge du personnel	Salaire mensuel moyen	Augmentation demandée	Augmentation reçue	Taux d'augm. 88/87	Taux d'augm. 87-86
Sidérurgie	12	40,7	243 460Y	8 357Y	4 769Y	1,96 %	1,63 %
Fil électrique	6	36,2	220 231Y	14 852Y	9 534Y	4,33 %	3,33 %
Construction mécanique	23	36,9	237 797Y	14 653Y	10 094Y	4,24 %	3,18 %
Construction électrique	28	33,1	215 733Y	14 015Y	9 913Y	4,60 %	3,61 %
Construction navale	7	39,7	242 601Y	9 000Y	6 523Y	2,69 %	1,63 %
Construction automobile	9	34,9	230 626Y	13 855Y	9 645Y	4,18 %	3,35 %
Équipement ferroviaire	2	40,9	224 274Y	13 000Y	9 210Y	4,11 %	2,46 %
Ensemble économique	290	36,2	238 409Y	15 602Y	10 573Y	4,43 %	3,56 %

DOCUMENT 8-2 (suite)

mécanique et automobile) et les industries déprimées (sidérurgie, construction navale). En troisième lieu, l'unification du mouvement syndical, réalisée en novembre 1987 par la fusion de 3 grandes organisations syndicales, a conduit à la création d'une centrale unique, le Rengo, lequel a joué un rôle particulièrement actif au cours de l'offensive de printemps 1988.

Les premiers résultats ont été obtenus dans les entreprises de la métallurgie. Il est d'ailleurs de tradition que les organisations syndicales de ce secteur regroupées au sein du comité japonais de la FIOM (Fédération Internationale des Organisations de travailleurs de Métallurgie) jouent un rôle de leader dans l'établissement des cahiers de revendications. Toutefois, comme en 1987, ce sont les syndicats d'entreprise regroupés au sein du comité national des syndicats du secteur tertiaire qui ont obtenu les augmentations les plus avantageuses.

Les résultats ont été considérés comme satisfaisants par les syndicats, compte tenu de l'objectif fixé (7 à 10 % à l'ouverture des négociations, ramené ensuite à 5 %) et

du taux d'inflation proche de zéro. Les entreprises ont estimé les hausses de salaires modérées, à l'exception des firmes en restructuration. Pour la première fois, les syndicats de plusieurs secteurs, dont la sidérurgie, ont assorti leur revendication salariale d'une demande de réduction de la durée du travail. Il serait intéressant de suivre l'évolution de cette revendication tout comme l'évolution du mouvement syndical et les relations avec le patronat. Actuellement, patronat et syndicats ressentent de plus en plus la nécessité de se consulter et d'agir en commun dans plusieurs domaines de politique générale, notamment en matière de prix, d'ouverture de marchés et de réforme de la fiscalité. Cette recherche de dialogue sera peut-être rendue plus difficile après la fusion prochaine en 1989 de Rengo et de la 4e grande fédération syndicale japonaise, Sohyo, qui se trouve à la gauche de l'éventail politico-syndical.

The Japan Labor Bulletin (Institut du Travail japonais) – août 1988.

SOURCE :   *Social International*, Union des industries métallurgiques et minières, octobre 1988, p. 17.

cienneté. Les emplois disponibles iraient d'abord aux employés comptant le plus d'années de service chez IBM, déplacés par le changement de mission[14]. »

L'exemple d'IBM témoigne de la similarité des préoccupations chez les entreprises et employés non syndiqués d'une part, et les entreprises et employés syndiqués d'autre part. Si le présent ouvrage se réfère tant au contenu des conventions signées entre un employeur et un syndicat,

14.   D. Quinn Mills, *The IBM Lesson – The Profitable Art of Full Employment*, Times Books, 1988, p. 35. Traduction libre.

ce n'est pas dans le but de les privilégier ou de différencier inutilement des conditions de travail qui peuvent se ressembler. C'est d'abord parce qu'elles ont été négociées et consenties, sont du domaine public et constituent une documentation accessible.

L'exemple d'IBM permet aussi d'insérer une anecdote qui en dit long sur le contraste entre le court terme et le long terme. Son auteur relate ainsi les premiers mots d'un superviseur, lui aussi déplacé par le changement, et nouvellement arrivé à la direction d'un département dont il ne connaissait encore rien: «Pourriez-vous me décrire ce que vous faites de sorte que je puisse apprendre comment vous être utile[15]?»

8.4.2   Deux sortes de pratiques et de clauses

S'il y a une grande diversité de pratiques et de clauses dans le départage de l'ancienneté et de la compétence, c'est à cause des particularités des groupes, des travaux et des organisations. Pour la saisir succinctement, il est utile de se référer à deux types prédominants d'un dosage de ces éléments. L'un peut se nommer «l'ancienneté et la compétence normale». L'autre peut se nommer «l'ancienneté et la compétence égale[16]».

8.4.3   L'ancienneté et la compétence normale

Dans le premier type, un cadre de l'entreprise devant choisir qui sera assigné à telle occupation, scrutera d'abord la liste d'ancienneté du haut vers le bas jusqu'à ce qu'il y trouve quelqu'un qui, en plus d'une plus grande ancienneté, possède aussi «la compétence nécessaire pour accomplir immédiatement toutes les fonctions du poste[17].» Le mot «nécessaire» peut être remplacé dans les conventions ou dans les faits par des mots tels que «normale», «suffisante», ou «minimale». Dans le même sens, on écrit qu'«un employé plus ancien aura la préférence à la condition toutefois qu'il ait les qualifications, les aptitudes et l'habileté requises pour occuper la tâche en cause[18]». Dans tous ces cas, le cadre impliqué jauge l'individu à l'aune du contenu de la tâche. C'est là le trait distinctif

15.   D. Quinn Mills, *op. cit.* p. 39. Traduction libre.

16.   Noël Mallette, «L'ancienneté» in Noël Mallette, *op. cit.*, p. 308-309.

17.   ABB (ASEA Brown Boveri) et loge 631, Machinistes, 1991-1992, art. 12.05. Le texte complet de cette convention est reproduit en annexe.

18.   Sidbec-Dosco à Contrecœur et section locale 6586, Métallos, 1988-1991, art. 10.07 (a).

de ce premier type de situations, même si celles-ci sont fort particularisées. Ainsi, il ne compare pas les individus les uns aux autres, au contraire de ce qui caractérise le second type de situations.

Dans ce premier type de décision, le cadre voulant non seulement trancher mais aussi convaincre les intéressés de la justesse, ou du moins de la qualité de son choix, devra réfléchir à plusieurs des éléments suivants. Il devra d'abord se référer à une mesure concrète et objective de la compétence individuelle. Cela peut être informel : « Fait-il l'affaire ? » Cela se fera sûrement ainsi s'il n'y a pas de syndicat. Mais l'informel n'exclut pas la volonté de convaincre, surtout s'il y a une menace de syndicalisation. Il devra ensuite se référer à une acceptation convenue, objectivée ou contractuelle des exigences du travail : « C'est quoi, l'affaire ? » Surtout, s'il veut être convaincant, le cadre devra prouver la pertinence de l'évaluation de l'individu aux exigences du travail à accomplir. Une telle preuve comporte des exigences sociales ou logiques qui sont de taille. Exigences sociales : le décideur doit être crédible, ce qui ne s'improvise pas ; ses pratiques ou celles de l'entreprise doivent être stables et dénuées de caprice. Exigences logiques : une preuve de pertinence ne peut résulter que d'un raisonnement rigoureux liant les exigences envers l'employé à celles du contenu réel de l'occupation. Si, par exemple, l'entreprise décide de hausser les exigences de scolarité à cause de l'autonomie exigée de l'employé à titre individuel, il lui faudra aussi prouver que cette autonomie au travail existe dans la réalité, qu'elle justifie ce surplus de scolarité et que celle-ci en est garante.

Ces exigences logiques prendront un relief accru si un arbitre externe est appelé à trancher un désaccord interne. Elles sont parfois explicités dans la convention. En voici un exemple.

> La Compagnie déterminera les qualifications et l'habileté requises. Une réunion pourra être demandée par la procédure de griefs. La Compagnie assumera le fardeau de la preuve pour établir que les décisions prises dans l'application de l'article 10.07 l'ont été d'une manière équitable et objective[19].

Ce premier type de pratiques ou de clauses est d'un usage presque universel dans les réductions d'effectifs qu'on appelle aussi « mises à pied », dans les nombreux déplacements internes qu'elles occasionnent, et dans les rappels au travail quand celui-ci reprend. Il vise à stabiliser l'emploi des employés les plus anciens, les plus compétents ou les plus polyvalents. Et leur revenu, puisqu'en général le salaire horaire est fonction de la tâche occupée à ce moment-là, et qu'il varie donc en fonction

---

19.   Sidbec-Dosco à Contrecœur et section locale 6586, Métallos, 1988-1991, art. 10.07 (b).

de celle-ci, à la baisse comme à la hausse. L'employeur et les employés trouvent souvent leur compte respectif dans l'application de ces principes, quoique leurs modalités puissent être contentieuses ; le nombre des déplacements permis, par exemple, quand les mises à pied sont fréquentes. Ces principes, en effet, semblent refléter un large consensus selon lequel la réduction d'effectifs n'est pas le moment approprié de privilégier la compétence exceptionnelle au sein de la liste des individus capables d'accomplir une tâche donnée. En pratique, cette capacité est souvent mesurée de façon empirique, par l'expérience préalable de l'individu : a-t-il déjà fait ce travail de façon satisfaisante ? Si oui, on lui permet d'y retourner quand les temps sont durs ; sinon, ce sera un autre qui aura déjà fait le travail en question.

8.4.4   L'ancienneté et la compétence égale

Dans le second type, souvent nommé «l'ancienneté et la compétence égale», le processus est inverse. On commence par comparer les individus entre eux sur le plan de leur compétence respective avant que le critère d'ancienneté ne soit appliqué et ne les départage. Sa rédaction peut se lire comme suit, à titre d'exemple.

> ... dans le cas de promotion, la Société considérera les facteurs de compétence et d'ancienneté pour attribuer ladite promotion. [...] Lorsque le facteur compétence est égal entre deux (2) employé(e)s ou plus, le/la plus ancien(ne) obtiendra la promotion[20].

On y voit que l'affirmation de l'ancienneté est conditionnelle. L'égalité de compétence est une condition préalable. Dans la mesure où un candidat se distingue par une compétence supérieure à celle des autres, l'ancienneté perd de son poids.

Cette clause se réfère aux cas de promotion, c'est-à-dire d'accès ou de mutation à une catégorie d'emploi plus élevée, et la plupart du temps mieux payée. En effet, celles-ci semblent autant régies par ce second type que par le premier type[21]. Au sein de la même convention les deux types peuvent coexister, comme c'est le cas chez ABB. On peut spéculer que ces deux types de pratiques coexistent aussi dans les entreprises non syndiquées, quoique aucune documentation n'existe à ce sujet.

Dans l'application ou l'interprétation de ce second type de clause, il importe de savoir si la compétence se mesure «selon l'opinion de la

---

20.   ABB et loge 631, Machinistes, 1991-1992, art. 13.01.

21.   Noël Mallette in Noël Mallette, *op. cit.*, p. 309.

compagnie», c'est-à-dire à sa discrétion; ou si, plutôt, elle se mesure en fonction de l'occupation disponible. Ou encore, si elle est évaluée en fonction d'autres postes éventuels et, ainsi, en fonction de promotions futures. Il importe aussi de savoir ce qui est prévu au niveau de l'entraînement ou de la formation professionnelle et si, en pratique, la nature du travail permet de différencier facilement les compétences individuelles.

Cela peut être le cas, par exemple, dans le diagnostic d'«un bruit» importun de votre automobile : le mécanicien pouvant en trouver la cause est plus compétent que celui ne pouvant que la réparer. Par contre, il peut être difficile de différencier les performances individuelles, quand elles sont toutes adéquates, d'opérateurs même hautement qualifiés d'une pièce d'équipement lourd, telle une pelle mécanique dans une mine à ciel ouvert, un laminoir, un four d'acier, un pont roulant ou une grue. Quand il est difficile de départager les compétences individuelles, la différence conceptuelle entre les deux types perd de son importance pratique.

Il s'ensuit que dans ce domaine comme dans d'autres, les clauses pertinentes et les pratiques au travail sont les sujets d'une chorégraphie complexe. Il est rarement possible de comprendre les unes sans connaître les autres. Par exemple, le long article d'ancienneté chez Sidbec-Dosco reflète avant tout l'expérience de mises à pied brèves et dispersées dans l'usine, et consécutives à l'instabilité de marchés segmentés : l'acier se vend sous de nombreuses formes, contrairement au beurre par exemple.

Cet article n'a pas été conçu pour faire face à la mise à pied massive de 500 des 1300 employés. C'est pourtant ce qui survint en 1983. Tous deux aux abois devant la perspective d'une cascade de centaines de supplantations simultanées, l'employeur et le syndicat ont alors carrément inventé une procédure idoine, une sorte d'affichage inversé où chaque employé faisait état des tâches qu'il avait déjà accomplies ou croyait pouvoir accomplir. À partir de cela, on a fait des centaines de réassignations. Le tout s'est déroulé sans qu'un seul grief soit logé, un phénomène remarquable. Cet exemple, par son caractère extrême, illustre le fait courant que la rédaction d'une clause veut parer à des inconvénients connus plutôt qu'à un éventail complet d'inconvénients hypothétiques.

8.4.5   La procédure des choix

On vient de voir les critères sur lesquels reposent les choix à faire. Voyons maintenant, dans le cas d'une promotion, les procédures qui entourent ce choix.

En premier lieu le choix d'un candidat se fait dans la transparence puisqu'il est précédé par l'affichage du poste à combler. Tous les employés susceptibles d'y être intéressés sont donc publiquement mis au courant. Ils peuvent poser leur candidature. Le nom de ces candidats est parfois rendu public immédiatement. Sinon, il le sera plus tard, dans les cas où le choix du candidat est contesté. Cette procédure, généralisée, se distingue radicalement du secret dans lequel on prépare la présentation d'un «fait accompli», où la connaissance d'un poste vacant survient quand il ne l'est plus parce qu'un autre l'occupe déjà.

De plus, l'affichage s'adresse à une aire précise que spécifie la convention. Il s'agira soit de l'ensemble de l'entreprise, soit de l'une de ses «divisions», c'est-à-dire une section constituant également une aire d'ancienneté. Par exemple: «Préférence sera accordée aux candidatures reçues de la division concernée et si nulle n'y est retenue, alors les applications provenant des autres divisions seront considérées[22]».

D'autre part, c'est l'employeur qui fixe les exigences, apprécie l'individu, compare entre eux les candidats ou les exigences, et prend la décision. Dans un premier temps donc, il possède l'initiative. Mais ce pouvoir de décision, on l'a vu, est sujet à la présentation de griefs s'il y a un syndicat et, même s'il n'y en a pas, aux réactions moins formelles découlant de sa décision. Ainsi, dans un second temps, l'employeur peut devoir expliquer, motiver ou justifier sa décision. Ici encore le pouvoir de décision traîne son boulet: le fardeau de la preuve. Par exemple, le cadre hiérarchique impliqué devra, au lendemain de sa décision, côtoyer les candidats rejetés. Il connaîtra le désagrément d'expliquer à Pierre qu'il est «moins bon» que Paul ou qu'il n'est «pas assez bon» pour la tâche. Le cas échéant, il aura à s'en justifier devant un arbitre. Étant le décideur, il est de ce fait vulnérable quand la décision déplaît.

Enfin, tout cet encadrement diminue certes la part d'arbitraire dans ces choix. C'est d'ailleurs là un des buts qu'il vise. En effet, il ne cherche pas qu'à exalter la part de l'ancienneté dans les décisions de l'employeur. Il veut aussi rendre plus difficile l'exercice arbitraire du pouvoir. Ce faisant, il rend aussi plus difficile l'exercice du pouvoir de décision. Au point de l'amoindrir? La question est souvent posée. Il est difficile d'y répondre de façon générale. Dans certaines situations, il améliore les décisions de façon notable, par exemple en minimisant le favoritisme, la discrimination, le caprice personnel ou l'autoritarisme aveugle d'un cadre envers ses subordonnés. Dans d'autres cas, par contre, il peut paralyser une gestion déjà faible ou un cadre plus opportuniste que

---

22. Sidbec-Dosco à Contrecœur et section locale 6586, Métallos, 1988-1991, art. 10.08 (a).

gestionnaire. Ce sera le cas quand une gestion de style bureaucratique préférera évacuer le terrain de la décision dans le but d'évacuer la contestation, celle d'un grief par exemple. Ce sera aussi le cas quand un cadre cherchera à éviter ce malaise en ne prenant que des décisions faciles. Ce sera encore le cas quand un cadre plus courtisan que leader tentera de séduire dans l'agréable plutôt que de convaincre dans le désagréable.

8.4.6   La sécurité d'emploi

Il est devenu coutumier de désigner les articles ou les clauses traitant de ces mouvements de personnel comme constituant une catégorie dite de «sécurité d'emploi[23]». En effet, cette expression décrit leur thème central. L'ancienneté protège l'individu contre les mises à pied, ou diminue les baisses de son revenu. Les droits de rappel protègent son retour au travail ou à son poste. Les procédures de promotion protègent ses chances d'avancement.

Par ailleurs, l'usage de cette expression ne doit pas faire oublier les limites de la protection ainsi obtenue, particulièrement dans le secteur privé. Quand on y regarde de près, la sécurité individuelle découlant de l'usage de l'ancienneté ne provient pas tant de la longueur absolue de ses états de service que de la place relative qu'on occupe sur la liste. Car le plus souvent, on dresse et on tient à jour une liste des employés par ordre d'ancienneté. Chacun détient sa place et son numéro sur cette liste. Parfois ce numéro correspond à celui de son insigne ou de son poinçon.

Par exemple, Pierre et Paul font tous deux le même travail de foreur dans une usine d'extraction et de transformation de pierre à ciment. Pierre a cinq ans d'ancienneté et Paul en a sept. Sur l'unique liste d'ancienneté des 100 employés, Pierre occupe le numéro 70 et Paul le numéro 50. Leur convention ne prévoyant qu'une seule liste d'ancienneté, l'ancienneté d'usine, il n'y a ni ancienneté de tâche ou de fonction, ni ancienneté départementale. À l'automne, l'entreprise annonce la mise à pied saisonnière et annuelle qui résulte du ralentissement hivernal de la construction.

Il est évident que si un des deux foreurs doit quitter son emploi, ce sera Pierre. Cela peut résulter ou d'un ralentissement du forage, ou d'une supplantation de Pierre par Jules, un opérateur de pelle méca-

---

23.   Jean Boivin, Jacques Guilbault, *op. cit.*, p. 236.

nique ayant quinze ans d'ancienneté, qui occupe le numéro 20 sur la liste et qui a déjà fait du forage.

Pierre, à son tour, ayant été supplanté par Jules, cherchera à supplanter Charles, un journalier avec trois ans d'ancienneté et occupant le numéro 75. Dans l'hypothèse où la mise à pied totale est de 26 employés, il pourra le faire et Charles deviendra chômeur; si au contraire elle atteint 32 employés, il ne le pourra plus, Pierre et Charles seront tous deux chômeurs.

En somme la relative sécurité d'emploi de Jules ou de Paul est obtenue par le transfert de l'insécurité à Pierre ou à Charles. Autrement dit, le mécanisme de l'ancienneté est une forme de répartition de l'insécurité. Dans le secteur privé et concurrentiel, la sécurité de l'emploi total au sein d'une entreprise est d'abord tributaire du succès de celle-ci sur le marché de ses produits ou de ses services. Elle est ainsi beaucoup plus difficile à obtenir ou à conserver que dans les secteurs public, parapublic ou non concurrentiel. Dans ceux-ci, en effet, l'emploi est mieux assuré grâce à la stabilité des recettes fiscales et des services offerts, ou à celle d'une clientèle captive, du moins à court terme. La réglementation des tarifs par l'État produit en partie les mêmes effets, comme l'ont démontré les turbulences résultant des déréglementations.

Néanmoins, certaines entreprises ont démontré qu'une politique avouée de la direction visant à stabiliser le niveau d'emploi peut produire des effets importants. Une telle politique peut se concrétiser de plusieurs façons différentes. Il y a d'abord le recours aux heures supplémentaires, qui peut fournir un trait d'union flexible entre des emplois stables et des marchés volatils. Il y a aussi la diversification vers des marchés complémentaires, sur le plan saisonnier par exemple. Il y a la remise en état d'une usine dans les périodes creuses, une recette fort ancienne. Il y a la planification de la production visant à stabiliser l'emploi, qui constitue le but explicitement visé dans la négociation des programmes de supplément à l'assurance-chômage défrayés par l'entreprise. Il y a les engagements des directions de l'industrie automobile aux États-Unis visant à y stabiliser le niveau d'emploi, obtenus lors des négociations de 1987 et 1990. Il y a l'exemple célèbre d'IBM dont nous avons déjà parlé.

De tels efforts vers la stabilisation des emplois peuvent eux aussi comporter une part importante de redistribution de l'insécurité, en ce sens qu'on refile à d'autres l'instabilité ou la précarité d'une partie du travail. C'est le cas au Japon, où l'emploi à vie masculin implique aussi la précarité du travail féminin ou de celui des sous-traitants. C'est le cas chez IBM, où l'absence de mises à pied est en partie supportée par des fluctuations de la sous-traitance. C'est également le cas des nombreux commerces ou services où les emplois se sont segmentés : emplois réguliers à plein temps, emplois réguliers à temps partiel, emplois temporaires, emplois occasionnels, emplois sur appel, emplois à statut précaire[24]. Stabilisation de l'emploi des uns et segmentation de l'emploi des autres vont donc souvent de pair, tels les deux côtés de la même médaille, ou les deux faces de Janus.

8.4.7   La complexité des enjeux

Une question posée au début de cette section sur l'ancienneté pouvait sembler simple à la première lecture : à qui accorderai-je cette promotion prochaine, au plus ancien ou au plus compétent ? À court terme elle est simple. Elle l'est beaucoup moins à long terme. Les pratiques japonaises ou les pratiques nord-américaines peuvent déjà l'avoir laissé soupçonner. Le temps est venu de scruter le fonctionnement de ce couple qui peut sembler discordant.

Un de ses pôles est l'ancienneté. Il s'agit de la durée du service dans l'occupation, dans le département, et surtout dans l'entreprise. L'ancienneté attache l'individu à l'entreprise. Au fur et à mesure que son numéro progresse dans la liste d'ancienneté, l'instabilité de son emploi ou la peur de le perdre est transférée à ceux qui le suivent. Son rang avançant, sa valeur augmente. Quittera-t-on volontiers le premier rang pour recommencer ailleurs au dernier rang ? La valeur d'un tel attachement, tant pour l'entreprise que pour l'individu, est facilement vérifiable. À preuve, le financement patronal, souvent complet dans le secteur privé, d'une caisse de retraite exclusive à l'entreprise, et ainsi non transférable si l'individu change d'entreprise. Même s'il a été initié il y a quarante ans en Amérique du Nord par des revendications syndicales, ce financement patronal d'un plan de pension non transférable est vite apparu comme constituant une opportunité à la fois financière, sous forme de capitaux importants, fiscale puisque déductible, et humaine parce qu'attachant les individus au sort de l'entreprise. Son essor, partout, après un début contentieux dans de grandes entreprises syndiquées, ne s'explique pas autrement.

L'attachement entraîne l'identification. Si votre sort individuel dépend de celui d'un groupe, et dans la mesure où vous le percevez ainsi, il s'ensuit que vous vous y identifiez. En témoignent la famille, le village, les réseaux personnels, la langue, le pays, ou la « communauté mondiale »

---

24.   Michel Grant, « Vers la segmentation du syndicalisme au Québec » in Rodrigue Blouin, *op. cit.*, p. 338.

pour reprendre l'expression de François Mitterrand à propos des résolutions des Nations Unies concernant l'Iraq. Par exemple, vous êtes à la fois boucher dans un Steinberg nouvellement franchisé, délégué syndical, et fiancé, comme au document 8-3. Lisez attentivement. « L'avenir étant maintenant plus rose pour lui, M. Paquette va pouvoir se marier en avril prochain. »

L'identification et son corollaire, l'appartenance, à leur tour sont source de motivation : « Ce sentiment d'appartenance a créé chez eux une motivation qui est responsable du succès récent de notre magasin », déclare le nouveau propriétaire franchisé (document 8-3). Car la motivation est une source importante de la performance. Partout. C'est bien connu. La performance, à son tour, constitue la meilleure mesure possible de la compétence. On est donc déjà rendu à l'autre pôle du couple, c'est-à-dire à celui de la compétence individuelle. On y est arrivé au terme d'une série d'enchaînements.

L'ancienneté et la compétence ne constituent pas qu'une alternative. À long terme, elles peuvent aussi se renforcer mutuellement. À cet égard, la situation idéale pour une entreprise est que ses employés les plus anciens soient également les plus compétents ou les plus polyvalents, et que la stabilité de l'emploi s'allie à la flexibilité du travail. Cela exige bien sûr une pratique assidue de l'entraînement ou de la formation professionnelle, devenus indispensables. D'ailleurs, la popularité de tels programmes témoigne de leur importance. Cela exige que la négociation collective des clauses d'ancienneté fasse grand usage de méthodes appropriées à la solution de problèmes. C'est souvent le cas, car l'ancienneté et la compétence s'y prêtent bien.

8.4.8   La complexité des clauses

La lecture attentive des clauses d'ancienneté est souvent rebutante, voire tout à fait déroutante. L'article de la convention qui les regroupe peut couvrir une douzaine de pages et comporter une centaine de paragraphes distincts[25]. On se croirait devant les pièces éparses d'un casse-tête ; on n'a pas tort, car c'en est un. Chaque paragraphe de cet article doit être mis en corrélation avec les autres avant que le coup d'œil global apparaisse. Pourquoi cette complexité et cette longueur ? C'est qu'on tente de dire beaucoup de choses à la fois. Chaque mouvement de personnel peut être aménagé selon ses règles propres. Or ces mouvements sont

---

25.   Sidbec-Dosco à Contrecœur et section locale 6586, Métallos, 1988-1991, art. 10.

DOCUMENT 8-3

«Je ne voudrais jamais retourner dans un système de magasins corporatifs»

■ «Je ne voudrais jamais retourner dans l'ancien système de magasins Steinberg corporatifs», affirme Michel Paquette, le délégué syndical de la nouvelle franchise de Montréal-Est. Ce discours a de quoi surprendre quand on sait que le syndicat des employés de Steinberg tente par le biais des tribunaux d'empêcher l'employeur de poursuivre son programme de franchisage.

M. Paquette est cependant catégorique : le franchisage est un bien meilleur système pour les employés de Steinberg. «Ça faisait six ans que j'étais chez Steinberg à temps partiel. J'aimais mon travail de boucher mais je n'avais aucun avenir avec cette entreprise. La direction tendait de plus en plus à embaucher des employés à temps partiel pour remplacer ceux à temps plein.»

Le franchisage du magasin Steinberg de la rue Notre-Dame, dans l'est de la métropole, a apporté à M. Paquette la sécurité qu'il recherchait depuis des années : un emploi régulier à temps plein. L'avenir étant maintenant plus rose pour lui, M. Paquette va pouvoir se marier en avril prochain.

Pour le jeune homme de 30 ans, cette sécurité d'emploi vaut bien les concessions salariales que les employés ont acceptées lorsque le magasin a été vendu à Jean St-Amant, le 14 août dernier. «Les clients sont plus satisfaits, le magasin fonctionne mieux et on a quasiment doublé le personnel. C'est mieux pour tout le monde», conclut M. Paquette.

1 000 clients de plus

Jean St-Amant a commencé dans un Steinberg de sa ville natale de Sherbrooke en 1972. À 29 ans, il était déjà gérant à

Longueuil. Dans sa tête, il était clair qu'un jour il serait propriétaire de son marché d'alimentation. Il avait même reçu des offres en ce sens de Métro (Mtl A, 3,10 $) et de Provigo (Mtl, 10 $), mais il les avait refusées parce qu'il espérait que Steinberg opterait pour le franchisage.

M. St-Amant était gérant du Steinberg de la rue Van Horne, dans l'ouest de Montréal, lorsque la direction du groupe a lancé son programme de franchisage en 1988. Il s'est alors proposé comme franchisé et, en août dernier, il se portait acquéreur du magasin de Montréal-Est.

Ce supermarché a beau n'avoir que 770 m², soit à peine un peu plus que la moitié de la superficie moyenne d'un Steinberg, à 34 ans, qui peut se vanter d'avoir en poche la somme nécessaire pour acquérir un établissement de près d'un million de dollars?

«Comme je savais que je deviendrais un jour propriétaire, j'avais mis pas mal d'argent de côté», d'expliquer M. St-Amant. Économiser environ 250 000 $ quand on a deux enfants est tout un exploit. Il manquait néanmoins autour de trois quarts de million pour compléter le financement.

«Je suis allé trouver mon gérant de banque qui n'a pas hésité à investir dans un nom aussi prestigieux que Steinberg, à condition que je lui donne ma maison en garantie», raconte le nouveau franchisé.

Pour environ un million de dollars donc, M. St-Amant a acquis un achalandage de 8 000 clients, soit 125 000 $ de ventes hebdomadaires, 50 employés, dont une vingtaine de réguliers, un inventaire de 400 000 $, une bannière qui fait partie du

DOCUMENT 8-3 (suite)

patrimoine des Québécois... et un déficit d'exploitation annuel avoisinant les 100 000 $. À ce prix-là, la bâtisse et l'équipement n'étaient pas compris.

De perte à profit en 4 mois

Du jour au lendemain, l'atmosphère du magasin a changé. Sur la vingtaine d'employés réguliers, la moitié ont accepté l'offre de réaffectation de Steinberg dans un magasin corporatif. Ils ont reçu 1 000 $ de compensation par année de service.

Les 10 employés réguliers qui sont restés on eu droit au même traitement. C'était en quelque sorte une prime de séparation puisque, même s'ils conservaient leur emploi, le franchisage en faisait désormais des employés du Marché Jean St-Amant inc. et non plus de Steinberg.

Cette prime de 1 000 $ par année de service tenait également lieu de compensation pour les baisses de salaire consenties. Ainsi, le taux horaire d'une caissière est passé de 11 $ sous le régime corporatif à 9,75 $ dans une franchise.

Contrairement aux magasins corporatifs, les gérants de département ne sont pas syndiqués dans une franchise. Pour contrebalancer, M. St-Amant a offert à ses quatre nouveaux gérants un pourcentage sur les ventes additionnelles qu'ils généreront.

Déficitaire depuis au moins deux ans, le supermarché est devenu rentable en quatre mois sous la gouverne de M. St-Amant et de sa femme Mali, très active dans l'entreprise.

Les résultats de cette gestion plus serrée et mieux impliqué dans son milieu ne se sont pas fait attendre: l'achalandage s'est accru d'un millier de nouveaux clients, la valeur moyenne du panier d'approvisionnement a augmenté de 3 $ et le personnel est passé de 50 à 80 personnes. Consé-quence de ce redressement, les ventes augmenteront de 1,8 % pour atteindre 7,8 M $ la première année, prévoit M. St-Amant.

Présentement, la marge de profit rejoint à peu près la norme de l'industrie de la distribution alimentaire, soit 1 %, et M. St-Amant estime qu'elle pourrait s'élever au niveau fort intéressant de 3 % au terme de son deuxième exercice financier.

Attitude positive des employés

M. St-Amant attribue ce revirement à l'attitude positive de ses employés face au franchisage. «Dans un système corporatif, les employés peuvent être mutés d'un magasin à l'autre à tout moment en vertu du principe de l'ancienneté, ce qui ne fait évidemment pas leur affaire», a expliqué le jeune entrepreneur.

«Avec le franchisage, les employés apprécient que personne de l'extérieur ne puisse venir prendre leur place, a-t-il poursuivi. Il leur est plus facile de s'identifier à leur employeur et à leurs clients. Ce sentiment d'appartenance a créé chez eux une motivation qui est responsable du succès récent de notre magasin.»

Et, M. St-Amant d'ajouter: «Les échos de notre succès et de celui d'autres franchises se sont répandus dans le réseau et je connais des magasins corporatifs où les employés font circuler une pétition pour que l'établissement soit converti en franchise.»

Le nouveau propriétaire assure que le syndicat ne lui a causé aucun problème. «J'ai embauché 30 personnes depuis mon acquisition. À environ 10 $ de cotisation par semaine par employé, ça donne 15 000 $ par année de revenus additionnelles pour le syndicat, seulement pour ma franchise», calcule-t-il.

DOMINIQUE FROMENT

SOURCE: *Les Affaires*, samedi 20 janvier 1990, pages 14 et 15.

multiples : promotions, transferts latéraux, transferts temporaires, rétrogradations, supplantations, mises à pied, rappels ou opportunités de formation. La somme de ces modalités peut être considérable.

Chaque aire occupationnelle dans l'entreprise peut faire l'objet d'une application particulière; il peut s'agir d'une seule occupation, d'une famille d'occupations, d'un département, d'une division, d'une usine ou d'un établissement regroupant plus d'une usine. Il y en a souvent plusieurs au sein de l'unité d'accréditation de type industriel. La rivalité ou la diversité des intérêts parmi les employés peut y être considérable. Le morcellement des accréditations dans les hôpitaux en témoigne. Enfin, pour chaque aire d'ancienneté, on précise aussi les modes d'acquisition, de calcul, de perte, ou terminaison, de l'ancienneté.

Il résulte de tout ceci une situation paradoxale. D'une part, les clauses d'ancienneté son intimement liées aux situations pratiques dans l'entreprise, au point que la connaissance des unes est nécessaire à la compréhension des autres. D'autre part, leur formulation est souvent si touffue qu'elle peut dérouter même les initiés[26].

Comble de malheur, à ces difficultés s'ajoute, dans la même convention, une rédaction «... plus ou moins cohérente et n'ayant pas, en chaque chapitre, la même terminologie, le même style ni la même facture[27]». La convention est disparate parce qu'elle constitue en quelque sorte un «procès-verbal cumulatif[28]». Par exemple, une convention chez Sidbec-Dosco contient à la fois les clauses (13.01 à 13.09) prévoyant l'évaluation conjointe des salaires et datant de 1955, l'article (10.07) dosant la compétence et l'ancienneté et datant, pour l'essentiel, de 1960, et une lettre d'entente sur l'horaire quotidien de douze heures et datant de 1975[29].

8.5 LA DISCIPLINE

8.5.1 Son importance

La présence d'une discipline est essentielle au fonctionnement de toute forme d'organisation, si rudimentaire soit-elle, comme c'est le cas d'une

---

26. Ronald Sirard, «La convention collective, le reflet d'un contexte à revoir» in Rodrigue Blouin, *op. cit.*, p. 499-513.

27. F. Morin, R. Blouin, *Arbitrage de griefs*, Éditions Yvon Blais, 1986, p. 35.

28. Fernand Morin, *op. cit.*, p. 439.

29. Sidbec-Dosco à Contrecœur et section locale 6586, Métallos.

assemblée démocratique et délibérante. Le maintien de la discipline est donc une fonction capitale. Au sein d'une organisation commerciale ou industrielle, cette fonction est d'abord assurée par sa direction et par ses cadres. Elle constitue un aspect important de la gestion et, en particulier, de la gestion des ressources humaines. Ainsi les relations disciplinaires sont une constituante importante des relations du travail au sein d'une entreprise, que celle-ci soit syndiquée ou non.

8.5.2   La présence d'un syndicat

La présence d'un syndicat y joue un grand rôle. D'ailleurs, la présence ou la perception d'injustices disciplinaires sont un motif important de syndicalisation. Et l'entreprise non syndiquée qui souhaite le demeurer commet une imprudence si elle ne se soucie pas de sa gestion de la discipline.

Dans un tel contexte, on pourrait s'attendre à ce que le texte de la convention collective soit aussi touffu à ce sujet qu'il l'est au sujet de l'ancienneté. Pourtant il est souvent bref. La limitation directe des droits disciplinaires de la direction peut s'écrire parfois en deux mots : «pour cause[30]» ou en trois : «pour juste cause[31]». La raison en est que dans la pratique, les droits disciplinaires de la direction sont limités non pas par une clause ou un article seulement, mais aussi par plusieurs effets différents de la présence d'un syndicat et d'une convention. D'abord, l'individu se sentant lésé peut présenter un grief. La discussion du grief amènera à juger de la sanction imposée à la lumière des pratiques ou des politiques de l'entreprise à cet égard. En cas de désaccord, ce grief pourra être porté devant un arbitre ayant le pouvoir de «modifier ou annuler la décision» en vertu de la convention[32] ou, plus communément, en vertu du Code du travail qui précise son pouvoir «d'y substituer la décision qui lui paraît juste et raisonnable[33]». Cette stipulation du Code s'applique quand un syndicat est présent et accrédité.

Puisqu'il faut bien commencer quelque part, laissons pour plus tard l'étude de la procédure de règlement des griefs et celle de l'arbitrage. Pour le moment, nous allons nous attarder sur ce qui se passe au sein de l'entreprise, même si tout cela est lié. Ainsi il sera question des

---

30.   ABB et loge 631, Machinistes, 1991-1992, art. 4.01.
31.   Laiterie Mont St-Bruno et local 973, Teamsters, 1987-1990, art. 3.01.
32.   Sidbec-Dosco à Contrecœur et section locale 6586, Métallos, art. 7.05.
33.   C.t. art. 100.12 (f).

politiques et des pratiques en matière disciplinaire et des effets de celles-ci au sein de l'entreprise. Il ne sera pas question de la formulation du texte de la convention collective, ce qui distingue cette section de la précédente.

8.5.3 Un état de subordination

La notion même de sanction disciplinaire découle d'un état et d'une relation de subordination faisant partie des relations du travail. De nombreux employeurs insistent pour que le pouvoir de discipliner soit explicité parmi les droits de la direction. Il en résulte souvent que le syndicat réclame que son énoncé soit qualifié et délimité, dans le même souffle, par une expression comme «pour juste cause». Et c'est ainsi qu'on trouve cette limitation sous forme de qualification dans l'article portant sur les droits de la direction.

Cet état de subordination est universellement accepté dans les relations du travail dans le secteur privé. Il l'est bien sûr dans les entreprises non syndiquées. Il l'est aussi dans les conventions collectives et dans la notion même du grief faisant suite à une décision patronale préalable. Il l'est également dans les décisions arbitrales. Il est enfin accepté dans le Code du travail, puisqu'il préside à la définition même du salarié admissible à se syndiquer. Par exemple, une entreprise d'émondage emploie vingt équipes de cinq émondeurs sous la direction de deux contremaîtres. Au sein de chaque équipe, à bord du même camion, un chef d'équipe dirige le travail et donne des ordres. Au sein d'une équipe survient un désaccord sur la façon d'émonder un arbre dont une branche surplombe une maison et les ordres du chef d'équipe sont contestés. Arrive le contremaître qui fait la tournée de ses équipes. Il entend, écoute et tranche. Lui aussi donne un ordre. Mais son ordre à lui comporte l'avertissement d'une sanction qu'il a le pouvoir d'imposer: «Si tu refuses mon ordre, reste chez vous sans salaire pour le restant de la semaine.» En vertu du Code, le chef d'équipe peut se syndiquer avec les autres employés; le contremaître quant à lui ne peut pas puisqu'il peut imposer ou contribuer à l'imposition d'une sanction disciplinaire, et qu'ainsi il représente le détenteur de l'autorité disciplinaire.

Il s'ensuit, dans la pratique quotidienne, une obligation du subordonné universellement admise: «obéir d'abord, se plaindre ensuite[34]». C'est là une traduction de l'expression *Obey now, grieve later*, elle-même

---

34.   F. Morin, R. Blouin, *op. cit.*, p. 408-411.

dérivée, semble-t-il, des premiers messages publicitaires de voyages aériens à crédit: *Travel now, pay later*. La principale restriction pratique et juridique à cette obligation a toujours été le danger physique. Cette restriction fait maintenant partie d'une loi:

> Un travailleur a le droit de refuser d'exécuter un travail s'il a des motifs raisonnables de croire que l'exécution de ce travail l'expose à un danger pour sa santé, sa sécurité ou son intégrité physique ou peut avoir l'effet d'exposer une autre personne à un semblable danger[35].

Par ailleurs, il découle de ce pouvoir disciplinaire que son détenteur hérite du fardeau de la preuve, exactement comme dans les appréciations de la compétence par l'employeur. À tous les niveaux, le contremaître qui sévit a le fardeau moral de la preuve s'il veut convaincre ses subordonnés qu'il n'est pas injuste dans la sévérité de sa gestion de la discipline. Il en va de même pour l'entreprise elle-même auprès de l'ensemble de ses employés.

C'est également le cas pour le procureur patronal qui tente d'en convaincre un arbitre. Cette longue pratique du fardeau de la preuve est à l'origine de la formulation du Code protégeant l'exercice d'activités syndicales, mais permettant aussi à un employeur de sanctionner un salarié «pour une cause juste et suffisante dont la preuve lui incombe[36]». Il ne suffit pas d'affirmer. Il faut aussi convaincre. Il s'agit donc bien d'un important partage du pouvoir.

Pour illustrer encore le lien unissant le pouvoir de décision et le fardeau de la preuve, on peut évoquer un des rares droits de décision octroyés à l'employé, c'est-à-dire le droit de refus d'exécuter un travail dangereux et dont on vient de parler. Le texte de la loi cité exige qu'il ait «des motifs raisonnables de croire» à un danger immédiat. Le droit de refuser, autrement dit le pouvoir de refuser est qualifié tant par la présence d'une croyance que par le caractère raisonnable de ses motifs. En pratique, comme en droit, à qui incombe le fardeau de cette preuve? À l'employé qui refuse puisque dans ce cas exceptionnel il en a le pouvoir. Seul lui connaît ses motifs. À lui de prouver qu'ils sont raisonnables. Il n'y aura pas de problème pour l'électricien qui pendant quinze ans n'a jamais pu travailler au sommet d'une échelle de dix mètres à cause d'un vertige aigu et bien connu de tous. Il y en aura un pour le «couleur de brins» dans une coulée continue de l'acier en fusion, qui invoque, de façon subite, les dangers réels de brûlure dont il s'est accommodé depuis dix ans. Encore une fois, la nécessité d'être crédible ou convaincant est

35. *Loi sur la santé et la sécurité du travail*, L.R.Q., c.S-2.1, 1979, art. 12.
36. C.t. art. 14.

à elle seule l'indice d'un partage du pouvoir. Partout. Les relations du travail en offrent un exemple, c'est tout. Et c'est beaucoup.

En somme, le cadre ou l'entreprise conserve la gestion de la discipline et en même temps y exerce un pouvoir partagé à des degrés divers. Ce partage peut être très faible quand il s'agit, à titre d'exemples, d'emplois précaires, d'employés non syndiqués, ou d'entreprises à la fois autoritaires et arbitraires ou encore tolérant la complaisance ou le favoritisme. Par contre, il est parfois considérable dans le secteur parapublic, dans la mesure où il s'agirait d'administration plutôt que d'entreprise, et de fonctionnaires plutôt que de cadres.

Que feriez-vous, par exemple, si vous étiez le nouveau superviseur de premier niveau d'un service hospitalier, promu explicitement à ce poste pour y régler un problème tout à fait localisé, au sein de cet hôpital, soit l'allongement indu des pauses dans la journée? Vous partez d'un pas enthousiaste et convaincu. Par la suite vous apprenez, petit détail, que vos deux prédécesseurs ont été congédiés par la soi-disant direction de l'hôpital, à la suite de protestations de la part du syndicat face aux vains efforts de ceux-ci pour solutionner le problème qui vous a valu votre promotion. Encore une fois, que feriez-vous?

8.5.4   Une subordination aménagée

a)   L'exercice du pouvoir de direction

En pratique, le pouvoir de direction doit d'abord être exercé. Le superviseur de premier niveau doit donc:

- Diriger et administrer les employés dont il a la charge.
- Donner des instructions claires en ce qui a trait aux normes de rendement et aux règles de comportement et faire respecter ces dernières de façon soigneuse, cohérente et polie[37].

Autrement dit, celui qui ne souhaite pas diriger ou sanctionner ne devrait pas le faire et serait bien avisé de refuser une promotion qui l'y mènerait. C'est une partie considérable du travail d'un cadre hiérarchique. Avis aux intéressés: s'en abstenir si cela rebute. Il vaut mieux refuser une promotion hiérarchique, par exemple, si on se sent incapable de dire à un ami, à 10 h le lundi matin: «Je constate que la production

---

37.   Via Rail, *Guide d'administration du personnel*, section 7.5. Transmis à l'auteur à titre privé en 1989.

de la machine ou le service aux clients dont tu es responsable sont déficients.»

b)   Des règles raisonnables et connues

Le recours à une sanction disciplinaire doit pouvoir s'appuyer sur des règles raisonnables et connues du comportement à adopter au sein de l'entreprise ou d'une section de l'entreprise. Sans elles, ce recours est entaché d'arbitraire puisqu'il n'est pas fondé sur une règle préalable. Il est donc imprévisible. Il peut même être entaché par un caprice personnel du supérieur impliqué.

On voit un exemple de règle raisonnable et connue dans le document 8-4 qui contient le résumé de six décisions arbitrales en matière disciplinaire. L'arbitre, Me Diane Sabourin, y confirme (No 87T-1058) le bien-fondé de deux des trois motifs de la suspension disciplinaire d'un policier par son employeur, à savoir «d'avoir pénétré dans le domicile du jeune homme sans autorisation et d'y avoir enquêté et perquisitionné sans être muni d'un mandat». Ces règles font partie de nos lois et de ce qu'on appelle «la règle de droit». Le policier est tenu de les respecter. De par ses fonctions il les connaît assurément.

c)   Une application objective

Dans l'application de ces règles, l'entreprise exigera que le superviseur agisse de façon objective plutôt qu'aveugle ou subjective. Il devra donc se livrer à une enquête lui permettant de répondre aux questions suivantes: Quoi, qui, quand, où, comment et pourquoi? Y a-t-il des témoins et peut-on invoquer leur témoignage[38]?

À l'enquête succédera l'évaluation en vue de déterminer s'il procédera à une sanction ou à une simple conversation. Dans un cas comme dans l'autre, il faudra donner à l'employé une chance de donner sa version des faits. L'équité l'exige. La crédibilité du superviseur en dépend.

Enfin, celui-ci devra décider «si une sanction s'avère justifiée et, dans l'affirmative, déterminer le type de mesure à prendre[39]». Pour cela, il devra répondre à des questions telles que les suivantes: est-ce une faute grave? quelles sont les pratiques ou la fermeté antérieures de

---

38.   *Id., ibid.*, section 7.4, «Marche à suivre».
39.   *Id., ibid.*, section 7.4.

DOCUMENT 8-4   Décisions

Décisions nᵒˢ 87T-1054 à 87T-1057

Nᵒ 87T-1054   TRIBUNAL D'ARBITRAGE

GRIEF – mesure disciplinaire – manquements du salarié – **vol – notion de vol – preuve de la propriété de l'objet volé**.

Contestation d'une réprimande écrite. Grief accueilli en partie.

Le plaignant est mécanicien d'automobile. Lorsqu'il fait le plein de transmission, il facture le prix de l'huile au client ou à la compagnie si la réparation est garantie. Il garde le surplus d'huile sur l'établi. Il a reçu une réprimande écrite l'accusant 1ᵒ de vol: il a été surpris en possession d'un litre d'huile à transmission et 2ᵒ de négligence: il a laissé tomber une transmission. On ajoute qu'une répétition du premier manquement mettra fin, sans autre avis, à son emploi. À l'audition, l'employeur parle d'un «emprunt» ou de l'«appropriation» de matériel lui appartenant.

Pour présenter une défense valable, le plaignant doit connaître ce qu'on lui reproche. En l'espèce, la réprimande contient les éléments usuels qui décrivent l'infraction de vol, telle que prévue au *Code criminel*. Pour créer une infraction différente, l'employeur aurait dû en déterminer les éléments constitutifs et dire de façon claire comment il voulait s'éloigner de la définition énoncée par la loi. Il ne l'a pas fait et il s'est donc référé simplement à l'art. 283 du *Code criminel* quant au contenu de l'infraction reprochée, ce qui est admis en droit privé (*Sauvé c. The Guildhall Insurance Co. Ltd.*, (1961) B.R. 733). La preuve de la propriété de l'objet doit être faite. En l'espèce, la preuve prépondérante veut que l'huile ait été abandonnée par ses propriétaires. Les clients refusent d'en emporter le surplus et le mode de facturation ne permet pas d'établir le droit de l'employeur sur un bien qui, au départ, appartenait au client ou à la compagnie. L'huile est conséquemment devenue un *res nullius*, un bien sans propriétaire. Le droit enseigne qu'un tel bien appartient à celui qui se l'approprie. Ce pouvait être l'employeur ou le plaignant. Ce dernier, qui l'a fait, n'a donc rien volé. Le grief est accueilli en ce qui concerne la première partie de la réprimande. Il est rejeté quant à la seconde partie, car il y a eu preuve de négligence dans le maniement d'une transmission.

ASSOCIATION DES EMPLOYÉS DE GARAGE DES CANTONS DE L'EST c. ÉCONAUTO (1985) LTÉE. Mᵉ Jean-Louis Dubé, arbitre. 87-03655. 1987-05-06. Décision nᵒ 87T-1054; prix 7,09 $ (6,50 $ plus taxe) (8 pages).

Nᵒ 87T-1055   TRIBUNAL D'ARBITRAGE

GRIEF – mesure disciplinaire – manquement du salarié – **insubordination – fausse déclaration**.

Contestation d'un congédiement. Grief rejeté.

Le plaignant, soudeur, conteste le congédiement qui lui a été imposé parce qu'il avait refusé de reprendre son travail en invoquant, sans droit, son incapacité physique et parce qu'il a falsifié un reçu de frais de repas. Après avoir subi un accident du travail au dos occasionnant un arrêt de travail de trois ans, le plaignant a été réintégré à des travaux légers puis muté au poste de tôlier. L'employeur lui a fait subir une expertise médicale concluant qu'il était apte à reprendre le travail de tôlier sans restriction médicale. Il a refusé de

DOCUMENT 8-4   Décisions (suite)

reprendre le travail alléguant que son médecin traitant le lui déconseillait. Il avoue avoir falsifié un reçu pour compenser une autre dépense que l'employeur ne lui avait pas remboursée.

Le refus du plaignant constitue un geste d'insubordination inacceptable compte tenu que son état de santé lui permettait d'exécuter sans danger ce travail, puisqu'il est adapté à ses restrictions physiques. Le plaignant a fait une fausse déclaration en mentionnant que le travail confié n'était pas recommandé par son médecin traitant. Quant à la falsification du reçu, il s'agit d'un geste répréhensible et injustifié. Ce n'est pas la façon d'obtenir le remboursement d'une autre dépense. Pour ces motifs, le congédiement est justifié.

MANAC INC. et ASSOCIATION DES SALARIÉS DE MANAC INC. ST-GEORGES (A.D.S.M.). M. François G. Fortier, arbitre. 87-07835, 1987-09-16. Décision nº 87T-1055; prix 9,21 $ (8,45 $ plus taxe) (13 pages).

Nº 87T-1056   TRIBUNAL D'ARBITRAGE

GRIEF – mesure disciplinaire – manquement du salarié – **incompétence – rétrogradation.**

Contestation d'une rétrogradation. Grief accueilli.

Le plaignant, opérateur de chariot élévateur, fut rétrogradé à son ancien poste de journalier à la suite de diverses fautes commises dans l'exécution de son travail. Il avait obtenu ce poste qui avait été affiché à l'interne et fut rétrogradé 40 jours après son entrée en fonction. La convention collective prévoit une période d'essai de 20 jours qu'il est possible de prolonger après entente avec le syndicat.

La jurisprudence n'accepte pas l'utilisation de la rétrogradation comme mesure disciplinaire à l'endroit d'un salarié sauf si la convention collective le prévoit expressément, ce qui n'est pas le cas en l'espèce, ou lorsque la faute commise démontre l'inaptitude du salarié d'occuper le poste. Or, sur ce point, les erreurs et les fautes commises par le plaignant n'établissent pas son incapacité à occuper son poste. En effet, le renversement d'une palette sur un convoyeur, le fait de se tromper de chargement, de reculer dans le camion d'un contremaître et enfin de décharger des marchandises au mauvais endroit constituent de la négligence grossière justifiant l'imposition d'une mesure disciplinaire, mais non pas une rétrogradation. Enfin, l'employeur ne pouvait replacer le plaignant dans son ancien poste, puisque la période d'essai de 20 jours était écoulée, et aucune entente avec le syndicat n'était intervenue pour la prolonger. Une suspension de trois jours est substituée à la rétrogradation, le plaignant devant être réintégré au poste d'opérateur de chariot élévateur.

MONTCO LTÉE et MÉTALLURGISTES UNIS D'AMÉRIQUE, LOCAL 7625, Mᵉ René Lippé, arbitre. 87-06215. 1987-07-08. Décision nº 87T-1056; prix 12,75 $ (11,70 $ plus taxe) (18 pages).

Nº 87T-1057   TRIBUNAL D'ARBITRAGE

GRIEF – mesure disciplinaire – manquement du salarié – divers – refus d'effectuer des heures supplémentaires.

Contestation de suspensions d'une journée. Griefs accueillis.

Les plaignants travaillaient comme chauffeurs d'épandeuses de sel. Dans la nuit du 4 au 5 février 1986, du travail en heures

DOCUMENT 8-4   Décisions (suite)

supplémentaires a été requis pour l'épandage d'abrasif dans une zone en particulier. Tous les employés de cette zone aptes à exécuter cette fonction et sur les lieux de travail ont été contactés et ont refusé. Tous les employés de la zone voisine ont également refusé. À cause de ce refus, les plaignants ont été suspendus pour une journée, sans solde. La partie patronale prétend que le travail en heures supplémentaires est obligatoire. Le syndicat soutient qu'il doit s'effectuer sur une base volontaire et que l'employeur ne peut demander aux employés de faire du travail en heures supplémentaires à l'extérieur de leur zone de travail.

Le caractère facultatif des heures supplémentaires s'infère de plusieurs dispositions de la convention collective. Par ailleurs, la doctrine nous apprend que le refus concerté d'effectuer du travail en heures supplémentaires, même lorsqu'il est facultatif, constitue une violation de la convention collective et un acte de grève de la part des salariés impliqués. Bien qu'un des témoins ait fait allusion au fait que les parties à la convention étaient en négociation en vue de son renouvellement lorsque les refus d'effectuer du travail en heures supplémentaires se sont produits, une telle affirmation est insuffisante à elle seule pour établir une décision concertée de leur part. En conséquence, les plaignants ne sauraient être pénalisés en raison de droits qu'ils ont simplement exercés. Les griefs sont accueillis.

MONTRÉAL (VILLE DE) et SYNDICAT CANADIEN DE LA FONCTION PUBLIQUE, LOCAL 301. Mᵉ Guy E. Dulude, arbitre. 87-06447. 1987-08-14. Décision nº 87T-1057; prix 9,92 $ (6,50 $ plus taxe) (14 pages).

Nº 87T-1058   TRIBUNAL D'ARBITRAGE

GRIEF – mesure disciplinaire – manquement du salarié – divers – policier – entrée dans un domicile et enquête sans autorisation.

Contestation d'une suspension de 10 jours. Grief accueilli en partie, une suspension de sept jours étant substituée à la mesure initialement imposée.

Le plaignant est policier. Le 28 octobre 1986, alors qu'il était habillé en civil, il s'est présenté au domicile d'un jeune homme de 16 ans qu'il soupçonnait du vol de son porte-monnaie. Après s'être identifié en montrant son insigne de policier, il est entré dans la maison, bien que la personne qui lui avait répondu lui ait demandé d'attendre. Le plaignant a ensuite demandé qu'on lui remette son porte-monnaie et s'est mis à interroger les trois adolescents qui se trouvaient dans la maison pour connaître leur emploi du temps de l'aprèsmidi. Alors qu'il les questionnait, il leur a demandé si son porte-monnaie ne serait pas caché quelque part, ce à quoi les trois jeunes ont répondu par la négative. À la suite de ces événements, une plainte a été déposée par le père du jeune homme à l'encontre du plaignant qui, au terme d'une enquête, a été accusé d'avoir pénétré dans le domicile du jeune homme sans autorisation et d'y avoir enquêté et perquisitionné sans être muni d'un mandat. Il a été suspendu pour une période de 10 jours.

L'employeur a adressé trois reproches distincts au plaignant relativement à l'incident du 28 octobre: avoir pénétré sans autorisation dans le domicile du père du jeune homme, y avoir enquêté et y avoir perquisitionné sans être muni d'un mandat. La première question consiste à savoir si le plaignant a effectivement obtenu ou

DOCUMENT 8-4   Décisions (suite)

non la permission de pénétrer dans l'appartement du jeune homme alors que ses parents étaient encore au travail. Après avoir soupesé l'affirmation faite par le plaignant à ce sujet, l'arbitre en vient à la conclusion qu'il n'a jamais obtenu une telle autorisation. Il ressort également d'une façon claire que le plaignant a bel et bien interrogé les adolescents. Le deuxième reproche adressé au plaignant était donc bien fondé. Par contre, les témoignages entendus lors de l'audition ne permettent pas de conclure au bien-fondé du troisième reproche adressé au plaignant. L'employeur était justifié de sévir à l'encontre du plaignant pour la conduite qu'il a adoptée le 28 octobre 1986. Exception faite du dernier reproche, les faits reprochés au plaignant dans l'acte d'accusation ont été prouvés. Le plaignant n'ayant pas perquisitionné au domicile du jeune homme, la suspension de 10 jours imposée au plaignant devrait être réduite à 7 jours.

FRATERNITÉ DES POLICIERS DE GREENFIELD PARK c. GREENFIELD PARK (VILLE DE). Mᵉ Diane Sabourin, arbitre. 1987-09-14. Décision nº 87T-1058; prix 13,46 $ (12,35 $ plus taxe) (19 pages).

Nº 87T-1059 TRIBUNAL D'ARBITRAGE GRIEF – mesure disciplinaire – **procédure d'imposition de la mesure** – procédure préalable.

Contestation d'un congédiement. Objection syndicale invoquant la nullité de la mesure. Objection accueillie, grief accueilli.

Le plaignant, agent de sécurité, a travaillé pour la dernière fois le 14 mai. Après cette date, à deux reprises, des représentants de l'employeur lui ont demandé de rapporter son uniforme et de venir prendre sa paie de vacances. Se croyant congédié, il a déposé un grief le 1ᵉʳ juin. L'arbitre fut désigné le 29 juin. Une lettre de congédiement lui fut remise le 29 juillet suivant, le jour même de la tenue de l'audition. Le syndicat soutient que le congédiement est nul parce que les dispositions impératives de la convention collective concernant l'imposition de mesures disciplinaires n'ont pas été respectées.

La convention collective oblige l'employeur, lors de l'imposition d'une mesure disciplinaire, à aviser le salarié par écrit en mentionnant l'incident qui y donne lieu. Une copie de cet écrit doit être remise au syndicat dans un délai de cinq jours. La lettre remise au plaignant le 29 juillet constitue un avis tardif non conforme aux dispositions de la convention collective, puisque la preuve établit que le dernier jour de travail du plaignant fut le 14 mai. Le relevé remis au plaignant pour l'assurance-chômage indique également cette date. L'argument patronal voulant que le plaignant ait été suspendu jusqu'à ce que la plainte écrite d'un client lui parvienne est rejeté. Il aurait dû l'aviser conformément aux dispositions de la convention collective que sa conduite était sous étude, ce qu'il n'a pas fait. Enfin, le fait que d'autres plaintes écrites de clients aient été remises au plaignant ne peut constituer des mesures disciplinaires écrites; le droit et le pouvoir de sanctionner un employé appartient exclusivement à l'employeur et toute mesure doit émaner de lui. En conséquence, le congédiement est annulé.

SÉCURITÉ ET PROTECTION SEC-PRO INC. et UNION DES AGENTS DE SÉCURITÉ DU QUÉBEC, MÉTALLURGISTES UNIS D'AMÉRIQUE, LOCAL 8922. Mᵉ Nicolas Cliche, arbitre. 87-07850, 1087-09-16. Décision nº 87T-1059: prix 7,09 $ (6,50 $ plus taxe) (8 pages).

SOURCE: SOQUIJ, «Droit du travail express», 1987, pp. 426-427.

l'entreprise dans des cas semblables? quelle est l'ancienneté de l'employé? y a-t-il eu malentendu, provocation ou discrimination?

L'absence d'une telle démarche préalable à l'imposition des sanctions expose l'entreprise à perdre sa crédibilité auprès des employés, ou son pouvoir de persuasion auprès d'un arbitre éventuel. On le voit dans deux exemples différents du document 8-4. Dans l'un (N° 89T-1059), l'arbitre, Me Nicolas Cliche, annule le congédiement d'un agent de sécurité parce qu'on «aurait dû l'aviser conformément aux dispositions de la convention collective que sa conduite était sous étude» et parce que des plaintes écrites de clients ne constituent pas des «mesures disciplinaires écrites». Dans l'autre (N° 87T-1054), l'arbitre, Me Jean-Louis Dubé, annule la première partie d'une réprimande écrite accusant de vol un mécanicien d'automobile à l'emploi d'un garage. La direction du garage n'avait édicté aucune règle concernant les surplus de l'huile de transmission vendue au client mais utilisée en partie seulement. Souvent, le client préfère quitter le garage sans s'embarrasser d'un bidon d'huile qui a été ouvert. L'arbitre rejette le fait qu'il s'agisse d'un vol puisque l'huile n'appartenait plus à personne: ni au client qui l'avait abandonnée, ni au garage qui l'avait vendue.

d)   Une place à la correction

La démarche du superviseur ne doit pas être que punitive. Elle doit aussi laisser sa place à la correction. Elle doit donc être aussi corrective. Cela commence bien avant le recours aux sanctions, dans la gestion et les contacts quotidiens et informels, à l'aide d'information, de clarté et d'intuition. Cela évite souvent le besoin de recourir à des sanctions[40].

Si des sanctions s'imposent, elles doivent également inviter à la correction. «La sanction constitue en même temps une solution adoptée par la direction pour améliorer le comportement ou le rendement d'un employé[41].» Cela se fait par le recours gradué et progressif à des sanctions successives d'une sévérité croissante. Cela s'appelle la gradation des sanctions. «Le jugement et l'autonomie du superviseur ont ici une importance déterminante, car c'est ce dernier qui doit analyser la situation et décider du degré de sévérité que commande la faute commise et le résultat à atteindre[42].»

---

40.   *Id., ibid.*, section 7.5.I.
41.   *Id., ibid.*, section 7.1.
42.   *Id., ibid.*, section 7.5.II.

e) La gradation des sanctions

• **L'avertissement verbal ou la réprimande verbale**

C'est la forme de sanction la moins sévère. Elle se veut constructive. Mais c'est déjà une forme de réprimande. Et, en ce sens, elle se distingue des rencontres plus ou moins formelles d'orientation ou de formation dont on a déjà parlé. Sa date ou sa teneur sont souvent consignées dans le dossier de l'employé.

• **La lettre de réprimande ou la réprimande écrite**

Cette sanction est plus importante que la précédente. Elle signale l'urgence d'une amélioration. Idéalement, elle s'accompagne d'un entretien qui évite tout malentendu et où on annonce l'éventualité de sanctions plus sévères. Elle est souvent utilisée dans le cas d'infractions mineures ou de leur répétition, tels les retards ou les abus des pauses au cours du travail. Elle peut être répétée plusieurs fois, en fonction des circonstances individuelles ou des pratiques de chaque entreprise.

• **La suspension et les points de pénalisation**

La suspension constitue une sanction encore plus importante. Suspendre, c'est renvoyer l'employé chez lui sans salaire. Son travail et son salaire sont ainsi interrompus pendant une journée, trois jours, une semaine, un mois ou six mois. La durée varie beaucoup. Son impact financier fait que l'entreprise signale ainsi la gravité de la situation et que l'individu en est directement affecté. Ses modalités ou sa répétition sont très variables, mais son utilisation est très fréquente. Son efficacité est grande parce qu'elle est à la fois punitive et corrective.

Son aspect punitif, justement, a suscité l'apparition d'une alternative, soit l'accumulation de points de pénalisation qui remplacent la suspension du salaire[43]. Ces points de pénalisation ressemblent à s'y méprendre aux points d'inaptitude imposés en vertu du Code de la route. Par exemple, lorsqu'ils atteignent la somme de 60, l'employé peut être congédié; chaque année exempte de sanction peut effacer 20 points de pénalisation.

L'avantage des points sur les suspensions est leur indulgence. Envers l'employé d'abord, qui perd des points plutôt que des jours ou des semaines de salaire. Envers l'entreprise aussi, qui s'exempte du remplacement de l'employé suspendu et dont les coûts dépassent tou-

---

43. *Id., ibid.*, section 7.2-c).

jours le salaire impayé. Cet avantage comporte en même temps son inconvénient. Pour l'employé d'abord, s'il en reste insouciant ou incrédule. Car il n'est bombardé que de papiers avant que survienne son congédiement. Cette indulgence pourrait être appréciée de l'employé consciencieux ou soucieux du long terme. Mais il ne s'agit pas de lui, règle générale. Il s'agit plutôt du délinquant, peu représentatif des employés dans leur ensemble, mais constituant la cible habituelle des sanctions disciplinaires. Il y a aussi un inconvénient pour l'entreprise. N'est-il pas plus facile pour le superviseur insouciant d'ajouter 12 points que de couper trois jours de salaire? Mais cette facilité n'est-elle pas que provisoire, et ainsi factice?

À cet égard, les pratiques suivies dans la réhabilitation d'un alcoolique ou d'un toxicomane peuvent être instructives. Nombre d'entreprises, syndiquées ou non, se sont associées à leurs syndicats ou à leurs employés pour remédier à de tels ravages. D'une part, on réfère l'employé à une aide personnalisée, telle que chez les Alcooliques anonymes ou chez les nombreux groupes qui s'en inspirent. D'autre part, au sein de l'entreprise, et de façon complémentaire, c'est la sévérité plutôt que la complaisance qui est la règle. On impose des suspensions lourdes, de six semaines ou de trois mois, elles-mêmes conditionnelles à la participation à un groupe volontaire. On laisse bégayer, c'est-à-dire qu'on répète avec sévérité les suspensions du salaire en cas de récidive. C'est là, semble-t-il, une condition essentielle de la réhabilitation. La remontée personnelle exige parfois d'avoir touché le fond. L'indulgence peut n'être que complice de la perdition, ne fournissant que la corde requise à la pendaison.

• Le congédiement

C'est bien sûr «la sanction la plus grave dont peut faire l'objet un employé[44]». La relation d'emploi est supprimée. Certains disent, par analogie, qu'elle équivaut à «la peine capitale» des relations du travail. Elle est dénuée de tout caractère correctif, du moins pour l'ex-employé concerné. Son équité, ses motifs, sa préparation, les tentatives préalables de correction, le caractère explicite pour l'individu de son éventualité, seront tous scrutés de près par ses compagnons, par le syndicat, et, le cas échéant, par un arbitre. Elle survient à la suite d'une combinaison variée de fautes antérieures et d'une faute finale culminante. Elle résulte souvent de fautes telles que le vol, la violence, l'insubordination explicite constituant un défi à l'autorité, l'absence sans justification, l'ébriété ou

---

44.   *Id., ibid.*, section 7.2 (e).

l'usage de drogue au travail et, particulièrement, l'incapacité de se débarrasser d'une telle dépendance.

Le superviseur a tout avantage à éviter le congédiement impulsif même quand la situation est dramatique. Il peut s'agir de coups de poing pendant le travail, d'une ébriété manifeste, du fait de fracasser un téléphone sur le mur, d'une insolence ou d'un défi à l'autorité lancés publiquement. Sur-le-champ, le superviseur sommera le fautif de quitter immédiatement les lieux et de n'y revenir que s'il l'y rappelle plus tard, après avoir pris une décision réfléchie à son sujet. Pour le moment, il suspend son jugement. Et en même temps il suspend effectivement l'employé, mais sans prendre une décision disciplinaire immédiate à son sujet. Une telle suspension est dite «indéfinie», «d'une durée indéterminée» ou «administrative». «Une telle mesure est prise avant la prise de décision concernant l'avenir de l'employé et se distingue de la suspension proprement dite, qui est précisément le fruit de cette décision[45].»

f)   Le contenu des sanctions

Règle générale, dans le secteur privé, la sanction se voulant à la fois punitive et corrective inclut la suspension provisoire du travail et donc du salaire, mais non le changement qualitatif ou permanent du statut de l'emploi. Sont ainsi exclues la démotion ou la rétrogradation à un poste inférieur, la non-admissibilité aux occasions de faire du travail supplémentaire ou les coupures dans l'ancienneté de l'employé.

Cette limitation du contenu des sanctions résulte plus d'une pratique généralisée que d'une obligation contractuelle. On en trouve parfois l'écho dans les pouvoirs conférés à l'arbitre, qui «pourra déterminer le dédommagement et la réintégration partielle ou totale, avec tous les droits et privilèges acquis en vertu de la convention collective[46]». Le fondement d'une telle pratique serait, semble-t-il, qu'un écart de conduite mérite une sanction salariale passagère plutôt qu'une sanction qualitative qui pourrait être permanente.

Cette pratique se retrouve aussi dans les décisions des arbitres. Par exemple Me René Lippé, juge à la retraite et arbitre, réintègre à son poste de chariot élévateur, avec trois jours de suspension, un employé qui avait été rétrogradé à son ancien poste de journalier. Pourtant, ses écarts étaient tels qu'on pourrait parler de conduite «écartée» :

---

45.   *Id., ibid.*, section 7.2 (f).

46.   ABB et loge 631, Machinistes, 1991-1992, art. 10.02.

La jurisprudence n'accepte pas l'utilisation de la rétrogradation comme mesure disciplinaire à l'endroit d'un salarié sauf si la convention collective le prévoit expressément, ce qui n'est pas le cas en l'espèce, ou lorsque la faute commise démontre l'inaptitude du salarié d'occuper le poste. Or, sur ce point, les erreurs et les fautes commises par le plaignant n'établissent pas son incapacité à occuper le poste. En effet, le renversement d'une palette sur un convoyeur, le fait de se tromper de chargement, de reculer dans le camion du contremaître et enfin de décharger les marchandises au mauvais endroit constituent de la négligence grossière justifiant l'imposition d'une sanction disciplinaire, mais non pas une rétrogradation[47].

g)   La proportionnalité des sanctions

Les sanctions imposées ne sont pas graduées qu'en fonction de leur objectif de correction. Elles sont aussi proportionnelles à la gravité ou à la répétition de la faute. Cela est manifeste quand on utilise un système de points cumulatifs. Cela est également manifeste dans la pratique des réprimandes et des sanctions monétaires. C'est affaire d'équité, encore une fois.

Ce souci d'équité qui caractérise l'ensemble de la procédure disciplinaire peut être considéré comme étant la transposition voulue, au sein de l'entreprise, de la règle de droit à laquelle adhèrent les sociétés démocratiques et industrialisées. De la même façon qu'un virage à gauche interdit ne vous conduit pas au cachot ou qu'un acte de contrebande vous donne droit à un procès en bonne et due forme, dans l'entreprise, un retard isolé ne vous fera pas perdre à lui seul votre emploi. La règle de droit remplace ainsi le règne de l'arbitraire.

8.5.5   Quelques questions

À son tour, ce frein à l'arbitraire soulève d'autres questions. L'arbitraire baissant, la peur en fait autant. Le recours à ce genre de fouet étant réglementé, on est moins sur le qui-vive. Dès lors, qu'a-t-on prévu comme motivation de remplacement au sein de l'entreprise ? La réponse relève directement de la direction, principale responsable des relations organisationnelles et humaines. Il ne faut certes pas la chercher dans la convention collective. Celle-ci circonscrit la direction, elle ne la remplace

---

47.   Voir dans le document 8-4, le résumé nº 87T-1056.

pas. La sanction disciplinaire est négative en ce sens qu'elle punit une faute. Certes, elle se veut aussi corrective, mais c'est la correction d'un comportement fautif. Certes, elle reflète aussi un souci d'équité envers les non-fautifs: sans elle, «nous manquerions à nos obligations envers la majorité de nos employés, qui s'acquittent de leurs fonctions de façon satisfaisante[48]». Mais elle le fait de façon indirecte. Les motivations positives, dont la présence peut remplacer la peur, dépassent le cadre de la convention collective. À cet égard, l'essentiel est ailleurs.

C'est grâce à une approche systématique de la discipline, on l'a vu, que la gestion peut freiner l'arbitraire. De quel système de gestion s'agit-il? Qui y est responsable des décisions? La gestion est-elle du type bureaucratique, ou décentralisé? Enfin, quelle place est faite à la communication au sein de l'entreprise, et qu'y fait-on pour susciter l'implication des employés? Celles-ci peuvent constituer des aspects ou des outils importants de la gestion. Elles relèvent au premier chef d'un style ou d'un choix de la direction. Ces questions ressurgissent au prochain chapitre.

8.6 LES HEURES ET LES HORAIRES DE TRAVAIL

8.6.1 Cinq jours de huit heures

Le col bleu typique du secteur manufacturier travaille 40 heures par semaine, réparties en cinq jours de huit heures. Il travaille plus d'heures que le col blanc, le col rose ou l'employé d'une administration publique ou parapublique. Depuis un siècle, la durée hebdomadaire du travail a chuté de façon spectaculaire, passant de 60 heures environ à l'époque à 40 heures aujourd'hui. On se souviendra qu'en 1872 les typographes de Toronto avaient vainement fait la grève pour obtenir une réduction de 60 à 54 heures de travail par semaine.

À lui seul ce changement, autant qualitatif que quantitatif, témoigne de l'enrichissement des sociétés industrielles. Car il est coûteux. Dans chaque négociation, il a fallu prévoir une hausse du salaire horaire pour compenser la baisse du nombre d'heures. La durée normale du travail constitue ainsi une partie du contenu monétaire de la convention.

---

48. Via Rail, *op. cit.*, section 7.1.I.

Depuis trente ans, elle est restée à peu près stable. Il y a peu d'indices d'un raccourcissement d'ici l'an 2000. C'est plutôt la durée annuelle de travail qui a tendance à baisser. On négocie l'allongement des vacances annuelles payées et non travaillées ou l'accroissement du nombre de congés fériés payés. Est également en baisse la durée totale du travail que l'individu contribue à l'entreprise, par le biais d'une baisse de l'âge normal de la retraite, parfois en-dessous de 65 ans maintenant. Chacun de ces rognages est fort coûteux. L'un ou l'autre d'entre eux semble avoir capté l'attention ou mobilisé l'énergie des cols bleus beaucoup plus qu'une baisse des heures hebdomadaires. Cela s'est fait pour des raisons qualitatives, évidemment, les choix monétaires inscrits dans chaque convention n'étant que la transcription de choix qualitatifs entre un salaire immédiat et diverses formes d'un salaire différé.

À cette halte récente de la semaine normale du travail à 40 heures, s'ajoutent, dans le secteur privé, deux nouveautés qui semblent la consolider. La première est la prolifération spontanée, certes issue des travailleurs plutôt que des dirigeants syndicaux, des journées de 10 heures ou de 12 heures dans le cadre de la semaine de 40 heures. On demande de travailler quatre journées de 10 heures plutôt que cinq journées de huit heures. Ou alors, en travail continu, on demande de travailler douze heures par jours sur un horaire «4-3»: c'est-à-dire l'alternance de semaines de quatre jours et de semaines de trois jours chacune. Un syndicat local de la sidérurgie, à Contrecœur, a même dû livrer une grève d'un mois avant que l'employeur consente à allonger la journée de travail à douze heures. Les raisons de ces demandes sont manifestement qualitatives. Sans chercher à travailler moins, concurrence oblige, on veut avoir plus de journées entières à soi; on veut passer plus de fins de semaine avec sa famille, au moins la moitié plus, par simple arithmétique; on veut aussi sabrer dans le temps hebdomadaire total consacré au transport quotidien, devenu important depuis que la résidence familiale s'est libérée du voisinage pédestre de l'usine.

La seconde est la prolifération du travail à temps partiel, c'est-à-dire en deçà des 40 heures normales chez les cols bleus, ou des 37 ou 35 heures devenues courantes chez les cols blancs. Le travail à temps partiel segmente le marché du travail. Une partie des femmes le souhaite, l'autre pas. Peu d'hommes le souhaitent. Les raisons de cette segmentation semblent être multiples. D'une part, plusieurs employeurs y trouvent leur compte, comme dans l'alimentation ou dans l'hôtellerie où l'achalandage est fluctuant. D'autre part, plusieurs femmes et plusieurs jeunes y trouvent aussi leur compte quand leur intérêt vital relègue au second plan la continuité du travail. Dans quelle mesure? C'est difficile à dire si on veut se limiter aux simples faits connus.

Beaucoup de réponses catégoriques à ce sujet semblent refléter plutôt une préférence idéologique.

Quoi qu'il en soit, la semaine normale de 40 heures chez les cols bleus manufacturiers n'est pas présentement l'objet d'une contestation importante. Elle ne l'est pas sous son aspect monétaire. Elle peut cependant l'être sous son aspect normatif. En effet, quelles seront les modalités de cette journée de huit heures ou de cette semaine de 40 heures?

8.6.2   Équipes, repas et pauses

Les horaires de travail convenus sont consignés, parfois de façon détaillée. Cela est simple quand tout le travail se fait sur un seul quart, diurne. On l'appelle volontiers le poste de jour ou l'équipe de jour. On précise les heures du début et de la fin du travail, l'heure et la durée du repas, de 30 à 60 minutes, et généralement non rémunérée. On précise la durée des pauses, de 10 ou 15 minutes, généralement rémunérées. On établit aussi si les employés ont droit à cinq minutes payées pour se nettoyer avant de pouvoir poinçonner à la fin du travail.

Cela est plus élaboré quand le travail se fait sur deux quarts, celui de jour et celui de soir. Le mode d'assignation ou de choix de l'employé de l'une ou l'autre équipe, ou dans certains cas la rotation périodique de celles-ci, sont prévus. Une prime d'équipe est souvent prévue en guise de compensation pour le travail de soir, ou de nuit, allant de 25 à 50 cents l'heure. Le cas échéant, la fluctuation saisonnière du nombre d'équipes est aménagée, déclenchant ainsi des mises à pied ou des rappels au travail.

Cela est encore plus élaboré quand certaines opérations, ou l'entreprise au complet, fonctionnent 24 heures par jour, et, surtout, sept jours par semaine. Un tel travail continu exige trois équipes travaillant huit heures, ou deux équipes travaillant 12 heures, à chaque jour. Il est assuré par la rotation périodique de quatre équipes. La période de repas est nécessairement payée puisque la durée totale de la présence ne peut pas excéder huit heures; le repas ne dépasse pas la demi-heure. En travail continu, le repas et les pauses se prennent généralement en alternance plutôt que simultanément. De telles pratiques et leur réglementation sont souvent très particularisées et sont l'objet de soins minutieux, tant sur le plancher que dans la convention.

8.6.3 Primes d'équipe ou d'heures supplémentaires

Une prime d'équipe est généralement prévue, on l'a dit, la plupart d'entre elles allant de 25 à 50 cents l'heure. Une prime de surtemps est universellement prévue. Elle est généralement de 50 p. 100 et s'appelle le «temps et demi». Elle peut grimper à 100 p. 100, c'est-à-dire le double du salaire de base en «temps double», après les quatre premières heures supplémentaires ou dans d'autres circonstances spéciales telles qu'un congé férié. Ainsi, un mécanicien appelé un jour de Noël à faire une réparation urgente pendant de longues heures, aura vite fait d'amasser la somme nécessaire à la nouvelle télé que son épouse convoite tant. L'employeur veille minutieusement à spécifier que les diverses primes ne constituent pas une pyramide, s'évitant par exemple une majoration de 50 p. 100 de la prime d'équipe en surtemps.

On précise le caractère volontaire ou obligatoire des heures supplémentaires ainsi payées. Les circonstances le déterminant peuvent être assez complexes. Par exemple, le surtemps peut être obligatoire pendant les deux premières heures lorsque le travail ne peut pas être interrompu et que le remplaçant prévu ne se présente pas au travail. Il peut devenir volontaire par la suite, quand les employés faisant normalement ce travail se le voient offrir à tour de rôle. Il peut redevenir obligatoire quand on a épuisé cette liste sans y avoir trouvé de volontaires.

La distribution des heures supplémentaires se fait avec soin, selon des procédures parfois écrites dans la convention. De façon quasi universelle, elle se fait par rotation parmi les employés éligibles, à partir d'une liste préétablie où chacun connaît sa position. La position sur cette liste est généralement déterminée par l'ancienneté. Cela ne veut cependant pas dire que les plus anciens sont privilégiés dans l'offre des heures supplémentaires; cela veut dire que la liste d'ancienneté sert de base à un roulement égalitaire de telles offres.

8.6.4 La journée ou la semaine normale

Leurs durées et leurs horaires sont d'autant plus importants qu'ils servent souvent de base à la définition du surtemps. Ainsi, tout travail exécuté en dehors des heures et des horaires normaux constitue du surtemps. Si, par exemple, un employé est appelé à entrer au travail à 5 h 30 plutôt qu'à 7 h 30, l'employeur ne pourra pas lui faire cesser le travail ce jour-là à 14 h au lieu de 16 h, et invoquer qu'il ne lui doit aucune prime d'heures supplémentaires puisqu'il n'aurait pas travaillé plus que la journée normale de huit heures.

De la même façon, un employé n'ayant pas travaillé un lundi férié ne pourra pas être requis pour travailler le samedi au salaire normal sous prétexte que sa semaine normale est de 40 heures. C'est pourquoi il faut faire un amendement explicite, quoique passager, de la convention collective quand les employés souhaitent, et que l'employeur accepte, de travailler un ou des samedis à «temps simple», ou de prolonger la durée quotidienne du travail, dans le but de faire le pont entre un jeudi férié et la fin de semaine suivante, sans perte de salaire pour l'employé ni coûts supplémentaires pour l'employeur.

La convention prévoit souvent que la journée ou la semaine normales ne constituent pas une garantie. L'employeur se protège ainsi contre toute réclamation de salaire perdu dans des cas tels que l'interruption forcée du travail suite à une panne électrique survenant à 12 h, ou une mise à pied prenant effet un mercredi soir.

À cet égard, d'ailleurs, la Cour suprême a statué qu'il n'était pas raisonnable d'interpréter le mot «normale» comme signifiant «garantie[49]». Il semblerait donc qu'un employeur pourrait remplacer une mise à pied par une réduction des heures à condition que les circonstances soient anormales ou exceptionnelles et provisoires. Mais il ne pourrait pas instaurer de façon unilatérale un programme de travail partagé faisant fi de la semaine normale de travail.

La plupart des employés sont réticents à substituer une coupure des heures à une réduction d'effectifs, en dépit de certains programmes gouvernementaux visant à encourager cette pratique. Un exemple survenu dans une entreprise non syndiquée en 1988 en témoigne. L'entreprise fait des pantalons pour dames et employait 80 opératrices. Suite à une baisse intersaisonnière des commandes, son directeur général envisageait de couper les heures, de garder tout son monde dans la même occupation, et de faire démarrer la saison suivante sans avoir à les réembaucher ou à les réentraîner. Il narrait ainsi sa déconfiture: «Les plus vieilles, les meilleures, les plus rapides (il utilisait ces mots de façon interchangeable) sont venues me voir pour me dire: "Paul on aime bien travailler pour toi. On voudrait continuer. Mais si tu ne peux pas nous donner 40 heures, on s'en va. Si tu n'as pas assez d'ouvrage, il faudra laisser aller les plus jeunes." Alors j'ai vite choisi. J'ai mis à pied les 40 plus jeunes et j'ai gardé les 40 plus vieilles.» Au moment où

---

49.   F. Morin, R. Blouin, *op. cit.*, p. 396.

il parlait ainsi, il y avait effectivement une quarantaine d'opératrices sur le plancher de l'usine.

8.6.5   La normalisation des décisions

Dans une entreprise syndiquée, l'aménagement parfois détaillé des horaires et des nombreuses décisions quotidiennes à prendre quant à la répartition du travail disponible a pour effet de normaliser les décisions de la direction ou de ses superviseurs sur le plancher. Il les normalise en ce sens qu'il les encadre de normes explicites. Ces normes réglementent les décisions et constituent une sorte de manuel d'instructions. Elles ont pour avantage de diminuer les conflits, les frictions et les incertitudes ; chacun sait à quoi s'en tenir, qu'il soit ou non favorisé sur le coup. Elles ont aussi pour avantage de réduire au minimum l'exercice du favoritisme ou simplement de l'arbitraire. Souvent les deux parties y trouvent leur compte, et cette normalisation est un terrain fertile aux solutions de problèmes dans le déroulement des négociations.

Par exemple, une usine de 150 employés dans l'ouest du Québec avait été mise sens dessus dessous pendant toute une matinée, au point que la négociation prévue ce jour-là avait été retardée jusqu'à l'après-midi. La perturbation portait sur le surtemps. Un contremaître avait engagé sa belle-sœur pour opérer une machine dans son département ; jusque-là rien d'anormal, puisque dans ce village c'est de cette façon que presque tous avaient été embauchés. Mais dès son premier soir, la veille de cette séance de négociation, il lui confie quatre heures de travail supplémentaires sur cette machine, alors que tous mourraient d'envie d'en faire. On cria au favoritisme. Le brouhaha fut d'autant plus fort que le contremaître présentait son choix comme une simple décision de production, permise par la convention, alors que chacun la voyait comme un accroc flagrant et menaçant à l'équité.

Ces normes peuvent avoir pour inconvénient de priver le superviseur d'une flexibilité qui simplifierait son travail d'assignation des employés, ou de priver l'employé du recours à des aménagements individuels souvent appréciés. Dans une grande usine, par exemple, on a remplacé les appels téléphoniques individuels que faisait chaque contremaître pour offrir du travail supplémentaire par un système centralisé et enregistré des appels logés et du numéro composé. La raison de ce remplacement avait été le nombre important de plaintes ou récriminations à propos d'erreurs dans les appels logés. La compagnie en était lasse. L'envers de la médaille avait été la bureaucratisation de ces appels. Il était désormais impossible à un employé s'attendant à un appel du contremaître de lui indiquer que, ce soir-là ou ce samedi-là, il serait non pas chez lui mais chez son frère où il avait été invité avec toute sa famille, laissant ainsi déserte sa propre résidence.

8.7   L'ORGANISATION DU TRAVAIL

De telles conditions de travail – salaire, avantages sociaux, le statut ou l'absence d'un syndicat, le rôle dévolu à l'ancienneté et à la compétence, la discipline, les heures et les horaires – constituent un noyau important des relations du travail ou de la convention collective, au sein de l'entreprise.

Mais qu'en est-il de l'organisation du travail lui-même? Son importance est grande, comme en font foi les nouvelles pratiques de gestion des ressources humaines. Deux chercheurs québécois les ont regroupées en cinq catégories, en fonction du changement proposé et des stratégies d'intervention[50] :

1. Le réaménagement du travail;

2. L'accroissement de la participation des employés à la gestion;

3. L'intéressement des employés aux résultats;

4. La participation des employés à la propriété de l'entreprise;

5. L'appartenance et l'identification des employés à l'entreprise.

La seule mention de ces catégories suffit à indiquer que le sujet est vaste, et les enjeux importants. Elle confirme la similarité des préoccupations des entreprises, que celles-ci soient syndiquées ou non.

Alors qu'en est-il de l'organisation du travail?

8.7.1   Exclue de la convention collective

De façon générale, l'organisation du travail en milieu industriel est exclue de la convention collective. Cette première constatation peut surprendre quand on songe à la vogue actuelle des nouvelles formes d'organisation du travail et des nouvelles méthodes de gestion, et à la

---

50.   Maurice Lemelin, Alain Rondeau, «Les nouvelles stratégies de gestion des ressources humaines» in Rodrigue Blouin, *op. cit.*, p. 725-726.

recherche impérative d'une productivité accrue. Elle surprendra moins, cependant, si on songe à la formulation explicite ou implicite des droits de gérance ou de direction; en effet, l'organisation du travail constitue un domaine réservé, inclus dans les droits de gérance et donc exclu de la négociation ou de la convention. Si tel est le cas, comment expliquer alors qu'on oppose si volontiers la présence d'un syndicat ou d'une convention à la facilité d'innovation dans ces domaines? La réponse est complexe. Mais elle est simplifiée quand on distingue trois types de travail: la production, l'entretien et l'assemblage.

8.7.2 Travail de production

La présence d'une convention oblige l'employeur à prévoir et à formaliser les effets humains de ses innovations, c'est-à-dire leurs effets sur les personnes impliquées.

Par exemple, l'employeur introduit dans l'usine une nouvelle manière de fabriquer des tuyaux d'acier, à partir d'un long ruban plat qu'on arrondit de sorte que ses côtés se touchent et se soudent l'un à l'autre. Désormais, le métal est chauffé au gaz plutôt qu'à l'huile, le contrôle de la chaleur est électronique, la propulsion du ruban est mécanique plutôt que manuelle, le tuyau est sectionné en longueurs après la soudure plutôt qu'avant et le contrôle de la qualité se fait pendant l'opération et non plus après. De tels pouvoirs d'innovation appartiennent exclusivement à l'employeur. Et il s'en sert.

Il est évident que le contenu du travail de chacun des travailleurs s'affairant autour de ce nouvel équipement est profondément modifié. D'anciennes tâches disparaissent et d'autres apparaissent. Qui va faire quoi? À partir de l'expérience acquise et transmise par le manufacturier de la machine, l'employeur juge qu'il faudra quatre employés pour la faire fonctionner. Souhaite-t-il une équipe de quatre opérateurs égaux l'un par rapport à l'autre, ou préfère-t-il une équipe de quatre dirigée par l'un d'entre eux? Qui prendra les décisions sur le réglage de la vitesse ou de la température? Le surintendant, l'ingénieur qui a acheté l'équipement, le contremaître du département où elle se trouve ou l'opérateur? Toutes ces décisions aussi appartiennent exclusivement à l'employeur.

À quoi la convention oblige-t-elle l'employeur? D'abord à décrire les tâches qu'il a ainsi créées. Puis, si la convention le prévoit, à s'entendre avec le syndicat sur la description, la classification et, donc, le salaire de la tâche. À partir de son contenu, l'employeur devra fixer les exigences requises de celui qui l'occupera. Il devra le choisir en conformité avec la convention. Le cas échéant, il devra l'entraîner.

Ces obligations freinent-elles l'innovation? Certes, elles l'alourdissent. Elles freinent l'improvisation; est-ce là un mal ou un bien? Elles obligent l'employeur à se soucier de la gestion des ressources humaines; est-ce là un mal ou un bien? En même temps par ailleurs, elles facilitent l'innovation en la rendant plus ordonnée et mieux acceptée. L'affaire n'est pas simple.

D'ailleurs, deux chercheurs américains en sont venus à conclure que «la productivité est généralement plus grande dans les établissements syndiqués que dans ceux, par ailleurs comparables, qui ne le sont pas[51]». Ils précisent cependant que cet avantage ne suffit pas à compenser pour des salaires et des avantages sociaux plus coûteux[52].

Il se peut, bien sûr, que l'employeur ait cédé tant de son terrain dans la négociation que son droit à l'innovation en soit amoindri. Cela est rare dans le secteur privé manufacturier, où l'innovation technologique et la réorganisation du travail de production sont monnaie courante depuis longtemps, et où les employeurs sont fort sévères à cet égard.

8.7.3 Travail d'entretien

Ce qui est vrai du travail de production ne l'est pas nécessairement du travail d'entretien. De nombreux employeurs se sont aperçus qu'il peut être très difficile de modifier les barrières traditionnelles qui séparent les divers «corps de métier» spécialisés, comme on les appelle. Les deux sortes de travail sont pourtant régis par la même convention collective. Mais la résistance des «corps de métier» est beaucoup plus vive et, à cause de la nature souvent personnalisée de leur travail, peut s'exprimer de bien des façons. Cette résistance s'explique.

Premièrement, plusieurs d'entre eux, menuisiers, soudeurs, électriciens ou mécaniciens, ont appris ou exercé leur métier dans les chantiers de construction où ces barrières ont valeur de texte sacré. La méfiance est grande entre les métiers quand ceux-ci sont concurrents. Ils importent ces traditions avec eux quand ils entrent dans une usine. Deuxièmement, leur métier spécialisé et relativement standardisé

51. R.B. Freeman, J.L. Medoff, *What Do Unions Do?*, New York, Basic Books, 1984, p. 180. Traduction libre.
52. *Id., ibid.*, p. 169.

constitue pour eux une sorte de passeport s'ils devaient chercher un emploi ailleurs, mais à condition qu'il demeure standardisé ; il est plus facile de se trouver un autre emploi comme électricien que comme «employé d'entretien polyvalent», aisément dénigré comme étant une sorte d'«homme à tout faire». Troisièmement, leur expertise est transférable, beaucoup plus que celle des opérateurs de production, même très qualifiés. Leur travail spécialisé de diagnostic, de compréhension ou de réparation est un travail à la fois manuel et cérébral. Même si l'objet de leur travail est une pièce d'équipement différente ou en évolution rapide, et même si leur compétence exige une mise à jour constante, la composante interne ou personnelle de leur travail change peu.

De telles particularités du travail d'entretien, dans un contexte industriel, contribuent à l'acuité du problème lancinant de la sous-traitance. Les employés d'entretien la haïssent. Les entreprises l'adorent. Pourquoi ? De façon générale l'entreprise ne cherche pas à diminuer le nombre de ses employés d'entretien. Elle consent volontiers à l'écrire dans la convention. Mais cela n'épuise pas le litige.

En effet, la réfection exceptionnelle de la plomberie par les employés d'un «contracteur» prive les plombiers réguliers de la manne d'un travail rémunérateur à «temps et demi». De plus, le recours à une technologie supérieure dont l'entreprise veut s'exempter, tel l'équilibrage électronique de la roue d'un véhicule, prive les mécaniciens réguliers de l'entreprise d'une niche de perfectionnement, voire de promotion. Aussi, les contrats d'entretien offerts à l'entreprise pour faciliter l'achat d'une pièce d'équipement sophistiqué, tel un gros camion minier, une photocopieuse, un système intégré d'inventaire électronique ou un appareil de contrôle électronique de la qualité d'une boîte de conserve privent les employés réguliers d'une niche possible de perfectionnement ou de promotion.

De plus, les «hommes de métier» d'une entreprise se sentent parfois menacés par le rythme souvent plus fébrile de ceux du contracteur ou de la construction. Par exemple, en 1987 dans une entreprise de fabrication métallique située dans le nord de Montréal, la direction avait profité de la présence d'un contracteur électricien, travaillant à l'agrandissement de l'usine, pour lui octroyer aussi la rénovation de son réseau électrique dans la partie existante de l'usine. Celle-ci n'était pas syndiquée. Néanmoins, le contremaître de ces électriciens non syndiqués signifiait à un jeune électricien de la construction qu'il ne souhaitait pas que son travail soit complété avant 15 h 15 alors qu'il l'avait auparavant complété avant 13 h. Manifestement, il craignait à la fois la résistance de ses employés réguliers, travaillant à un rythme plus lent, et la recherche chez ses supérieurs d'un rythme plus rapide. Il est clair qu'une prohibition contractuelle absolue de la sous-traitance mettrait les employés d'entretien dans une situation de monopole, ce à quoi ils ne sont pas indifférents.

8.7.4 Travail d'assemblage

Enfin, ce qui est vrai du travail de l'opérateur de production ne l'est pas nécessairement du travail de l'assembleur, travaillant sur une ligne d'assemblage. On le voit sur une ligne de montage automobile où le travail répétitif peut être réparti de multiples façons. L'assembleur peut y être confiné à une seule opération, telle la pose de la garniture intérieure de la porte avant droite à chaque 77 secondes. Ou bien 12 de ces opérations peuvent être confiées à une équipe de 12 assembleurs capables de les faire toutes, encore une fois à chaque 77 secondes. Ou encore, 48 de ces opérations peuvent être confiées à une équipe de 12 assembleurs se déplaçant avec l'automobile pendant 5 min 8 sec.

Dans de telles situations, l'organisation du travail ou la répartition des opérations relève plus de la gestion des ressources humaines que de la technologie. Car les objectifs visés de rapidité et de qualité, et la flexibilité requise par la variété des modèles fabriqués, exigent aussi l'implication individuelle, la responsabilité individuelle au sein d'une équipe, et l'autonomie de l'équipe. En même temps, il est apparent qu'une convention collective adaptée aux contraintes du premier mode d'assemblage décrit plus haut ne l'est plus si on veut le remplacer par le troisième mode. Le poste de travail n'est plus le même. Les modalités permettant de quitter la ligne pour ses besoins personnels ne sont plus les mêmes. Entre l'individu et le contremaître apparaît une nouvelle entité, l'équipe. Les rôles respectifs ne sont plus les mêmes. L'ancienne convention doit être modifiée pour faire place à une nouvelle, sans quoi le changement est rendu impossible. C'est ce qui s'est passé dans l'usine de GM à Boisbriand, en banlieue de Montréal, à partir de 1987, quand il s'est agi de conjurer la menace de fermeture.

CHAPITRE 9

La voix de l'individu

9.1   Quelques questions

9.2   Les entreprises non syndiquées

9.3   La structure de la procédure de règlement des griefs

9.4   Les objectifs de la procédure de règlement des griefs
      9.4.1   Le règlement
      9.4.2   La rapidité
      9.4.3   L'interprétation ou l'application de la convention

9.5   Qui règle les griefs du côté du syndicat?

9.6   Qui règle les griefs du côté de l'employeur?

9.7   Le Service de médiation préventive

9.8   Le contremaître impuissant

9.9   La nature et les conditions de la coopération

9.10 La performance de l'entreprise

9.1 QUELQUES QUESTIONS

Au sein de l'entreprise, l'employé individuel peut-il exprimer ou faire entendre sa voix, c'est-à-dire son mécontentement ou son approbation d'une décision de la direction ou de son superviseur?

La voix de l'individu est une expression qui reviendra souvent dans ce chapitre. Son origine est ancienne, puisque le vote pris aux voix a précédé le vote à main levée ou le suffrage écrit. Elle est polyvalente puisqu'elle a survécu au remplacement de cette façon de voter: «... le député l'emporte par une majorité de 495 voix.» Elle est également exacte puisqu'elle dénote l'influence de l'individu quand il a «voix au chapitre», comme disaient déjà les moines jadis.

La voix de l'individu s'exprimera-t-elle dans l'entreprise? Sera-t-elle entendue? Sera-t-elle écoutée? Si oui, par qui, à quel niveau et comment? Le lecteur notera au passage que la combinaison de ces trois questions et de ces quatres circonstances appelle douze réponses. C'est dire qu'on est au cœur de la complexité humaine, organisationnelle et sociale.

À ces questions, le présent chapitre veut apporter une réponse. Il le fera en traitant de trois réalités distinctes: de ce qu'on appelle une «procédure de griefs»; de la communication; et du pouvoir. Le sujet traité inclut, mais aussi déborde la procédure de règlement des griefs. La démarche suivie est de souligner les liens mutuels entre ces trois réalités.

La «procédure de griefs» est souvent le titre d'un article de la convention collective. Elle est ainsi une particularité de l'entreprise syndiquée. En même temps, elle est volontiers imitée, sous une forme ou une autre, par l'entreprise non syndiquée, ce qui confirme son importance et sa popularité. Nous en examinerons la structure, les objectifs et le fonctionnement. Par contre, on ne verra pas le texte détaillé d'une clause de «procédure de griefs,» sauf à titre d'illustration concrète.

Puisqu'il est question de voix ou d'influence, il est question de communication. Quelles en sont les conditions? Quels sont, en particulier, les rapports entre le souci de la communication et la répartition du pouvoir au sein de l'entreprise? À cet égard nous nous attarderons au témoignage que constituent les interventions d'un service spécialisé du ministère du Travail, le Service de médiation préventive, qui détient une expérience considérable et respectée dans ce domaine.

L'examen de ces réalités, à la fois distinctes et liées entre elles, permettra enfin d'aborder deux autres questions. Quelle est la nature et les conditions de la coopération? Quels sont ses effets sur la performance de l'entreprise?

9.2 LES ENTREPRISES NON SYNDIQUÉES

L'importance accordée à la voix de l'individu peut se mesurer par la large diffusion, chez les grandes entreprises non syndiquées, de mécanismes destinés à faciliter la gestion des conflits quotidiens et l'attention accordée aux plaintes individuelles au sein de l'entreprise. On a estimé que 73 p. 100 de 250 grandes entreprises américaines y recouraient pour leurs employés non syndiqués[1]. Un exemple important en est fourni par la présence chez IBM de cinq mécanismes:

1. Un sondage uniforme de l'attitude des employés permettant les comparaisons internes;

2. La présence d'un cadre supérieur responsable d'entendre les plaintes et de discuter les soucis des employés individuels;

3. L'occasion offerte d'une rencontre avec un superviseur d'un rang plus élevé que le supérieur immédiat;

4. La possibilité de soumettre des commentaires écrits et anonymes à un cadre supérieur;

5. Une politique de «porte ouverte» permettant à tout employé de demander, à n'importe quel niveau de la hiérarchie, la révision de toute décision prise à un niveau inférieur et affectant le personnel[2].

On a également émis l'opinion que l'adoption de tels mécanismes vise en bonne partie à contrer la syndicalisation. «Pour neuf des dix systèmes non syndicaux de griefs que nous avons examinés, le gérant admettait que l'entreprise avait adopté le système pour prévenir la syndicalisation. Plusieurs l'ont fait après une tentative de syndicalisation[3]...»

Certes, cette imitation des systèmes en vigueur dans les entreprises syndiquées est un bon indice de leur importance et de leur popularité.

---

1.   Thomas A. Kochan, H.C. Katz, R.B. McKersie, *The Transformation of American Industrial Relations*, New York, Basic Books, 1986, p. 99.

2.   *Id., ibid.*, p. 95. Résumé et traduction libre.

3.   R.B. Freeman, J.L. Medoff, *What Do Unions Do?*, New York, Basic Books, 1984, p. 108. Traduction libre.

Gérard Hébert a même écrit de la clause de règlement des griefs que : «Malgré ses faiblesses, c'est une perle du modèle nord-américain des relations du travail, et elle fait l'envie de bien d'autres pays[4].»

9.3 LA STRUCTURE DE LA PROCÉDURE DE RÈGLEMENT DES GRIEFS

Dans les entreprises syndiquées, le mécanisme prévu pour faciliter la gestion des conflits quotidiens et le règlement des plaintes individuelles au sein de l'entreprise, s'appelle communément la «procédure de griefs» ou plus précisément la «procédure de règlement des griefs». Dans la convention, elle précède la procédure d'arbitrage, dont il sera question au chapitre suivant.

Une procédure de règlement des griefs peut se comparer à un escalier. Elle est faite d'étapes successives, comme un escalier est fait de marches successives. Comme lui, elle part du plancher de l'entreprise, c'est-à-dire du niveau le plus bas dans sa hiérarchie, du niveau où le travail se fait et où œuvre l'employé individuel. De là elle remonte par paliers successifs jusqu'au sommet de cette hiérarchie au sein de l'entreprise ou de l'établissement accrédité. Ces paliers, ces étapes sont généralement dictés par la structure interne de l'entreprise ou par les préférences de l'employeur.

Généralement, la première démarche est une discussion verbale et personnalisée entre l'employé et son contremaître ou son superviseur immédiat. Parfois, on prévoit la présence d'un délégué syndical dès ce moment-là. Dans certaines conventions, cet échange verbal fait partie de la première étape ; dans d'autres, il doit la précéder. L'employé expose la nature de sa plainte. Le contremaître la reçoit. Il y répond ou donne son propre point de vue. S'ils en viennent ainsi à un accord ou à une entente, le grief ne va pas plus loin. Il arrête là. On dit alors que le grief est réglé. C'est la solution idéale, atteinte de surcroît au niveau le plus propice à la communication interpersonnelle, celui du plancher où œuvrent et l'employé et le contremaître. Si le grief n'est pas réglé, on peut ou on doit alors échanger un grief écrit et une réponse écrite. Désormais, tout est documenté.

Dans une seconde étape, on grimpe d'une marche l'escalier de la hiérarchie. Le grief non réglé peut être soumis par écrit soit au directeur

4.   Gérard Hébert, *op. cit.*, p. 4.

ou gérant de l'entreprise ou à celui qu'il désigne si celle-ci est petite, soit au surintendant de la division idoine de l'entreprise si celle-ci est plus grosse. Presque toujours, une rencontre est prévue puisqu'on veut aussi tenter un règlement à l'amiable du grief. La réponse est toujours écrite quand il n'y a pas de règlement. Elle l'est souvent à la suite d'un règlement obtenu verbalement.

Dans une troisième étape, et dans une grande entreprise, on grimpe d'une autre marche l'escalier de la hiérarchie. Le grief non réglé peut être soumis par écrit au directeur de l'entreprise ou à celui qu'il désigne. Ici aussi une rencontre est généralement prévue où le syndicat et l'employeur tentent un ultime effort de règlement. Comme à l'étape précédente, la réponse est toujours écrite quand il n'y a pas de règlement. Elle l'est souvent à la suite d'un règlement obtenu verbalement.

Il peut y avoir une quatrième étape dans la très grande entreprise, d'un cran supérieur à la troisième et du même type.

9.4   LES OBJECTIFS DE LA PROCÉDURE DE RÈGLEMENT DES GRIEFS

Parmi les objectifs qu'on pourrait attribuer à la procédure de règlement des griefs, trois d'entre eux seront abordés: le règlement, la rapidité et l'interprétation de la convention. D'abord ils sont capitaux. De plus, ils relient de façon étroite cette procédure à ces autres réalités que sont la communication et le pouvoir, au point de les tresser ensemble.

9.4.1   Le règlement

Dans le secteur privé d'où elle origine, la procédure de règlement des griefs a pour premier objectif de régler les cas litigieux. Il constitue à la fois un outil de gestion des conflits quotidiens au sein d'une entreprise, et une soupape ou un porte-voix pour l'individu se croyant lésé par le superviseur ou par l'entreprise elle-même. Dans la grande majorité des cas elle atteint cet objectif. Sinon, quand le recours à l'arbitrage devient la règle plutôt que l'exception, on dit volontiers que les relations du travail sont malades. Ce vocabulaire familier est exact.

Le premier et le principal niveau de ces règlements, c'est le plancher où les échanges sont verbaux et interpersonnels, on l'a déjà vu. Il importe peu en pratique que cet échange verbal constitue la première étape de la procédure ou qu'il la précède. L'important est qu'il existe et soit utilisé. De plus, à ce niveau, le contremaître vigilant ou communicateur peut même prévenir et éviter le recours au grief. Par exemple, en engageant lui-même le dialogue au lieu d'attendre le ressac d'un mécontentement prévu : «J'ai considéré ta candidature à cette promotion. J'en ai préféré une autre. Puis-je te donner mes raisons?» Bien sûr tout effort pour convaincre constitue un certain partage du pouvoir en ce sens que l'employé devient ainsi un interlocuteur. Par contre, prendre l'initiative de la justification rehausse le pouvoir du décideur en ce sens qu'elle facilite souvent l'acceptation de la décision. Beaucoup de contremaîtres s'évitent ainsi des griefs et jouissent d'une sorte d'«effet Téflon», alors que d'autres semblent se les attirer de façon disproportionnée.

Certains contremaîtres ou certaines entreprises poussent cette initiative du dépistage des plaintes jusqu'à «scanner» le paysage humain qui leur est dévolu à l'aide d'un regard baladeur et attentif. Exactement comme le font les appareils électroniques d'où origine ce mot, tel l'écran de télé, le radar ou le scanner médical. Par exemple, un contremaître sait que Germain ne desserre pas les dents et ne parle habituellement à personne avant la pause de 10 heures. Soudain, en «scannant» son monde, à 8 h 02 un lundi matin, il le voit ou l'entend, volubile comme il ne l'est jamais à cette heure-là. Il s'approche et lui demande : «Salut Germain. Comment ç'a été la fin de semaine?» À condition d'écouter la réponse, une condition souvent difficile à remplir, il en apprendra beaucoup sur Germain ou sur les autres employés dont il a la direction. Cette éducation n'est jamais gratuite. Il faut y investir.

Certains vont encore plus loin. Faute de temps, ils délèguent volontiers une partie de cette tâche au délégué syndical : «Sens-toi libre de "scanner", et puis de m'en parler.» L'employé individuel peut se sentir dévalorisé de parler au délégué syndical plutôt qu'au contremaître lui-même. Mais il peut aussi se sentir plus libre de parler. Ainsi, le rapport individuel et le rapport collectif s'allient de façons multiples. Une telle forme de délégation ou de partage du pouvoir abonde dans le secteur privé. Elle abonde aussi dans la PME non syndiquée, ou dans l'entreprise familiale également non syndiquée, mais de façon informelle, au sein de réseaux personnels. Cette délégation ou ce partage du pouvoir a l'avantage de faciliter le «feed-back», c'est-à-dire la rétroaction des employés quant aux décisions prises par la direction.

Cette délégation du pouvoir explique aussi que l'employeur accepte de payer le temps non travaillé des délégués et des dirigeants syndicaux. Car ceux-ci font ainsi une partie du travail des superviseurs, en lui fournissant un «feed-back» d'autant plus authentique qu'il est libre. Ils le soulignent volontiers, d'ailleurs, quand la direction soulève dans la négociation que le temps non travaillé des délégués syndicaux est coûteux: «Ne faisons-nous pas ainsi une partie du travail qui autrement serait le vôtre?» L'argument est souvent convaincant.

Le second niveau de ces règlements est l'un ou l'autre des niveaux suivants de la hiérarchie, à la seconde ou à la troisième étape de la procédure. Il peut s'agir du surintendant, du directeur, ou gérant, du personnel, de l'adjoint au directeur ou du directeur d'usine. Celui-ci doit pouvoir confirmer ou remettre en cause, selon le cas, ses propres politiques, leur application par ses cadres, les effets de ces applications sur les employés individuels, ou la permissibilité de ces politiques ou de ces applications en vertu de la convention collective. «Quelles sont mes exigences dans les promotions? Dans les supplantations qui accompagnent les mises à pied? Dans la répartition des heures supplémentaires? Dans les sanctions disciplinaires? Dans la sévérité interne à l'endroit des employés atteints d'une dépendance à l'alcool ou à la drogue?»

Tous niveaux confondus, l'entreprise performante du secteur privé réussit généralement à résoudre elle-même ses conflits quotidiens, c'est-à-dire à les gérer. Peu de chiffres sont disponibles, cependant, même si on s'en sert dans le langage courant. Par exemple on se félicite que la procédure de règlement des griefs marche bien en disant que 90 p. 100 ou plus des griefs se règlent à l'interne sans recours à l'arbitrage. Un tel chiffrage est plus impressionniste que précis. Il ignore en particulier le travail capital du contremaître qui règle des griefs verbalement ou, encore mieux, les évite par l'attention qu'il accorde préalablement aux employés individuels. Par ailleurs, il exprime bien le sentiment courant que le recours à un arbitrage externe dénote un échec de la procédure interne de règlement des griefs.

9.4.2 La rapidité

Tous dans l'entreprise ont intérêt à ce que les griefs soient réglés et les désaccords tranchés avec rapidité. Quand un employé fait un grief parce qu'une promotion lui a été refusée, celui qui a reçu la promotion est affecté par ce grief; il a hâte de savoir si sa promotion est définitive. Quand un contremaître refuse une supplantation, et quand ce refus donne lieu à un grief, il a hâte de savoir si sa décision initiale est confirmée ou désavouée. Les sanctions disciplinaires perdent de leur efficacité quand leur contestation traîne en longueur.

Pour cette raison, la plupart des conventions collectives n'accordent que quelques jours pour passer d'une étape à la suivante, pour résoudre un grief ou pour tenir des rencontres où l'on discute du grief. Il s'agit souvent de deux, trois ou cinq jours ouvrables. Par ailleurs, le délai dans lequel on peut présenter un grief est plus long. Il est en pratique de 15 jours civils, puisque le Code (C.t. 100.0.1) rend arbitrable un grief logé dans ce délai. Au cours de la négociation, le syndicat demande volontiers le raccourcissement des délais de l'employeur, et celui-ci fait de même pour ceux du syndicat. À cause de l'intérêt commun et de l'objectif de rapidité qui est partagé, on finit souvent par s'entendre sur des délais symétriques, sauf l'exception mentionnée qui découle du Code.

Cet objectif de rapidité est également favorisé par une gestion décentralisée distribuant le pouvoir de décision au plus bas niveau possible de la supervision. Quand tel est le cas, il devient apparent pour tous que les chances d'un règlement sont plus grandes au début et au bas de la procédure, c'est-à-dire là où se trouve le pouvoir réel de décision, puisque les chances d'une révision ultérieure sont plus faibles. Par exemple, le syndicat ou l'employé sera plus enclin à négocier la diminution d'une suspension disciplinaire de trois jours à un jour avec le contremaître ou le surintendant quand la pratique dans l'entreprise est de ne pas modifier une telle sanction à un niveau supérieur d'autorité.

En somme les deux premiers objectifs de la procédure de règlement des griefs favorisent des échanges rapides dans des délais courts. Ils favorisent ainsi la communication. Ils sont plus faciles à atteindre dans la pratique quand la direction a décentralisé le pouvoir de décision. La procédure, la communication et le pouvoir constituent ainsi trois réalités à la fois distinctes et tressées ensemble.

9.4.3 L'interprétation ou l'application de la convention

Par contre la procédure de règlement des griefs peut desservir la communication quand le grief est défini, dès le départ, de façon restrictive. Par exemple :

> 9.01 Le mot «grief» signifie toute mésentente relative à l'interprétation ou à l'application de cette convention collective[5].

Le souci de la communication peut en être relégué au dernier plan. C'est le cas quand un contremaître ne cherche pas à convaincre ses subordonnés du bien-fondé de sa façon d'établir le calendrier des

---

5.   ABB et loge 631, Machinistes, 1991-1992.

vacances individuelles. Quand il se contente de répondre laconiquement à leurs protestations qu'il en a le droit et que la convention n'a pas été violée. Il peut même répondre, à partir d'une définition restrictive comme celle-là : «Tu n'as pas de grief». Alors qu'en fait l'employé est ulcéré de ne pas pouvoir prendre sa troisième semaine de vacances en octobre, pour la chasse à l'orignal, comme il le faisait les années précédentes. Le délégué syndical aussi pourra utiliser la même expression. L'employé se sentira floué des deux bords. De telles réponses invitent bien sûr à revendiquer, lors de la négociation suivante, qu'on précise, détaille et allonge le texte de la convention.

En un sens, on a raison de répondre de cette façon puisque, en cours de convention, on applique celle-ci et on ne la négocie pas. Mais une telle réponse fait aussi fi de la communication en ce sens qu'elle évacue la frustration individuelle et qu'elle ne comporte aucun effort de convaincre quant au bien-fondé du calendrier des vacances individuelles. La légitimité du conflit, submergée par l'absence de fondement contractuel et provisoirement invisible, peut refaire surface plus tard.

D'autres conventions, par contre, adoptent une définition élargie du grief dans les étapes qui précèdent le recours à l'arbitrage. En voici un exemple :

> 6.02 Pour les fins de cet article, on entend par grief la présentation d'une plainte ou problème non résolu ayant trait à une mesure disciplinaire ou congédiement considéré injustifié ou déraisonnable, aux salaires, aux heures de travail ou aux conditions de travail, y compris les questions d'application, d'interprétation ou d'allégation de contravention de cette convention[6].

L'intention de cette définition élargie est d'accentuer le rôle de la communication au sein de l'entreprise avant de recourir à l'arbitrage. On verra en effet au chapitre suivant que l'arbitre est nécessairement restreint à l'interprétation ou à l'application de la convention.

Cependant cette intention reste lettre morte si le syndicat ou l'employeur ne se soucient pas de la communication quotidienne ou interpersonnelle. C'est le cas quand un superviseur, ou l'entreprise, jaloux de son autorité, ne veut pas discuter ce qui déborde ses obligations contractuelles. C'est également le cas quand le syndicat fait de même parce qu'il se considère impuissant en l'absence d'obligation juridique de l'employeur. Ces sentiments de jalousie ou d'impuissance font alors que la communication est supplantée par la méfiance réciproque. Un climat de méfiance peut même faire que les deux parties songent plus

---

6.   Sidbec-Dosco à Contrecœur et section locale 6586, Métallos, 1988-1991.

à préparer leur plaidoirie arbitrale qu'à se parler. Les rencontres prévues pour discuter des griefs ne sont plus que des coquilles vides puisque ni l'une ni l'autre ne veut «dévoiler son jeu», qu'elle réserve à la plaidoirie auprès d'un tiers. La convention sert alors de refuge.

Ainsi, l'escalier que constituent les étapes de la procédure de règlement des griefs est un terrain propice à la communication. Mais la communication est une réalité distincte de l'escalier: si celui-ci est vide d'acteurs, il n'y a pas de dialogue. Il faut donc se mettre à la recherche des acteurs, c'est-à-dire des détenteurs de pouvoir, qui constituent le troisième brin de cette tresse dont nous avons parlé.

9.5   QUI RÈGLE LES GRIEFS DU CÔTÉ DU SYNDICAT?

La voix de l'individu, au sein de l'entreprise syndiquée, s'exprime à la fois de façon individuelle et dc façon collective. Car du côté du syndicat, l'initiative, la gestion, le règlement, l'abandon, le pouvoir de décision, ou, si l'on veut, la «propriété» du grief passe graduellement de l'individu à la collectivité.

De façon généralisée, c'est l'employé individuel qui prend l'initiative du grief. Ou alors c'est un groupe d'employés, par exemple les occupants d'une tâche contestant son évaluation salariale et pour qui le syndicat constitue un parapluie commode. Ainsi, c'est l'individu qui loge le grief verbal ou soulève le préalable verbal à la première étape. C'est également l'individu qui, à cette étape, règle ou non son grief avec son superviseur immédiat. L'affaire est entendue si le grief est réglé. Les droits de l'individu et de la communication sont ici évidents et prédominants. Par contre, le grief peut cheminer s'il «... n'a pas été réglé à la satisfaction de l'employé[7]...»

Mais chemine-t-il nécessairement vers l'étape suivante? Qui, précisément, détient le pouvoir d'acheminer ou non le grief d'un employé encore mécontent? Est-ce le syndicat, le délégué ou l'employé? Souvent à cet égard, les rapports individuels et les rapports collectifs se chevauchent: «... le grief pourra être présenté par écrit au directeur de la production[8]». Par qui précisément? Silence. La transition est amorcée.

---

7.   ABB et loge 631, Machinistes, 1991-1992, art. 9.02.
8.   *Ibid.*, art. 9.02.

À la fin de cette seconde étape, c'est l'arrimage collectif qui est évident et prédominant:

> 9.04 Toutes les décisions acceptées mutuellement par la Société et le comité d'usine seront finales et lieront la Société, le Syndicat et les employé(e)s couvert(e)s par cette convention[9].

De plus, et de façon typique dans le secteur privé, la gestion ou la propriété collective du grief d'origine individuelle est confirmée par le pouvoir de soumettre à l'arbitrage tout motif de dispute «entre la Société et le syndicat[10]». C'est alors le syndicat, et non plus l'individu, qui décide de régler un grief ou de le soumettre à l'arbitrage. La transition du rapport individuel au rapport collectif est complétée, du moins dans le texte de la convention. Car la réalité est souvent plus nuancée.

D'une part, la voix de l'individu peut être plus influente si le poids politique de celui-ci au sein du syndicat est plus lourd. D'autre part, le syndicat peut être poussé à affirmer tôt, et haut, le pouvoir ou l'intérêt collectif quand celui-ci est menacé par un grief individuel: par une menace à l'importance de l'ancienneté; par la contestation d'un mode agréé de répartition des heures supplémentaires; par le refus individuel d'un dosage convenu de sévérité et de réhabilitation dans les cas d'abus de drogue ou d'alcool.

Le syndicat typique du secteur privé est généralement conscient qu'en abdiquant son pouvoir collectif de décision, il perd aussi son pouvoir de négocier le règlement des griefs. En effet, si son président ou son comité de griefs renvoie tout à l'arbitrage, sans égard à la valeur du grief, pourquoi l'employeur songerait-il à partager son pouvoir de décision avec une soi-disant boîte aux lettres des griefs logés individuellement? Le syndicat préfère donc exercer une certaine mesure de pouvoir plutôt que de l'abdiquer totalement. C'est dire que la voix de l'individu s'exprime, dans la procédure de règlement des griefs, de façon à la fois individuelle et collective.

Par exemple, le président d'un syndicat local de 1500 membres s'adressait à une assemblée générale de 200 membres attirés là par le débat sur l'à-propos de soumettre à l'arbitrage le congédiement d'un alcoolique notoire, mais sympathique. «Pourquoi je m'oppose à l'arbitrage? J'ai déjà sauvé 22 de nos membres congédiés dans les 22 cas où j'ai plaidé auprès du gérant de l'usine contre un congédiement. Je les avais choisis parce que j'y croyais, le gérant le savait, et il m'a donné raison. Celui-ci, je n'y crois pas. Nous avons tout tenté pour le réhabiliter.

---

9.   *Ibid.*
10.   *Ibid*, art. 10.01.

Mais il ne veut pas, ou ne peut pas s'aider lui-même. De qui suis-je le président? D'un seul individu qui n'arrive pas à se sortir de son ornière? Ou plutôt de 1500 travailleurs, vous-mêmes ou vos compagnons, qui peut-être fauteront un jour ou l'autre, et qui alors auront besoin de ma crédibilité ou de celle du syndicat?» Le président emporta le vote. Le recours à l'arbitrage fut refusé. Le congédiement de l'employé individuel fut rendu définitif par une décision collective. L'usine se situe dans le quartier montréalais de Ville-Émard. Le président du syndicat s'appelait Barney Eastwood. Un ami, qui m'a beaucoup appris.

Par contre il existe indéniablement des entreprises où le syndicat soumet à l'arbitrage tout grief, sans égard à leur valeur. Il existe aussi des circonstances qui favorisent une pratique où le syndicat fait office de boîte aux lettres. Les exemples les plus connus de telles situations, ou de telles périodes, sont les suivants: dans un département où une pluie de griefs signale un mécontentement localisé; pendant une négociation tendue; à l'approche d'une élection syndicale, d'un maraudage syndical appréhendé, ou d'un changement d'allégeance syndicale; dans une entreprise où le climat de travail est détérioré; ou encore dans un groupe d'employés où le leadership syndical est faible.

Mais aucun des syndicats du secteur privé n'a renoncé à la «propriété» ou au contrôle collectif du grief au point d'inscrire ce renoncement dans la convention collective, comme on l'a fait dans les hôpitaux. Leur convention collective[11] comporte une clause saisissante à cet égard:

> 10.05 Le dépôt du grief au terme du paragraphe 10.01 constitue par lui-même une demande d'arbitrage.

La liste d'attente pour que ces griefs passent devant un arbitre est de 18 000 cas. La durée moyenne de l'attente est de deux ans.

9.6 QUI RÈGLE LES GRIEFS DU CÔTÉ DE L'EMPLOYEUR?

La réponse à cette question exige qu'on considère à la fois la structure de la procédure et la distribution du pouvoir dans l'entreprise. Celles-ci constituent deux brins d'une tresse, si on conserve l'usage d'une analogie déjà évoquée. Le contenu de cette réponse affecte de façon majeure

---

11.   AHQ et FAS-CSN, 1986-1988.

la communication, c'est-à-dire le troisième brin de la tresse, qui fera l'objet de la section suivante.

La structure de la procédure de règlement des griefs fournit une première réponse, simple et rapide, à la question en titre. En effet, on a déjà vu que la convention indique généralement l'interlocuteur patronal dans chaque étape de cette procédure. Elle identifie en particulier s'il s'agit d'un cadre hiérarchique, dit *line*, ou d'un cadre fonctionnel, dit *staff*, attitré aux relations du travail ou aux ressources humaines, selon le style de la maison ou la grosseur de l'entreprise.

La simplicité de cette première réponse la rend généralement trompeuse quand on souhaite saisir ce qui se passe dans une entreprise en particulier et expliquer son succès, ou encore son échec, dans les relations du travail ou dans sa performance. Car au sein d'une organisation, dans le secteur privé du moins, l'organigramme n'a qu'une valeur limitée. D'une part, celui-ci reproduit sur papier la répartition formelle de l'autorité. Mais d'autre part, il est incapable de témoigner des relations de pouvoir découlant de sa distribution réelle au sein de l'entreprise. Celles-ci, on le verra, sont capitales dans la communication.

Il faut donc ajouter une seconde réponse sur la distribution ou sur l'exercice réel du pouvoir dans l'entreprise si l'on veut être complet ou exact quant à la pratique des choses. Celle-ci est souvent plus complexe et plus ardue à formuler que la distribution formelle du pouvoir. Deux exemples serviront à illustrer cette complexité.

Le premier provient d'un haut fonctionnaire du Service de médiation préventive, du ministère du Travail. Celui-ci se servait de cet exemple pour illustrer la frustration d'un contremaître constatant la faiblesse de son pouvoir réel. Ce contremaître tentait sans succès de parler au directeur du personnel de l'entreprise. Pendant trois jours consécutifs, ses messages téléphoniques étaient demeurés sans réponse. Ses appels n'étaient pas retournés. Au quatrième jour, la moutarde lui montant au nez, il laissa dans son message le nom du président du syndicat local au lieu du sien. Un tel message était vraisemblable puisque le président travaillait sous ses ordres et utilisait volontiers ce téléphone que lui prêtait le contremaître. Une heure plus tard, le directeur du personnel retournait ce dernier appel et demandait à parler au président du syndical local. Le contremaître venait de prendre la mesure, cruelle, de la faiblesse de son pouvoir réel.

Cela se sait et se sent dans une entreprise. Quand un employé dans ce département voudra faire régler un problème, par exemple faire rectifier une feuille de paye fautive, à qui s'adressera-t-il? Au président du syndicat local dont l'influence est manifeste, ou au contremaître dont le peu d'influence l'est tout autant? Souvent, en recourant au grief, les employés ou le syndicat découvrent qui décide quoi, quelles décisions seront maintenues ou révisées. C'est-à-dire comment la direction a réparti le pouvoir réel au sein de l'entreprise, et qui le détient.

Un autre exemple est l'inquiétude d'une étudiante terminant ses études et retournant chez elle participer à la gestion de l'entreprise familiale, un centre de matériaux de construction dans un village situé à 130 kilomètres de Montréal. La famille s'apprête à lui confier deux responsabilités, soit la comptabilité et la gestion des ressources humaines. Au fil des ans, son père s'est éloigné des 40 employés actuels et non syndiqués. Il ne leur parle presque plus et il est perçu comme bougon. L'attitude du père est imitée par ses deux fils, également gestionnaires. Le malaise est palpable. La menace d'une syndicalisation ne peut pas être écartée.

L'étudiante ne prévoit aucune difficulté à s'occuper des outils de contrôle financier qu'on lui confiera. Cependant, à juste titre, elle s'inquiète de la réception qu'on lui fera quand elle s'occupera des questions de discipline, de promotion, de mise à pied, de motivation ou de performance. Quel sera son pouvoir réel ou son influence concrète sur les décisions à prendre dans la vie quotidienne de l'entreprise? Quelle sera son influence au sein de sa famille, puisqu'il s'agit d'une entreprise familiale?

Ce sont les faits qui lui répondront. La réponse sera probablement complexe. La mesure de son pouvoir réel, ou quotidien, sera qualitative plutôt que quantitative, ou juridique. Dans un milieu si intime, les employés prendront cette mesure, même en l'absence d'un syndicat ou d'une procédure formelle de règlement des griefs.

La répartition, par la direction, du pouvoir réel au sein de l'entreprise affecte profondément l'intensité de la communication et l'efficacité de la «procédure de griefs» dans le règlement des conflits quotidiens. Ces trois brins sont tressés ensemble.

Le temps est venu de parler de cette répartition du pouvoir réel, mais pas avant un bref détour. En effet, pour en parler avec autorité, le bilan des interventions du ministère du Travail dans ce domaine sera abondamment utilisé et cité. Il met «principalement en cause la capacité des contremaîtres à régler ou à faire régler les problèmes auxquels ils sont confrontés et la façon dont ils sont dirigés par leurs supérieurs[12]». Ces interventions sont celles du Service de médiation préventive. Avant

---

12. R. Désilets, P. L'Écuyer, «Une nouvelle approche: la médiation» in Rodrigue Blouin, *op. cit.*, p. 433.

d'entrer dans le vif du sujet et dans le témoignage de dirigeants de ce service, il convient donc de faire un détour et de situer ce service et ses interventions dans leur contexte.

9.7 LE SERVICE DE MÉDIATION PRÉVENTIVE

Mis sur pied en 1980[13], ce service veut venir en aide aux syndicats et aux entreprises qui demandent volontairement et conjointement son intervention. La demande est habituellement motivée par une détérioration pathologique des relations du travail: un long passé conflictuel, l'absence de dialogue, un climat de méfiance ou d'affrontement, de nombreux griefs non réglés par de la procédure de règlement des griefs, ou des problèmes quotidiens de fonctionnement des opérations. C'est dire que la médiation préventive n'a rien à voir avec les conflits de négociation de la convention et se limite plutôt aux conflits du fonctionnement d'une entreprise.

Une centaine d'interventions, la plupart couronnées de succès, ont permis de dégager et une démarche originale d'intervention, et des consensus faisant autorité, qui seront abordés dans la section suivante.

La démarche débute par une série de rencontres séparées avec des délégués syndicaux, puis avec des contremaîtres, puis avec la direction à qui on présente un rapport de ces rencontres. Elle se poursuit par des rencontres impliquant direction et contremaîtres, suivies de rencontres incluant les délégués syndicaux. Elle se termine par l'adoption d'un plan d'action au sein de l'entreprise établi à partir des consensus obtenus. Le contenu du plan d'action est communiqué aux employés.

De tels consensus pourraient sembler hors de portée puisqu'il s'agit par définition de climats conflictuels et détériorés. C'est pourtant le contraire qui est vrai: «En général, le diagnostic proposé par les contremaîtres confirme et complète celui dégagé par les représentants syndicaux[14].» Ces diagnostics communs, les consensus qui s'ensuivent et le succès de ces interventions tirent leur autorité et leur pertinence du contexte conflictuel où ils sont nés et qu'ils ont aidé à dissiper. De

13.   P. L'Écuyer, *Les conditions de dialogue sur les lieux de travail*, texte présenté lors de la conférence annuelle de l'Association canadienne des conseillers en relations industrielles, Montréal, mars 1985.

14.   R. Désilets, P. L'Écuyer, *op. cit.*, p. 433.

plus, ils aident à comprendre comment et pourquoi, dans l'entreprise typique du secteur privé, le climat des relations du travail est généralement sain plutôt que détérioré.

Quel est donc le contenu du bilan de ces interventions? Fin du détour.

9.8   LE CONTREMAÎTRE IMPUISSANT

C'est l'impuissance du contremaître qui fait généralement problème. C'est là que se manifestent le plus clairement les conséquences d'une gestion centralisée. C'est à partir de là que la communication et le climat se gâtent.

L'impuissance du contremaître s'observe par son incapacité à décider, à régler les problèmes quotidiens ou à fournir l'information demandée. «Cela concerne notamment l'outillage, la machinerie, les réparations à effectuer, les procédures de travail, l'application de la convention collective, la sécurité et tous autres problèmes découlant du fonctionnement quotidien des opérations[15].» L'employé attribue cette incapacité à l'indifférence. Elle génère ainsi de l'hostilité et mine la confiance.

De plus, le contremaître est rendu incapable, par une gestion centralisée, de poser les gestes qui lui permettraient de regagner cette confiance. Au contraire, «face à leur propre insécurité et à l'indécision de leur statut au sein de la direction[16]», les contremaîtres se voient limités à un rôle de gardien de la discipline ou des normes de rendement. Ce rôle, à son tour, leur vaut d'être perçus comme tatillons par des employés se sentant réduits à l'état de simples outils de travail. Ceux-ci doivent contourner la hiérarchie par l'action syndicale. Les délégués syndicaux ont l'impression «qu'il faut toujours se battre pour faire régler les moindres petits problèmes[17]» et qu'il faut chialer pour se faire écouter. Effectivement, la direction en vient à percevoir les employés et le syndicat comme étant chialeurs, combatifs et adeptes de l'affrontement.

Il s'ensuit «une escalade conflictuelle et des relations de travail de plus en plus revendicatives et dysfonctionnelles[18]». De part et d'autre, tous les gestes seront jugés «arbitraires, injustifiés, provocateurs et

---

15.   P. L'Écuyer, *op. cit.*, p. 3.

16.   *Id., ibid.*, p. 7.

17.   *Id., ibid.*, p. 7.

18.   *Id., ibid.*, p. 7.

inacceptables, et toute concession sera perçue comme faiblesse ou manipulation[19]». Cette escalade empoisonnera aussi la négociation. Son climat rendra très difficile toute recherche de solutions aux problèmes. On cherchera plutôt à blâmer l'autre. Les négociations deviendront l'illustration vivante d'un petit poème anonyme :

> Celui qui dans les pires difficultés
> sait conserver le sourire
> sait aussi qu'il a trouvé
> qui il pourra blâmer.

Le bilan de ces interventions est formel. Il sera difficile de briser ce cercle vicieux tant «que les contremaîtres n'auront pas le pouvoir et le support dont ils ont besoin pour jouer efficacement leur rôle au niveau du fonctionnement des opérations et de la direction de leurs employés[20]». Ainsi le contremaître cessera d'être un simple surveillant ou gardien, et deviendra décideur et gestionnaire.

Bien sûr, un tel changement exige «que le style de gestion prévalant au sein de l'entreprise soit davantage souple et participatif[21]». Autrement dit, il faut modifier un style centralisé de gestion.

En somme, que ce soit pour le meilleur ou pour le pire, il existe un lien : le mode de gestion adopté dans l'entreprise et le pouvoir du contremaître qui en découle ; la communication et le climat des rapports individuels et collectifs ; et l'efficacité de la «procédure de griefs» à faire écouter la voix de l'individu et à régler les griefs. Encore une fois ce sont là comme les trois brins d'une tresse.

La nature de ce lien mérite d'être approfondie.

9.9 LA NATURE ET LES CONDITIONS DE LA COOPÉRATION

Ensemble, ces trois réalités distinctes renforcent l'expression de la voix de l'individu, quand elles rassemblent les conditions propices à la coopération. Inversement, ces réalités l'étouffent quand elles ne réunissent pas ces conditions.

---

19. *Id., ibid.*, p. 8.
20. *Id., ibid.*, p. 8.
21. *Id., ibid.*, p. 9.

Or il semble démontré que les conditions les plus propices à la coopération sont les échanges à la fois simples, rapides et répétés avec la même personne. Ceci dans toutes sortes de domaines interpersonnels ou sociaux[22]. En matière de relations du travail, il peut s'agir des échanges entre la direction et un contremaître, entre le contremaître et les employés, entre les personnes qui discutent d'un grief ou entre les porte-parole dans une négociation.

Dans chaque cas, la simplicité et la rapidité des échanges favorise la communication. C'est pourquoi le contremaître détenant du pouvoir est plus apte à communiquer que le contremaître impuissant. Dans une situation où les pièces à assembler sont défectueuses, par exemple, le second se verra confronté à des plaintes répétées, stériles et donc de plus en plus hostiles, auxquelles il répondra évasivement: «J'ai signalé tes plaintes trois fois déjà. Je n'en ai plus entendu parler. J'ai pensé que c'était réglé. Je n'y peux rien. Continue le travail quand même.»

Le premier, par voie de contraste, pourra approcher le plaignant le lendemain de la première plainte et dire: «J'ai signalé ta plainte et j'ai demandé qu'on me réponde rapidement. On m'a promis une réponse demain. Je te la transmettrai.» Et le lendemain: «On m'a assuré que ce défaut de fabrication avait été corrigé par le fabricant et que nous recevrons des pièces adéquates dès vendredi. Je vérifierai moi-même vendredi. S'il n'y a rien de changé lundi matin, j'apprécierais que tu me le signales tout de suite. Merci.»

Un autre exemple d'un échange simple et rapide est l'ajustement mutuel du pas de marche de deux porteurs se partageant les 100 kilos d'un tronc d'épinette de douze pieds.

Quant à la répétition des échanges avec la même personne, elle permet aux deux interlocuteurs de devenir mutuellement prévisibles, de se connaître, et de gérer ou d'«opérer» ensemble le conflit ou la situation; tel un contremaître et un délégué syndical cherchant à s'entendre sur les supplantations requises par une mise à pied. Quand on «opère» ensemble on coopère, comme la construction du mot l'indique. Surtout quand il est prévu que cette continuité des échanges se prolongera dans l'avenir. Ces conditions sont propices à la coopération même dans le cadre d'un conflit, on l'a vu à propos de la négociation. Par exemple, deux déménageurs ayant à descendre deux étages avec un

---

22.   Cette proposition et sa démonstration font l'objet d'un livre de R. Axelrod, *The Evolution of Cooperation*, New York, Basic Books, 1984, 240 p. La démonstration, assez élaborée, s'appuie sur les résultats de variantes du «jeu du prisonnier», obtenus par divers programmes d'ordinateurs exprimant diverses stratégies visant la coopération au sein de situations conflictuelles.

réfrigérateur dans un escalier étroit et tournant seront moins exposés à un accident s'ils se sont habitués à faire ce travail ensemble. Par exemple encore, deux jeunes femmes partageant un appartement pour la durée d'une année scolaire feront ensemble le repas commun beaucoup plus vite au bout d'un mois que le premier soir.

La direction, en adoptant un mode de gestion ou un autre, répartit en même temps les pouvoirs au sein de l'entreprise et le type des rapports qu'entretiendront les individus: elle détermine ainsi les conditions qui seront propices ou non à la coopération.

9.10   LA PERFORMANCE DE L'ENTREPRISE

Il semblerait enfin que la nature et les conditions de la coopération expliquent l'étroite corrélation entre de saines relations quotidiennes du travail d'une part, et la productivité ou la qualité du produit d'autre part. À la suite d'une étude portant sur une quarantaine d'usines dans deux divisions de *General Motors* aux États-Unis entre 1970 et 1980, trois auteurs concluaient que «les usines relativement performantes dans leurs relations du travail possédaient aussi des niveaux relativement élevés de productivité et de qualité du produit[23]». Une telle corrélation ne permet pas de conclure, cependant, qu'un travailleur serait plus productif parce que plus satisfait, ce qui ne semble pas démontré[24]. Par contre, la corrélation pourrait s'expliquer par le fait que la qualité des rapports quotidiens, et notamment la qualité de la coopération entre contremaître et employés, affecte de la même façon et les relations du travail, et la performance de l'individu ou de l'entreprise.

Deux auteurs québécois sont également réticents à expliquer la productivité par la satisfaction[25]. Par contre, ils n'hésitent pas à relier entre elles l'organisation interne de l'entreprise et sa performance:

> Fait particulièrement intéressant, les entreprises citées comme modèles ne sont plus celles où prévaut une organisation du travail fortement hiérarchisée et compartimentée, mais plutôt celles innovant par une organisation laissant une marge discrétionnaire importante aux employés. Que de fois, des entreprises comme Cascades ou IBM

23. Kochan, Katz, McKersie, *op. cit.,* p. 92.
24. *Id., ibid.,* p. 87.
25. M. Lemelin, A. Rondeau, *op. cit.,* p. 730.

ont-elles été citées en exemple pour la qualité des rapports entretenus avec leurs employés (...) [et pour] (...) un rendement global digne de mention[26].

C'est dire que l'expression de la voix de l'individu peut volontiers s'associer à une meilleure performance de l'entreprise.

---

26.   *Id., ibid.*, p. 722.

L'arbitrage des griefs

Introduction

10.1   La nature de l'arbitrage
        10.1.1   Son histoire au Québec
                a)   1944-1961
                b)   1961-1977
                c)   Depuis 1977
        10.1.2   Un procès judiciaire ou l'œuvre des parties?
                a)   L'arbitre : qui est-il?
                b)   Les pouvoirs de l'arbitre
                c)   La décision de l'arbitre

10.2   Le déroulement de l'arbitrage
        10.2.1   La préparation
                a)   Nécessité d'une stratégie
                b)   L'étude du dossier
                c)   Faire son enquête
        10.2.2   L'ouverture de l'audition
                a)   Les présentations
                b)   Les admissions
                c)   Les objections préliminaires
        10.2.3   La preuve
                a)   La nature et l'objet de la preuve
                b)   Le fardeau de la preuve
                c)   Le degré de la preuve
                d)   La preuve par l'aveu
                e)   La preuve par l'écrit
                f)   La preuve par témoins
                g)   La preuve par présomption

10.2.4   La preuve par témoins
a)   Voir et préparer ses témoins
b)   L'interrogatoire de son témoin
c)   Le contre-interrogatoire de son témoin
d)   La preuve adverse par témoins
e)   La contre-preuve
10.2.5   La plaidoirie
10.3   L'arbitrage imposé quand l'équité l'exige

INTRODUCTION

Ce chapitre vise à décrire l'arbitrage des griefs ainsi qu'à souligner l'importance de la contrainte que celui-ci exerce sur la gestion de l'entreprise.

Il se divise en trois parties. La première présente la nature de l'arbitrage, l'arbitre lui-même et le caractère final de sa décision. La seconde présente les étapes du déroulement de l'arbitrage à partir de la préparation jusqu'à la plaidoirie. La troisième présente et explique l'imposition possible de l'arbitrage quand le syndicat manque à son devoir de fournir une représentation équitable de l'employé auprès de son employeur. Avant d'aborder ces descriptions, deux remarques introductives sont nécessaires pour faire ressortir l'importance des contraintes ainsi imposées à l'employeur.

En premier lieu, ce mécanisme final de solution des désaccords est exclusif aux entreprises syndiquées. Règle générale, aucune entreprise non syndiquée n'y a recours. Aucune n'imite cet élément des relations du travail patronales-syndicales, contrairement à l'utilisation courante de plusieurs autres éléments ou de pratiques de gestion. Cette absence d'imitation s'explique facilement par le caractère contraignant d'une décision arbitrale finale et exécutoire. Par exemple, l'arbitre accorde une promotion qui avait été refusée ou encore, réintègre un employé congédié à son poste antérieur, avec une suspension de quatre mois en remplacement du congédiement. De telles décisions contraignent l'entreprise à partager son pouvoir de décision non seulement avec le syndicat qui conteste cette décision, mais aussi avec un arbitre détenant le pouvoir de l'annuler. L'importance d'une telle contrainte saute aux yeux. Elle explique que l'entreprise non syndiquée ne se l'impose pas volontairement.

Deuxièmement, ces contraintes résultent en grande partie de l'intervention de l'État, même aux États-Unis où l'arbitrage est juridiquement volontaire. Aux États-Unis avant 1940, l'arbitrage volontaire des désaccords se limitait surtout au vêtement, aux mines de charbon ou aux chemins de fer, trois secteurs très particularisés et différents de la grande industrie. D'aucuns ont même attribué l'apparition nord-américaine de l'arbitrage privé aux solidarités ethniques dans les industries du vêtement. Quoi qu'il en soit, c'est le *War Labor Board* qui a généralisé le recours à l'arbitrage à partir de 1940 dans tout le secteur privé. «Il encouragea un management parfois réticent à accepter la négociation collective en échange de la stabilité issue des renonciations à la grève et des procédures de griefs [et] recommanda de délimiter de façon restreinte les procédures de griefs de façon à soustraire l'essentiel

de la gestion au pouvoir des arbitres ou de la négociation collective[1].»
Ou encore: «l'exemple donné par le *War Labor Board* américain, et son
efficacité, furent responsables de la popularité de l'arbitrage pendant
l'après-guerre, et servit aussi de lieu d'entraînement à la plupart des
arbitres de l'après-guerre... Aujourd'hui, 95 p. 100 des conventions prévoient un arbitrage contraignant des griefs[2]...» C'est dire que les
contraintes de l'arbitrage sur les entreprises du secteur privé ont été
pistonnées, compte tenu des urgences de la guerre, par l'État américain
avant d'être imposées de façon législative au Canada.

10.1 LA NATURE DE L'ARBITRAGE

10.1.1 Son histoire au Québec

a) 1944-1961

Dès l'adoption en 1944 de la *Loi des relations ouvrières*, l'arbitrage des
griefs a été rendu obligatoire et l'est demeuré[3]. Par ailleurs, la décision
arbitrale qui en résultait était-elle finale et liait-elle les parties? En
pratique oui puisque, comme partout ailleurs en Amérique du Nord, les
conventions collectives le prévoyaient ainsi[4]. Encore aujourd'hui, les
clauses à cet effet continuent de faire partie des conventions collectives.

Cette loi québécoise, cependant, était équivoque à cet égard. Elle
interdisait la grève en cours de convention tant que «14 jours ne se
soient écoulés depuis que la sentence [arbitrale] a été rendue sans qu'elle
ait été mise à l'effet[5]». Cette formulation continue d'exister dans certaines conventions collectives aux États-Unis[6].

De quelle façon était-elle équivoque? C'est que ses effets sur le
syndicat et sur l'employeur étaient asymétriques. D'une part, la grève
demeurait interdite au syndicat qui avait perdu un grief. Par exemple,

1. T.A. Kochan, H.C. Katz, R.B. McKersie, *The Transformation of American Industrial Relations*, New York, Basic Books, 1986, p. 32. Traduction libre.

2. J.P. Begin, E.F. Beal, *The Practice of Collective Bargaining*, 8th Edition, Irwin, 1989, p. 460. Traduction libre.

3. F. Morin, R. Blouin, *Arbitrage des griefs*, Éditions Yvon Blais, 1986, p. 11.

4. *Id., ibid.,* p. 12.

5. *Id., ibid.,* p. 11.

6. Alan Balfour, *Union Management Relations in a Changing Economy*, Prentice-Hall, 1987, p. 330.

si la décision arbitrale était de maintenir un congédiement, la «mise à l'effet» de cette décision rendait illégale toute grève à ce sujet. D'autre part, l'employeur qui avait perdu un grief n'était pas lié par la décision arbitrale. La «mise à l'effet» d'une décision favorable au syndicat pouvait exiger le recours à la grève. En réalité, c'était un cheval contre un lapin: les décisions arbitrales favorables à l'employeur étaient, de fait, finales; mais celles favorables au syndicat ne l'étaient pas. La contrainte ainsi imposée à l'employeur était bénigne.

b) 1961-1977

En 1961, le législateur a intégré dans la loi la pratique habituelle des conventions collectives[7]. Depuis, la grève et le lock-out sont toujours interdits en cours de convention; la décision arbitrale est finale et exécutoire; et elle est restreinte «à l'interprétation ou à l'application d'une convention collective» (C.t. 1-f). Ainsi la contrainte imposée à l'employeur était à la fois délimitée et alourdie.

c) Depuis 1977

Cependant, durant la décennie 1970, la portée et l'autorité de la décision arbitrale furent fortement contestées devant les tribunaux. «Les innombrables brefs d'évocation émis par la Cour supérieure depuis cinq ans illustrent l'insécurité juridique grandissante dans laquelle se trouvaient les parties au 22 décembre 1977[8].» Cette date est celle de l'adoption par l'Assemblée nationale de l'essentiel des 29 articles du Code du travail actuel, numérotés de 100 à 102, grâce à de nombreuses décimales. Enfin, en 1983, le législateur a éliminé le recours possible à un tribunal d'arbitrage constitué de trois arbitres et n'a conservé que le recours à un arbitre unique. Cependant, les parties peuvent lui adjoindre des assesseurs consultatifs, nommés par elles; une pratique peu courante dans le secteur privé. De tels assesseurs, quand il y en a, siègent avec l'arbitre pendant et après les séances d'audition, et alimentent de façon partisane sa réflexion. La raison du changement semble être «une perception du législateur à l'effet que le tripartisme des tribunaux d'arbitrage constituait la cause principale des longs délais que dénonçaient les parties[9]».

---

7. F. Morin, R. Blouin, *op. cit.*, p. 12.

8. Fernand Morin, «L'arbitrage traditionnel des griefs» in Noël Mallette, *op. cit.*, p. 333.

9. F. Morin, R. Blouin, *op. cit.*, p. 16.

10.1.2   Un procès judiciaire ou l'œuvre des parties?

L'arbitrage est-il un procès judiciaire ou l'œuvre des parties? La meilleure façon de répondre à cette question, semble-t-il, est la façon pragmatique. Elle sera adoptée ici, par l'examen détaillé de l'arbitre, de ses pouvoirs, de sa décision et, enfin, du déroulement de l'arbitrage. En effet, tout comme la convention collective, l'arbitrage des griefs dans le secteur privé constitue une réalité sinon hybride, du moins originale.

D'une part, l'arbitrage est en soi un mécanisme de solution des désaccords qui relève des parties elles-mêmes. L'arbitrage volontaire et privé des litiges commerciaux, tels ceux qui peuvent surgir entre un fabricant de pièces et une entreprise acheteuse, en est un exemple. Il est souvent choisi par des parties entretenant des rapports continus qu'ils ne souhaitent pas voir envenimés par un pénible litige ou par les délais d'un procès judiciaire. On verra que dans son fonctionnement et sous plusieurs rapports, l'arbitrage de griefs demeure un arbitrage. À titre d'exemple, un arbitre décide d'un grief à la lumière d'une convention spécifique et particulière à l'entreprise d'où provient le grief. Un juge, par contre, tranche un litige à la lumière de la législation qui est la même pour tous.

D'autre part, l'arbitrage des griefs au Québec est indéniablement «un mécanisme particulier d'administration de la justice[10]». Les parties sont contraintes d'y recourir lorsque le désaccord sur un grief persiste. L'arbitre interprète le droit des parties, du moins jusqu'à la révision possible de la convention dans une négociation subséquente. L'encadrement législatif de l'arbitrage est considérable au Québec. Au besoin, la décision arbitrale devient juridiquement exécutoire. Elle est de plus soumise à la surveillance des tribunaux judiciaires.

L'arbitrage des griefs constitue donc une sorte de «miniprocès». Et pour donner un sens précis à cette formule, il faut examiner chacun des principaux éléments constitutifs de l'arbitrage.

a)   L'arbitre: qui est-il?

- **Un tribunal qui interprète le droit des parties**

> «Dans une certaine mesure, il est possible de comparer le rôle de l'arbitre des griefs à celui d'un juge. Sa compétence est cependant plus

---

10.   *Id., ibid.,* p. 5.

limitée et plus spécialisée. L'arbitre doit interpréter le droit des parties et l'occasion de cette juridiction est l'existence d'un grief. La fonction arbitrale apparaît ainsi de nature judiciaire et ce tribunal en est un statutairement constitué. Cette qualification et cette reconnaissance du caractère statutaire de la fonction sont très importantes[11].»

Comme un juge, l'arbitre ne donne pas raison ou tort parce qu'il approuve ou désapprouve. Il donne raison ou tort parce que la convention le permet ou l'interdit. Il applique ainsi ce qu'on appelle la règle de droit. Autrement dit, les sources de sa décision peuvent être très distantes des motifs de la décision patronale ou de la protestation syndicale qui lui est soumise. Par exemple, le gérant du bar d'un hôtel préfère la candidate au poste de «serveuse de bar» à un candidat masculin plus ancien. Un grief s'ensuit. L'hôtel et le syndicat ne parviennent pas à le régler. Le syndicat le soumet à l'arbitrage. Quelle est alors la fonction de l'arbitre? Elle est de décider du droit de l'employeur d'accorder la promotion de cette façon, et non d'évaluer la valeur de sa décision. Celle-ci, bien sûr, aurait pu être évaluée conjointement, à partir de valeurs convergentes ou conflictuelles, au sein de l'entreprise. Elle ne l'a pas été. On s'est rendu à l'arbitrage. L'arbitre, lui, n'interprète que le droit.

Où l'arbitre trouve-t-il les sources de ce droit? D'abord et avant tout dans la convention collective qu'il a pour première mission d'interpréter et d'appliquer. En second lieu, quand il s'agit de griefs disciplinaires et quand la convention collective ne prévoit pas «une sanction déterminée pour la faute reprochée» (C.t. 100.12-f), dans l'obligation faite à l'employeur de convaincre l'arbitre que la sanction imposée est juste et raisonnable. Cette obligation découle du pouvoir confié à l'arbitre par le Code:

> 100.12-f) [l'arbitre doit] en matière disciplinaire, confirmer, modifier ou annuler la décision de l'employeur et, le cas échéant, y substituer la décision qui lui paraît juste et raisonnable, compte tenu de toutes les circonstances de l'affaire.

En troisième lieu, il tient compte des «griefs assimilés par voie législative», c'est-à-dire lorsque «le législateur assimile au grief un certain nombre de conflits qui relèveraient autrement d'autres organismes[12]». Il s'agit entre autres de conflits portant sur le maintien des conditions de travail (C.t. 59), sur le non-rappel au travail d'un salarié gréviste ou victime d'un lock-out (C.t. 100.1), sur le droit de retour au travail d'un accidenté du travail[13] ou sur l'exercice de certains droits

11. *Id., ibid.*, p. 166-167.
12. *Id., ibid.*, p. 125.
13. *Id., ibid.*, p. 134.

fondamentaux tel l'usage de la langue française ou le refus d'effectuer un travail dangereux[14].

En quatrième lieu, l'arbitre pourra puiser dans la «jurisprudence». Il la tire de deux sources. La jurisprudence judiciaire est faite des décisions rendues par les tribunaux supérieurs. La jurisprudence arbitrale est faite des décisions rendues par d'autres arbitres. Quand à la première, «on comprend qu'un arbitre ne peut ignorer ni un jugement de la Cour suprême, ni la jurisprudence constante des tribunaux judiciaires[15]...» Quant à la seconde, la diversité des conventions collectives et de leur application concrète, à laquelle s'ajoute la diversité des arbitres, affaiblit leur valeur juridique et pratique. «En chaque cas, une étude attentive des coordonnées générales de chaque décision arbitrale s'impose avant de s'en servir comme guide ou fondement[16].»

- **Un arbitre unique**

Dans le secteur privé au Québec, on a affaire, règle générale, à un arbitre unique plutôt qu'à un arbitre unique entouré d'assesseurs consultatifs ou à un tribunal composé de trois membres. Cela était déjà vrai avant les amendements à la loi de 1983. Ce l'est encore plus depuis. En 1978-1979, 66 p. 100 des 2400 griefs entendus l'étaient par un arbitre unique. En 1987-1988, ce pourcentage avait grimpé à 89 p. 100 des 2300 griefs entendus[17]. Les quatre cinquièmes des griefs restants, soumis à un tribunal tripartite, provenaient des secteurs de l'éducation et de la santé[18]. «Le recours au tribunal tripartite entraîne des délais presque deux fois plus longs», soit de 380 jours, au lieu de 208 jours, entre la date de la nomination des arbitres et celle de la décision[19].

- **Un arbitre impartial**

Comme dans toute autre forme de justice, l'arbitre doit être impartial puisque son rôle est de trancher un litige. Mais il faut plus. Il faut «non seulement qu'il y ait absence de partialité, mais aussi qu'il y ait apparence d'impartialité[20]».

---

14. *Id., ibid.,* p. 142-144.
15. *Id., ibid.,* p. 104.
16. *Id., ibid.,* p. 105.
17. J.P. Lalancette, R. Auclair, «L'arbitrage des griefs conserve-t-il toujours un intérêt?» in Rodrigue Blouin, *op. cit.,* p. 545.
18. Conseil consultatif du travail et de la main-d'œuvre (CCTM), *Liste annotée d'arbitres de griefs, 1989-1990,* p. 104.
19. J.P. Lalancette, R. Auclair, *op. cit.,* p. 548.
20. F. Morin, R. Blouin, *op. cit.,* p. 189.

Parmi les moyens utilisés pour atteindre cet important objectif, deux aspects du processus de sélection des arbitres méritent d'être soulignés immédiatement. Il s'agit du choix des arbitres, qui revient aux parties elles-mêmes, et des règles d'impartialité servant à la confection d'une liste annuelle d'arbitres de griefs. Ces deux aspects font l'objet des deux sections suivantes.

- **Un arbitre avant tout choisi par les parties**

Comme dans tout arbitrage nord-américain, l'arbitre des griefs au Québec est choisi avant tout par les parties. Ce mode de sélection vise à faciliter l'acceptation de sa décision. Il vise aussi à assurer l'impartialité de l'arbitre. Il différencie profondément l'arbitrage des autres formes de justice. Les juges des tribunaux judiciaires, en effet, sont nommés de façon permanente et quasi irrévocable, et ce pour plusieurs raisons, dont la recherche de l'impartialité. Cet objectif est important dans chacun des deux cas. Cependant, les moyens utilisés pour l'atteindre sont radicalement différents.

La priorité accordée aux parties dans le choix d'un arbitre est manifeste dans le Code du travail :

> 100. Tout grief doit être soumis à l'arbitrage en la manière prévue dans la convention collective si elle y pourvoit et si l'association accréditée et l'employeur y donnent suite ; sinon il est déféré à un arbitre choisi par l'association accréditée et l'employeur ou, à défaut d'accord, nommé par le ministre. L'arbitre nommé par le ministre est choisi sur la liste prévue à l'article 77.

> 77.... liste dressée annuellement par le ministre après consultation du Conseil consultatif du travail et de la main-d'œuvre.

Cette priorité est également manifeste dans les faits. Le ministre ne nomme l'arbitre que dans 20 p. 100 des cas environ[21]. «Que l'arbitre soit nommé par les parties ou le ministre ne confère aucunement au titulaire de la fonction arbitrale plus ou moins d'autorité[22].»

Le choix d'un arbitre par les parties se fait de trois manières principales. Dans la première, on choisit un arbitre «permanent» pour la durée de la convention collective. On inclut alors le nom de l'arbitre choisi dans le texte de la convention ou en annexe. La seconde façon conduit au choix de quelques arbitres pour la durée de la convention. La convention indique alors leur nom et aussi la manière dont on leur demandera d'entendre un grief, par exemple à tour de rôle ou encore

---

21. CCTM, *op. cit.*, p. 103.
22. F. Morin, R. Blouin, *op. cit.*, p. 198.

par un tirage au sort! Ce procédé peut renforcer la pratique de la vertu d'humilité par l'arbitre ainsi choisi.

Une troisième façon de faire est de ne nommer aucun arbitre à l'avance. On attend de voir venir les coups – les griefs. Cette façon est souvent utilisée dans les entreprises où le recours à l'arbitrage est rare parce que les griefs sont le plus souvent réglés par entente mutuelle. Quand surgit un grief non réglé, on tente de s'entendre sur le nom d'un arbitre à qui on demandera de trancher. Quand l'entreprise est éloignée des grands centres, on regroupe parfois plusieurs griefs pour les soumettre à un même arbitre dans le but de diminuer les frais de ces arbitrages, ou par calcul stratégique: le même arbitre, devant disposer de dix griefs, peut être peu enclin à les accorder ou à les refuser tous. À défaut d'entente, on demande au ministre de nommer l'arbitre.

La teneur ou la qualité des échanges en vue de choisir un arbitre sont très variables. Souvent, les couteaux volent bas. En effet, même si tous adhèrent au principe de l'impartialité, en pratique les futurs plaideurs d'un grief spécifique cherchent d'abord à gagner leur arbitrage, et leurs efforts commencent par le choix de l'arbitre. On cherche souvent la victoire plus que la vérité. L'un propose un ou des noms d'arbitre qui, croit-il, lui seront favorables. Cette proposition éveille souvent la méfiance du plaideur adverse. À cette méfiance peut s'ajouter la crainte de l'inconnu si ce nom lui est peu familier. On cherchera alors à connaître l'opinion de ses pairs, dans des rencontres informelles ou des échanges téléphoniques. Les opinions ainsi données peuvent refléter moins les qualités de cet arbitre que les effets d'une victoire ou d'une défaite récente. Il n'est pas rare d'entendre un plaideur syndical, ou patronal, dire en privé: «Prends pas cet arbitre-là, je viens de perdre un grief devant lui»; alors qu'un autre, au sujet de la même personne, dit au contraire: «C'est un bon arbitre, je viens de gagner deux griefs devant lui»; un troisième peut être plus nuancé en disant: «Il est bon dans les cas de discipline, mais il ne l'est pas dans les cas d'ancienneté.» Cette jungle est obscure. Elle a porté deux auteurs à conclure, en termes pudiques et indulgents:

> En plus de cette présélection faite au niveau du C.C.T.M.O., les parties ajoutent plusieurs autres considérations plus ou moins subjectives pour choisir leur arbitre. La diversité de ces critères, leur caractère parfois occulte, et le fait qu'ils ne sont pas toujours appliqués d'une façon constante par les parties nous empêchent d'en faire un exposé valable.

- **Une liste annotée d'arbitres de griefs**

De telles imperfections du processus de nomination, jointes à une volonté commune de nommer soi-même l'arbitre, ont grandement stimulé les efforts des centrales syndicales et du patronat pour dresser une liste annuelle et annotée d'arbitres de griefs impartiaux.

> Lorsque les juges de la Cour provinciale durent, à toute fin pratique, cesser d'agir à ce titre [d'arbitre] en 1969, les centrales syndicales et le patronat profitèrent de l'occasion pour procéder à une présélection des arbitres des griefs et des présidents de tribunal d'arbitrage[23].

Le vide créé par la non-disponibilité de ces juges témoigne qu'on y recourait de façon importante pour des raisons évidentes d'impartialité et d'apparence d'impartialité.

Cette liste vise à améliorer la qualité de l'information disponible quand vient le moment de nommer un arbitre pour un grief en particulier. Ces efforts se déploient au sein d'une structure paritaire, le Conseil consultatif du travail et de la main-d'œuvre. Ce sont donc, encore une fois, les parties qui dressent cette liste, quoique à un niveau plus élevé. Elle demeure le fruit d'un compromis.

L'édition 1989-1990 «propose aux parties une liste de 124 arbitres[24]». L'année précédente, en 1987-1988, «moins de 5 p. 100 des sentences ont a été rendues par des arbitres qui n'étaient pas inscrits à la liste annotée d'arbitres de griefs[25]». Cinquante-six p. 100 des arbitres inscrits à la liste sont de formation juridique. Cette proportion est stable d'une année à l'autre. Onze ans auparavant, en 1976-1977, elle était de 60 p. 100[26]. Par ailleurs, elle sous-estime de façon énorme la popularité des avocats ou des professeurs d'université de formation juridique parmi les arbitres choisis. Par exemple, les sept arbitres les plus populaires en 1988-1989, ayant rendu à eux seuls 417 décisions, soit 18 p. 100 du total de 2312, étaient tous ou avaient tous été avocats. Cela n'est pas surprenant si l'on songe que la première mission d'un arbitre est d'interpréter ou d'appliquer une convention collective.

La confection de cette liste se fait à partir de certaines règles dont celles qui visent l'impartialité. Les règles d'impartialité utilisées aujourd'hui sont les suivantes:

Impartialité

5. L'arbitre doit être libre de toute attache permanente ou régulière à l'égard d'un syndicat ou d'un employeur.

---

23. *Id., ibid.*, p. 193.
24. CCTM, *op. cit.*, p. 9.
25. *Id., ibid.*, p. 103.
26. Fernand Morin, *op. cit.*, p. 344.

6. L'arbitre doit s'engager à ne pas agir comme assesseur, procureur ou représentant dans le domaine des relations du travail.

7. L'arbitre doit agir et se comporter à titre d'arbitre d'une façon impartiale et objective.

7a) Avant d'accepter une nomination, l'arbitre doit dénoncer aux parties tout poste qu'il détient ou qu'il a détenu à titre de conseiller, représentant, administrateur ou autre, auprès de l'employeur ou du syndicat impliqués dans le litige pour lequel sa nomination est à l'étude ou pour lequel il a été provisoirement désigné par les parties.

Il doit également dénoncer aux parties tout intérêt d'ordre pécuniaire qu'il peut avoir dans ce litige[27].

Si l'on souhaite une mesure quantitative, même si elle est imparfaite, de l'impartialité, les seuls chiffres disponibles sont les suivants pour 1987-1988: «Quant au sort réservé aux griefs, ils ont été rejetés dans 57,5 p. 100 des cas, maintenus dans 34 p. 100 des cas et la demande modifiée dans 8,3 p. 100 des cas[28].»

• Un arbitre connu

La répartition des arbitrages parmi les arbitres est très inégale. Même si tous les arbitres sont en théorie égaux entre eux, en réalité certains sont plus égaux que les autres, pour paraphaser George Orwell. Cela aussi est une constante. Déjà on avait calculé qu'en 1976-1977, «30 p. 100 des arbitres furent saisis de 75 p. 100 des affaires[29]». En 1988-1989, 9 p. 100 des arbitres furent saisis de 30 p. 100 des affaires, un autre 30 p. 100 d'un 47 p. 100 additionnel, alors que 61 p. 100 des arbitres ne rendaient que 23 p. 100 des décisions[30].

Une des premières explications de ces inégalités de l'achalandage provient des difficultés déjà mentionnées quant au processus de nomination. Il y en a une autre, plus profonde. Elle provient de la sollicitation de l'arbitre connu parce que déjà utilisé, et déjà utilisé parce que connu dans le domaine. Il en va des arbitres comme des saucisses: plus de monde en mange parce qu'elles sont fraîches, et elles sont fraîches parce que plus de monde en mange. Dans un premier temps, on s'entend sur un arbitre parce que son achalandage défie toute critique: «Tout le monde fait appel à lui, je le fais aussi.» Dans un second temps, l'arbitre choisi devient aussi familier. Il devient prévisible. On apprend à commu-

27. CCTM, *Liste annotée d'arbitres de griefs, 1989-1990*, p. 96.
28. CCTM, *op. cit.*, p. 104.
29. Fernand Morin, *op. cit.*, p. 344.
30. CCTM, *op. cit.*, p. 104.

niquer avec lui, tout comme dans la négociation, dans les rapports quotidiens sur le plancher de l'entreprise, ou dans tout autre rapport social ou humain. Ainsi l'arbitre utilisé de façon répétée dans la même entreprise n'est plus entièrement externe à l'entreprise. Même s'il ne fait pas partie des meubles du salon, il fait partie de ceux du jardin.

Un exemple. Un arbitre prestigieux (434 décisions à ce jour), professeur de relations industrielles, était le seul arbitre utilisé, grâce à une entente informelle, dans une entreprise métallurgique située à l'est de Montréal. En 1983, il signifiait aux dirigeants syndicaux et patronaux qu'ils feraient mieux de se trouver un autre arbitre. Lui-même, en effet, nommé à une exigeante commission gouvernementale, ne serait pas disponible pendant 12 mois. À sa grande surprise, sachant l'importance accordée par ces parties à la célérité d'une décision, il se vit répondre qu'on attendrait plutôt, avec impatience, son retour. Connu, respecté, il partageait en un sens la continuité de leurs rapports mutuels. Autrement dit l'arbitre connu et prévisible, même si sa présence consacre l'échec de la procédure de règlement des griefs, en constitue aussi le prolongement, voire une constituante. En effet, ses décisions passées influencent beaucoup le règlement des griefs subséquents.

- **Un arbitre temporaire**

Sur le plan juridique, la fonction d'arbitre est transitoire. Après que sa décision a été rendue, il cesse d'être l'arbitre de ce grief. La fonction d'arbitre s'exerce pour les besoins d'un grief. Son statut diffère donc de celui d'un juge, qui lui ne cesse pas d'être juge quand une cause est terminée. Alors qu'être juge constitue une occupation, être arbitre ne constitue qu'une fonction. Il en découle deux effets pratiques.

En premier lieu, la fonction d'arbitre au Québec ne procure qu'un revenu d'appoint à la plupart de ceux qui la remplissent. Dans quelques cas exceptionnels, la répétition de cette fonction peut constituer pendant quelques années le principal gagne-pain.

En second lieu, l'arbitre ne peut pas apporter de retouche à la décision qu'il a rendue. «Il redevient un tiers à l'égard des parties, il n'a plus autorité pour préciser, compléter ou corriger la décision arbitrale[31].» Il ne peut que corriger une erreur matérielle, de calcul ou d'écriture par exemple (C.t. 100.12-e), ou fixer, à la demande d'une partie, le montant dû en vertu d'une sentence qu'il a rendue (C.t. 100.12-d).

---

31.   F. Morin, R. Blouin, *op. cit.*, p. 454.

• Un arbitre payé par les parties

À ce sujet, les syndicats et l'employeur du secteur public se sont nettement démarqués, encore une fois, des pratiques adoptées par leurs homologues du secteur privé.

D'une part, les syndicats dans les hôpitaux ont réclamé la gratuité de l'arbitrage dès la première négociation centralisée. Ils l'ont obtenue en avril 1966 même si la convention ne fut signée que plus tard[32]. Ils l'ont obtenue du gouvernement, nouvel intervenant dans ces négociations. Toutes les tentatives des gouvernements successifs pour revenir par la suite sur cette concession et mettre fin à cette gratuité ont finalement été abandonnées devant la résistance syndicale. Cette résistance s'explique par le coût des arbitrages, joint au morcellement de plusieurs unités d'accréditation. Elle s'explique aussi par l'affirmation du droit à la gratuité de la justice; à cet égard l'arbitrage est assimilé, dans le secteur public, au reste du système judiciaire.

D'autre part, dans le secteur privé, la règle générale est de partager les frais en parts égales. Les employeurs sont unanimes pour refuser toute concession à ce sujet quand celui-ci est soulevé. De plus, les syndicats du secteur privé ne le soulèvent que de façon sporadique et isolée. En effet, de façon générale, les syndicats du secteur privé adhèrent au principe que l'arbitrage est l'affaire des parties à la convention. Ils affirment ainsi ce caractère particulier de l'arbitrage au sein de la fonction judiciaire. Ils sont aussi réticents à revendiquer que le compte de l'arbitre impartial soit payé en totalité par leur employeur: serait-il encore impartial? On notera que le Code du travail est muet à ce sujet, et que le rapport final de la Commission consultative sur le travail l'évoque à peine[33].

Les règles d'éthique adoptées par le CCTM en 1989 prévoient un tarif horaire maximum de 80 $ pour les honoraires de l'arbitre. Quand l'audition est brève, il peut réclamer un minimum de 270 $ par journée d'audition. Pour le délibéré et la rédaction de la sentence, il ne peut réclamer des honoraires pour plus de 10 heures[34]. Parmi les 124 arbitres constituant la liste de 1989-1990, 69 se sont engagés à respecter ces règles, alors que 55 s'en sont dégagés d'une façon ou d'une autre. Il n'y a pas d'exemple connu d'arbitre réclamant moins que le maximum prévu.

---

32. Maurice Lemelin, *Les négociations collectives dans les secteurs public et parapublic*, Agence d'Arc, 1984, p. 87.
33. CCT, *Le travail, une responsabilité collective*, rapport final, Les Publications du Québec, 1985, p. 254.
34. CCTM, *op. cit.*, p. 97.

C'est dire que les tarifs mentionnés constituent un seuil plutôt que le reflet des honoraires réels. On a même affirmé: «Cependant, les faits dépassent largement et ostensiblement les modalités réglementaires[35].»

L'organisation matérielle de l'arbitrage est gratuite ou peu coûteuse. Les auditions peuvent se dérouler sur les lieux de l'entreprise, dans un palais de justice ou dans un salon d'hôtel dont le coût est parfois défrayé par l'employeur. Les autres frais d'un arbitrage peuvent dépasser considérablement ceux des honoraires de l'arbitre. Il s'agit du coût des plaideurs engagés pour la circonstance, de la perte du salaire des dirigeants syndicaux présents ou des témoins convoqués, ou du coût réel, quoique difficilement chiffrable, du temps consacré à l'arbitrage par des employés permanents du syndicat ou de l'employeur.

b) Les pouvoirs de l'arbitre

• Statuer sur sa juridiction

Le pouvoir de l'arbitre de statuer sur sa «juridiction» est important quand celle-ci est contestée. Cette contestation provient généralement de l'employeur puisque le grief provient du syndicat. Elle est souvent soulevée au début de l'audition du grief. L'arbitre peut en disposer immédiatement ou plus tard, dans sa décision, rendue à la fin de l'arbitrage. Le plaideur de l'employeur se lève et conteste que ce grief n'en est pas un au sens de la loi ou de la convention, ou qu'il dépasse la juridiction de l'arbitre, c'est-à-dire son aire juridictionnelle, son champ de compétence, sa compétence, son champ d'activités, le domaine qui lui est propre; expressions presque interchangeables délimitant son pouvoir de décider[36].

Par exemple, le plaideur de l'employeur allègue que le grief n'est pas arbitrable puisque l'employé congédié ne s'est présenté au travail que trois semaines après y avoir été rappelé; alors que cette convention stipule, de façon absolue et sans prévoir d'exception, qu'un employé perd toute son ancienneté s'il ne se présente pas dans les deux semaines suivant le rappel au travail après une mise à pied. Donc, allègue-t-il, l'arbitre n'a pas juridiction puisque l'objet du grief déborde manifestement la portée de la convention. À l'encontre de cette objection, le plaideur du syndicat prétend que l'arbitre a juridiction puisqu'il s'agirait d'un cas de force majeure. La livraison postale de l'avis de rappel aurait été perturbée et retardée par des combats entre intégristes musulmans

---

35.   F. Morin, R. Blouin, *op. cit.*, p. 207.

36.   *Id., ibid.*, p. 170-183.

et hindouistes dans le Punjab, où l'employé congédié rendait visite à sa famille.

L'arbitre doit trancher, en deux temps. Dans un premier temps, il peut trancher qu'il a juridiction, que oui, il veut entendre le grief et connaître le pour et le contre de cette affaire. S'il tranche dans ce sens, dans un deuxième temps il adjugera le grief sur le fond. Quand il décide de sa juridiction, l'arbitre doit le faire avec précaution. En effet,

> la décision alors rendue peut être plus facilement contrôlée par les tribunaux de droit commun que lorsqu'il s'agit d'une décision qui porte sur l'objet principal et exclusif de l'arbitrage. Si l'arbitre commet une erreur à cette occasion et qu'il s'attribue alors une juridiction qu'il n'aurait pas, la Cour supérieure peut intervenir[37].

- **Un pouvoir total et exclusif**

À l'intérieur de sa juridiction, l'arbitre a le pouvoir et même le devoir d'interpréter le droit des parties à partir des sources de droit appropriées, dont nous avons déjà parlé. Ce pouvoir est total et exclusif. «Tant et aussi longtemps que l'arbitre limite son action aux règles que lui assignent la loi et la convention collective, sa décision ne peut être utilement attaquée[38].»

- **Blanchard c. Control Data, Cour suprême 1984**

La justesse de cette dernière phrase est relativement récente. Elle date de 1980 ou 1984. En 1985, la Commission consultative sur le travail soulignait que «deux arrêts récents de la Cour suprême reconnaissent à l'arbitre compétence exclusive quant à toutes réclamations relatives à l'application, à l'interprétation et à la violation de la convention collective[39]».

Auparavant, il y avait un malaise, que signalait en 1980 le juge Estey de la Cour suprême:

> Pendant de nombreuses années, il y a eu une rivalité à peine déguisée entre les cours traditionnelles et les tribunaux établis en vertu de lois qu'on appelle aujourd'hui généralement conseils administratifs[40].

L'arbitre fait partie de cette catégorie, qui englobe aussi le commissaire du travail et le Tribunal du travail. Cette rivalité prenait la forme

---

37.   *Id., ibid.,* p. 173.
38.   *Id., ibid.,* p. 175.
39.   CCT, *op. cit.,* p. 254.
40.   Cité par F. Morin, R. Blouin, *op. cit.,* p. 467.

de décisions judiciaires accordant des demandes en «évocation» ou en nullité à l'encontre d'une décision arbitrale ayant déplu au perdant. Les tribunaux concluaient volontiers à un excès de juridiction par l'arbitre parce que son action ou sa décision avait été «déraisonnable», lui faisant ainsi perdre sa juridiction. Ils cédaient souvent à la tentation de substituer leur propre jugement à celui de l'arbitre.

En 1984, dans la cause Blanchard c. Control Data[41], la Cour suprême rappelait à l'ordre les tribunaux et restreignait leur intrusion dans les décisions arbitrales.

Le contenu de ce second jugement a souvent été cité et invoqué par la suite. Il a ainsi considérablement augmenté le pouvoir de l'arbitre en freinant son désaveu par les tribunaux judiciaires pour excès de juridiction.

- **Interpréter une loi**

Le Code énonce clairement le pouvoir de l'arbitre d'interpréter une loi, par exemple la *Loi sur la santé et la sécurité du travail* quand un travailleur a été suspendu pendant un mois pour avoir refusé d'exécuter un travail en invoquant son caractère dangereux:

> 100.12 Dans l'exercice de ses fonctions, l'arbitre peut:
>
> a) interpréter et appliquer une loi ou un règlement dans la mesure où il est nécessaire de le faire pour décider d'un grief;

- **La justice fondamentale**

L'arbitre a le pouvoir et le devoir de s'assurer que l'arbitrage se déroule selon ce qu'on peut appeler les règles fondamentales de justice, ou «ces grands principes qui permettent aux parties à un litige d'être dûment entendues, d'exercer leurs droits de défense, et d'obtenir une décision adéquatement motivée[42]». L'exercice de ce pouvoir et de ce devoir se vérifie dans les faits, c'est-à-dire dans le déroulement de l'arbitrage, qui sera abordé plus loin. Il suffit de préciser ici qu'une dérogation à ces grands principes de justice peut constituer un excès de juridiction et exposer la décision arbitrale au contrôle judiciaire.

---

41. Blanchard c. Control Data Canada ltée [1984] 2 R.C.S. 476,494. Cité par F. Morin, R. Blouin, *op. cit.*, p. 467.
42. F. Morin, R. Blouin, *op. cit.*, p. 210.

• **L'interprétation de la convention collective**

> Non seulement l'arbitre a-t-il compétence pour interpréter la convention collective ou tout autre texte législatif pertinent, mais il doit pouvoir s'en acquitter de manière à résoudre effectivement le grief[43].

Dans ce but, les auteurs Morin et Blouin ont proposé 11 règles d'interprétation de la convention collective. On les trouve au tableau 10-1.

c)   La décision de l'arbitre

«La sentence arbitrale est sans appel, lie les parties et, le cas échéant, tout salarié concerné (C.t. 101).» Autrement dit, elle est à la fois finale et contraignante. Ceci à condition, on l'a vu, qu'une demande d'évocation ne soit pas accordée par la Cour supérieure, la Cour d'appel, ou la Cour suprême, pour excès de juridiction. La décision rendue par la Cour supérieure, en effet, est sujette à appel devant les niveaux supérieurs de la hiérarchie judiciaire, comme toutes ses autres décisions.

De plus, elle peut devenir exécutoire quand on veut contraindre une partie à son exécution. «L'article 19.1 s'applique à la sentence arbitrale, *mutatis mutandis* (C.t. 101).» C'est-à-dire qu'on peut la déposer au bureau du protonotaire de la Cour supérieure.

> Ce dépôt de la sentence arbitrale a pour effet de lui conférer la force et le caractère obligatoire d'un jugement de la Cour supérieure, de sorte que le défaut de s'y conformer peut entraîner une condamnation pour outrage au tribunal même si la sentence n'est pas, au sens strict, un jugement d'un tribunal de droit commun[44].

En somme la décision de l'arbitre constitue une réalité sinon hybride, du moins originale. L'arbitre est nommé surtout par les parties. Le pouvoir de l'arbitre est d'abord celui d'interpréter et de faire appliquer la convention collective. En même temps, son rôle et sa décision font partie du système d'administration de la justice.

---

43.   *Id., ibid.,* p. 297.
44.   *Id., ibid.,* p. 456.

TABLEAU 10-1   Proposition de règles d'interprétation de la convention collective

VII.67 –   En puisant directement aux règles d'interprétation des lois et du contrat ainsi qu'aux énoncés jurisprudentiels et doctrinaux, ces règles peuvent ainsi être libellées :

Règle 1 :   Les dispositions de la convention collective claires et précises ne souffrent pas d'interprétation (voir par. VII.69).

Règle 2 :   Les dispositions de la convention collective sont interdépendantes et s'expliquent dans leur ensemble (voir par. VII.72).

Règle 3 :   Les textes introductifs et les annexes en sont parties et contribuent à expliquer le sens et la portée de la convention collective (voir par. VII.76).

Règle 4 :   La convention collective reçoit une interprétation libérale et positive, permettant la réalisation de son objet et le respect de ses dispositions selon leurs véritables fin et portée (voir par. VII.79).

Règle 5 :   Une convention collective s'interprète en favorisant la réalisation de ses effets ordinaires et généraux et en limitant ses effets d'exception (voir par. VII.85).

Règle 6 :   Quelques généraux et restrictifs que soient les termes utilisés, la convention collective ne comprend d'autres prescriptions que celles qui en découlent mais les comprend et les vise en totalité (voir par. VII.88).

Règle 7 :   À moins d'indication contraire, la convention collective énonce des prescriptions dans le respect des règles habituelles du langage juridique (voir par. VII.92).

Règle 8 :   À défaut d'intention contraire exprimée, les prescriptions de la convention collective sont tenues pour être en vigueur et s'imposent de façon absolue pour toute sa durée (voir par. VII.98).

Règle 9 :   Les termes imprécis, ambigus ou douteux d'une disposition de la convention collective sont interprétés dans le sens qui convient le mieux à son objet (voir par. VII.101).

Règle 10 :   Les faits, circonstances et documents composants du contexte historique de la convention collective servent à établir la commune intention des parties non expressément déclarée (voir par. VII.103).

Règle 11 :   Si on ne peut par ailleurs préciser l'intention commune des deux parties, la disposition de la convention collective s'interprète en faveur de celle qui ne pourrait autrement bénéficier de la pleine réalisation de cette disposition suivant ses véritables sens, esprit et fin (voir par. VII.113).

SOURCE :   Blouin, R., Morin, F., *op. cit.*, p. 332-333. Les références aux paragraphes de cet ouvrage ont été conservées de façon à faciliter sa consultation par le lecteur souhaitant connaître le contenu de ces règles, ce qui dépasse le cadre du présent survol.

10.2   LE DÉROULEMENT DE L'ARBITRAGE

Cette seconde partie présente les différentes étapes d'un arbitrage. Elle veut aider à visualiser celui-ci, ou du moins à le comprendre. Elle permettra dans une certaine mesure de rendre plus concrètes des notions abordées dans la première partie du chapitre, dont entre autres celles de «mini-procès». Ces étapes sont regroupées de façon séquentielle dans les sections suivantes : la préparation ; l'ouverture de l'audition ; les objections préliminaires ; la preuve ; la plaidoirie.

D'entrée de jeu, la figure 10-1 permet de saisir comment elles s'articulent les unes avec les autres. Elle aidera à comprendre les remarques faites sur la préparation de l'arbitrage.

10.2.1   La préparation

a)   Nécessité d'une stratégie

Une stratégie c'est un plan, une projection, de ce que l'on entend faire et dire (et ne pas faire et ne pas dire, et incluant aussi la façon de le faire et de le dire) à l'occasion de l'arbitrage. Et une stratégie est nécessaire. La stratégie qu'entend utiliser une partie à l'occasion d'un arbitrage se prépare et s'élabore au cours de la préparation du dossier, se complète à l'occasion de la révision du dossier et s'ajuste... au fur et à mesure que l'arbitrage progresse[45].

La stratégie sert un objectif. L'objectif immédiat est de gagner l'arbitrage. Cependant il y a souvent lieu pour les parties de situer cet objectif immédiat dans le contexte plus large des rapports continus entre employeur, syndicat et employés, ce qui distingue l'arbitrage du procès judiciaire. Le syndicat par exemple, dans un grief disciplinaire, souhaite-t-il ne contester que la sanction imposée à un individu, ou tente-t-il plutôt de contester le caractère raisonnable du règlement disciplinaire qui a été violé ? Ou encore, l'employeur, dans un grief contestant le refus momentané à un délégué syndical de s'occuper d'un grief à cause des impératifs de la production, souhaite-t-il ne réprimer que les abus, ou désire-t-il plutôt freiner cette présence syndicale ?

Une fois rendu à l'arbitrage, cet objectif immédiat est primordial. Il s'agit de convaincre l'arbitre, dans sa plaidoirie, que la preuve faite

---

45.   J.P. Tremblay, *op. cit.,* p. 6.

FIGURE 10-1   Schéma et cadre général de la «marche générale
de l'audition»

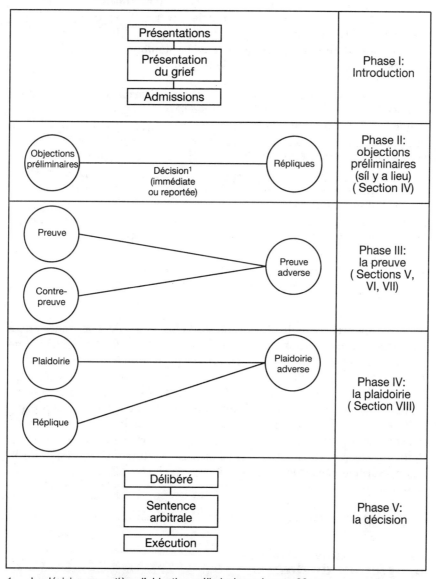

1.   La décision en matière d'objection préliminaire, voir page 26.

SOURCE :   Tremblay, Jean-Pierre, *Plaider un grief en arbitrage*, Institut de recherche appliquée sur le travail (IRAT), février 1980, réédité en avril 1983 dans le *Bulletin* n° 17, p. 18. Les références aux sections de cet ouvrage ont été conservées pour permettre au lecteur qui le désire de s'y référer facilement.

pendant l'enquête et les sources du droit auxquelles se réfèrent les parties exigent, demandent ou du moins justifient une décision favorable à soi, c'est-à-dire défavorable à la partie adverse. Puisque la plaidoirie, au terme de l'audition, n'est convaincante que si elle s'appuie sur la preuve faite, il s'ensuit que la nature de la plaidoirie gouverne la quête, la construction et la préparation de la preuve.

On peut citer l'exemple d'un arbitrage concernant une usine d'assemblage d'équipement hydro-électrique lourd : transformateurs ou disjoncteurs. La convention collective prévoyait que l'employeur avait le pouvoir de fixer les exigences pertinentes au contenu de la tâche. Or l'employeur, exigeant un DEC, avait refusé une promotion au poste d'assembleur aux candidats ne possédant pas ce diplôme, qui à leur tour avaient contesté ce refus dans un grief soumis à un arbitre. Par manque d'une vision claire de son objectif, probablement, l'employeur avait adopté une stratégie suicidaire. En effet, son expert sur le contenu du DEC ne connaissait rien à celui de la tâche. De plus, son expert sur le contenu de la tâche ne connaissait rien à celui du DEC. Sa preuve, donc, en dépit de sa solidité et de la compétence de ses témoins, était muette quant au lien de pertinence exigé par la convention collective. L'arbitre a donc accueilli le grief du syndicat.

Par ailleurs, le syndicat argumentait que ce lien de pertinence entre les exigences de la tâche et celles de l'employeur, dans l'octroi d'une promotion, devait être nécessaire et absolu. L'arbitre a donné complètement raison au syndicat, pour le malheur de celui-ci, paradoxalement. Car l'affaire fut portée devant la Cour supérieure, puis devant la Cour d'appel, puis enfin devant la Cour suprême. La décision finale fut que cette exigence d'un lien nécessaire et absolu excédait le contenu de la convention, qui ne parlait que d'un lien de pertinence, et constituait donc un excès de juridiction de la part de l'arbitre. La décision de la Cour suprême cassa donc la décision de l'arbitre. «Qui trop embrasse mal étreint. »

Ce double exemple illustre des stratégies déficientes ou incomplètes.

b)   L'étude du dossier

La constitution et l'étude d'un dossier vont de pair. Il faut identifier le grief, la chronologie des événements et les sources de droit pertinentes. Vérifier le respect des délais et procédures prévus par la convention. Assembler les écrits, documents ou pièces qui pourraient être utiles. Faire la liste des personnes concernées, de ses propres témoins et des témoins possibles de l'adversaire. Il convient de pouvoir visualiser ce dossier et les conclusions de son étude[46].

c)   Faire son enquête

L'enquête faite par le plaideur est le moyen privilégié de vérifier si les faits correspondent à la stratégie envisagée qui «doit être justement le caᴅre général dans lequel se tiendra cette enquête[47]».

Celle-ci porte sur les événements, sur la version des faits que chacun fournit, sur le climat et l'ambiance qui prévalaient alors, sur les motifs de la décision prise par l'employeur et sur les objectifs du grief logé par l'employé ou par le syndicat. Elle porte aussi sur les documents ou les écrits qui ont déjà été identifiés. À l'analyse, et selon le scénario qu'il entend suivre, le plaideur «doit savoir comment, par quel moyen et par qui il les déposera entre les mains de l'arbitre[48]». Il peut s'agir du dossier de l'employé ou des règlements disciplinaires de l'entreprise.

Elle porte enfin sur les témoins, les siens d'abord, mais aussi ceux de l'adversaire.

> Il nous apparaît prudent de demander à un témoin éventuel de donner d'abord sa version des faits puis, une fois qu'il a terminé, de l'amener à préciser certains points, de vérifier l'exactitude de certains autres points, de faire la relation avec ce que peuvent en dire d'autres personnes, etc. En un mot, mener une enquête serrée sur ce que le témoin peut dire[49].

Une première raison de l'importance de cet aspect de l'enquête est qu'un plaideur ne doit jamais aller à la pêche; une règle de prudence ayant valeur d'absolu: «règle générale, on ne doit pas poser de questions dont on ne connaît pas la réponse[50]». Par exemple, un plaideur patronal dressera l'oreille si un contremaître lui répond «Je l'haïs», quand il lui demande son opinion sur l'employé ayant formulé le grief soumis à l'arbitrage. Une seconde raison de l'importance de cet aspect de l'enquête provient de la cruauté du contre-interrogatoire, dont il sera question plus loin. Une troisième raison est qu'il faut rassurer le futur témoin face à l'inconnu de l'interrogatoire judiciaire et du contre-interrogatoire; en effet, le contremaître ou l'employé typique ne sont que rarement des

---

46.   *Id., ibid.,* p. 7-8.
47.   *Id., ibid.,* p. 8.
48.   *Id., ibid.,* p. 9.
49.   *Id., ibid.,* p. 9.
50.   *Id., ibid.,* p. 10.

criminels endurcis ou des habitués du palais de justice. Il convient donc de lui expliquer «et de l'informer de ce qui se passera lors de l'audition[51]». C'est dire que souvent, dans son enquête, le plaideur «devrait se faire l'avocat du diable[52]» afin de prévoir les réponses que son témoin lui donnera lors de l'interrogatoire, ou qu'il donnera au plaideur adverse lors du contre-interrogatoire. «C'est pourquoi il nous apparaît indispensable que cette partie de l'enquête se fasse en tête-à-tête [...] seul avec chaque témoin[53].»

Les autres objets de l'enquête sont les règles d'interprétation ou la jurisprudence, ce dont nous avons déjà parlé. Ce sont aussi les coutumes, les usages, les privilèges ou les tolérances, dont le poids en arbitrage est généralement insignifiant, sauf exception. L'exemple d'une telle exception serait que le gardien de barrière d'un producteur de clous permette la sortie d'une poignée de clous sans la permission écrite d'un contremaître, en dépit de l'interdiction officielle d'une telle pratique. Dans un tel cas, une enquête bien menée pourrait révéler que le travailleur congédié pour le vol d'une poignée de clous, en vertu d'un règlement disciplinaire bien connu dans l'entreprise, n'était pas, dans les faits, un voleur. Il s'approchait du gardien de barrière, avec sa poignée de clous, avec l'intention de lui demander la permission de sortir. Le maniement de telles exceptions est délicat. Il exige une préparation minutieuse, de part et d'autre.

La conclusion de l'enquête ou de la préparation de l'arbitrage est une révision de la stratégie et une vérification des éléments de preuve au service de l'objectif de cette stratégie, c'est-à-dire un déclic approbateur du cerveau de l'arbitre:

> Qu'est-ce qu'il faut prouver? Comment le prouver? Quels faits seront prouvés, en regard de quels droits réclamés, et par qui et comment seront-ils mis en preuve? Car le test demeure le suivant: de quelle preuve aura besoin l'arbitre pour me donner raison? De quels arguments aura-t-il besoin[54]?

10.2.2   L'ouverture de l'audition

a)   Les présentations

L'audition débute par les civilités et les présentations. Il n'est pas anodin de savoir qui est présent à l'ouverture. Chaque plaideur se demande

---

51.   *Id., ibid.,* p. 9.
52.   *Id., ibid.,* p. 9.
53.   *Id., ibid.,* p. 10.
54.   *Id., ibid.,* p. 13.

déjà quel sera le rôle de chacun. On s'interroge sur la longueur prévue de l'audition, révélatrice de son contenu ou du nombre de témoins attendus.

Dans un second temps «il apparaît approprié d'informer l'arbitre, dès le début de l'audition, de ce qu'on lui demande de faire et de lui fournir les points de repère nécessaires[55]». C'est une occasion importante d'accentuer ainsi le caractère non formel de l'audition; alors qu'au contraire, quand on veut conserver l'effet-surprise, comme dans certains procès, on accentue son formalisme. Certains arbitres, partisans d'une telle absence de formalités, annoncent leurs couleurs à cette étape, en demandant eux-mêmes cette information quand elle n'est pas fournie spontanément.

b) Les admissions

Les admissions constituent la reconnaissance de certains points par les parties. Il y a des admissions de procédure; par exemple que l'arbitre est compétent pour entendre le grief et que celui-ci est arbitrable. Il y a des admissions de faits, dispensant l'autre partie d'en faire la preuve; par exemple «que Jean était salarié et occupait telle fonction à l'usine X depuis sept ans[56]». Il y a des admissions de documents déposés; par exemple de la convention collective ou de la documentation entourant le grief.

Toute admission accélère le déroulement de l'audition parce qu'elle diminue l'étendue des désaccords. Elle accentue aussi son non-formalisme puisqu'elle limite les formalités aux désaccords qui persistent. Elle minimise ainsi la ressemblance du procès et de l'arbitrage. Elle en fait un «mini-procès».

c) Les objections préliminaires

Au contraire de l'admission, l'objection préliminaire à l'audition du grief accentue la ressemblance de l'arbitrage avec le procès judiciaire. Elle élargit l'étendue des désaccords. De plus, elle se base généralement, par sa nature même, sur un point de droit.

---

55.   *Id., ibid.,* p. 20.
56.   *Id., ibid.,* p. 21.

Un plaideur peut objecter que l'arbitre n'a pas juridiction sur ce grief, c'est-à-dire qu'il n'a pas compétence à l'égard de ce grief. Par exemple, il objecte que:

1. l'arbitre n'a pas été nommé de façon régulière;

2. l'arbitre n'est pas impartial à cause de ses liens avec l'autre partie;

3. la convention collective n'était pas en vigueur quand le grief a été logé;

4. le grief avait été retiré à une étape antérieure.

Il peut également prétendre que le grief n'est pas arbitrable. Par exemple il objecte qu'un salarié n'a pas le droit de loger un grief pendant sa période de probation; ou que le grief n'a pas été logé en dedans de 15 jours civils; ou que le syndicat n'a pas respecté les délais prévus dans la convention; ou que la décision de l'employeur est invalide parce qu'il n'a pas suivi la procédure prévue à la convention; ou que la convention est muette sur le sujet soulevé par le grief, qui ainsi échappe à la juridiction de l'arbitre.

Le but avoué de l'objection préliminaire est d'empêcher l'audition du grief, l'étude de sa valeur et de la question de fond qu'il soulève[57]. En principe, l'objection préliminaire est une mesure d'exception. L'est-elle dans les faits? Ce n'est pas sûr. D'une part, on a observé que dans le secteur de l'éducation au Québec, 58 p. 100 des décisions arbitrales pour la période 1970-1978 ont statué sur une objection préliminaire[58]. D'autre part, selon les statistiques du ministère du Travail, le taux des objections préliminaires pour tous les secteurs au Québec, qui dépassait 20 p. 100 avant 1980, est passé à environ 6 p. 100 depuis 1983[59]. En 1987-1988, il était de 6,7 p. 100[60]. « Il faut croire qu'un nombre important d'objections préliminaires [...] échappent aux statistiques officielles[61]. »

Il se peut que les buts non avoués soient en réalité peu avouables. On peut vouloir impressionner son client; tester un plaideur syndical qui n'est pas un avocat, faciliter le recours éventuel à une contestation judiciaire, rendre l'arbitre plus prudent ou accentuer l'aspect judiciaire de l'arbitrage. De toute façon, le plaideur syndical a tout avantage à s'interroger, au cours de sa préparation, sur la possibilité d'une objection

---

57. *Id., ibid.,* p. 26.
58. *Id., ibid.,* p. 26.
59. F. Morin, R. Blouin, *op. cit.,* p. 372-373.
60. CCTM, 1989, *op. cit.,* p. 104.
61. F. Morin, R. Blouin, *op. cit.,* p. 372.

préliminaire patronale, à s'y préparer, ou même à éviter leur effet-surprise par des échanges ou des rencontres préalables à l'arbitrage.

Quand l'arbitre répond-il à une objection préliminaire? Trois voies s'offrent à lui. Il peut répondre «sur le banc», c'est-à-dire sur-le-champ. Il peut également suspendre l'audition sur le bien-fondé du grief et ne la reprendre, le cas échéant, qu'après une décision écrite et motivée. Il peut enfin «prendre sous réserve l'objection pour y répondre à l'occasion de sa décision sur le mérite et alors, poursuivre immédiatement l'enquête[62]». Cette dernière voie est particulièrement utilisée quand l'arbitre n'a pas encore reçu l'information lui permettant de départager le bien-fondé du grief de celui de l'objection, quand cela simplifie ou accélère les choses plutôt que le contraire ou quand les parties sont d'accord.

10.2.3   La preuve

Le Code du travail souligne explicitement l'importance de la preuve dans le déroulement de l'arbitrage et dans la décision de l'arbitre.

> 100.2 L'arbitre doit procéder en toute diligence à l'instruction du grief et, sauf disposition contraire de la convention collective, selon la procédure et le mode de preuve qu'il juge appropriés.

> 100.11 L'arbitre doit rendre une sentence à partir de la preuve recueillie à l'enquête.

a)   La nature et l'objet de la preuve

Prouver un fait, c'est démontrer son existence ou son exactitude; c'est, par exemple, prouver que Jean a largement dépassé, à 30 reprises, la durée des pauses pendant les trois mois précédant l'imposition d'une suspension disciplinaire de cinq jours. On prouve un fait parce qu'on le considère pertinent à la décision que l'arbitre sera appelé à prendre, portant, dans ce cas-ci, sur la justesse de la sanction imposée. Prouver que cette sanction était juste et raisonnable, c'est démontrer qu'elle est conforme à «la règle de droit»: que la durée de la pause est connue de tous, que Jean a été averti à 12 reprises, et qu'il a déjà subi une suspension d'une journée à ce sujet, etc. «Prouver, c'est donc faire une démonstration des faits en regard des droits réclamés[63].»

---

62.   *Id., ibid.,* p. 377-378.
63.   J.P. Tremblay, *op. cit.,* p. 38.

b)   Le fardeau de la preuve

«Avoir le fardeau de la preuve, c'est avoir l'obligation de convaincre[64].» C'est habituellement le syndicat qui a ce fardeau puisqu'il réclame un droit et présente un grief. On a vu cependant que ce fardeau est parfois inversé, quand l'employeur exerce son jugement ou sa discrétion dont il est le seul à connaître les motifs ou les critères. C'est notamment le cas des sanctions disciplinaires ou de l'appréciation des compétences individuelles dans un mouvement de personnel.

c)   Le degré de la preuve

Sauf exception, on n'exige pas en arbitrage le degré de preuve appelé «la certitude» et qui prévaut en matière criminelle. En droit criminel, en effet, un accusé est présumé innocent jusqu'à ce que la preuve soit faite de sa culpabilité «hors de tout doute raisonnable», c'est-à-dire la certitude[65].

En arbitrage, on exige plutôt, comme devant les autres tribunaux civils, un degré moindre qui s'appelle «la probabilité». On exige une «preuve prépondérante». On exige la prépondérance de la preuve, par rapport à la preuve adverse, comme mesure de probabilité ou de vrai-semblance. Celui qui a le fardeau de la preuve doit faire une preuve plus convaincante que celle de la partie adverse, d'où l'importance consi-dérable de cette considération. «En résumé, prouver c'est chercher à convaincre l'arbitre par une démonstration prépondérante à celle de la partie adverse[66].»

d)   La preuve par l'aveu

Parmi les moyens de preuve, l'aveu est le meilleur parce qu'il est fait contre son auteur. L'aveu ressemble beaucoup à l'admission et les deux mots sont souvent utilisés dans le même sens. On avoue, le plus souvent, pour des raisons de gros bon sens ou de stratégie. Car le refus d'avouer l'évidence peut être dommageable. Par exemple, l'employé alcoolique qui s'acharne à ne pas admettre son état ne sera pas convaincant auprès de l'arbitre. En prétendant qu'il a abandonné une cure de désintoxication

---

64.   *Id., ibid.,* p. 39-40.
65.   *Id., ibid.,* p. 41.
66.   *Id., ibid.,* p. 41.

parce qu'il avait mal au foie, mais sans aucune preuve médicale à l'appui, il projette une piteuse image de sa soi-disant volonté de cesser de boire.

Par exemple encore, un contremaître pourrait avoir avantage à avouer qu'il était en colère lors d'une altercation avec un employé qu'il a par la suite sanctionné, quand plusieurs employés ont pu observer un comportement témoignant de sa colère: trépignements, gesticulations, cris, expressions grossières et coups de poing sur son bureau. De plus, l'aveu lui permettrait d'expliquer sa colère, si elle était, par exemple, due à la peur de représailles physiques dont l'employé venait de le menacer. L'aveu lui permettrait de minimiser la portée de sa colère sur la sanction, surtout s'il a attendu deux jours avant de l'imposer.

e)   La preuve par l'écrit

«L'écrit constitue, après l'aveu, le meilleur moyen de preuve[67].» Les principaux écrits utilisés en arbitrage sont bien connus des parties: la convention collective, un avis disciplinaire, le grief et les réponses qu'on lui a donnés ou un échange de correspondance. Pour cette raison, le dépôt se fait souvent par admission de part et d'autre. Quand ce n'est pas le cas, l'écrit doit être reconnu par un témoin pouvant être contre-interrogé et qui en a une connaissance personnelle; sans quoi l'écrit est assimilé à du «ouï-dire», dont nous reparlerons plus loin. Dans tous les cas, le document est déposé et reçoit une cote d'identification après qu'une copie a été fournie au plaideur adverse et soumise à son contrôle.

Quand il y a objection au dépôt d'un document, c'est généralement parce qu'on ne le trouve pas pertinent au grief ou que son auteur n'est pas disponible pour subir un contre-interrogatoire.

f)   La preuve par témoins

En arbitrage, c'est le moyen de preuve le plus répandu. D'ailleurs, on reviendra plus loin sur son déroulement. Pour le moment, il est question du témoin.

Le témoin est généralement appelé à raconter un fait qu'il a personnellement perçu; «si ce n'est pas le cas, on dirait qu'il s'agit de ouï-dire, c'est-à-dire un témoignage par personne interposée ("l'homme qui a vu l'homme qui a vu l'ours")[68]». Le ouï-dire est généralement interdit,

---

67.   *Id., ibid.,* p. 46.
68.   *Id., ibid.,* p. 46.

mais à condition que le plaideur adverse s'y soit objecté. Ici une précision est de mise. Ce n'est pas le sens de l'ouïe qui est en cause. C'est plutôt une perception indirecte qui l'est. Par exemple, si Pierre a lui-même entendu Jean refuser d'exécuter l'ordre que lui donnait Jules, ce n'est pas du ouï-dire au sens juridique. Son témoignage est tout à fait valide.

g)   La preuve par présomption

«La présomption de faits est [la sorte de présomption] la plus connue et la plus courante en arbitrage de grief. [Elle] est basée sur la logique et la déduction[69].» Par exemple, s'il est admis que Jean a été congédié le 16 mars, on peut présumer, par déduction, qu'avant cette date il était un salarié, puisqu'il a été congédié. La preuve de l'envoi d'une lettre établit une présomption que le destinataire l'a reçue. Si on prétend le contraire, il faut alors en faire la preuve.

Elle se distingue de la présomption légale, celle par exemple du congédiement pour activités syndicales établie par le Code du travail:

> 17. S'il est établi à la satisfaction du commissaire du travail saisi de l'affaire que le salarié exerce un droit qui lui résulte du présent code, il y a présomption en sa faveur que la sanction lui a été imposée ou que la mesure a été prise contre lui à cause de l'exercice de ce droit...

10.2.4   La preuve par témoins

Le déroulement de la preuve par témoins se fait par l'interrogatoire et le contre-interrogatoire des témoins faisant partie de la preuve syndicale, suivis de l'interrogatoire et du contre-interrogatoire des témoins apportant la preuve patronale, et d'une contre-preuve le cas échéant. Ce déroulement est souvent assorti d'objections à la preuve.

Cependant, dans les griefs disciplinaires ou portant sur l'appréciation de la compétence, il en va autrement. Une fois établi que l'employeur a le fardeau de la preuve, la preuve patronale précède la preuve syndicale.

a)   Voir et préparer ses témoins

On a déjà vu l'importance capitale de cet élément de la préparation de l'arbitrage. À son terme, on a dressé la liste des témoins possibles. On

---

69.   *Id., ibid.,* p. 50.

sait quels documents peuvent être déposés pour appuyer leur témoignage. On sait les faits dont ils ont une connaissance personnelle. On connaît la nature de leurs réponses aux questions qu'on pourrait leur poser. On a déterminé l'ordre dans lequel on projette de les interroger. On connaît, donc, les points forts et les points faibles de sa preuve. On doit deviner, le plus exactement possible, ceux de la preuve adverse.

Ces témoins connaissent le déroulement de l'arbitrage, de leur interrogatoire, et les buts visés par le contre-interrogatoire. Ils ont été avisés de la possibilité que le plaideur adverse demande l'exclusion des témoins de la salle d'audition jusqu'à ce qu'ils témoignent eux-mêmes, dans l'espoir d'en obtenir des contradictions. On leur a demandé de ne répondre qu'aux questions posées. On leur a demandé de demeurer calmes. « Voir et préparer ses témoins, c'est un peu tout ça, mais cela ne saurait signifier en aucun temps la "fabrication" d'un témoignage[70]. »

b)   L'interrogatoire de son témoin

Les questions posées doivent porter sur des faits pertinents au grief; sinon le plaideur adverse s'y opposera, avec succès. Ainsi, quand un plaideur tente de cacher son jeu ou d'obtenir des effets-surprise, la pertinence de ses questions en est obscurcie, et les objections du plaideur adverse peuvent le forcer à dévoiler son jeu et à expliquer « où il s'en va avec ses skis ». On évite de telles objections quand on fournit ces explications dès l'ouverture de l'audition.

Les questions posées ne peuvent pas être suggestives: « n'est-il pas vrai que[71]... » si tel est le cas, objection; accordée par l'arbitre. Le témoin interrogé répond sur les faits pertinents dont il a une connaissance personnelle. S'il se livre à des opinions ou des commentaires, objection; accordée.

De plus, l'arbitre aussi peut poser des questions. Certains le font, considérant que cet interrogatoire fait partie de leur enquête. D'autres ne le font pas, considérant qu'un tel processus judiciaire devrait se limiter à un débat contradictoire et antagoniste entre les parties elles-mêmes.

---

70. *Id., ibid.,* p. 56.
71. *Id., ibid.,* p. 57.

c)   Le contre-interrogatoire de son témoin

> Lorsqu'on a terminé l'interrogatoire de son témoin, le procureur de la partie adverse a alors l'opportunité d'interroger à son tour le témoin: c'est le contre-interrogatoire[72].

Cela peut être un moment difficile à passer, tant pour le témoin que pour celui qui le représente.

D'une part, le plaideur adverse joue un rôle actif alors que le plaideur du témoin joue un rôle passif. En effet le plaideur adverse peut recourir à des questions suggestives. Il peut contre-interroger le témoin sur tout fait pertinent, incluant ceux sur lesquels il n'a pas été interrogé. Par contre, le plaideur du témoin ne peut pas intervenir directement; son seul recours est de soulever des objections, qui donneront à son témoin le temps de reprendre son souffle ou de retrouver son calme, même quand elles sont rejetées.

Le processus et le but du contre-interrogatoire peuvent être cruels. Car c'est l'occasion pour le plaideur adverse de détruire la preuve apportée par le témoin. Il peut donc viser à détruire la crédibilité du témoignage. La destruction de la preuve peut ainsi conduire à celle du témoin, un processus qui peut être salissant.

L'exemple le plus probant en est le contre-interrogatoire d'une femme portant plainte pour viol, en droit criminel. Des groupements féminins se sont souvent indignés qu'une femme portant plainte puisse voir sa réputation, son intégrité personnelle ou sa conduite personnelle attaquées ou détruites pendant le procès. C'est en contre-interrogatoire que cela se passe. En effet, pour qu'un homme soit accusé de viol, il faut qu'une plainte ait été portée. Un procès s'ensuit. Souvent, le seul témoin de la Couronne est la plaignante. Elle témoigne. Après son interrogatoire, elle subit nécessairement le contre-interrogatoire de l'avocat de l'accusé.

En relations du travail, le témoin peut être un contremaître ayant imposé une sanction ou un employé contestant cette même sanction. Le contre-interrogatoire peut viser à détruire la crédibilité du contremaître en le faisant passer pour provocateur, injurieux, bagarreur, injuste, arbitraire ou menteur. On peut en faire autant avec l'employé en le faisant passer pour ivrogne, insubordonné, incompétent, paresseux, chicanier, menteur ou fraudeur.

---

72.   *Id., ibid.,* p. 58-60.

Le climat ou le contenu du contre-interrogatoire sont souvent grandement influencés par le climat des rapports mutuels, par la latitude laissée aux plaideurs ou par le souci de la continuité des rapports entre les personnes qui se reverront le lendemain au travail. Ils le sont aussi par les dangers que court le plaideur adverse quand il contre-interroge. Ses questions, même suggestives, doivent rester des questions. Il peut ignorer le contenu des réponses qui seront données: il «va à la pêche[73]», un sport dangereux en arbitrage. Enfin, le contre-interrogatoire subi avec succès par le témoin peut renforcer la crédibilité de ce dernier. Ces dangers font que, souvent, les plaideurs préfèrent s'abstenir de contre-interroger, ou réduisent sensiblement leur ardeur.

Par la suite, le témoin peut être l'objet d'un nouvel interrogatoire. Celui-ci, bref, se confine aux éléments nouveaux soulevés lors du contre-interrogatoire. Il ne sert pas à compléter la preuve obtenue lors de l'interrogatoire.

d) La preuve adverse par témoins

Les règles énoncées précédemment s'appliquent également ici, sauf que les rôles sont inversés.

e) La contre-preuve

Le cas échéant, à la suite de la preuve adverse, le premier plaideur peut vouloir répondre par une contre-preuve. Celle-ci devrait se limiter aux faits nouveaux soulevés par la preuve adverse. Elle ne peut pas servir à réparer les oublis qu'on a commis dans la présentation de sa preuve; elle ne constitue pas un «deuxième tour au bâton». Toute tentative en ce sens risque de soulever une objection.

La preuve est maintenant close.

10.2.5 La plaidoirie

«Il est pratique courante en matière d'arbitrage des griefs que les plaidoiries soient verbales. Ce n'est qu'exceptionnellement que les plaidoiries

---

73. *Id., ibid.,* p. 61.

TABLEAU 10-2   La plaidoirie

[...] On peut dire qu'il n'existe pas un «modèle» de plaidoirie; cependant, la logique et le gros bon sens commandent qu'une plaidoirie soit articulée autour des six points de repère suivants:

a)   Un rappel de l'objet et de la nature du grief, ainsi que des conclusions qu'on demande à l'arbitre de retenir;

b)   Un rappel, et une explication s'il y a lieu, des dispositions pertinentes de la convention collective (les droits réclamés);

c)   Un résumé de la preuve qui a été faite y incluant le rappel de réponses particulièrement importantes apportées par certains témoins, le contenu de certains écrits, etc. (les faits justifiant les droits réclamés);

d)   Une argumentation et un raisonnement permettant d'articuler une évaluation et une interprétation des faits en regard des droits réclamés et soulignant les lacunes et les carences de la preuve adverse;

e)   Une référence au besoin à la jurisprudence afin de soutenir une argumentation sur une question donnée (avec dépôt d'une copie à l'arbitre);

f)   Un rappel des conclusions recherchées.

SOURCE: Tremblay, J.P., *op. cit.*, p. 67.

écrites sont autorisées[74].» Le tableau 10-2 présente l'ossature du plaidoyer.

La plaidoirie se fait à partir de la preuve établie, et qui est maintenant close: «plaider, ce n'est pas prouver[75].» Quand la preuve s'est déroulée à peu près tel que prévu lors de la préparation de l'arbitrage, l'argumentation aussi correspond à la préparation qu'on en avait faite. Quand il y a eu des surprises, celles-ci affectent le raisonnement qu'on propose à l'arbitre. Comme dans le cas d'un contremaître qui aurait caché au plaideur patronal que l'insubordination d'un employé faisait suite à une provocation antérieure et que celle-ci a été prouvée pendant l'arbitrage. Ce plaideur devra alors s'ajuster. Au besoin il devra improviser une argumentation appropriée. Sinon, il risque de ne pas être convaincant auprès de l'arbitre. Or le but de la plaidoirie est de convaincre l'arbitre.

Le style de chaque plaidoirie est nécessairement personnel. L'art de convaincre est un art personnalisé, en arbitrage comme ailleurs. De

---

74.   F. Morin, R. Blouin, *op. cit.*, p. 290.

75.   J.P. Tremblay, *op. cit.*, p. 66.

plus, chaque plaidoirie se situe dans un contexte particulier; celui d'un grief, d'une preuve, d'une salle, d'une audition, et qui tient compte des personnes qui y ont participé.

La plaidoirie s'adresse à l'arbitre. Si on veut le convaincre, il faut donc penser à lui. Il faut se mettre en quelque sorte dans sa peau ou dans sa tête; exactement comme un vendeur doit le faire pour convaincre un client; comme un général doit le faire pour vaincre un adversaire; comme un négociateur doit le faire pour conclure une entente; ou comme un superviseur doit le faire pour entraîner l'adhésion de ses employés.

Se mettre dans sa peau. Se rendre compte de l'heure ou de la fatigue de la journée. Observer s'il prend des notes ou non. Si, par exemple, l'arbitre a refermé son dossier et serré son stylo, «peut-être est-il approprié alors d'abréger considérablement sa plaidoirie[76]...».

Se mettre aussi dans sa tête. À quelle question précise souhaite-t-on que l'arbitre réponde? À quelle question semble-t-il s'intéresser? Quel lien précis veut-on qu'il fasse entre la preuve faite, le texte de la convention et le droit réclamé par le grief? Quel raisonnement précis propose-t-on à l'arbitre? On voit que la précision ou la concision sont plus importantes que la longueur du discours. «Idéalement, la meilleure plaidoirie est celle qui serait reprise intégralement par l'arbitre à titre de sentence arbitrale[77].»

Le déroulement de la plaidoirie est simple. Celui qui a le fardeau de la preuve plaide le premier. L'autre plaide ensuite; c'est la réplique. Si celle-ci soulève des nouveautés, on peut vouloir y répondre par une brève «duplique». Tout autre rajout exige la permission de l'arbitre, qui généralement la refuse. Il ne reste qu'à attendre la décision.

10.3 L'ARBITRAGE IMPOSÉ QUAND L'ÉQUITÉ L'EXIGE

La convention collective impose à l'employeur des contraintes considérables, on l'a vu. De plus, l'application de la convention est assurée par la présence d'un syndicat et par la disponibilité du recours à l'arbitrage.

À ces contraintes s'en ajoute une autre. Il s'agit de l'obligation imposée au syndicat de représenter avec équité tous les employés faisant

---

76. *Id., ibid.,* p. 67.
77. *Id., ibid.,* p. 66.

partie de l'unité d'accréditation. Les représenter auprès de qui? Auprès de l'employeur en premier lieu, et devant un arbitre en second lieu, le cas échéant. Il y a donc ici, de façon explicite, quatre parties en causes: l'employé, l'employeur, le syndicat et l'arbitre. L'employé se croit lésé par une décision de l'employeur. Il peut aussi se croire lésé par la négligence ou le refus du syndicat de le défendre auprès de l'employeur. L'employé veut porter sa cause devant un arbitre.

Dans un tel cas, des obligations et des mécanismes ont été imposés par le Code du travail. Ces mécanismes mettent en scène trois autres acteurs: le ministre du Travail, son enquêteur et le Tribunal du travail. Le tout s'articule autour de six articles du Code, les articles 47.2 à 47.6 et 110.1.

Le Code impose d'abord au syndicat une obligation d'équité «... à l'endroit des salariés compris dans une unité de négociation qu'elle représente, peu importe qu'ils soient membres ou non» (C.t. 47.2). La numérotation et la date de cet article témoignent de son origine. En effet, l'article 47 est celui qui impose à tous les employés, après l'accréditation, l'obligation de payer l'équivalent de la cotisation syndicale même s'ils n'en sont pas membres. L'adoption de tous ces articles a été simultanée et s'est faite par la même loi, en 1977. Cette obligation d'équité imposée au syndicat est formulée par une interdiction. «Une association accréditée ne doit pas agir de mauvaise foi ou de manière arbitraire ou discriminatoire, ni faire preuve de négligence grave à l'endroit des salariés... (C.t. 47.2)». Cette obligation est générale en ce sens qu'elle vise toute action syndicale, quelle que soit sa nature.

Cependant, les recours disponibles si cette obligation est violée sont limités aux cas de renvoi ou de sanction disciplinaire (C.t. 47.3), ou à ceux de non-rappel au travail après une grève ou un lock-out (C.t. 110.1). Dans de tels cas, l'employé croyant que son syndicat viole son obligation de justice ou d'équité, par défaut de représentation, peut se plaindre au ministre dans les six mois qui suivent. Celui-ci nomme un enquêteur qui tente de régler la plainte à l'amiable. En cas d'échec, le salarié peut faire une seconde requête au Tribunal du travail et «demander à ce dernier d'ordonner que sa réclamation soit déférée à l'arbitrage» (C.t. 47.4).

C'est le Tribunal qui estime si le syndicat a violé l'obligation prévue à l'article 47.2. S'il estime que c'est le cas, «il peut autoriser le salarié à soumettre sa réclamation à un arbitre nommé par le ministre» (C.t. 47.5). Le salarié peut alors présenter sa troisième requête, demandant l'arbitrage. Tant de requêtes exigent de ne pas être distrait. Quand le salarié préfère être représenté devant l'arbitre par l'avocat de son choix plutôt que par «son» syndicat, préférence peu surprenante, le syndicat doit en payer les frais ainsi que la moitié du coût de l'arbitre, l'employeur payant l'autre moitié, comme d'habitude.

Enfin, l'arbitre entend le litige et rend sa décision «selon la convention collective comme s'il s'agissait d'un grief» (C.t. 47.5). Sauf en ce qui concerne les délais qu'elle prévoit. Car ces délais ont été pulvérisés entre temps, d'abord par l'inaction coupable du syndicat et ensuite par les requêtes que l'employé a dû faire. L'employeur pourrait être tenté de les invoquer dans la défense de sa décision initiale. La loi le lui interdit: «... l'employeur ne peut opposer l'inobservation par l'association de la procédure et des délais prévus à la convention collective pour le règlement des griefs (C.t. 47.6).» La tâche de l'arbitre reste la même sur le plan juridique. Par ailleurs, elle peut être plus complexe quand l'employé défend une position, le syndicat une autre, et l'employeur une troisième, puisqu'il y a trois parties intéressées.

La contrainte ainsi imposée au syndicat est considérable, et double. La première est bénéfique. Le syndicat doit agir avec la compétence requise pour pallier une accusation de «négligence grave». Le syndicat doit éviter les décisions manifestement dictées, à titre d'exemple, par l'intérêt personnel du président dans une promotion, par un favoritisme évident des liens de parenté ou d'amitié ou par un règlement de comptes politique interne. La meilleure protection dont dispose le syndicat contre l'accusation d'injustice est également la plus courante. C'est la transparence dans la décision et la démocratie dans sa ratification. À cet égard, la loi ne fait que «renchausser» des pratiques courantes par un recours additionnel contre les abus.

La seconde contrainte peut être moins bénéfique. Les dirigeants syndicaux peuvent être tentés de ne pas régler les cas difficiles avec l'employeur par peur d'être «traînés en cour». Pourquoi chercher et défendre le règlement d'un grief avec l'employeur si cela les expose à une chicane disgracieuse et de surcroît judiciaire avec un employé ou un membre? Bien sûr, l'abdication du pouvoir de décision syndicale entraîne la perte du pouvoir d'influence auprès de l'employeur. Mais la tentation est forte de dire: «Qu'il se débrouille tout seul, l'employeur, avec ses décisions: faisons-les arbitrer!» À tort ou à raison, à la limite, le syndicat peut s'appuyer sur ces obligations pour se confiner à un rôle passif de boîte aux lettres, de courroie collective assurant la transmission des griefs individuels à l'arbitre.

La contrainte imposée à l'employeur est également considérable. Car l'enjeu final, quand on invoque cette obligation syndicale, est une décision de l'employeur. En cas de défaut de représentation, le premier accusé, bien sûr, est le syndicat. L'employé l'accuse devant le Tribunal du travail d'un manquement à son égard. Mais par la suite, devant l'arbitre, l'objet de la contestation est la décision initiale de l'employeur. Suite à la défaite juridique du syndicat devant le Tribunal du travail, l'arbitre tranchera sur la justice ou la justesse de la décision de l'employeur. Au fond, c'est elle qu'on attaque. L'arbitre l'annulera, la modifiera ou la confirmera, selon le cas.

La contrainte imposée au syndicat s'ajoute ainsi, de façon indirecte, aux contraintes directes qu'impose l'arbitrage à la gestion quotidienne de l'entreprise. Il faut pouvoir justifier. Il faut donc documenter, au jour le jour, ses actions ou ses décisions. Il faut consigner ses propos et ses gestes ainsi que les raisons qui les ont motivés. La gestion doit pouvoir se justifier. En est-elle améliorée? alourdie? affaiblie? Ces questions sont souvent posées, et les avis sur la réponse demeurent partagés.

Encore une fois, il apparaît que la convention collective et la loi mêlent et démêlent, à la fois, les droits collectifs et les droits individuels. Le résultat peut sembler complexe. Il l'est, en effet. Mais c'est la complexité admirable d'une société démocratique, d'une société consentie, déjà porteuse d'une société libre. En somme, la liberté et la contrainte sont à la fois contradictoires et complémentaires, en relations du travail comme ailleurs.

CHAPITRE 11

Tour d'horizon et perspectives

11.1   Les secteurs public et privé

11.2   La vie quotidienne au travail

11.3   Les nouveaux rapports d'autorité
     11.3.1   Le cas Saturn
     11.3.2   Les débuts
     11.3.3   Le consensus
     11.3.4   Les structures de collaboration
     11.3.5   Le rôle nouveau du syndicat
     11.3.6   Le travail d'équipe et l'implication individuelle
     11.3.7   Succès et exemple?

Ce tour du jardin est maintenant terminé. L'occasion est donc belle de prendre du recul. Celui-ci permettra non pas de répéter, ni même de résumer, mais d'aborder brièvement quelques sujets à la lumière d'une perspective d'ensemble. Dans un premier temps, les nombreux contrastes ponctuels entre les relations du travail du secteur privé et celles du secteur public seront regroupés et discutés. Dans un deuxième temps, les effets d'une gestion décentralisée sur la vie quotidienne au travail, au sein d'une entreprise, seront abordés sous l'angle de leur compétitivité dans un monde concurrentiel. Dans un troisième temps, on décrira le cheminement d'une expérimentation concrète et ambitieuse de nouveaux rapports d'autorité.

11.1   LES SECTEURS PUBLIC ET PRIVÉ

À plusieurs reprises on a fait état dans cet ouvrage de contrastes entre les secteurs public et privé. Le moment est venu de les regrouper, de les expliquer et de juger de leur stabilité future.

Un premier contraste est l'attitude de l'employeur envers la formation d'un syndicat. L'employeur public l'accepte. L'employeur privé typique s'y objecte dans la mesure du possible. Les taux de syndicalisation en témoignent. Alors que la syndicalisation du public est presque totale, celle du privé est très variable, jusqu'à devenir marginale dans les PME et les services. Un second contraste oppose la tolérance de l'employeur dans le secteur de la santé envers le fractionnement des unités de négociation, alors que les employeurs du secteur privé s'y objectent énergiquement, et avec succès. De plus, à ce fractionnement s'ajoute celui des affiliations syndicales, la fréquence des maraudages intersyndicaux et l'essor spectaculaire des fédérations indépendantes.

Un troisième contraste concerne le degré de centralisation des négociations ou des politiques de négociation. Dans le public, l'État et les syndicats, dans l'ensemble, les veulent centralisées. Dans le privé, les employeurs les souhaitent décentralisées et les syndicats, accrédités pour une entreprise individuelle, s'y résignent. Un quatrième contraste implique le champ de la matière négociable. Alors qu'il est illimité dans le secteur privé, il est sévèrement circonscrit dans les fonctions publiques provinciale et fédérale.

Un cinquième contraste a trait à la gestion ou à la propriété du grief présenté de façon individuelle. Les syndicats du privé favorisent la gestion collective, alors que ceux du public favorisent la gestion individuelle. La conception qu'on se fait de l'arbitrage des griefs constitue un sixième contraste. Les syndicats du privé valorisent le contrôle conjoint de l'arbitrage dont ils défrayent la moitié des coûts, l'employeur assumant l'autre moitié. Les syndicats du public, eux, valorisent plutôt l'aspect judiciaire de l'arbitrage et insistent pour que cette forme de justice soit gratuite. L'impact respectif de ces contrastes sur les délais d'arbitrage est, on l'a vu, spectaculaire.

Un septième contraste se situe dans l'accès à l'interruption du travail pour l'employeur. Alors que le lock-out est interdit par la loi ou n'est pas pratiqué dans le public, il est permis et pratiqué dans le privé. L'accès à la grève représente quant à lui un huitième contraste. Alors qu'il est sévèrement limité par la loi dans les services publics jugés essentiels, dont au premier chef le secteur parapublic de la santé, dans le privé il n'est limité que par des restrictions relatives à la date où la grève devient permise. Un neuvième contraste touche le recours aux grèves illégales. D'un côté, dans le privé, il y a un écart considérable entre la protection accordée aux grévistes quand leur grève est légale, et les périls résultant d'une grève illégale pour le syndicat et pour les travailleurs individuels, qui peuvent être passibles de congédiement ou de non-réembauchage. Cet écart fait que les grèves dans le privé sont presque toutes légales et paisibles. D'un autre côté, dans le public, un écart du même type est récent et n'a été appliqué qu'une fois jusqu'à maintenant, en 1989. Les grèves illégales ont été nombreuses et ont donné lieu à de multiples lois spéciales. De plus, à l'égard des grèves illégales, il y a eu des contrastes dramatiques entre les discours syndicaux du privé et ceux du public.

Un dixième contraste, enfin, concerne la gestion quotidienne du travail et l'exercice de l'autorité. Dans le privé, les pouvoirs sont détenus et exercés, dans l'ensemble, de façon plus décentralisée que dans le public, et à des niveaux moins éloignés de celui du plancher où œuvre l'employé individuel. Certains vont même jusqu'à faire un contraste entre les cadres gestionnaires du privé et les cadres administrateurs, ou bureaucrates, du public.

À quoi peut-on attribuer la longueur de cette liste et l'intensité de ces contrastes? Tout d'abord, notons que la notion de centralisation est apparue quelques fois dans cette liste. Il semble qu'on puisse commencer par elle. Très tôt, l'intervention accrue de l'État dans l'enseignement et dans la santé, à partir de 1960, s'est faite selon un mode centralisateur qui s'est perpétué depuis. Les nombreux paliers intermédiaires mis sur pied semblent exercer des pouvoirs plus faibles que ceux des autorités centrales des ministères. Très tôt aussi les syndicats ont emboîté le pas et demandé des négociations centralisées, la CSN d'abord et, plus tard, la CEQ. Or, on a observé dans le secteur privé qu'une gestion centralisée et bureaucratique contribue à détériorer le climat du travail, des rapports mutuels et des négociations, qui deviennent âpres et tumultueuses. Il est donc pensable que les mêmes causes ont produit les mêmes effets dans certaines parties du privé et dans le public. La centralisation est donc un suspect important quant au nombre et à l'ampleur des contrastes entre ces deux secteurs.

Un autre suspect est l'absence de concurrence immédiate dans le public. On a observé que, dans le privé, la peur de perdre une part de marché ou des emplois contribue puissamment à submerger les divergences d'intérêts, à rapprocher les parties dans leur recherche d'une entente négociée et à apaiser les relations du travail. La source de ces motivations étant grandement amoindrie dans le secteur public, est-il surprenant que la plaidoirie prenne le pas sur la négociation et que l'interruption ou la diminution des services publics, lors d'arrêts de travail, alimente une discorde publique qui éloigne encore plus les parties au lieu de les rapprocher?

Un troisième suspect est la faiblesse des pertes financières découlant d'un arrêt du travail dans le secteur public. D'une part, la grève fait faire des économies à l'État, même si elle peut coûter des votes au parti au pouvoir. D'autre part, quel employé du public craint vraiment de devoir passer trois mois sans recevoir de salaire, alors qu'une grève de trois mois est monnaie courante dans le privé? De plus, la lourdeur des sanctions découlant d'une grève illégale dans le privé a été absente dans le public jusqu'en 1989.

Un quatrième suspect est le caractère récent de la modification qu'ont subie les rôles des acteurs en présence dans le public. L'État-employeur semble avoir cru que les principes habituels de la gestion ne s'appliquaient pas à lui. Les syndicats semblent avoir dédaigné plusieurs des traditions de l'action syndicale héritées du secteur privé. Et l'État-législateur semble avoir été hésitant devant l'ampleur des secousses qui ont fortement agité l'opinion publique à plusieurs reprises.

De quoi cela augure-t-il pour l'avenir, si cette analyse est exacte, même de façon approximative? Nous renonçons à répondre à cette question, tant elle apparaît difficile. Comment faire des prédictions quand les réalités sont aussi complexes et mouvantes? Comment deviner quand la visibilité est si mauvaise? Un aspect de cette question, en particulier, semble à la fois intraitable et central. Est-il même possible d'espérer un changement des comportements, qu'on connaît depuis un quart de siècle, dans le cadre d'une administration étatique et centralisée de ces services publics?

11.2   LA VIE QUOTIDIENNE AU TRAVAIL

On a abondamment observé, dans cet ouvrage, l'importance dans les relations quotidiennes sur les lieux du travail de notions telles que l'équité, l'avancement individuel, la stabilité de l'emploi, le climat humain ou les recours disponibles à l'individu au sein de l'entreprise. Cela ne diminue pas l'importance des conditions physiques du travail, c'est-à-dire, par exemple, ses désagréments, son inconfort, sa vitesse, sa propreté, son éclairage, son bruit ou sa sécurité. Ceux-ci, cependant, ne constituent qu'une partie des conditions du travail et de la façon dont les employés sont ou se sentent traités au sein d'une entreprise. La considération reçue ou accordée revêt plusieurs visages.

À cet égard, il semble que la présence d'un syndicat n'est pas nécessairement synonyme de la présence de conditions du travail satisfaisantes. Les exemples de relations du travail détériorées dans certaines entreprises syndiquées témoignent que la seule présence d'une convention collective ne suffit pas à rendre un milieu de travail productif ou supportable. De même, l'attention accordée à ces conditions de travail, que ce soit par adhésion à des valeurs, par souci d'efficacité ou simplement dans le but d'éviter la syndicalisation, constitue parfois un redoutable concurrent au syndicalisme. De plus, il semble évident que l'intimité et le caractère respectueux des relations du travail dans plusieurs PME ou entreprises familiales constituent une alternative à la syndicalisation. En somme, on pourrait dire que le syndicalisme ne représente qu'un des outils disponibles pour obtenir de telles conditions de travail. L'importance de cet outil reste grande, à cause de sa valeur soit réelle, soit exemplaire. Mais toujours, un autre outil conserve une valeur indispensable, ce sont les pratiques de gestion des ressources humaines.

Il s'agit, on l'a vu, d'une gestion décentralisée, efficace et respectueuse des aspirations des employés. À son endroit, cependant, une autre question peut se poser. Une telle gestion constituerait-elle un luxe trop dispendieux dans le cadre de la concurrence accrue qu'annoncent les projets ou les accords nord-américains de libre-échange, ou la libéralisation envisagée du commerce transocéanique dans le cadre du GATT (Accord général sur les tarifs douaniers et le commerce)?

Au contraire, et heureusement, il semble que non. En effet, d'une part, les relations du travail bénéficient d'une gestion décentralisée, qui accentue le poids des superviseurs de premier niveau et donne aux employés une plus grande place au sein de l'entreprise, qu'elle soit syndiquée ou non. Et en même temps, un marché soumis à une plus forte concurrence exige de concilier la qualité, la rapidité, la souplesse d'un service personnalisé ou d'une production diversifiée, et des coûts de revient peu élevés. Ces exigences de zéro-délai, zéro-défaut ou zéro-stock s'atteignent par la décentralisation de la gestion et par l'implication des employés plutôt que par leur conscription, plus coûteuse, finalement, dans de telles conditions. Par exemple, un petit commerçant souhaiterait que ses employés s'adressent par leur nom à ses clients pour mieux lutter contre la concurrence des bas prix d'une grande chaîne. Il peut difficilement imposer la mémoire des noms et des visages à ses employés. Il doit obtenir leur adhésion personnelle à cet objectif. Une partie du pouvoir dans l'entreprise baisse ainsi d'un cran. En somme, les relations du travail et les exigences de la concurrence ne sont pas que contradictoires, loin de là. Elles sont aussi, dans la vie quotidienne au travail, en partie complémentaires. Elles appellent de nouveaux rapports d'autorité au sein de l'entreprise.

11.3 LES NOUVEAUX RAPPORTS D'AUTORITÉ

Quelles formes ces nouveaux rapports d'autorité prendront-ils? Une façon modeste mais concrète de répondre en partie à cette question est de décrire une expérimentation ambitieuse et tout à fait contemporaine de ces nouveaux rapports d'autorité.

11.3.1 Le cas Saturn

Cette expérience est celle de la nouvelle usine automobile de Saturn, propriété de *General Motors*, dans le Tennessee aux États-Unis. L'utilisation d'un tel exemple commande la modestie. En effet, le succès commercial de cette marque, face aux importations japonaises, est encore inconnu. La rentabilité future de l'entreprise Saturn l'est autant. L'avenir même et la stabilité de ces rapports d'autorité expérimentaux le sont également. La visite de cette usine, les entretiens tenus et l'obtention de la documentation datent du 29 avril 1991. Ils coïncidaient avec l'addition d'un second quart de travail portant à 4000 employés les nouveaux effectifs de l'entreprise. Les acteurs de cette expérimentation se décrivaient eux-mêmes comme en transit vers de nouvelles réalités.

Saturn est le nom d'une automobile dont la vente a débuté en 1990. Il s'agit d'un véhicule de dimension compacte, de prix modeste, et qui veut se caractériser par la perfection de ses composantes, de son assemblage et de son service après-vente[1]. L'usine a surgi en plein champ, dans la municipalité rurale de Spring Hill, au sud de Nashville dans le Tennessee. De tels emplacements, dits *greenfields*, ont souvent été privilégiés pour faire des innovations, afin d'échapper à d'anciennes habitudes affligeant un établissement syndiqué ou non syndiqué. Cependant, Saturn se démarque des autres établissements nouveaux par son recrutement. Jusqu'à présent, tous les employés proviennent d'autres usines de GM. Tous, qu'ils aient été au travail ou surnuméraires, se sont portés volontaires pour venir chez Saturn. Bien sûr, l'équipement est du dernier cri : noyaux de polystyrène dans le moule de fonte du bloc moteur, usage important de plastiques nouveaux dans la carrosserie, atelier de peinture sophistiqué, postes de travail ergonomiques et utilisation poussée de l'électronique. Par exemple, comme chez GM à Boisbriand près de Montréal, les banquettes de l'auto sont livrées par le fournisseur «juste à temps» et à proximité du lieu d'assemblage; mais, à la différence de Boisbriand, le transbordement de la banquette, du camion au poste d'assemblage, est entièrement automatisé chez Saturn.

Cependant, le caractère distinctif de Saturn se situe ailleurs. La nouveauté de Saturn est l'ampleur de l'effort fait pour établir de nouveaux rapports d'autorité et pour combiner l'usage du consensus, du travail d'équipe et de l'implication individuelle dans des structures visant la collaboration.

11.3.2 Les débuts

Dès la mise à l'étude du projet Saturn en 1983, GM et le syndicat de l'automobile (UAW) se sont associés au sein d'un groupe dit des «99». En 1985 ils ont signé un mémoire d'entente de 28 pages qui, encore aujourd'hui en 1991, tient lieu de convention collective[2]. Fait inédit en Amérique du Nord, le recrutement des futurs employés de Saturn s'est fait de façon conjointe. Les demandes individuelles d'emploi ont été transmises pour avis non seulement à la direction locale de l'usine d'origine, mais également au syndicat local impliqué[3]. Le recrutement visait la sélection d'employés capables et désireux de s'engager dans ces

---

1. «C'est la nouvelle division Saturn de General Motors qui a été le plus loin», *Business Week*, 10 juin 1991, p. 92.

2. Saturn Corporation et International Union, United Automobile Workers of America, *Memorandum of Agreement*, juillet 1985, p. 1.

3. Saturn-UAW, *op. cit.*, p. 9.

nouvelles relations du travail. On peut supposer, en effet, qu'ici comme ailleurs, un tel engagement n'est pas l'affaire ni au goût de tout le monde.

Le démarrage de l'usine s'est fait avec un nombre restreint d'employés. Ceux-ci ont vécu avec l'image du *inspiration point*, c'est-à-dire l'emplacement précis où la première voiture assemblée sortirait de l'usine. On les a nommés les membres d'équipe fondateurs (*charter team members*). De façon provisoire, il y a un fondateur dans chaque unité de travail afin d'initier les nouveaux employés au cheminement envisagé.

11.3.3   Le consensus

«La prise de décisions et la résolution des conflits chez Saturn se fait d'abord par le consensus[4].» On recherche donc la meilleure solution au problème, «un haut niveau d'acceptation par toutes les parties[5]» et un engagement total envers la solution consensuelle. Sont exclus la prise de votes ou le marchandage. Ainsi, c'est le consensus qui a valeur d'autorité.

11.3.4   Les structures de collaboration

Les structures où se forgent les consensus visent la collaboration. Les concepteurs de ces structures expliquent qu'au-delà des structures autocratiques ou participatives, la structure collaborative permet et admet mieux le conflit interne à cause d'un climat de confiance mutuelle et de coopération. Ils soulignent que, encore jeunes, les pratiques réelles chez Saturn oscillent toujours entre la participation et la collaboration.

L'individu est plus qu'un employé. Il est aussi un «membre d'une unité de travail». L'unité de travail regroupe de 6 à 15 membres. Un nombre variable de ces unités constituent le module. Les décisions du module se prennent au sein d'un cercle où siège un membre de chaque unité; pour le moment, celui-ci est encore un membre fondateur. Y siègent aussi un *work unit advisor* et un *UAW work unit counselor*, qui constituent les liens avec les autres modules regroupés au sein des trois *business units* de l'usine. L'usine de Spring Hill est chapeautée par un conseil manufacturier. La compagnie Saturn est quant à elle chapeautée par un conseil stratégique.

---

4.   *Id., ibid.*, p. 8.
5.   *Id., ibid.*, p. 8.

Si on veut faire le pont entre ces structures nouvelles et les structures traditionnelles, les deux postes de conseiller équivalent, par leur niveau, au ci-devant contremaître dans le cas de l'*advisor* et à l'agent de griefs dans le cas du *UAW counselor*. Cependant, leurs fonctions respectives et mutuelles diffèrent de façon évidente de ce que l'on trouve ailleurs. Par exemple, dans les réunions où il est question de production ou de qualité, il arrive souvent que le *counselor* remplace l'*advisor*.

11.3.5   Le rôle nouveau du syndicat

Une entrevue avec un tel *counselor* a révélé que celui-ci était très au fait de ces différences. En effet, il avait lui-même été agent de griefs dans une usine de GM située dans le nord des États-Unis. Il considérait que sa position antérieure était plus simple et moins satisfaisante. Plus simple, parce qu'elle était de contester ou de faire modifier une décision déjà prise. Moins satisfaisante, à cause de son inefficacité et surtout de l'insatisfaction des travailleurs. Il était enthousiasmé par sa position actuelle. Il se considérait partie prenante à beaucoup de décisions importantes, comme tous, grâce à la recherche de consensus. Les divergences d'intérêt ou d'opinion étaient submergées par un respect mutuel généralisé.

Certains travailleurs ont-ils regretté de s'être embarqués dans cette expérience? Très peu à cause des relations du travail, puisqu'ils savaient ou devinaient à quoi s'attendre et qu'ils aspiraient, justement, à ces rapports d'autorité nouveaux. Quelques-uns cependant à la suite de leur déménagement; la famille avait sous-estimé le coût personnel d'un déménagement, ou alors le prix des logements dans les villes avoisinantes avait augmenté plus que prévu. Par ailleurs, la volonté et la confiance de réussir, dans la production comme dans la vente, auguraient d'une sécurité d'emploi plus grande.

Ce rôle nouveau du syndicat, dans les rapports d'autorité également nouveaux, était-il compatible avec la loi américaine (assez semblable à la loi québécoise quant à l'unité d'accréditation ou quant au devoir d'une représentation équitable)? Selon lui, ce rôle n'était pas incompatible; cependant il voisinait la frontière permise. Quand les conseillers syndicaux véhiculaient les préoccupations ou les besoins des employés dans la recherche d'un consensus, ils ne s'attardaient pas à la distinction entre les employés représentés par le syndicat et ceux qui ne l'étaient pas. Cependant, si le débat se corsait pour porter, par exemple, sur la performance individuelle, le conseiller syndical se mettait en retrait quand il s'agissait de quelqu'un qu'il ne représentait pas. Dans tous les cas, le conseiller syndical ne se dérobait pas à l'appui d'un consensus quand il était atteint. Quelques cas isolés d'un recours ou grief se sont présentés; les travailleurs étaient mis au courant du devoir d'équité dans la représentation syndicale; mais cette représentation formelle était marginale par rapport au rôle que jouaient les travailleurs et les conseillers syndicaux dans l'élaboration des consensus.

Quel jugement a été porté sur ce nouveau rôle dans la vie politique interne du syndicat local? Il est trop tôt pour se prononcer à long terme. Il n'y a eu, jusqu'à maintenant, qu'une élection aux postes dirigeants du syndicat local. Les dirigeants initialement désignés par le syndicat international au moment du démarrage ont été réélus avec une majorité dépassant 90 p. 100. Beaucoup de nouveaux employés se joignent à Saturn. Le travail d'invention est loin d'être terminé.

Quel jugement a été porté sur ce nouveau rôle par les autres syndicats locaux chez GM? En réalité ces contacts ont été plus occasionnels que réguliers. Le syndicat local de Saturn ne cherche surtout pas à faire du prosélytisme. Il a toujours reçu un excellent appui du syndicat international. Celui-ci effectue une rotation de ses porte-parole au sein du conseil stratégique de la Saturn, probablement pour les familiariser avec ces nouveautés. De temps à autre, les dirigeants syndicaux de Saturn sont invités à décrire cette expérience dans d'autres syndicats locaux. Ils se refusent à prêcher. Ils veulent surtout réussir la magnifique tentative qu'ils ont entreprise. De plus, ailleurs chez GM, certains sont jaloux ou frustrés de l'ampleur des investissements de GM dans Saturn, diminuant ainsi les sommes disponibles chez eux. Il semblerait que ce n'est pas tout le monde, chez GM, qui souhaite le succès de Saturn, tant chez les syndiqués que chez les cadres.

Deux détails additionnels. L'un est que tous les avis affichés par l'employeur dans l'usine portent, en plus de son nom et de son sigle, celui du syndicat. L'autre est que deux rues sur les terrains de l'usine Saturn portent le nom d'une personne; l'une désigne le fondateur de Saturn chez GM et l'autre désigne son vis-à-vis syndical. Ici, la difficile recherche des consensus ne se fait pas en cachette. Autant qu'au Japon ou en Suède, elle s'affiche dans les structures et dans les symboles.

11.3.6   Le travail d'équipe et l'implication individuelle

Tous les employés de production portent le même titre de technicien-opérateur et reçoivent le même salaire. Les employés d'entretien quant à eux portent tous le titre de technicien spécialisé de métier et reçoivent un salaire uniforme et supérieur à celui des opérateurs, comme c'est la coutume dans l'automobile. Le travail posté se fait par rotation, ce qui n'est pas coutumier dans l'automobile. Surtout, l'unité de décision de base dans la répartition du travail est l'unité de travail. Cependant, il semblerait que la répartition du travail est encore en pleine évolution, le démarrage étant encore récent. Le rôle des personnes-ressources qui conseillent les diverses unités de décision reste plus considérable qu'il n'était prévu et on espère fortement que cette situation ne soit que provisoire.

Au sein de l'unité de travail comme partout dans l'usine, la collaboration consensuelle vise évidemment à faciliter l'implication et l'engagement de l'individu. Celui-ci est considéré comme la clé d'une qualité totale et d'une efficacité optimale, en vue d'attirer le consommateur et d'assurer la rentabilité de l'usine, qui n'est pas encore atteinte.

11.3.7 Succès et exemple?

L'effort est ambitieux, on le voit. Serait-ce un succès? Seul l'avenir le dira. Serait-ce un exemple? La question ne se posera qu'en cas de succès.

Car celui-ci n'est pas acquis du seul fait qu'il existe un enthousiasme palpable chez les premiers artisans de cette expérience, ni même du fait que la Saturn se soit déjà attirée une réputation d'automobile de qualité, appuyée par un service après-vente de premier ordre. Le succès ne sera acquis que si le coût de revient de cette qualité est bas et si l'entreprise Saturn devient rentable. Dans le secteur privé et concurrentiel, ce n'est pas l'habitude, ni probablement le rôle de l'employeur de favoriser un mode de relations du travail pour des motifs philanthropiques, d'ailleurs dénués de stabilité. L'expérience de Saturn sera jugée un succès si elle réussit sur le marché et s'il s'avère que cette entreprise nord-américaine produit une automobile de qualité à un prix concurrentiel ou inférieur à la concurrence. En somme, l'harmonie consensuelle n'est pas un critère de succès. C'est son produit qui l'est.

Il y a aussi fort à parier que ce critère sera également déterminant pour sa valeur d'exemple auprès des travailleurs, tant syndiqués que non syndiqués. Si une telle version consensuelle des rapports d'autorité procure des emplois stables et rémunérateurs à des employés nord-américains, elle pourra alors avoir valeur d'exemple. Les expériences étrangères ou nord-américaines indiquent que le rôle d'un syndicat diffère selon qu'il s'agisse de relations du travail autocratiques, participatives ou consensuelles, ou de réalités intermédiaires. La transition de l'une à l'autre sera grandement conditionnée par ses effets sur l'emploi des travailleurs impliqués.

L'expérience de Saturn est à suivre pour l'avenir des relations du travail au Québec, surtout dans le secteur privé où, en quelque sorte, les entreprises se livrent à un autre genre de «course sur la glace».

BIBLIOGRAPHIE

ANDERSON, J.C., GUNDERSON, M., PONAK, A., *Union-Management Relations in Canada*, 2nd Edition, Addison-Wesley, 1989.

AXEBROD, R., *The Evolution of Cooperation*, New York, Basic Books, 1984.

BAER, Walter, *Collective Bargaining : Custom and Practice*, McFarland, 1989.

BAKKE, E.W., *Mutual Survival – The Goals of Unions and Management*, Harper, 1946.

BALFOUR, Alan, *Union Management Relations in a Changing Economy*, Prentice-Hall, 1987.

BARBASH, Jack, *The Elements of Industrial Relations*, University of Wisconsin Press, 1984.

BÉDARD, Roger-J., *Comment sauvegarder ou rétablir un milieu non syndical*, Éditions du Chef d'Entreprise, 1981.

BÉGIN, J.P., BEAL, E.F., *The Practice of Collective Bargaining*, 8th Edition, Irwin, 1989.

BLOUIN, Rodrigue, *Vingt-cinq ans de pratique en relations industrielles au Québec*, Éditions Yvon Blais, 1990.

BOIVIN, Jean, GUILBAULT, Jacques, *Les relations patronales-syndicales*, 2ᵉ édition, Gaëtan Morin Éditeur, 1989.

Conseil consultatif du travail et de la main-d'œuvre, *Liste annotée d'arbitres de griefs*, publication annuelle.

CHAMBERLAIN, Neil W., *The Union Challenge to Management Control*, Harper, 1948.

CHARLAND, Jean-Pierre, *Les pâtes et papiers du Québec, 1880-1980*, Institut québécois de recherche sur la culture, 1990.

Code du travail du Québec, L.R.Q. 1977, C.C-27.

Commission consultative sur le travail, gouvernement du Québec, *Le travail, une responsabilité collective*, rapport final, Les Publications du Québec, 1985.

Congrès des Relations Industrielles, 1986, *La mobilisation des ressources humaines*, P.U.L., 1986.

COOKE, W.N., *Union Organizing and Public Failure to Secure First Contracts*, Upjohn, 1985.

COUTU, Michel, *Les libertés syndicales dans le secteur public*, Éditions Yvon Blais, 1989.

CRAIG, A.W.J., *The System of Industrial Relations in Canada*, 2nd Edition, Prentice-Hall, 1986.

CUGGIA, Gérard, *Cascades – le triomphe du respect*, Québec/Amérique, 1989.

DERTOUZOS, M.L., LESTER, R.K., SOLOW, R.M., *Made in America – Regaining the Productive Edge*, MIT Press, 1989.

DESMARAIS, J.V., *Syndicalisme et société – rapports nouveaux?*, colloque octobre 1987, P.U.Q., 1988.

DION, Gérard, *Dictionnaire canadien des relations du travail*, 2e édition, P.U.L., 1986.

DUBÉ, Jean-Louis, *Décrets et comités paritaires – L'extension juridique des conventions collectives*, Éditions Revue de Droit, Université de Sherbrooke, 1990.

DUNLOP, J.T., HEALY, J.V., *Collective Bargaining – Principles and Cases*, Irwin, 1953.

DUPONT, Christophe, *La négociation*, Paris, Dalloz, 1982.

DRUCKER, Peter F., *The New Realities*, Harper, 1989.

DRUCKER, Peter F., *Managing the Non-Profit Organization*, Harper Colins, 1990.

FISHER, Roger, URY, William, *Comment réussir une négociation*, Paris, Seuil, 1982.

FORSEY, E., *Trade Unions in Canada, 1812-1902*, University of Toronto Press, 1982.

FOULKES, Fred K., *Personnel Policies in Large Nonunion Companies*, Prentice-Hall, D.C., 1960.

FREEMAN, R.B., MEDOFF, J.L., *What Do Unions Do?*, New York, Basic Books, 1984.

GAGNON, Me J.H., *L'art de bien négocier*, Ottawa, Agence d'Arc, 1987.

GOLDFIELD, Michel, *The Decline of Organized Labor in the United States*, University of Chicago Press, 1987.

GRANT, Michel, *La négociation collective dans les années 1990 : la situation québécoise*, communication présentée à l'Association canadienne des administrateurs de législation ouvrière (ACALO), 1990.

HÉBERT, Gérard, *Négociation et convention collective : introduction*, tiré à part n° 31, Écoles des Relations Industrielles, Université de Montréal, 1979.

HECKSHER, Chs. C. *The New Unionism – Employee Involvement in the Changing Corporation*, New York, Basic Books, 1988.

KOCHAN, Thomas A.,cd, *Challenges and Choices Facing American Labor*, MIT Press, 1985.

KOCHAN, Thomas A., *Collective Bargaining and Industrial Relations*, Irwin, 1980.

KOCHAN, Thomas A., KATZ, H.C., MCKERSIE, R.B., *The Transformation of American Industrial Relations*, New York, Basic Books, 1986.

LAROCHE, Viateur, *Formation et perfectionnement en milieu organisationnel*, Éditions JCL, 1984.

L'ÉCUYER, P., *Les conditions de dialogue sur les lieux de travail*, texte présenté lors de la conférence annuelle de l'Association canadienne des conseillers en relations industrielles, Montréal, 1985.

LEMELIN, Maurice, *Les négociations collectives dans les secteurs public et parapublic au Québec*, Agence d'arc, 1984.

LEQUIN, Jacques-André, *Du droit d'association à l'accréditation*, document reprographié, École des Hautes Études Commerciales, mars 1985.

LIPSKY, D.B., DUNN, C.B. *Collective Bargaining in American Industry*, Lexington Books, 1987.

LOYER, Pierre, *Relations du travail dans l'industrie de la construction*, Éditions Carlois, 1986.

MALLETTE, Noël *et al.*, *La gestion des relations du travail au Québec*, McGraw-Hill, 1980.

MILLS, D. Quinn, *The IBM Lesson – The Profitable Art of Full Employment*, Times Books, 1988.

Ministère du Travail, Québec, *Le marché du travail*, publication mensuelle.

MORIN, F., BLOUIN, R., *Arbitrage des griefs*, Éditions Yvon Blais, 1986.

MORIN, Fernand, «Modification unilatérale des conditions de travail au terme d'une convention collective», *Relations industrielles*, vol. 45, n° 3, 1990.

MORIN, Fernand, «Rapports collectifs du travail dans les secteurs publics québécois», *Relations industrielles*, vol. 40, n° 3, 1985.

MORIN, Fernand, *Rapports collectifs du travail*, Thémis, 1982.

OSTERMAN, Paul, *Internal Labor Markets*, MIT Press, 1984.

PRATT, Michel, *La grève de la United Aircrafts*, P.U.Q., 1980.

ROUILLARD, Jacques, *Histoire du syndicalisme québecois*, Boréal, 1989.

SAYLES, R., STRAUSS, G., *The Local Union : Its Place in the Industrial Plant*, Harper, 1953.

SÉRIEYX, Hervé, *Le zéromépris*, Paris, InterÉditions, 1989.

SETHI, Amarjit S., dir., *Collective Bargaining in Canada*, Nelson Canada, 1989.

SEXTON, Jean, *L'arbitrage de différends dans le cas d'une première convention collective*, étude publiée par la Commission consultative sur le travail, 1985.

SIRARD, R., ARMSTRONG C., *Guide de rédaction de convention collective*, Wilson et Lafleur, 1989.

SLICHTER, S.H., HEALY, J.R., LIVERMASH, E.R., *The Impact of Collective Bargaining on Management*, Washington, D.C., Brookings Institution, 1960.

Soquij, *Droit du travail express*, Société québécoise d'information juridique, publication périodique.

STASSE, Roger, *La politique ouvrière du Président Roosevelt*, Paris, Librairie technique et économique, 1935.

TOFFLER, Alvin, *Power Shift*, Bantam, 1990.

Travail Canada, *Répertoire des organisations de travailleurs et travailleuses au Canada, 1990-91*, Ottawa, 1990.

TREMBLAY, Jean-Pierre, *Plaider un grief en arbitrage*, Institut de recherche appliquée sur le travail (IRAT), février 1980, réedité en 1983 dans le *Bulletin* n° 17 (IRAT).

TURCOTTE, P.R., *QVT – Une voie vers l'excellence*, Agence d'Arc, 1988.

UIMM, *Social International*, publication périodique, Paris.

WEISS, Dimitri, *La fonction ressources humaines*, Paris, Les Éditions d'organisation, 1988.

WELLS, D.M., *Empty Promises – QWL Programs and the Labor Movement*, New York, Monthly Review Press, 1987.

ZACK, A.M., *Grievance Arbitration*, Lexington, 1989.

CONVENTION COLLECTIVE

entre

ASEA BROWN BOVERI

et

LOGE
631
LODGE

ASSOCIATION INTERNATIONALE DES MACHINISTES ET DES TRAVAILLEURS DE L'AÉROASTRONAUTIQUE SECTION LOCALE 631 (FTQ-CTC)

1er janvier 1991 au 31 décembre 1992

TABLE DES MATIERES

ARTICLE		PAGE
1.00	**Parties à cette convention**	1
2.00	**Reconnaissance du Syndicat et juridiction**	2
2.01	- unité de négociation	
2.02	- personnel de la Société	
2.03	- autres employé(e)s d'ABB	
3.00	**But de la convention**	3
4.00	**Droits de la direction**	3
5.00	**Conditions générales**	3
5.01	- grève et lock-out	
5.02	- non-discrimination	
6.00	**Sécurité syndicale**	3
6.01	- adhésion	
6.02	- autorisation des déductions	4
6.03	- remise des déductions	
6.04	- arrêt des déductions	
6.05	- indemnisation de la Société	
7.00	**Membre du Comité d'usine**	4
8.00	**Activités syndicales**	4
8.01	- affaires courantes	
8.02	- temps supplémentaire	5
8.03	- négociations	
8.04	- libérations syndicales	
8.05	- délégué du Syndicat	
8.06	- tableaux d'affichage	
9.00	**Règlement de griefs**	5
9.01	- définition	
9.02	- étapes	
9.03	- extension des délais	6
9.04	- décision finale et exécutoire	
9.05	- référence à l'arbitrage	
10.00	**Arbitrage**	6
10.01	- délais d'arbitrage	
10.02	- pouvoir et autorité de l'arbitre	
11.00	**Ancienneté**	7
11.01	- définition	
11.02	- période d'essai	
11.03	- perte d'ancienneté	
11.04	- liste d'ancienneté	
12.00	**Mise-à-pied et rappel au travail**	7
12.01	- préavis	
12.02	- affichage	8
12.03	- président(e) élu(e)	
12.04	- changement d'adresse	
12.05	- déplacement	

12.06	- formulaire de déplacement	
12.07	- avis de rappel	9
12.08	- retour au travail	
13.00	**Promotion et affichage**	10
13.01	- promotion	
13.02	- compétence	
13.03	- affichage	
13.04	- obligation d'afficher	
13.05	- employé(e) absent(e)	11
13.06	- choix du candidat	
13.07	- vacance temporaire	
13.08	- étudiants	
14.00	**Santé et sécurité**	12
14.01	- engagements	
14.02	- chaussures de sécurité	
14.03	- verres de sécurité	
14.04	- examen médical	
14.05	- frais de transport	
14.06	- lésion professionnelle	
14.07	- réinstaller au poste	
15.00	**Heures de travail**	13
15.01	- semaine de travail	
15.02	- journée de travail	
15.03	- horaire de travail	
15.04	- horaires des équipes	14
15.05	- choix des équipes	
15.06	- non-garantie	
16.00	**Heures supplémentaires**	14
16.01	- définition	
16.02	- approbation	
16.03	- semaine et samedi	
16.04	- dimanche	15
16.05	- fête statutaire	
16.06	- octroi du temps supplémentaire	
16.07	- avis	
17.00	**Rappel au travail**	15
17.01	- minimum	
18.00	**Classification des employé(e)s de l'usine**	16
18.01	- rémunération	
18.02	- service IPD	
18.03	- service IPS	
18.04	- service IPMS	
18.05	- service MS	
18.06	- service RP	17
18.07	- service jusqu'à 9 mois	18
18.08	- employé(e)s en essai	
18.09	- déplacement temporaire	
18.10	- nouvelle classification	
18.11	- évaluation de poste	

19.00	**Salaires**	**18**
19.01	- taux	
19.02	- boni de productivité	
19.03	- primes d'équipe	
19.04	- travail à l'extérieur	
19.05	- équipe permanente extérieure	19
19.06	- choix des employés	
20.00	**Déductions**	**19**
20.01	- déductions autorisées	
21.00	**Vacances**	**19**
21.01	- choix	
21.02	- année de référence	20
21.03	- moins d'un (1) an de service	
21.04	- un (1) an à quatre (4) ans de service	
21.05	- quatre (4) ans à dix (10) ans de service	
21.06	- dix (10) ans à vingt (20) ans de service	
21.07	- vingt (20) ans de service et plus	
21.08	- compensation de vacances	
21.09	- pourcentages applicables	21
21.10	- prise de vacances et rappel	
21.11	- employé(e)s absent(e)s	
21.12	- employés mise-à-pied	
21.13	- fin d'emploi	
22.00	**Jours fériés**	**22**
22.01	- énumération	
22.02	- compensation pour C.S.S.T. et assurances	
22.03	- travail compensation	
22.04	- application des congés	
22.05	- travail et rémunération	
22.06	- ouvrable (définition)	
23.00	**Absences motivées**	**23**
23.01	- deuil (quantum)	
23.02	- journée de funérailles	
23.03	- juré(e) ou témoin	
24.00	**Régime d'assurance**	**24**
24.01	- indemnité hebdomadaire	
24.02	- paiement des primes	
24.03	- pièces justificatives	
24.04	- police d'assurances	
25.00	**Expiration et amendement**	**25**
25.01	- durée	
25.02	- avis d'amendement	
25.03	- amendement vs contenu	
Annexe A	**Classification et salaire**	**26**
Annexe A1	**Classification et salaire**	**27**
Annexe B	**Lettre d'entente - chef d'équipe**	**28**
Annexe C	**Lettre d'entente - vacances**	**29**
Annexe D	**Lettre d'entente - cessation P.L.C.**	**30**

1

ARTICLE 1.00   PARTIES A CETTE CONVENTION

Les parties à cette convention sont :

ASEA BROWN BOVERI INC., dénommée ci-après par le terme "Société",

d'une part et

ASSOCIATION INTERNATIONALE DES MACHINISTES ET DES TRAVAILLEURS DE L'AÉROASTRONAUTIQUE, LOCAL 631 (FTQ-CTC), ci-après dénommée par le terme "Syndicat" représentée par le comité d'usine des employé(e)s, dûment élu, et dénommé ci-après par le terme "Comité d'usine",

d'autre part.

2

ARTICLE 2.00   RECONNAISSANCE DU SYNDICAT ET JURIDICTION

2.01   La Société reconnaît et accepte le Syndicat comme seul agent négociateur pour tous/toutes les employé(e)s de son usine du 10,300 boul. Henri-Bourassa ouest, et du 3330 De Miniac, à l'exception des employé(e)s de bureau, ingénieurs, techniciens, dessinateurs, gardes, vendeurs, contremaîtres, des personnes occupant un rang plus élevé que celui de contremaître et de toutes les autres personnes automatiquement exclues par le code du travail du Québec.

Le terme "division" dans l'application de la présente convention est interprété de la façon suivante : soit, tous/toutes les employé(e)s compris(e)s dans la liste d'ancienneté appelée "Division des entraînements" et, comme autre division, tous/toutes les employé(e)s compris(e)s dans la liste d'ancienneté appelée "Division de l'appareillage basse tension".

2.02   Les noms de contremaîtres, assistants-contremaîtres et chefs de groupe seront affichés sur les tableaux d'avis départementaux de sorte qu'il ne puisse exister de doute quant à la responsabilité de chacun pour toutes les opérations. La Société s'engage à tenir à jour la liste des noms des employé(e)s ci-haut mentionné(e)s

En général, ce n'est pas l'intention de la Société de faire exécuter par un contremaître ou un surveillant tout travail normalement fait par un(e) employé(e) payé(e) à l'heure.

Cependant il pourrait y avoir exception :

a)   en cas d'urgence, lorsqu'un(e) employé(e) régulier(ère) n'est pas disponible;

b)   dans le cours d'instruction ou de la formation des employé(e)s de l'usine ou du personnel de vente et d'ingénierie;

c)   lorsqu'il est nécessaire de mettre en ordre des difficultés de production, et non pas dans le but d'effectuer du rattrapage dans la production;

d)   en assistant dans des travaux de développement ou expérimentaux.

2.03   La Société peut, à l'occasion, utiliser les services de d'autres employé(e)s du groupe ASEA BROWN BOVERI pour exécuter du travail qui n'est pas habituellement assigné aux salariés couverts par cette convention collective. Toutefois, ces employé(e)s ne seront pas couvert(e)s par les dispositions de cette convention collective. Cependant, en aucun cas, l'utilisation de tel(le)s employé(e)s n'entraînera la mise-à-pied d'employé(e)s au travail. La Société avise le Syndicat de l'arrivée et du départ de ces employé(e)s. La Société verse au Syndicat un montant d'argent équivalent à la cotisation syndicale par mois pour chaque autre employé(e) du groupe ASEA BROWN BOVERI travaillant à la production. Ce ou ces employé(e)s transmettront de la formation aux employé(e)s de l'unité d'accréditation détenant les classifications pertinentes.

3

ARTICLE 3.00   BUT DE LA CONVENTION

3.01   Les deux parties contractantes s'engagent par la présente à la plus entière coopération, dans le but de maintenir une production continuelle et efficace dans l'usine.

ARTICLE 4.00   DROITS DE LA DIRECTION

4.01   L'administration de l'usine et la direction de la force ouvrière seront retenues par la Société. Sans restreindre le sens général de ce qui précède, le droit de diriger, projeter et contrôler les opérations de l'usine, le droit d'embaucher, promouvoir, rétrograder, transférer, suspendre ou congédier des employé(e)s pour cause, procéder à la mise à pied des employé(e)s par manque d'ouvrage ou pour toutes autres raisons légitimes, ou le droit d'introduire de nouvelles méthodes ou facilités, ou de changer les méthodes actuelles de production ou facilités, d'administrer l'usine de la manière traditionnelle est conféré exclusivement à la Société, sujet aux provisions de cette convention. L'intention de cet article n'est pas de restreindre le droit à un(e) employé(e) ou à des employé(e)s de loger une plainte sous l'article 9:00 de cette convention.

ARTICLE 5.00   CONDITIONS GÉNÉRALES

5.01   Grève - lock-out

Pendant la durée de cette convention la Société s'engage à ne pas ordonner un lock-out de ses employé(e)s et le Syndicat s'engage à ne pas recourir à la grève contre la Société.

5.02   Non-discrimination

Aucun(e) employé(e) ne fera l'objet d'une discrimination quant à ses droits ou privilèges en raison de sa race, de sa religion, de son sexe, de ses convictions politiques ou de ses activités syndicales autorisées par cette convention ou par la loi. Cependant, les activités syndicales ne doivent pas se poursuivre pendant les heures de travail.

ARTICLE 6.00   SÉCURITÉ SYNDICALE

6.01   La Société consent qu'à partir de la date de la signature de cette convention tous les salarié(e)s présent(e)s et futur(e)s seront obligé(e)s, comme condition d'emploi, à consentir par écrit à devenir membre du Syndicat. Les déductions de salaires gagnés d'un(e) nouvel(le) employé(e) débuteront à la première paie.

4

6.02   La Société consent à déduire hebdomadairement des salaires gagnés et à remettre au Syndicat les cotisations mensuelles syndicales des employé(e)s qui sont membres du Syndicat couverts par cette convention qui auront individuellement remis à la Société une autorisation écrite de faire telle déduction.

6.03   Les cotisations ainsi déduites seront remises mensuellement au secrétaire-trésorier du Syndicat au plus tard le dixième jour du mois suivant telles déductions. Les remises seront accompagnées d'un énoncé indiquant le nom des employé(e)s à qui on a fait telles déductions et le montant hebdomadaire prélevé de chaque employé(e). Une copie de cet énoncé sera remise au président du Comité d'usine.

6.04   L'autorisation de déduire les cotisations syndicales se terminera automatiquement et la Société ne déduira plus les dites cotisations du salaire d'un(e) employé(e) dans les circonstances suivantes :

1.   lors de la cessation de son emploi;
2.   lorsque l'employé(e) n'est plus couvert(e) par la présente convention;
3.   lorsque, pendant la période de déduction, il ne revient aucun salaire à l'employé(e) à cause d'absence, maladie ou accident.

L'obligation par la Société de déduire les cotisations syndicales reprend automatiquement lorsque l'une ou l'autre des trois circonstances précédentes n'existent plus.

6.05   Le Syndicat convient d'indemniser la Société et la laisser à l'abri de toute réclamation qui peut résulter de l'application de l'article 6.00.

ARTICLE 7.00   MEMBRE DU COMITÉ D'USINE

7.01   Le Syndicat accepte de remettre à la Société le nom des membres actifs du comité d'usine. Il est convenu que le comité d'usine ne sera pas constitué de plus de trois (3) membres, soit deux (2) pour l'usine du 10,300 boul. Henri-Bourassa ouest et un (1) membre pour l'usine du 3330 De Miniac, sauf s'il y a augmentation importante du nombre de services ou du nombre d'employé(e)s dans une division particulière.

ARTICLE 8.00   ACTIVITÉS SYNDICALES

8.01   Le Syndicat reconnait et convient que les membres du comité d'usine ont leur travail régulier à accomplir. Ainsi tout membre du comité d'usine qui est requis d'assister un(e) employé(e) à la présentation d'un grief ou devant participer au règlement de toute autre question reliée directement à l'administration de la présente convention ne pourra quitter son poste de travail sans avoir obtenu au préalable la permission de son contremaître et devra aviser celui-ci en revenant à son poste.

5

8.02   Si la Société demande à des délégués d'usine de demeurer après les heures régulières de travail afin de discuter de griefs ou d'autres problèmes, ces délégués seront payés au taux de temps supplémentaire applicable.

8.03   Le comité d'usine sera rémunéré pour les heures régulières consacrées aux négociations de la convention collective.

8.04   Sur demande, la Société accordera aux délégués du Syndicat une permission d'absence sans paie pour la transaction des affaires du Syndicat. Il est entendu que le nombre des délégués n'excédera pas deux (2) et que lesdites permissions d'absences au total ne dépasseront pas trente (30) jours l'an du calendrier.

8.05   Tout(e) employé(e) élu(e) ou nommé(e) comme délégué du Syndicat à plein temps, bénéficiera d'une considération spéciale quant à son ré-embauchage lorsque son terme d'office sera terminé si à ce moment il existe une position en ligne avec son habileté et son expérience.

8.06   La Société met un tableau d'affichage à la disposition du Syndicat. Les affichages ne doivent se rapporter qu'aux affaires de l'unité de négociation locale et ne rien contenir qui puisse porter atteinte à la réputation de la Société et de ses représentants. La Société désignera et octroyera un espace au Syndicat pour une filière.

ARTICLE 9.00   REGLEMENT DES GRIEFS

9.01   Le mot "grief" signifie toute mésentente relative à l'interprétation ou à l'application de cette convention collective.

9.02   Il est entendu que s'il survient des disputes, griefs ou différends entre la Société, un(e) employé(e) et/ou le Syndicat au sujet de l'interprétation des dispositions de la présente convention collective, un effort sincère sera fait pour régler le grief de la manière suivante :

Première étape :

Les parties contractantes à cette convention désirent que les problèmes résultant de son application soient réglés aussi promptement que possible. A cet effet, il est convenu qu'un grief ne peut être présenté par un(e) employé(e) et/ou le Syndicat avant que l'on ait donné au contremaître l'occasion de régler le problème en le lui soumettant verbalement, au plus tard, dans les cinq (5) jours de la date où l'employé(e) a pris connaissance que l'événement a eu lieu. Dans les deux (2) jours ouvrables suivants la présentation verbale du grief, le contremaître donnera sa réponse.

6

<u>Deuxième étape</u> :

Si le problème n'a pas été réglé à la satisfaction de l'employé(e), le grief pourra être présenté par écrit au directeur de la production. Tel grief doit être présenté dans les cinq (5) jours ouvrables suivant la réponse du contremaître en première étape. Le grief sera alors placé à l'ordre du jour de la prochaine réunion de griefs entre le comité d'usine et les représentants de la Société. Une telle réunion devra être tenue dans dix (10) jours ouvrables suivant la réception du grief écrit par la Société et cette dernière devra donner sa réponse dans les cinq (5) jours ouvrables suivant la réunion. L'agent d'affaires du Syndicat peut assister à cette rencontre à la demande de l'une ou l'autre des parties.

9.03 Les délais prévus à l'article 9.00 et à l'article 10.00 sont de rigueur et peuvent être extensionnés par accord écrit. Toutefois, un grief ne pourra être soumis à l'arbitrage avant d'avoir passé par toutes les étapes de la procédure de griefs.

9.04 Toutes les décisions acceptées mutuellement par la Société et le Comité d'usine seront finales et lieront la Société, le Syndicat et les employé(e)s couvert(e)s par cette convention.

9.05 Les griefs concernant l'interprétation ou la prétendue violation de cette convention non réglés par les stades précédents, pourront être référés à l'arbitrage tel que convenu à l'article 10.00 de cette convention.

ARTICLE 10.00   <u>ARBITRAGE</u>

10.01 Dans les trente (30) jours suivant la date de l'avis de la Société informant le Comité d'usine de sa décision, tout grief ou autre motif de dispute entre la Société et le Syndicat concernant l'interprétation ou la prétendue violation de n'importe lequel article de cette convention pourra être référé par l'un ou l'autre des intéressés à l'arbitrage tel que prévu par le Code du Travail du Québec.

10.02 La Société et le Syndicat consentent à accepter la décision de l'arbitre comme étant finale et obligatoire. Dans aucun cas l'arbitre aura-t-il le pouvoir d'ajouter, de soustraire, d'altérer ou d'amender cette convention de quelque manière que ce soit. L'autorité de l'arbitre s'appliquera également aux cas de mesures disciplinaires, suspensions et congédiement et il pourra déterminer le dédommagement et la réintégration partielle ou totale, avec tous les droits et privilèges acquis en vertu de la convention collective.

ARTICLE 11.00   <u>ANCIENNETÉ</u>

11.01   Le mot "ancienneté" signifie la durée de l'emploi avec la Société comme salarié couvert par le certificat d'accréditation.

11 .02   Un(e) employé(e) n'acquerra d'ancienneté qu'après avoir complété une période d'essai d'une durée de quarante-cinq (45) jours effectivement travaillés, dans une période de douze (12) mois. Si l'employé(e) est retenu(e) au service de la Société, après sa période d'essai, son ancienneté débutera à la date de son embauche ou si il/elle a été mis(e)-à-pied durant sa période d'essai, son ancienneté débutera à la date de son rappel créditée du nombre de jours travaillés avant la mise-à-pied en autant qu'il/elle complète sa période d'essai lors dudit rappel.

La Société, peut, à sa discrétion remercier de ses services un(e) employé(e) en période d'essai. Il est entendu que l'employé(e) en période d'essai ne peut se prévaloir du droit de grief pour son renvoi.

11.03   Un(e) employé(e) perd ses droits d'ancienneté et son emploi est terminé dans les cas suivants :

a)   s'il/elle quitte volontairement son emploi;
b)   s'il/elle est congédié(e) pour cause juste et suffisante;
c)   s'il/elle est mis(e)-à-pied et ne se soumet pas aux dispositions des articles 12.04 et 12.08;
d)   s'il/elle mis(e)e-à-pied et que telle mise-à-pied dure plus d'un (1) an dans le cas des employé(e)s possédant moins de deux (2) ans de service et plus de dix-huit (18) mois dans le cas des employé(e)s possédant plus de deux (2) ans de service;
e)   s'il/elle s'absente du travail sans avoir au préalable avisé et obtenu la permission de la Société pendant trois (3) jours ouvrables ou plus, à moins de raison majeure, auquel cas, il/elle devra prévenir la Société dès qu'il/elle sera en mesure de le faire.

11.04   La Société consent à fournir au président du Comité d'usine le 1er mars, le 1er juin, le 1er septembre et le 1er décembre, une liste démontrant la classification, l'ancienneté et les gages de tous/toutes les employé(e)s couvert(e)s par cette convention.

ARTICLE 12.00   <u>MISE-A-PIED ET RAPPEL AU TRAVAIL</u>

12.01   Lorsqu'il devient nécessaire d'effectuer une mise-à-pied, la Société s'engage à donner un préavis à l'employé(e) aussi à l'avance que possible mais ce préavis sera d'un minimum de cinq (5) jours ouvrables.

8

12.02   La Société affichera le nom des employé(e)s mis(es) à pied et fera parvenir une copie de cet affichage au Comité d'usine.

12.03   Le/la président(e) élu(e) sera considéré(e) comme ayant la plus grande ancienneté uniquement en matière de mise-à-pied.

12.04   Afin de sauvegarder son ancienneté et ses droits de rappel, un(e) employé(e) mis(e) à pied ou non devra aviser par écrit le service des ressources humaines de tout changement d'adresse de son domicile et il/elle devra aviser de l'endroit où il/elle peut être rejoint(e).

12.05   S'il devient nécessaire de réduire la main d'oeuvre, la Société procédera comme suit : elle mettra d'abord à pied l'employé(e) ayant le moins d'ancienneté dans la classification visée à l'intérieur du service ou de la division touchés.

L'employé(e) mis(e) à pied aura le droit de déplacer l'employé(e) ayant le moins d'ancienneté dans une classification de niveau égal ou inférieur à la sienne uniquement à l'intérieur de sa propre division. L'employé(e) aura droit à une période de familiarisation de cinq (5) jours ouvrables pour atteindre les normes de production requises par la Société. Si après la période de familiarisation de cinq (5) jours ouvrables, l'employé(e) rencontre, à la satisfaction de la Société, les normes de production requises, le poste lui sera confirmé.

Si l'employé(e) ne peut accomplir le travail de la classification où il/elle a exercé un droit de déplacement, ou s'il/elle n'exerce pas son droit de déplacer, il/elle est alors mis(e) à pied immédiatement sans droit de déplacement.

Exceptionnellement, un(e) employé(e) pourrait déplacer un(e) autre employé(e) dans sa division occupant un poste à salaire plus élevé, en autant que l'employé(e) qui désire déplacer ait déjà occupé le poste chez ABB sur lequel il/elle désire exercer son droit de supplantation pour une période équivalente à la durée de la période d'essai, que son ancienneté le lui permette et qu'il/elle ait la compétence nécessaire pour accomplir immédiatement toutes les fonctions du poste dans lequel il/elle désire exercer son droit de déplacer. Dans le cas d'un(e) tel(le) employé(e), les normes de production requises par la Société doivent être atteintes sans période de familiarisation. En autant que toutes les conditions susmentionnées soient remplies, il est convenu que l'employé(e) déplacé(e) sera celui/celle qui aura le moins d'ancienneté dans la classification.

12.06   Tout(e) employé(e) qui, en vertu des présentes dispositions, désire exercer son droit de déplacer un(e) autre employé(e) devra, dans les quarante-huit (48) heures ouvrables suivant l'avis de la mise-à-pied, en aviser la Société en remplissant la formule prévue à cette fin et en la remettant à cette dernière. Si l'employé(e) ne respecte pas le délai prévu à cette clause il/elle est réputé(e) avoir accepté la mise-à-pied.

9

12.07   Quand la Société effectue un rappel après une mise-à-pied, un avis de rappel sera transmis par téléphone et simultanément par avis sous pli recommandé à la dernière adresse connue de l'employé(e). Une copie de l'avis sera fournie au Comité d'usine.

12.08   Lorsqu'il est nécessaire d'augmenter sa main-d'oeuvre, la Société procédera ainsi :

1.   Elle offrira d'abord le poste à combler à l'employé(e) au travail dans la division qui, au moment de la mise-à-pied, occupait le poste dans la classification et le service et dans la division où il est nécessaire d'augmenter la main-d'oeuvre.

2.   Elle rappellera l'employé(e) qui, au moment de la mise-à-pied, occupait le poste dans la classification et la division où il est nécessaire d'augmenter la main d'oeuvre.

3.   S'il est encore nécessaire de combler des postes, la Société rappellera les employé(e)s par ordre d'ancienneté dans la division ayant les compétences nécessaires pour accomplir le travail dans la classification requise.

4.   S'il n'y a pas d'employé(e)s de disponibles dans la division où il est nécessaire d'augmenter la main-d'oeuvre, la Société affichera d'abord le poste à combler selon l'article 13.01; s'il n'y a pas de candidat(e) ayant les compétences pour accomplir le travail, la Société rappellera les employé(e)s de l'autre division pourvu qu'ils/elles aient les compétences nécessaires pour accomplir le travail dans la classification requise. L'employé(e) qui est ainsi rappelé(e) dans une division autre que la sienne transporte son ancienneté dans la nouvelle division, main maintient son droit de rappel dans la division originale.

L'employé(e) mis(e) à pied qui refuse un rappel dans la même classification qu'il/elle détenait au moment de sa mise-à-pied, perd par ce fait son emploi et son ancienneté.   Par contre, l'employé(e) qui refuse un poste dans une classification de niveau inférieur ou supérieur à celui qu'il/elle détenait au moment de sa mise-à-pied, conservera ses droits de rappel tel que prévu à l'article 11.03.

L'employé(e) devra signifier son intention à la Société, dans les trois (3) jours ouvrables suivant la réception de l'avis, et se rapporter au travail dans les cinq (5) jours ouvrables suivant la réception de l'avis.   Lorsque rappelé(e), l'employé(e) sera rémunéré(e) au taux de la convention collective établi pour la classification dans laquelle il/elle sera rappelé(e).   La Société est tenue de rappeler tous/toutes les employé(e)s compétent(e)s avant d'embaucher tout(e) nouvel(le) employé(e).

10

ARTICLE 13.00   PROMOTION ET AFFICHAGE

13.01   En raison de la responsabilité d'exploiter l'usine avec la plus grande efficacité possible, il est convenu que dans le cas de promotion, la Société considérera les facteurs de compétence et d'ancienneté pour attribuer ladite promotion.

Lorsque le facteur compétence est égal entre deux (2) employé(e)s ou plus, le/la plus ancien(ne) obtiendra la promotion. Si le facteur compétence est mis en doute entre des applicant(e)s, la Société accordera une période d'essai de dix (10) jours ouvrables à deux (2) candidat(e)s qui auront appliqué(e)s pour le poste, soit celui/celle choisi(e) par la Société et le/la plus ancien(ne) qui aura appliqué(e) pour le poste.

Il est entendu que le taux de la classification précédente sera maintenu jusqu'à ce que le poste soit attribuer à l'un ou l'autre des candidat(e)s. A ce moment, la différence de taux sera payée, au/à la candidat(e) qui aura obtenu le poste, rétroactivement de la date où la période d'essai aura débutée. Le/la candidat(e) qui n'obtient pas le poste retournera au poste qu'il/elle occupait avant la période d'essai.

La Société agira de façon non discriminatoire.

13.02   Pour les fins de la présente convention, par compétence on entend les qualifications, les capacités physiques et l'habileté requises pour exécuter le travail concerné de façon efficace et ce, en fonction de l'occupation disponible.

13.03   La Société accepte d'afficher dans les deux (2) divisions, pour une période de quatre (4) jours ouvrables, les positions vacantes. Copies des affichages seront données au président du Comité d'usine. Les employé(e)s de la division où existe l'ouverture de poste, qui sont membres de l'unité de négociations ayant complété leur période d'essai et qui feront application pour le poste vacant seront considérés les premiers(ères), le tout suivant les dispositions de 13.01. Si aucun(e) postulant(e) de la division où il y a ouverture de poste ne possède la compétence requise pour combler le poste vacant, la Société considérera un(e) candidat(e) qui aura appliqué(e) de l'autre division, le tout suivant les dispositions de 13.01. L'employé(e) qui obtient ainsi le poste transporte son ancienneté dans la nouvelle division. Si aucun(e) postulant(e) de l'une ou l'autre des divisions ne possède la compétence requise pour combler le poste vacant, la Société embauchera alors une personne de son choix. A cet effet, la Société pourra considérer un(e) employé(e) qui aurait fait application et qui ne remplirait pas toutes les exigences d'un poste vacant mais qui démontre, dans l'opinion de la Société, les aptitudes et le potentiel requis pour accomplir les tâches du poste en question. Dans cette situation, l'employé(e) recevra un entraînement d'une durée adéquate.

13.04   L'obligation d'afficher ne s'appliquera seulement qu'à la première occupation vacante à remplir et celle suivante qui en résultera et non à toute autre vacance pouvant résulter des nominations d'employé(e)s aux deux (2) premières vacances. Pour toutes ces autres vacances le contremaître demandera à tous/toutes les employé(e)s de l'usine si ils/elles désirent postuler et la Société se basera sur les principes énoncés à 13.01 pour octroyer lesdits postes vacants.

13.05   Un(e) employé(e) absent(e) pour maladie, accident du travail, vacances, congé de deuil, permission d'absence pourra poser sa candidature à un poste vacant à la condition que sa date de retour au travail coïncide avec la date prévue par la Société pour combler ledit poste, ou à moins que la Société consente à attendre le retour de l'employé(e). Il est toutefois convenu que l'employé(e) en période de vacance ne sera pas pénalisé(e) seulement du au fait qu'il ne sera pas disponible pour combler ledit poste à la date prévue par la Société. Le délégué de la division pourra postuler pour l'employé(e) absent(e).

13.06   Sauf dans les cas de force majeure, le choix d'un(e) candidat(e) à un poste vacant sera fait dans les cinq (5) jours ouvrables suivant la fin de l'affichage. Le nom du candidat(e) choisi(e) sera affiché et une copie sera envoyée au président du comité d'usine.

13.07   Lorsqu'une occupation deviendra temporairement vacante suite à des cas de vacances, maladies, accidents, suspensions, permissions d'absences, permission d'absence pour activités syndicales etc ..., la Société, si elle le désire, octroyera le poste vacant à l'employé(e) possédant la compétence à remplir immédiatement le poste, ou encore, à celui/celle qui, dans l'opinion de la Société, aurait le potentiel d'accomplir la tâche en question. Il est convenu que tout(e) employé(e) choisi(e) pour remplir une occupation temporairement vacante recevra le taux de l'occupation en question si le taux de ladite occupation est supérieur. S'il s'agit d'une occupation comportant un taux inférieur, le taux régulier de l'employé(e) sera maintenu(e). L'employé(e) retournera à son ancienne occupation et recevra le taux applicable à celle-ci lorsque cette période temporaire sera terminée.

13.08   La Société peut embaucher des étudiant(e)s pour la période d'été. S'il y a des employé(e)s en mise-à-pied, ces emplois d'été leur seront d'abord offerts. S'il devient nécessaire d'embaucher des étudiant(e)s de l'extérieur, ils seront payé(e)s au taux de la période d'essai, pour la durée de leur emploi et seront sujets à la convention collective. Il est entendu entre les parties, qu'une date de terminaison de leur emploi sera convenue au moment de l'embauchage. L'extension de leur emploi serait matière à discussion entre les parties à cette convention.

12

ARTICLE 14.00   SANTÉ ET SÉCURITÉ

14.01   La Société et le Syndicat s'engagent à assumer leur juste part dans l'application des programmes de sécurité, le tout suivant les dispositions de la loi et des règlements. Tel que l'exige la loi, on tiendra une réunion concernant la sécurité et la santé, normalement tous les mois, à laquelle participeront deux (2) membres désignés de l'unité d'usine.

14.02   La Société subventionnera jusqu'à concurrence de soixante-cinq dollars (65,00$) l'achat de chaussures de sécurité approuvées par L'ACNOR. Le remplacement de ces chaussures devra être approuvé par le directeur de production. Tous/toutes les employé(e)s devront porter des chaussures de sécurité durant les heures de travail.

14.03   Vu que le port de lunettes de sécurité est obligatoire en effectuant certaines tâches, la Société fournit gratuitement aux employés par l'entremise d'un fournisseur désigné par la Société des montures et des verres standard, et les remplace au besoin.

        Si un(e) employé(e) désire une monture et/ou des verres autres que ceux fournis par le fournisseur désigné par la Société, cette dernière remboursera l'employé(e) une fois par deux (2) ans le coût d'achat pourvu que les lentilles soient des lentilles de sécurité.

14.04   Les employé(e)s ne subiront aucune perte de salaire, s'ils/elles doivent, à la requête de la Société, passer un examen médical durant leurs heures régulières de travail.

14.05   En cas d'accident de travail, la Société remboursera à l'employé(e) accidenté(e) les frais de transport aller-retour vers un centre de traitement, le jour de l'accident, si l'urgence de la situation le requiert.

14.06   Pour cause de lésion professionnelle, la Société consent à avancer à l'employé(e) pour une période maximale de trois (3) semaines en surplus des quatorze (14) premiers jours requis par la loi, l'équivalent des prestations hebdomadaires qu'il/elle recevrait normalement de la C.S.S.T., pourvu que cet accident soit reconnu par la C.S.S.T. et non contesté par la Société.

        En signant le formulaire de consentement approprié, l'employé(e) consent à ce que ces avances soient remboursés par la C.S.S.T. directement à la Société.

14.07   Pour un(e) employé(e) qui aura été absent(e) pour raison d'accident de travail, la Société convient de réinstaller cet(te) employé(e) au poste qu'il/elle occupait au moment de l'accident avec tous ses droits et privilèges avant et durant l'absence de l'employé(e) pourvu(e) qu'il/elle soit physiquement capable d'effectuer les tâches inhérentes au poste.

ARTICLE 15.00   <u>HEURES DE TRAVAIL</u>

15.01   La semaine normale de travail sera de quarante (40) heures.

15.02   La journée normale de travail sera de huit (8) heures par jour du lundi au vendredi inclusivement.

15.03   L'horaire de travail des employé(e)s s'établit comme suit, et ce, du lundi au vendredi inclusivement.

<u>Pour les employé(e)s du 10,300 boul. Henri-Bourassa ouest</u>

- l'horaire débute entre 6h30 et 7h30 et se termine entre 15h10 et 16h10;
- par rotation entre les magasiniers un d'entre eux est requis de travailler entre 7h30 et 16h10.

<u>Pour les employé(e)s du 3330 De Miniac</u>

<u>Pour la période du 1er juin au 31 août</u>

- l'horaire débute entre 6h30 et 7h30 et se termine entre 15h10 et 16h10.

<u>Pour la période du 1er septembre au 31 mai</u>

- l'horaire débute entre 7h30 et 8h30 et se termine entre 16h10 et 17h10;

- un magasinier est requis en tout temps de travailler entre 7h30 et 16h10.

Ces horaires comprennent deux (2) pauses-café de dix (10) minutes chacune. La période durant laquelle ces pauses-café seront prises sera déterminée à l'avance et entendue entre les deux (2) parties. La période du déjeuner s'échelonne de 11h30 à 12h10. A la fin de leur quart de travail, soit entre 15h10 et 16h10 ou 16h10 et 17h10, les employé(e)s bénéficient d'une période de cinq (5) minutes pour se laver les mains et remettre en ordre leur emplacement de travail.

- Les employé(e)s doivent exécuter un minimum de huit (8) heures de travail par jour. Les heures perdues de travail ne pourront être reportées à plus tard.

- Les heures supplémentaires approuvées à l'avance, seront rémunérées selon les modalités de la convention collective seulement à la fin de cet horaire et pourvu que huit (8) heures de travail aient été effectivement travaillées.

14

- Toute exception à cet horaire doit être approuvée au préalable par le superviseur de l'employé(e).

- Pour des raisons de sécurité, aucun(e) employé(e) ne devra débuter sa journée de travail sans la présence d'un(e) autre employé(e) de l'usine. Un minimum de deux (2) employé(e)s est requis en tout temps durant les heures de travail.

- La Société se réserve le droit de retirer l'avantage des heures flexibles.

15.04   Dans l'éventualité qu'une deuxième équipe (soir) ou une troisième équipe (nuit) soit formée, la Société avisera le Comité d'usine de l'horaire de ces nouvelles équipes.

15.05   Dans le choix d'employé(e)s devant travailler sur l'équipe de soir ou de nuit, la préférence sera accordée aux employé(e)s qui possèdent le plus d'ancienneté dans la classification et dans le service concerné. Toutefois, dans l'éventualité où il n'y aurait pas suffisamment d'employé(e)s compétent(e)s disposé(e)s à travailler sur l'équipe de soir ou de nuit, les employé(e)s compétent(e)s ayant le moins d'ancienneté dans la ou les classifications requises pour constituer les équipes de soir et/ou de nuit devront le faire.

15.06   Il est convenu que l'énumération des heures et des journées de travail faite à la présente convention ne constitue en aucune façon une garantie d'un nombre d'heures de travail par jour ou d'un nombre de jours de travail par semaine, si la Société se devait d'opérer avec un minimum de postes.

ARTICLE 16.00   HEURES SUPPLÉMENTAIRES

16.01   Le temps travaillé en-dehors des heures régulières de travail sur le même quart, sera considéré comme heures supplémentaires.

16.02   Tout travail à être effectué en temps supplémentaire doit, au préalable, recevoir l'approbation de son supérieur.

16.03   Les heures supplémentaires seront payées au tarif d'une fois et demie (1 ½) le salaire de base normal jusqu'à un maximum de onze heures et demie (11 ½) par quart de travail, puis à un tarif double. Les heures supplémentaires effectuées un samedi seront payées à un tarif d'une fois et demie (1 ½) le salaire de base normal jusqu'à six (6) heures de travail, puis à un tarif double. L'employé(e) devra disposer d'une interruption d'au moins huit (8) heures consécutives après chaque période d'heures supplémentaires avant de commencer un nouveau quart. Si, à la demande de la Société, il ne dispose pas de cette interruption, il/elle continuera d'être payé(e) au tarif des heures supplémentaires.

16.04   Toutes les heures travaillées le dimanche seront payées au taux de temps double. La période de temps double commencera à l'heure régulière où commence l'équipe du jour, et continuera pour les prochaines vingt-quatre (24) heures.

16.05   Toutes les heures travaillées lors d'un congé de fête statutaire seront payées en accord avec l'article 22:00 de cette convention.

16.06   Lorsqu'il sera nécessaire d'effectuer des heures supplémentaires, on commencera par le demander à l'employé(e) qui est en train d'effectuer le travail pendant ses heures régulières, puis aux autres employé(e)s de la classification et enfin aux autres employé(e)s compétent(e)s à l'intérieur du service selon l'ancienneté, sur la base d'une liste de roulement, mise à jour le 1er janvier de chaque année. Le temps supplémentaire offert et refusé par l'employé(e) sera considéré comme étant du temps travaillé pour les fins de l'établissement de la distribution équitable du temps supplémentaire.

Bien que le travail en temps supplémentaire est facultatif, il est convenu que dans l'éventualité où il n'y aurait pas suffisamment d'employé(e)s compétent(e)s disposé(e)s à effectuer le temps supplémentaire requis, les employé(e)s ayant le moins d'ancienneté à l'intérieur des classifications requises devront alors effectuer ledit temps supplémentaire. Il est entendu qu'une telle pratique ne vise qu'à répondre à des impératifs exceptionnels de production.

16.07   Lorsque la Société demande à un(e) employé(e) d'effectuer du temps supplémentaire, il/elle sera avisé(e), autant que possible, au moins quatre (4) heures avant la fin de son travail régulier. Les employé(e)s requis(es) de travailler deux (2) heures et plus de temps supplémentaire seront payé(e)s un montant de huit dollars (8,00$) pour leur souper, à condition que ce temps supplémentaire soit travaillé de façon consécutive avec la fin du travail régulier. Une pause de vingt (20) minutes payée sera aussi accordée pour souper à condition que l'employé(e) travaille deux (2) heures à la fin de son travail régulier. Après trois heures et demi (3 ½) de travail supplémentaire, l'employé(e) aura droit à une pause de dix (10) minutes soit de 19h40 à 19h50.

ARTICLE 17.00   RAPPEL AU TRAVAIL

17.01   Tout(e) employé(e) rappelé(e) au travail par la Société après avoir terminé son quart régulier, sera payé(e) un minimum de quatre (4) heures au taux qui s'applique.

16

ARTICLE 18.00   CLASSIFICATION DES EMPLOYÉ(E)S DE L'USINE

18.01   Tout le personnel de la Société, dont les conditions de travail sont régies par la présente convention, sera rémunéré à un taux horaire.

18.02   **SERVICE IPD -**
DIVISION APPAREILLAGE INDUSTRIEL - CONVERTISSEUR

a)   Câbleur-assembleur 1

Celui/celle qui est requis(e) et qui est compétent(e) à effectuer l'assemblage complet de convertisseurs c.c. ou autres équipements.

b)   Câbleur-assembleur 2

Celui/celle qui est requis(e) et qui est compétent(e) à effectuer les sous-assemblages complets de convertisseurs c.c. ou autres équipements.

18.03   **SERVICE IPS -**
DIVISION APPAREILLAGE INDUSTRIEL - SYSTEMES D'EXCITATION

Câbleur-assembleur 1

Celui/celle qui est requis(e) et qui est compétent(e) à effectuer l'assemblage complet de systèmes d'excitation statique, régulateurs de tension ou autres équipements.

18.04   **SERVICE IPMS -**
DIVISION APPAREILLAGE INDUSTRIEL - MAGASIN

Magasinier 3

Celui/celle qui est requis(e) et qui est compétent(e) à effectuer toutes les tâches de manutention des matières incluant la réception/expédition du service industriel.

18.05   **SERVICE MS -**
DIVISION APPAREILLAGE - BASSE TENSION

a)   Câbleur-assembleur 2

Celui/celle qui est requis(e) et qui est compétent(e) à effectuer les assemblages complets de batteries de condensateurs, contacteurs, démarreurs, panneaux de contrôle ou autres équipements.

17

b)   Câbleur-assembleur-3

Celui/celle qui est requis(e) et qui est compétent(e) à effectuer certains assemblages complets de batteries de condensateurs, contacteurs, démarreurs, panneaux de contrôle ou autres équipements.

c)   Câbleur-assembleur 4

Celui/celle qui est requis(e) et qui est compétent(e) à effectuer l'assemblage de condensateurs, contacteurs (incluant la filerie), démarreurs et autres équipements.

d)   Magasinier 4

Celui/celle qui est requis(e) et qui est compétent(e) à effectuer certaines tâches de manutention des matières incluant l'emballage du matériel du service d'appareillage basse tension.

18.06   SERVICE RP -
          DIVISION DES RELAIS

a)   Câbleur-assembleur 1

Celui/celle qui est requis(e) et qui est compétent(e) à effecteur l'assemblage complet de cabinets de courants porteurs sur lignes d'énergie ou autres équipements.

b)   Câbleur-assembleur 2

Celui/celle qui est requis(e) et qui est compétent(e) à effecteur l'assemblage complet d'armoires de relais de protection ou autres équipements.

c)   Câbleur-assembleur 3

Celui/celle qui est requis(e) et qui est compétent(e) à effecteur le sous-assemblage complet de relais de protection ou autres équipements.

d)   Assembleur électronique 4

Celui/celle qui est requis(e) et qui est compétent(e) à effectuer l'assemblage de cartes de circuits imprimés, de câblage en usine (bench wiring), de machine à bobiner (coil machine) ou autres équipements.

e)   Magasinier 4

Celui/celle qui est requis(e) et qui est compétent(e) à effectuer certaines tâches de manutention des matières incluant l'emballage du matériel du service des relais de protection.

18

18.07   Tous/toutes les employé(e)s ayant complété(e)s leur période d'essai, mais possédant moins de neuf (9) mois de service seront payé(e)s au taux horaire régulier de la classe qu'ils/elles occupent, moins un dollar (1,00$).

18.08   Tous/toutes les employé(e)s en période d'essai seront payé(e)s durant cette période au taux horaire régulier de la classe qu'ils/elles occupent, moins deux dollars (2,00$).

18.09   Dans le cas de pénurie de travail, un(e) ouvrier(ère) peut, en tout temps, être transféré(e) temporairement à un type de travail qui demande moins d'habilité sans reclassification ou perte de salaire. Ceci ne sera pas considéré comme une revalorisation de ce type de travail mais aura comme but d'avoir une meilleure disponibilité de travail et d'ouvrier(ère)s.

18.10   Si, toutefois, il s'agissait de fabriquer un nouveau produit nécessitant une période d'entrainement pour l'employé(e), la Société et l'unité de négociation s'entendraient mutuellement sur une nouvelle classification.

18.11   A défaut d'entente concernant l'évaluation d'un poste relié à la fabrication d'un nouveau produit et s'il s'avérait qu'un(e) employé(e) se croit lésé(e) quant à l'évaluation dudit poste, il/elle pourra se prévaloir des dispositions de l'article 9.00.

ARTICLE 19.00   SALAIRES

19.01   Salaires - le taux des salaires sera tel qu'établi à l'annexe "A" qui fait partie de cette convention.

19.02   Si un plan de boni de productivité avec allocation de temps estimé était institué, une prime pourrait être incluse pour rendement plus élevé. Celle-ci serait payée en surplus du salaire horaire de base. Les détails de ce plan devront être discutés et approuvés par les deux (2) parties représentés dans cette convention avant que celui-ci soit mis en vigueur.

19.03   Dans l'éventualité qu'une deuxième équipe (soir) ou troisième équipe (nuit) soit formée, les primes d'équipe seront négociées par les parties contractantes.

19.04   Les employé(e)s qui doivent effectuer un travail à l'extérieur des installations de la Société recevront, pour les heures de travail ainsi passées, un supplément de un dollar (1,00$) au-dessus de leur tarif horaire normal.

Le temps de déplacement sera payé au tarif horaire de base durant les heures normales de travail et à une fois et demie (1 ½) le salaire horaire de base pour le temps excédant les horaires de travail normaux.

Ils/elles recevront également une indemnité de repas de trente-cinq dollars (35,00$) par jour qui leur sera remise sans production de facture, à condition que l'employé(e) soit absent(e) des installations de la Société pour un minimum de huit (8) heures et qu'il/elle ne soit pas préférable, selon l'opinion de la direction, de revenir à l'usine.

Par contre, si un(e) employé(e) devrait s'absenter pour moins de huit (8) heures consécutives mais durant la période de repas, il/elle sera alors payé(e) une allocation de repas de douze dollars (12,00$) pour le déjeuner et de quinze dollars (15,00$) pour le souper.

La période de repas est définie comme suit :

. déjeuner :   temps compris entre 11h30 et 13h00
. souper :   temps compris entre 17h00 et 18h30

De plus, les employé(e)s qui doivent utiliser leur véhicule personnel pour effectuer un travail à l'extérieur de l'usine recevront pour chaque kilomètre effectué une allocation telle que prévue dans la politique de la Société. Une copie de cette politique sera remise au président du Syndicat.

19.05   Il est entendu que s'il devenait nécessaire d'établir une équipe permanente pour travail hors de l'usine, les taux et classifications seront négociés avec le comité d'usine.

19.06   Le choix des employé(e)s qui effectueront un travail à l'extérieur des installations de la Société sera fait conformément à une liste de roulement et selon les qualifications requises.

ARTICLE 20.00   DÉDUCTIONS

20.01.   Les déductions sur le salaire, à l'exception de celles requises par la loi, ne seront faites que sur l'autorisation écrite de l'employé(e).

ARTICLE 21.00   VACANCES

21.01   La période de vacances annuelles d'été sera déterminée et affichée par la Société avant le 1er avril de chaque année. Les employé(e)s choisiront leur période de vacances par ancienneté, le plus ancien ayant préférence dans le choix de vacances additionnelles en plus de la période de fermeture et, dans le cas de non-fermeture, ils/elles auront le choix complet.

20

21.02   Pour fins d'éligibilité de vacances, on considérera l'année de référence comme étant du premier (1er) mai au trente (30) avril. La paie des vacances sera calculée selon les gages bruts durant cette période pour chaque année à quatre pour cent (4%), six pour cent (6%), huit pour cent (8%) ou dix pour cent (10%) respectivement deux (2) semaines, trois (3) semaines, quatre (4) semaines ou cinq (5) semaines de vacances.

21.03   L'employé(e) qui n'a pas encore complété une année de service à la fin de l'année de référence (i.e. le 30 avril) aura droit à un (1) jour de vacance par mois jusqu'à concurrence de deux (2) semaines.

N.B. : Durant la première année de service, les jours de vacances doivent être accumulés avant d'être pris.

21.04   Au cours des années suivantes, mais avant d'avoir complété quatre (4) années de service, l'employé(e) aura droit à deux (2) semaines de vacances par année.

21.05   Au cours de l'année de vacances où l'employé(e) complète quatre (4) années de service, cet(te) employé(e) aura droit à trois (3) semaines de vacances, la troisième semaine ne pouvant être prise avant la date d'anniversaire d'embauche.

Au cours des années suivantes, mais avant d'avoir complété dix (10) années de service, l'employé(e) aura droit à trois (3) semaines de vacances.

21.06   Au cours de l'année de vacances où l'employé(e) complète dix (10) années de service, cet(te) employé(e) aura droit à quatre (4) semaines de vacances, la quatrième semaine ne pouvant être prise avant la date d'anniversaire d'embauche.

Les employé(e)s avec plus de dix (10) années de service auront droit à quatre (4) semaines de vacances.

21.07   Au cours de l'année de vacances où l'employé(e) complète vingt (20) années de service, cet(te) employé(e) aura droit à cinq (5) semaines de vacances, la cinquième semaine ne pouvant être prise avant la date d'anniversaire d'embauche.

Les employé(e)s avec plus de vingt (20) années de service auront droit à cinq (5) semaines de vacances.

21.08   Tout(e) salarié(e) qui quitte le service de l'employeur reçoit en guise de compensation de vacances une indemnité équivalente à quatre pour cent (4%), six pour cent (6%), huit pour cent (8%) ou dix pour cent (10%), respectivement de son salaire brut gagné depuis le premier mai précédant son départ, selon qu'il/elle ait droit à deux (2), trois (3), quatre (4) ou cinq (5) semaines de vacances à la date de son départ.

21.09   Le paiement des vacances d'un(e) salarié(e) est calculé(e) sur le salaire brut gagné durant la période du 1er mai au 30 avril de chaque année à raison de quatre pour cent (4%), six pour cent (6%), huit pour cent (8%) ou dix pour cent (10%) respectivement selon qu'il ait droit à deux (2), trois (3), quatre (4) ou cinq (5) semaines de vacances.

21.10   Toute vacance allouée sous ce plan, exception faite de celle prévue à l'article 21.05 et 21.06 sera prise dans une période continue à moins qu'un(e) employé(e) soit rappelé(e) au travail durant sa vacance. Dans tel cas, toute portion de vacances restante lui sera allouée durant l'année courante à un temps propice pour la Société et l'employé(e). Lorsqu'un(e) employé(e) en vacances est appelé(e) par la Société pour travailler durant cette période, il/elle sera payé(e) au taux de temps et demi son taux régulier pour les heures travaillées.

21.11   La rémunération de vacances payées des employé(e)s qui ont été absent(e)s pour cause de maladie ou d'accident sera basée sur les gains normaux qu'ils/elles auraient reçus sur une base horaire régulière s'ils/elles avaient travaillé durant la période de qualifications.

21.12   Quand un(e) employé(e) a été mis(e) à pied et a été rappelé(e) sans perte d'ancienneté durant l'année précédant ses vacances, sa paie de vacances sera basée sur la totalité de son stage avec la Société pendant cette année de vacances moins toute paie de vacances qu'il/elle aurait reçue lors de sa mise à pied.

21.13   Un(e) employé(e) terminant son service avec la Société recevra à son départ une allocation de vacances calculée comme suit : (le terme "gains" employé dans cet article devra inclure la paie de vacances)

1.   Quatre pour cent (4%) de ses gains totaux (si qualifié(e) pour deux (2) semaines de vacances), six pour cent (6%) de ses gains totaux (si qualifié(e) pour trois (3) semaines de vacances), huit pour cent (8%) (si qualifié(e) pour quatre (4) semaines de vacances) ou dix pour cent (10%) (si qualifié(e) pour cinq (5) semaines de vacances) de ses gains totaux du premier mai précédant sa dernière journée ouvrable de travail et de plus, s'il/elle est qualifié(e) pour paie de vacances et laisse le service de la Société avant de prendre cette vacance, il/elle recevra une allocation supplémentaire tel que décrit à l'article 2 suivant :

2.   Quatre pour cent (4%) de ses gains totaux (si qualifié(e) pour deux (2) semaines), six pour cent (6%) de ses gains totaux (si qualifié(e) pour trois (3) semaines), huit pour cent (8%) (si qualifié(e) pour quatre (4) semaines de vacances) ou dix pour cent (10%) (si qualifié(e) pour cinq (5) semaines de vacances) de ses gains totaux gagnés durant l'année précédant son départ.

22

ARTICLE 22.00   JOURS FÉRIÉS

22.01   Les jours fériés suivants, si non travaillés, seront payés au taux simple :

Jour de l'An
Lendemain du Jour de l'An
Vendredi Saint
Fête de Dollard
Fête Nationale
Confédération
Fête du travail
Jour de l'Action de Grâce
Noël
Lendemain de Noël
Congés mobiles durant la période des Fêtes :

1991	1992
91.12.27	92.12.28
91.12.30	92.12.29
91.12.31	92.12.30

22.02   Si un(e) employé(e) reçoit des prestations d'assurance ou de la C.S.S.T., la Société ne versera que l'écart entre son salaire journalier régulier normal et le montant des prestations qu'il/elle reçoit.

22.03   Il est entendu que la Société peut à sa discrétion, demander aux employé(e)s de travailler ces jours non rémunérés durant la période entre le 1er novembre et la date de fermeture pour Noël. Dans un tel cas, les employé(e)s auront au moins une semaine de préavis de la cédule et le comité d'atelier sera consulté.

22.04   Les fêtes ci-haut mentionnées seront payées si elles tombent un samedi ou un dimanche. Il est entendu que la Société consultera le comité d'usine pour l'application des congés mentionnés à l'article 22.01.

22.05   Les employé(e)s devant travailler lors d'une fête statutaire énumérée à l'article 22.01 ou toute autre fête déclarée par Statut ou Décret à être observée comme fête statutaire parce que ladite fête tomberait un dimanche, seront payés à temps double pour les heures travaillées en plus du temps régulier payé à tous/toutes les employé(e)s se qualifiant sous l'article 22:00. Pour les fins de cet article, le congé statutaire commencera à l'heure régulière où commence l'équipe de jour et se continuera pour les prochaines vingt-quatre (24) heures.

22.06   Aux fins de la présente convention collective, le mot ouvrable signifie "jour ouvrable de l'usine".

ARTICLE 23.00   <u>**ABSENCES MOTIVÉES**</u>

23.01   En cas de décès d'un proche parent, les employé(e)s auront droit à un congé de deuil afin de pouvoir participer aux préparatifs funéraires et aux obsèques. Ce congé sera d'une durée de cinq (5) jours consécutifs commençant la journée du décès ou le lendemain de la journée du décès; ce congé sera payé sur la base des postes de travail prévus qui s'étendront sur cette période de cinq (5) jours. Seront considérés comme proches parents de l'employé(e) : son/sa conjoint(e), compagne, compagnon, son père, sa mère, son fils, sa fille, son frère et sa soeur. Trois (3) jours consécutifs, incluant l'enterrement, seront accordés pour le décès de son beau-père, sa belle-mère, son gendre, sa bru, son beau-frère, sa belle-soeur, ses grands-parents et petits-enfants.

23.02   Quand la journée des funérailles n'est pas incluse dans cette période de cinq (5) jours, la Société consent à payer la journée des funérailles pourvu que ce soit une journée ouvrable et que le total de journées payées n'excède pas cinq (5) jours.

23.03   Juré ou témoin :

Tout(e) employé(e) appelé(e) à servir comme juré ou témoigner en cour ne doit pas subir de perte de salaire. La Société paiera la différence entre les honoraires versés à l'employé(e) et son salaire régulier; cependant, le total des deux (2) ne doit jamais excéder le montant habituel de la paie normale de l'employé(e).

24

ARTICLE 24.00   RÉGIME D'ASSURANCE

La Société souscrira au nom des employé(e)s un plan d'assurance-groupe avec un assureur pour les employé(e)s de cette unité de négociations qui pourvoiera :

24.01   Une indemnité hebdomadaire dont les montants seront équivalents au salaire normal de l'employé(e) sera payée par la Société, avec un délai de carence de trois (3) jours ouvrables et ce pour une période maximale de vingt-six (26) semaines.

Par contre, l'indemnité hebdomadaire sera payable à compter de la première journée d'absence dans le cas d'une hospitalisation ou d'un accident nécessitant des soins médicaux immédiats. Un certificat médical devra être soumis à la Société.

24.02   Les primes du plan susmentionné seront payées par la Société.

24.03   Toute absence pour cause de maladie d'une durée de plus de trois (3) jours devrait être justifiée par un certificat médical. La Société peut exiger un certificat médical pour des absences pour cause de maladie de trois (3) jours ou moins à condition qu'elle en ait avisé l'employé(e) au préalable.

24.04   La police d'assurance décrit plus amplement le régime et constitue le document officiel pour les employé(e)s.

La Société transmettra au Syndicat une copie de la police maîtresse. Les dispositions de cette dernière ne fait pas partie de la convention et ne peut faire l'objet d'un grief.

25

ARTICLE 25.00   EXPIRATION ET AMENDEMENT

25.01   La présente convention entre en vigueur à compter du 1er janvier 1991 et le demeurera jusqu'au 31 décembre 1992, sauf pour toute modification écrite suite à un consentement mutuel des parties en présence.

25.02   Tout avis à l'effet d'amender cette convention peut être donné par l'une ou l'autre des parties contractantes, suivant les dispositions du Code du Travail de la province de Québec.

25.03   Advenant le cas où l'une ou l'autre des parties contractantes avise par écrit l'autre partie de son désir d'amender cette convention, elle demeurera en vigueur jusqu'à l'exercice du droit de grève ou de lock-out.

En foi de quoi, les parties contractantes ont signé à St-Laurent, le 28 février 1991.

POUR LA SOCIÉTÉ

Michelle Lamarre
Directrice, ressources humaines et
services administratifs

Marc Guay
Directeur, électronique de puissance

Claudine Bissonnette
Superviseur, production
appareillage basse tension

POUR LE SYNDICAT

Roger Dubreuil
Agent d'affaires

Ginette Dugas

Pierre Duchesne

Alain Gaudreault

26

CLASSIFICATION ET SALAIRE

	En vigueur le 1er janvier 1991	En vigueur le 1er janvier 1992
Câbleur Assembleur 1	15,34	16,06
Câbleur Assembleur 2	14,50	15,22
Câbleur Assembleur 3	13,32	14,04
Câbleur Assembleur 4	11,96	12,68
Assembleur Electronique 4	11,96	12,68
Magasinier 3	15,48	16,20
Magasinier 4	14,09	14,81

N.B. : Tous/toutes les salarié(e)s en période d'essai seront rémunéré(e)s durant cette période au taux de salaire horaire régulier de leur classe, moins deux dollars (2,00$). Tous/toutes les salarié(e)s ayant complété leur période d'essai, mais possédant moins de neuf (9) mois de service, seront payé(e)s au taux de salaire horaire régulier de leur classe, moins un dollar (1,00$).

Chef d'équipe

L'employé(e) qui est désigné(e) comme chef d'équipe recevra une prime, lorsqu'il/elle agira comme tel, de un dollar (1,00$) de l'heure travaillée de plus que le grade le plus élevé détenu par un(e) employé(e) sous sa responsabilité. Il est entendu que cette prime ne fait pas partie intégrante du taux horaire de base; elle sera, par contre, majorée par la prime des heures supplémentaires. Cette prime sera payée uniquement lorsque les heures sont travaillées.

27

LETTRE D'ENTENTE

<u>ANNEXE A1</u>
(Révision (1) 91.01.01)

<u>Classification et salaire</u>

La présente lettre d'entente a pour but de confirmer que, pour la durée de la présente convention collective, les employé(e)s suivant(e)s recevront, s'ils/elles demeurent dans leur présente classification, les taux indiqués ci-dessous :

		En vigueur le <u>1er janvier 1991</u>	En vigueur le <u>1er janvier 1992</u>
A. White	Câbleur assembleur 3	13,45	14,04
A. Gaudreault	Câbleur assembleur 3	13,45	14,04
M. Mastromatteo	Assembleur électronique 4	12,10	12,68
L. Cyr	Assembleur électronique 4	12,10	12,68
M. Gauthier	Assembleur électronique 4	12,10	12,68

Les employé(e)s ci-haut mentionné(e)s recevront un montant forfaitaire de cinq cents dollars (500,00$) pour compenser la perte du taux de la classification.

En foi de quoi les parties ont signé ce 28e jour de février 1991.

Michelle Lamarre
Directrice, ressouces humaines et
services administratifs

Roger Dubreuil
Agent d'affaires

28

LETTRE D'ENTENTE

Chef d'équipe

Le/la chef d'équipe est un(e) salarié(e) désigné(e) par l'employeur dont les fonctions principales consistent, entre autres, à :

- Coordonner les activités de son équipe de travail;

- apporter le soutien technique aux membres de son équipe;

- distribuer le travail au sein de l'équipe selon les instructions;

- établir la communication avec les services de l'ingénierie, de la gestion des matières et de l'assurance qualité;

- vérifier la disponibilité des stocks de production et de l'outillage nécessaire à la production;

- enregistrer les temps de fabrication au sein de son équipe;

En aucun temps, le/la chef d'équipe peut imposer une mesure disciplinaire.

Michelle Lamarre
Directrice, ressources humaines
et services administratifs

Roger Dubreuil
Agent d'affaires

29

<u>ANNEXE C</u>

<u>LETTRE D'ENTENTE</u>

<u>Vacances</u>

Pour ce qui concerne la période d'admissibilité aux semaines de vacances, la Société consent à accorder aux employé(e)s, pour la durée de la présente convention, les mêmes avantages prévus à la politique de la Société sur les vacances.

En foi de quoi les parties ont signé ce 28e jour de février 1991.

Michelle Lamarre
Directrice, ressouces humaines et
services administratifs

Roger Dubreuil
Agent d'affaires

30
ANNEXE D

Monsieur Roger Dubreuil
Agent d'affaires
Association Internationale des Machinistes
et des Travailleurs de l'Aéroastronautique
Section locale 631
860, boul. Décarie, bureau 201
St-Laurent (Québec)
H4L 3M1

Monsieur,

Objet :   Lettre d'entente

Pour la durée de la présente convention collective et dans l'éventualité qu'il y aurait cessation complète et définitive des activités du service des P.L.C., la Société paiera aux employé(e)s mis(es) à pied en raison de cette fermeture, une indemnité de cessation d'emploi équivalente à une semaine et demie (1 ½) de leur taux horaire de base par année complétée de service.

En acceptant l'indemnité de cessation, un(e) employé(e) perdra automatiquement son ancienneté et son emploi, et renoncera à tout droit de rappel.

Un(e) employé(e) du service des P.L.C., déjà en mis-à-pied et qui a encore des droits de rappel, aura également droit à cette indemnité de cessation d'emploi.

En foi de quoi les parties ont signé ce 28e jour de février 1991.

Michelle Lamarre
Directrice, ressouces humaines et
services administratifs

Roger Dubreuil
Agent d'affaires

Achevé   Imprimerie
d'imprimer Gagné Ltée
au Canada Louiseville